《人性向善——傅佩榮說孟子》 目錄

自序

傳統文化以儒家與道家最具主導作用。這兩家思想的代表人物，分別是孔子與孟子，以及老子與莊子。由於代表孔子思想的《論語》，既是學派開山之作，又有簡明扼要的特質，以致千古傳誦、深入人心。至於《孟子》一書，則相對而言並未受到應有的重視。這種情況在道家的《老子》與《莊子》二書，亦頗有類似之處。

《孟子》為什麼重要？因為孔子曾經感嘆：「莫我知也夫！」（《論語‧憲問》）如果孔子認為同時代的弟子與朋友未能了解他的思想，那麼誰可以了解？孟子可以，而證據就在《孟子》一書裡面。既然如此，大家對孟子又不太熱衷，這是怎麼回事？

司馬遷說他每次閱讀《孟子》，看到梁惠王問孟子「何以利吾國」，就廢書而嘆。如果談利益，天下不可能太平，而這是歷史所證明的；但是如果談仁義，天下就會像孟子所說的成為理想國嗎？這一點卻從未得到檢驗的機會，因此我們無法判斷孟子的對錯。事實上，孟子很希望說服當時的國君。他在一再失敗之後，寫出作品傳諸後世，希望後代的人可以明白他的理想，進而予以實踐。但是，即使《孟子》被宋代的朱熹編入四書，成為大家熟知的「論孟學庸」之一，其中許多精彩的語句與簡單的概念也普遍受到肯定，我們還是要問：誰真正了解孟子？

閱讀《孟子》，要有耐心。這種耐心的回饋是非常豐富的。先就語文來說，孟子

善於使用比喻，又能創造成語，其中至今依然膾炙人口的有：一暴十寒、緣木求魚、杯水車薪、遷於喬木、事半功倍、守望相助、綽綽有餘、出爾反爾、流連忘返、自暴自棄、反求諸己、手舞足蹈、心悅誠服、獨善其身、兼善天下、有為者亦若是、獨樂樂不如眾樂樂……等等。

再就歷史來說，孟子廣泛引述《詩經》（三十五次）與《書經》（二十九次），對古代聖君賢相的事蹟津津樂道，可謂取法乎上。舜在他的筆下宛如重獲生命，使讀者可以親見其言行，進而心生嚮往。他自行分類聖人，如伯夷之「清」、柳下惠之「和」、伊尹之「任」，然後是集大成的孔子之「時」。這無疑是他的創見。

對於孔子為何是集大成，則理由是完美的德行加上隨機應變的「智慧」。他贊成孔門弟子（如子貢、宰我、有若）對孔子的評價，認為孔子是「自有生民以來，未有孔子也」。只要想起孟子以「好辯」知名於天下，說過「說大人，則藐之」，甚至對管仲也不屑於多談，就可以明白他對孔子的認識是如何深刻，而評價又是如何崇高了。

真正畫龍點睛之處，則是孟子自成一家之言的人性論。他把孔子的人性觀點說清楚了。孔子以「仁」為其一貫之道，肯定仁包含「人之性、人之道、人之成」三個層次，貫穿人的一生。他強調「殺身成仁」，孟子則倡言「捨生取義」，這兩者如出一轍而其基本立場則是人性「向善」。以此為基礎，才可推而建構經濟、教育、社會規範、政治制度方面的合理內容。並且，人生才找得到修養的途徑以及由內而發的快樂。

二十多年以來，我每談儒家，必定揭示人性向善（而非本善）的微言大義，也

得到不少批評與指教，但是更多的回應則是告訴我：在明白之後付諸實踐，並在實踐之後深有心得，因而改善了人生，活得充實而有意義。

我曾在社會上為許多朋友講解《孟子》，並由好好文教基金會製成ＣＤ發行。後來北京出版界的朋友認為內容值得出版，就將其轉錄成文字稿，再由我全面修訂一次。天下文化出版公司的編輯同仁費了許多心思整理初稿，潤飾文字，並加上小標題，使全書更為可讀，特此致謝。

本書名為「人性向善」，可謂一語道破我對儒家哲學數十年的研究心得。我的說法是否正確，則請讀者耐心細品本書再做判斷。知我罪我，皆在本書。是為序。

緒論

我們今天常講的「性善」一詞，就是從《孟子》書中開始使用的。有人認為「性善」就是「性本善」，因為《三字經》一開頭就說：「人之初，性本善。」但這種說法與實際的生活經驗還有一段落差。讀古書最大的快樂之一，就是可以把它的原始面目——所謂原版原典——直接掌握住。兩千多年以來，讀書人都讀這些書，並且以其做為最基本的材料，從中學習許多做人處事的方法，以及人生重要的觀念和信念。中國歷代讀書人的心態，從儒家的經典裡就可以發現基本的脈絡。

孟子的生平

關於孟子的生平年代，至今並無定論，一般認為是在西元前三七二至西元前二八九年間，亦即戰國時代（西元前四七五至西元前二二一年）的中期。還有其他說法，這些說法之間相差十幾年，這是因為古代沒有明確的記載，再加上他的名聲在當時不是那麼顯赫，等到後代再去探究已經來不及了，連司馬遷都難以確定孟子的生卒年月。

司馬遷《史記》裡的〈孟子荀卿列傳〉，把孟子和荀子放在一起，並且對孔子推崇備至。《論語》的一些材料，可以在《孟子》書裡看到，而《孟子》書裡有一些地方引述孔子的話。儒家由孔子開始，在孟子的書上經常提及孔子，因為他們都是儒家。

的話，在《論語》反而沒有記載。這就說明孔子還有一些言行資料，並未收在《論語》裡面，所以後代在研究儒家的時候，尤其是研究孔子，會以《論語》為主，還會以《孟子》、《易傳》、《禮記》做為佐證。

在進入《孟子》正文之前，應該先了解一些基本情況。在《史記》裡，司馬遷對孟子的描述有短短的兩百多字。古代的歷史大部分是在為帝王將相立傳揚威，而像孟子這樣的學者，能夠被司馬遷寫在《史記》裡面，是很不容易的。《史記·孟子荀卿列傳》記載：

太史公曰：余讀孟子書，至梁惠王問「何以利吾國」，未嘗不廢書而嘆也。曰：嗟乎，利誠亂之始也！夫子罕言利者，常防其原也。故曰「放於利而行，多怨」。自天子至於庶人，好利之弊何以異哉！

孟軻，鄒人也。受業子思之門人。道既通，游事齊宣王，宣王不能用。適梁，梁惠王不果所言，則見以為迂遠而闊於事情。當是之時，秦用商君，富國彊兵；楚、魏用吳起，戰勝弱敵；齊威王、宣王用孫子、田忌之徒，而諸侯東面朝齊。天下方務於合從連衡，以攻伐為賢，而孟軻乃述唐、虞、三代之德，是以所如者不合。退而與萬章之徒序《詩》、《書》，述仲尼之意，作《孟子》七篇。其後有鄒子之屬。

司馬遷說他常讀孟子的書，但是每次翻開書，看到開篇「何以利吾國」這句話，就「廢書而嘆」，他嘆的是「利誠亂之始也」——利真的是亂的開始啊。「夫子

罕言利者，常防其原也」，「夫子」指的是孔子。

在《論語・子罕》提到：「子罕言利」，意即孔子很少談到利，因為孔子知道要防備亂的來源。一旦多談「利」，大家就會勾心鬥角。「故曰：『放於利而行，多怨』」，也是引用孔子〈里仁篇〉的話，「放」就是依靠，意即做任何事都要問：「這對我有什麼好處呢？」任何事都依靠利來決定的話，常會招來別人的怨恨。

接著，「自天子至於庶人，好利之弊何以異哉」，意即自天子、大夫、士、百姓，愛好利益所造成的後遺症有什麼差別嗎？都一樣。不管是大官還是百姓，只要愛好利益的話，造成的弊端都是很嚴重的。

司馬遷接著介紹孟子，「孟軻，鄒人也」。這個「鄒」還有個寫法，即「騶」。古代夏朝有萬國之稱，大多是小部落，歷經商朝，到了周朝實施封建，約有一百多國。鄒國是很小的國家，是魯國的附庸國。春秋時代，「亡國五十二」，各國互相爭戰，強國吞併弱國，到戰國時代初期還有二十幾國，接著演變為戰國七雄，最後由秦始皇一統江山（西元前二二一年）。

孟軻是鄒國人，「受業於子思之門人」，子思是孔子（西元前五五一～四七九年）的孫子，而孟子受業於子思的門人。可見孔子到孟子是第五代，時間相差一百多年，孟子來不及直接受教於孔子，他當然覺得遺憾，只能「私淑孔子」。

接著是「道既通」。能夠讓司馬遷說「道既通」，並不容易，等於是說孟子學習「道」，已經融會貫通了。孟子「道既通」之後，「游事齊宣王」，「事」是指事奉國君，有如子女奉事父母，這是古代的習慣說法。

孟子曾擔任齊宣王的國家顧問，但是齊宣王沒有聽從他的構想。之後，他前往

梁國就是魏國，梁惠王就是魏惠王。「梁惠王不果所言」，梁惠王也不能落實他的建言。「則見以為迂遠而闊於事情」，孟子的說法被認為迂迴遙遠而不切實際。梁惠王想要立刻讓國家強盛、征服各國，孟子卻說要推行仁政、善待百姓，那不是風馬牛不相及嗎？梁惠王要的是日起有功，而孟子要他從根本做起，學習古代聖君。這種想法不能回應王者當下的需求，所以孟子被批評為「迂遠而闊於事情」。

「當是之時，秦用商君」，在那個時候，秦孝公任用商鞅，商鞅變法之後，秦國國富兵強，變為一等強國。楚國、魏國就曾任用吳起。當時有很多懂得謀略與兵法的人物周遊各國。今天效力於甲國，在甲國不能發揮才華，就去乙國效力，反過來對付甲國，朝秦暮楚，這就是當時各國之間複雜的情況。

「齊威王、宣王用孫子」，「孫子」是指孫臏：「而諸侯東面朝齊」，因為齊國位於東邊，在山東靠海處，「天下方務於合從（縱）連衡（橫）」。「合縱」是蘇秦之策，就是聯合六國來對付秦國，這麼一來，秦國怎麼吃得消呢？主張「連橫」的是張儀，是指將結盟的國家各個擊破，促使秦國得到勝利。這就是有名的「合縱連橫」。蘇秦、張儀是縱橫家的代表，當時聲威顯赫，許多國君看到他們都會害怕。「以攻伐為賢」，大家都認為能夠戰爭攻伐是最了不起的。

「而孟軻乃述唐、虞、三代之德」，「唐、虞」是指唐堯、虞舜，「三代」是指夏、商、周，其開國的君王，夏朝是大禹，商朝是商湯，周朝為周文王、周武王。而孟子的言論「是以所如者不合」，與他所往見的諸侯不合。國君希望可以立刻變法，成為強國，能夠指揮軍隊打勝仗；而孟子卻暢談唐堯、虞舜、夏禹、商湯、周文武行仁德之事。如此一來，孟子和這些諸侯當然就合不來了。

於是「與萬章之徒序《詩》、《書》」，與幾位學生一起把《詩經》、《尚書》重要的內容加以介紹。「述仲尼」，發揮孔子的思想，然後作《孟子》七篇。司馬遷短短兩百多字，就是孟子一生簡單的說明。

司馬遷對孟子的介紹，最大的貢獻在於：他正式把孟子與孔子連在一起，後代並稱孔孟，進而尊孟子為「亞聖」，都是從這裡開始的。他一說「述仲尼之意」，即把孔子的思想方面把著談到孔子當時也不喜歡言利；再指出孟子「王何必曰利」，接揮：孟子周遊列國的過程不順利，孔子也不順利。所以司馬遷從生平和思想方面把孔子和孟子聯繫在一起。後代學者在深入研究之後，發現也確實只有孟子可以接得上孔子的真傳。

孟子是如何學習的呢？

孟子有一位賢慧的母親，關於這部分有很多傳說。

其一是著名的「孟母三遷」。孟家最初住在墳墓區附近，三、四歲時的孟子很調皮，經常帶著鄰近的小朋友遊玩，玩的是挖墳墓、作揖跪拜的遊戲。孟母一看，覺得不好，於是搬到市場旁邊。結果孟子模仿別人做生意，稱斤論兩，同小朋友談價錢。孟母覺得這樣也不太好，就搬到第三個地方──學校旁邊。當時孟子年紀太小，還沒有資格讀書，就跟著學文唱詩，孟母這才放下心來。這個故事也說明了教育環境的重要。

其二是孟母「斷機杼」的故事，也就是《三字經》裡的：「子不學，斷機杼。」有一天孟子在讀書，讀著讀著忽然停下來，孟母就把她正在織布的線割斷，孟子嚇

了一跳，趕緊追問是什麼緣故。孟母說，只要孟子讀書一停下來時，她就要把正在織的布割斷。從此以後，孟子讀書時再也不敢隨便停止了。

其三，有一天孟子問母親：「他們殺豬幹什麼？」孟母回答：「隔壁在殺豬。」

孟子說：「他們殺豬幹什麼？」孟母順口說：「給你吃啊！」這本來是句玩笑話，但是孟母後來一想：「我不能欺騙小孩。」於是馬上買豬肉回家給孟子吃。

其四，孟子成家後，有一天向母親說他要休妻，孟母問他理由，他說：「有一天我進了房間，看到我妻子直接坐在地板上。」古代規定的坐姿很嚴格。孟子之妻因為坐姿不雅，就可能被休掉。

孟母問他：「你進門之前，有沒有先打招呼？」因為古代有個習慣，「入其室，先揚其聲」，意即進別人房間之前要提高聲音，清清喉嚨，走路的聲音要大一點，讓別人知道有人來了。進別人房間時眼睛要看地板，不可以隨便看人，說不定人家衣冠不整。孟子並沒有預先提醒妻子自己要進房間，孟母認為這是孟子有錯在先，休妻是毫無道理的。

孟子的時代背景

一般歷史界大致認同的分野是：春秋時代從西元前七二二年到西元前四八一年，戰國時代從西元前四七五年到西元前二二一年。孔子過世是在西元前四七九年，春秋時代結束不久，孔子隨後也過世了。春秋、戰國期間有幾年是混亂的情況，並沒有被算在裡面。西元前二二一年，秦始皇統一中國。春秋和戰國都屬於東周，整個周朝分為兩段，先西周，後東周——周平王東遷洛陽，把國都遷到中原東

邊，就稱為東周。

孟子的生平，屬於戰國時代。戰國時代有兩百多年歷史，開始時有二十幾國，後來是戰國七雄：韓、趙、魏三家分晉，韓、趙、魏三家本來都屬晉國。晉國在春秋時代很強盛，春秋五霸有晉文公，晉國勢力很大，它的三家大夫也各擁土地軍隊，後來把晉國給三分了；燕國，在地圖上是屬於北方；齊國在東邊靠海；楚國在南；秦國在西邊，陝西一帶。戰國七雄在當時既然要爭奪天下，就必須富國強兵、兼併他國，以至戰爭迭起、民不聊生。為了爭奪一座城、一塊地，殺人盈野。

看秦始皇時留下的兵馬俑，就覺得古代人很可憐，軍人打仗等於被當成工具，「一將功成萬骨枯」是稀鬆平常的事。當時許多人一輩子都在築長城，後來研究發現，長城旁邊埋的骨頭就達幾十萬具，這些人都是在修築時死的，死了就埋在旁邊，根本沒有留下名字。築長城的大多是打敗仗被抓來當俘虜的人，死了就地掩埋，如此人的生命還有什麼價值呢？

儒家，尤其是孟子的傑出觀點，在於他強調每一個人的生命都是可貴的，肯定百姓才是最重要的，不能為了少數幾個國君個人的欲望而被犧牲。當時合縱連橫的謀略大為盛行，而孟子依然以自信的口吻說：「仁者無敵。」由於沒有任何一位國君可以做到仁者，所以孟子的理論也無法獲得驗證。但是，光憑著對話，就能讓梁惠王、齊宣王這兩位大國君主時而驚喜、時而沮喪、時而憤怒、時而盼望，雖然最後沒有產生重大成效，也足以流芳千古了。

孟子想要匡正天下，特別選擇魏、齊兩大國為遊說目標。行不通時就去開導如鄒、宋、薛、滕、魯等小國。孟子充滿信心，見到小國的國君，就說：小國也可以

稱王天下，只要學習周文王的仁政。孟子的理想很簡單，只要做個好國君，得到百姓支持，進而得到天下人支持，要當帝王自然沒有問題。但首要的條件就是，國君自己不能享受，也不能作威作福。於是，那些國君就有意見了，如果不能享受，為什麼要當國君？擁有天下也沒有用。當帝王就是要享受，尤其是在世襲制度下，父子相傳。加上從小在深宮之中成長，難以體諒百姓的痛苦。如果要求他們不能有過度的享受，恐怕有很多國君會說：「我才不要想那麼遠呢，過一天算一天，吃飽喝足算了，誰知道將來會怎麼樣。」而這正是亂世的特色──虛無主義！

孟子的風格

其一，學問充實。孟子擅長引用《詩》、《書》來佐證。古代的學問在於《詩》、《書》、《禮》、《樂》、《易》。《禮》是禮儀、道德與行為規範；《樂》是音樂，可以實際操作；《易》是《易經》，代表哲學思想：《詩經》、《書經》材料最多，一個是文學，一個是歷史，兩、三千年前的古人生活經驗都涵蓋在其中，《詩經》、《書經》讀得好的話，可以掌握古代的人情世故與人生智慧。

孔子強調學習要「溫故而知新」，不斷地溫習過去看過的書，以求產生新的體會。看過的書之所以值得再看，是因為可以藉此測量從上次閱讀到這次之間，自己有沒有成長，有沒有變化。

其二，經驗深刻。孟子通曉人情世故，明白百姓的需求，可謂經驗深刻。他知道百姓所求的不過是豐衣足食，然後再接受教育。此外孟子的過人之處是「知言」，就是別人一說話，他就知道對方心裡想什麼和為什麼這麼說。「知言」一詞是孟子

描寫自己的，他和國君們說話，開導他們的時候，常有精彩表現。有的國君聽了孟子一席話，就說：「太好了，《詩經》上說別人心裡想什麼可以猜得到，說的就是你啊！」以此形容孟子，可見孟子可以清楚知道別人的心思，讓別人願意聽他說話，國君會說：「我自己都不知道是怎麼回事，你居然幫我說出來了。」這是因為他有豐富的生活經驗。

其三，創意十足。讀了《孟子》之後，會很驚訝地發現，孟子的理解力、聯想力、回應力都很強。全書比喻非常靈活，成語層出不窮。《孟子》的成語至少幾十句，例如：率獸食人、緣木求魚、出類拔萃、守望相助……等等，早就成為我們文化裡常用的語彙。

其四，信念堅定。這是最特別的一點。一個人信念不夠堅定的話，受挫到某種程度很容易就放棄原則。孟子信念堅定，肯定「人性向善」。他對人性有基本的信念，但是並不因而忽略物質需求，不會忽略百姓的實際需要。如果要求一個人做好人，但是不管他怎麼生活，試問他如何做好人？如果吃不飽、穿不暖，難免就會饑寒起盜心。可見，孟子很了解實際的情況，以此為基礎，再設法「自得其樂」，要活得快樂，不一定靠各種外在的成就。

孟子的思想

每個人的言論，都受限於特定的時空條件，同時也有他想要解決的問題。我們在閱讀古人的思想理論時，首先要研究其歷史背景以及主要議題。

研究《孟子》也是如此。本書原為戰國時代集結孟子與學生和諸侯的對話的思

想集，而孟子在當時急需面對的首要問題就是「人性」——亦即在政治紊亂動盪的時空背景之下，人生所應遵循的原理原則是什麼？藉由孟子的不斷探討，提供了在當時社會上生存發展的原理與原則。

人在社會上生存發展的原則，簡而言之，就是「行善避惡」。理由有三：

一、遵守社會規範。倡導行善避惡，才可以維持社會整體的秩序，也才能保持和諧。如果一個人違背原則，做了壞事，社會當然會給與壓力及懲罰，否則秩序就有可能崩潰，人民亦將無所適從。

二、基於宗教信仰。信仰宗教之後，把善惡的報應寄託於來世，人們自然而然就願意行善。

三、個人良心的要求。這就是儒家所強調的，也是《孟子》通篇所強調的重點，只不過在實踐的時候考慮守經達權的問題。儒家強調個人真誠所引發的良知要求，但是同時從不排斥宗教信仰，也堅定支持守法重禮的社會規範。

在儒家思想裡，所謂「個人良心的要求」，是指一個人行善是因由內而發的力量所驅使。「力量」這兩個字是關鍵，一個人真誠的話，就會發現內心有一種要求自己做「該做的事」，而「該做的事」就是善。

儒家的思想與立論根基簡述如下。如果行善避惡的要求來自社會規範，而社會規範又依據時代、地區的不同而產生相對性：其次，對於沒有或不同宗教信仰的人，遵守的戒律不盡相同，也會產生相對性；因此，要看第三點，只要是人就有良心，如果能教導每一個人從內在要求自我去行善，這不是行善避惡、建立社會規範最好的辦法嗎？

因此，孟子通過教育、宣傳、討論或例證，歸納出一個人由於真誠由內而發的力量，再努力去行善避惡，最後將能為他帶來無比的快樂。

假設一個人真誠地行善，但一直未曾獲得福報，而總是讓別人得到好處，那麼他還願意堅持下去嗎？恐怕不容易。所以儒家要設法證明的第一點，就是人如果行善，內在的快樂將勝過外在的一切快樂。像孔子的學生顏淵，「一簞食，一瓢飲，在陋巷，人不堪其憂，回也不改其樂」《《論語‧雍也》》——顏淵生活極端窮困，但照樣快樂，而外在的貧富對他完全沒有影響，全是因為他能夠真誠，讓自己按照良心的要求去行事。

儒家的學說就是要設法讓人了解：人的價值與尊嚴是由內而發的。掌握這一點之後，就要向內養氣，培養自己的浩然之氣。「氣」這個觀念，當然不是指空氣，而是一種屬於精神的力量。

天下大亂的時候，尤其是孟子所處的戰國時代，真理晦暗不明，正好足以顯示出人內在的力量是一切價值的根本。有了內在的力量，人活著的時候才會感覺到生命的自由與修德的可貴，進而將一個人的潛能與特質完全實現出來。

孟子的主要觀點

接著，我們再由以下五個角度總結孟子的主要觀點：

其一，人性在於人心的四端，四端代表四個萌芽或開始。四端擴而充之，就變成仁、義、禮、智。所謂的善是什麼？就是仁、義、禮、智：要有仁德，要做義行，要守禮儀，要有明智。換言之，善不是生來就有的，一個人只有善的萌芽或開

始，有了內在的向善力量做為根據，然後將它實現出來，才叫做真正的善。

其二，有關政治。人活在世界上本來就是要相處在一起，構成政治的活動。政治領袖應該保民、養民、教民、與民同樂，否則百姓可以起來革命。「革命」一詞是孟子認同的，「活不下去就革命」，這種思想起來很激進。一般人以為古人是生下來就認命了，其實不然，以夏、商、周三代為例，周朝革了商朝的命，商朝革了夏朝的命。孟子把這種思想推演到當時的情況，讓人民有革命的權利。這是在政治方面的觀點。

其三，在教育方面，孟子強調這是不可或缺的，所教的主要是五倫。五倫是指人際之間五種最重要的關係，「父子有親、君臣有義、夫婦有別、長幼有序、朋友有信」，就是孟子引述古人的說法。孟子更進一步闡述，五倫還要「推而廣之」，亦即「老吾老，以及人之老；幼吾幼，以及人之幼」，這句名言正是出於孟子之口。最後的目標則是「兼善天下」。讓天下人的生活都因為這樣的努力而得以改善。所以，讀《孟子》的時候會發現，原來我們經常使用的一些成語，對人生有很高的期許目標的，都是來自《孟子》。

其四，人生的快樂「在己不在人，在內不在外」。如果「在人」的話，就要靠別人來支持，萬一與別人有了誤會怎麼辦？如果人生的快樂在於別人、朋友，需要許多外在的條件，那麼就很難快樂了。「在內不在外」，「在外」的名聲、地位、權力、財富，都是沒有保障的，所以要主張「心安為上」，《孟子》最後談到的〈盡心篇〉，就與這個主題有關。

其五，肯定天命存在。孟子在這個重點上就與孔子銜接上了。一般人都覺得天

命很抽象，因為它和信仰有關。信仰的對象稱為「超越界」，肯定是比個人的生活層次高，當然顯得抽象。但是孟子相信及肯定天命存在，並且認為人心有理解及符合天命的能力。只要真誠在自己內心裡面省察，就可以覺悟心之四端，由此努力行善避惡，最後可以修養成為聖人。

孟子提醒我們：人生的目的，就是要完成天命。人既然活在世界上，就要有活下去的使命，這是上天給與的。要從當下開始，去思考自己為什麼要活著，活著應該做什麼事。簡單說來，人所做的一切絕不只是為了外在的成就，如果認定這一生一定要當上總統，那麼全世界有幾個人可以實現自我呢？所以人生的目的不在於外在的成就，而在於每一個人都可以充分實現自己的天命，成為君子，成為聖賢。以上這些原則代表了儒家的基本思想。把這些原則說清楚，讓大家都樂於接受，人間自然會日趨美好。這就是孟子的想法。

《孟子》篇章概說

《孟子》一書共有七篇，每篇再分為上下，其中有六篇是採用人名。首先是〈梁惠王〉，是孟子與之談話的一位梁國國君。其二是〈公孫丑〉，一般認為是孟子的學生。其三〈滕文公〉，是滕國的國君，他不稱王而稱「公」，是小國的國君，因為要勢力夠大才敢稱王。第四篇是〈離婁〉，離婁是古代眼睛最好的代表，可以看得又遠又清晰，直至「秋毫之末」，即秋天野獸新長出的毛的尖端。其五是〈萬章〉，孟子的學生。其六是〈告子〉，是當時一位學者，他講了一句名言，叫做「食色性也」。最後一篇不採用人名，叫做〈盡心〉，等於是做一個總結，孟子思想的精華也在於

此。

《孟子》前面幾篇的內容有許多具體的事件和談話，因為這些篇章中出現幾位國君，他們程度有限，並不是做學問的人，只是負責治理國家。孟子是哲學家，所以在同他們談話時，難免表現遇強則強，遇弱則弱。

至於孟子與告子辯論的時候，就十分精彩了，人性是善？還是向善？或是不善不惡？在〈告子篇〉裡都有深入的探討。

這是《孟子》七篇的名稱概說。

閱讀《孟子》的方法

閱讀任何古典資料都要考慮四個步驟。第一步要問：原文在說些什麼？這就要根據原文的材料了。

第二步要問：它想說什麼？很多時候我們看了原文，卻不懂它的意思。因為想說的往往是意在言外，真正的意思沒有表現出來。因此，要了解經典，首先要分辨原文的字句，參考專家的研究成果，並且充分了解作者的時代與思想背景，才能把握其言外之意。這一方面歷代學者和中文系教授們的研究，可以提供很多材料。

第三步要問：它能說什麼？「能說」包括歷代注解與專家的意見，顯示多元理解的可能性。古人說一句話，後代的人提出不同的解釋，因為古代的文字比較拙要精簡。譬如現在說，保護百姓就可以稱王天下。那麼所謂的「可以」，是指一種「可能性」，還是一定可以做到的「必然性」？到底哪一個才對？不說清楚的話，很容易引起誤解。

歷代對於《孟子》「性善」一詞有很多注解，像宋朝朱熹就說是指「性本善」，但也有很多學者認為孟子沒有談「本善」，他談的是人能夠行善。但是光談「能夠」行善的話，就表示人可以做也可以不做，這樣說就不夠精確。

所以我要強調孟子的意思是「向善」，人能夠行善，並且應該行善。向善是說行善的力量由內而發，人如果不行善，就覺得沒辦法向這個力量交代，這是我的解釋。這個解釋不是獨一無二的，只是歷代有很多學者解釋到某個程度就停了下來，我們現在讀書受過西方的訓練，就要求有完整的系統。

接著要問的是第四步：它該說什麼？對原文要做合理的判斷，由思想的一貫性來理解，讀書最難的地方就在這最後一步：要怎麼選擇詮釋。歷代有幾十位學者注解了《孟子》，那麼誰說得對？我們要設法下判斷，這是個艱鉅的挑戰。

閱讀孟子的心理準備

讀者要有以下的心理準備：第一，關於文字方面的障礙，由於古今相隔久遠，需要仔細翻譯。我在翻譯時，不會漏掉原文的任何一字，譯文也很少有廢話，儘量不浪費語詞，都是扣緊著原文來翻譯的，這樣才可以突破文字的障礙。

第二是關心的題材有差距，因為孟子談論當時的政治與經濟，與現在的情況有很大的落差。在這方面，我們要把握住孟子「借事說理」的方法，以及背後的核心理念。

第三是人性問題，孟子提出一套普遍的觀點，充滿哲學家的洞見。也就是說，大家關心什麼是人性，但由於孟子是哲學家，他說的話不是一般人可以簡單理解

的。

第四是可以藉此欣賞古典世界，並且迅速提升中文能力。尤其是學生，不妨驗證一下。

最後，是可以體驗人生的意義，譬如培養浩然之氣。至於什麼是浩然之氣，將來談到相關的材料就會明白，並且可以由此自得其樂。看在自得其樂的分上，我們一起努力吧。

卷一 〈梁惠王篇〉上

〈1‧1〉

孟子見梁惠王。王曰：「叟！不遠千里而來，亦將有以利吾國乎？」

孟子對曰：「王何必曰利？亦有仁義而已矣。王曰，『何以利吾國？』大夫曰，『何以利吾家？』士庶人曰，『何以利吾身？』上下交征利，而國危矣。萬乘之國，弒其君者，必千乘之家；千乘之國，弒其君者，必百乘之家。萬取千焉，千取百焉，不為不多矣。苟為後義而先利，不奪不饜。未有仁而遺其親者也，未有義而後其君者也。王亦曰仁義而已矣，何必曰利？」

孟子謁見梁惠王，梁惠王說：「老先生！你不以千里為遠，來到這裡，將為我的國家帶來什麼利益吧？」

孟子回答說：「大王何必談到利益呢？只要有仁德與義行就夠了。大王說，『怎樣才對我的國家有利？』大夫說，『怎樣才對我的封邑有利？』士人與平民說，『怎樣才對我自己有利？』上上下下互相奪取利益，國家就陷於危

險了。在擁有萬輛兵車的國家裡，殺掉國君的，必定是國內擁有千輛兵車的大夫；在擁有千輛兵車的國家裡，殺掉國君的，必定是國內擁有百輛兵車的大夫。在擁有萬輛兵車的國家裡，大夫擁有千輛兵車，這些大夫的產業不能不算多了；在擁有千輛兵車的國家裡，大夫擁有百輛兵車，大夫擁有國君的，這些大夫的產業不能不算多了。如果忽視義行而重視利益，那麼大夫不把國君的產業奪去，是不會滿足的。沒有講求仁德的人會遺棄他的父母的，沒有講求義行的人會怠慢他的君主的。大王只要談論仁德與義行就夠了，何必談到利益呢？」

孟子見梁惠王，這裡的「見」，我譯成「謁見」，代表禮貌。有人翻譯成「孟子去見梁惠王」，好大的口氣！哪有讀書人去「見」國君的？即使在春秋戰國時代，還是講究禮儀的，尤其是孟子。所以不譯成「去見」或「拜見」，而譯成比較合乎禮儀的「謁見」。

春秋戰國時代本來只有周天子可以稱「王」，其他諸侯是不能稱「王」的。但是在南方的楚國，天高皇帝遠，率先大膽的自稱為王，還讓楚國官員比周朝各國官員都高了一階。後來在戰國七雄——韓、趙、魏、燕、齊、楚、秦的爭霸過程中，緊接著稱王的是魏國國君，是為魏惠王，後來遷都大梁（今日的開封），又名梁惠王。之後其他各國勢力逐漸擴張，也相繼稱王。

「叟」字是古代尊稱年紀比較老的人，並沒有輕視之意，更何況梁惠王怎麼敢輕視孟子？當時的君主都以「卑禮厚幣」邀請學者，希望能幫他富國強兵，而學者也渴

望「得君行道」──覺得好國君，去實踐自身的理想抱負。所以梁惠王一見到孟子，還是尊敬地稱呼他為「老先生」，其實，梁惠王的年紀比孟子大多了。「不遠千里」，其實是一種比喻，因為各國間有很多阻隔，並不是真的有千里之遠。

孟子喜歡演講，別人問一句，他會回一百句，甚至把整套道理都說出來。這裡要注意的是，「孟子對曰」的「對」字，代表下對上的禮貌回應。孟子在回答別人的問題時，都用「孟子曰」，直接說了；只有對國君或地位比較高的人，會用「對曰」，表示禮貌。

原則唯有「仁義」二字

孟子接下來說的大道理，重點即在強調「仁義」二字。

「仁義」是孟子的原則，無論做人處事還是治國平天下，都以此為準則。而且孟子特別強調「仁義」源於人性，人的一生不行仁義，那要走什麼路？不仁不義嗎？這顯然講不通，所以人生沒有第二條路可走。

我特別將「仁義」譯成仁德與義行。「仁」可以用仁政、仁者、仁民愛物等很多方式解釋，之所以譯為「仁德」，是因為在《孟子》裡，仁和內在的「德」有關，亦即仁要靠自覺之德由內而發。

「義」當然也是由內而發，不過它指的是正義的行為。告子與孟子最大的差別，在於告子認為「仁內義外」，而孟子則認為「義」也是由內而發，因為任何道德行為都不可能離開主體性──如果不是「我」這個主體願意做某件事，而是受到別人的脅

迫，那麼我的行為就不能說是有價值的。譬如，有人拿槍逼著我到孤兒院捐錢，我迫於情勢只能認捐，這並不是我在行善。

此外，「義」字原來就有「宜」之意，是指一個人在什麼情況之下，怎麼說話、做事，都要隨時調整到適宜，因此「義」包含了對行動的判斷與實踐，亦即牽涉到行動，沒有行動就不能稱作義了。

提出仁義之後，孟子接著探討當時國家處境的問題。

古代以兵車來衡量國家的大小，戰國七雄皆為萬乘之國，代表有一萬輛兵車，是有武裝力量的大國。另外還有五個千乘之家：宋、魏、中山、東周、西周，都是小國。「千乘之家」的「家」是指卿大夫的封邑，又稱采邑，他們也擁有一定數目的兵車。

如果忽視義行而重視利益，那麼大夫不把國君的產業奪去，是不會滿足的，因為大夫「後義而先利」，後和先，一個代表忽視，一個代表重視。「不奪不饜」，因為講利益，當然希望取而代之。

利益就是資源，而且是有限的，如果在上位者得到好處，底下的人就被剝削了；同理，底下的人得到好處，在上位者就沒有什麼可以拿取了，所以如果從上到下的各階層都「交征利」，整個國家就會亂成一團。

所以孟子針對當時的政治環境，舉了一個非常生動的例子，他說：「在擁有萬（千）輛兵車的國家裡，能殺掉國君的必定是國內擁有千（百）輛兵車的大夫」，因為當這些卿大夫聯合其他大夫，有機會勝過君王一人的力量時，就有可能造反成功。

那麼，在這樣的政治環境中，治國之道究竟是什麼？

國家富強之源

孟子認為，如果一個國家的大夫們只重視利益而忽視義行，一定會把國君的產業奪走。所以孟子重申仁德與義行的重要。講求仁德的人，不會遺棄父母；講求義行的人，不會怠慢君主，如此國家才能夠建立應有的秩序，進而強大。因為每個人都跟父母的關係最親密。如果對別人好，而不從對待父母開始做起，就變成墨家了。

墨家主張「兼愛天下」，一個人不能偏愛自己的父母，要把別人的父母也看成是自己的父母一樣。這個理想雖然很了不起，卻不是常人所能接受的。最大的問題就在於別人是否也能夠做到「兼愛」，如果別人不能這麼做，到最後自己的父母反而變成沒有子女的了。

譬如，我在車上，我的父母和別人的父母也在，只有一個座位時，我應該讓位給誰？如果要用猜拳決定，或是誰的年紀大就讓給誰，那麼父母養小孩要幹什麼呢？這樣一來叫做「不要父母」了！

孟子的批評雖然嚴厲，卻有他的道理。他不是故意罵人，而是經過合理的推論之後才這麼說的。

《論語‧鄉黨》曾提到「君命召，不俟駕行矣」，是說孔子一聽到君主下令召見，等不及車準備好就立刻出門，然後車子才追上來。這是古時候的禮，說明不怠慢君主的態度。

最後孟子做出總結：如果一位國君真正想達到國泰民安、國富民強，只要奉行仁義，就可以做到；相反的，如果講求利益的話，上下交相利，國家就危險了。其實孟子所要表達的，無非是希望君王們要有耐心，不要尋求捷徑，眼光要看得長遠一點，從根本上改善體制。

從這裡開始，我們進入了孟子的世界。

〈1‧2〉

孟子見梁惠王。王立於沼上，顧鴻雁麋鹿，曰：「賢者亦樂此乎？」

孟子對曰：「賢者而後樂此，不賢者雖有此不樂也。《詩》云：『經始靈台，經之營之；庶民攻之，不日成之；經始勿亟，庶民子來。王在靈囿（ㄧㄡˋ），麀（ㄧㄡ）鹿攸伏，麀鹿濯濯（ㄓㄨㄛˊ）濯，白鳥鶴鶴。王在靈沼，於牣（ㄖㄣˋ）魚躍。』文王以民力為台為沼，而民歡樂之；謂其台曰靈台，謂其沼曰靈沼，樂其有麋鹿魚鱉。古之人與民偕（ㄐㄧㄝ）樂，故能樂也。《湯誓》曰：『時日害（ㄏㄜˊ）喪，予及女（ㄖㄨˇ）偕亡！』民欲與之偕亡，雖有台池鳥獸，豈能獨樂哉？」

孟子謁見梁惠王。梁惠王站在池沼旁邊，一面觀賞成群的大雁小雁與大鹿小鹿，一面對孟子說：「賢良的人也會以此為樂嗎？」

孟子回答說：「只有賢良的人才能享受這種快樂，不賢良的人即使有這種快樂，也是無法享受的。《詩經·大雅·靈台》說：『開始度量靈台的規模，籌劃準備所需的材料；百姓一起來建造，靈台很快就落成；開始度量時並不急著完成，百姓卻像幫父母那麼賣力。文王巡遊到靈圃，母鹿安靜臥伏著，母鹿肥潤有光澤，白鳥羽毛很潔白。文王遊觀到靈沼，滿池魚兒在跳躍。』周文王使用百姓的力量建造高台深池，可是百姓非常歡喜，把他的台稱為『靈台』，把他的池稱為『靈沼』，並且很高興他有各種麋鹿魚鱉。古代的賢君與百姓一起快樂，所以能夠享受快樂。《尚書·湯誓》說：『這個太陽什麼時候滅亡？我們要與你同歸於盡！』百姓痛恨夏桀，要與他同歸於盡，即使他擁有高台深池與各種鳥獸，難道能獨自享受嗎？」

梁惠王為自己蓋了一個漂亮的「囿」。「囿」就是在宮廷附近建的大園林，裡面種滿花草，養些珍禽異獸，讓君主可以觀賞狩獵，等於是他休閒活動的地方。他請孟子來了之後，當然心情愉快，於是問了：「賢良的人也會以此為樂嗎？」

此處的「賢」是指傑出優秀的人。古時候「賢」是與「不肖」做為對比，不肖就是不像，也就是做得不好。反之，「賢」代表傑出，表現在三處：善良、明智與能力；善良代表德行，明智代表聰明，能力則代表能幹。古文裡一個字往往有不同的意思，此處譯成賢良、賢明、賢能都可以，只要基本的觀念掌握住，理解上就不會有太大問題。

《詩經》中的理想境界

接著，孟子引用了一大段《詩經》的內容來回答。

「經始靈台」的「經」是指度量，「靈」則有偉大、崇高、神妙莫測的意思。我們常說某某人有靈氣，代表靈巧神妙的潛質；「靈台」指的即是一個很吉祥、很美妙的東西。「經之營之」，就是好好準備、規劃，「經營」一詞的典故，就是從這裡來的。

「攻」是「治」的意思，不是說庶民來攻打，而是老百姓來工作，幫忙建造靈台；「不日」代表很快，好像沒有幾天就做完了；「經始勿亟」的意思是開始度量的時候不要急；「庶民子來」的「子來」這兩個字很有趣，意思是百姓就像子女幫父母親做事一樣。一般人叫我們做事，我們都要看時間、看條件，要想半天；但父母叫我們做事，那真是心甘情願、開心得很，馬上就來幫忙了。

「麀鹿」的「麀」就是牝（母）的意思，古代認為陽動陰靜，所以用母鹿休息的樣態，描寫環境的安詳。「麀鹿濯濯」的「濯濯」是指肥潤有光澤。動物飼養得好，就會有光澤，皮毛很亮；養得不好的，譬如路邊的野貓、野狗，看起來完全不一樣。「白鳥鶴鶴」的「鶴鶴」即潔白的意思。這說明整個環境非常好，生活其中的動物都很安詳快樂。

「文王以民力為台為沼」，為什麼百姓反而很快樂，稱他建築的高台為「靈台」，池沼叫「靈沼」呢？原因是他「與民偕樂」。靈台、靈囿、靈沼含有出神入化、美善之至的意思，由此顯示百姓的虔誠心意，然而真正的重點是在「與民偕樂」，為政之

道不外乎此。

借古喻今用心良苦

〈湯誓〉來自《尚書》，是商湯號召部下作戰時的宣誓，呼召大家說要革命推翻夏桀了，與今天「誓師」的意思差不多。這裡的「時」與「是」相通，即「這個」的意思；「日」代表夏桀，因為夏桀曾經說過：「吾有天下，如天之有日，日亡吾乃亡耳。」意即：我就是太陽，我擁有天下就好像天上有太陽一樣，太陽滅亡了，我才會滅亡。這句話很囂張。因此，百姓在宣誓時借他的話來說：「這個太陽什麼時候滅亡？」

注意「害」字，音義都同「何」。「予及女偕亡」，等於同歸於盡算了，反正活著也那麼苦。有一句俗話叫「光腳的不怕穿鞋的」，意思是反正我沒有鞋子，沒什麼東西好輸的，而你有鞋子怕弄髒啊！兩者相拚，當然是光腳的贏，家財萬貫的人反而輸不起。這就是百姓當時痛恨夏桀，才說出這樣的話。

孟子真是高手，梁惠王請他參觀花園，才問一句話，他便又是引《書經》的，梁惠王是否聽得懂？會不會聽得心驚膽戰？孟子事先並沒有準備，一定是平常就有這些想法，一有機會就說出來，這也等於提醒梁惠王，要設法「與民偕樂」，否則，即使擁有台、池、鳥、獸，豈能獨樂及享受？這就是孟子用心良苦的地方。

〈1·3〉

梁惠王曰：「寡人之於國也，盡心焉耳矣。河內凶，則移其民於河東，移其粟於河內；河東凶亦然。察鄰國之政，無如寡人之用心者；鄰國之民不加少，寡人之民不加多，何也？」

孟子對曰：「王好（ㄏㄠ）戰，請以戰喻。填然鼓之，兵刃既接，棄甲曳

（一）兵而走，或百步而後止，或五十步而後止；以五十步笑百步，則何如？」

曰：「不可。直不百步耳，是亦走也。」

曰：「王如知此，則無望民之多於鄰國也。不違農時，穀不可勝（ㄕㄥ）食也；數罟（ㄘㄨ ㄍㄨ）不入洿（ㄨ）池，魚鱉不可勝食也；斧斤以時入山林，材木不可勝用也；穀與魚鱉不可勝食，材木不可勝用，是使民養生喪死無憾也。養生喪死無憾，王道之始也。

「五畝之宅，樹之以桑，五十者可以衣（一）帛矣；雞豚狗彘（ㄓ）之畜，無失其時，七十者可以食肉矣；百畝之田，勿奪其時，數口之家可以無饑矣；謹庠（ㄒㄧㄤ）序之教，申之以孝悌之義，頒白者不負戴於道路矣；七十者衣帛食肉，黎民不饑不寒，然而不王（ㄨㄤ）者，未之有也。

「狗彘食人食而不知檢，塗有餓莩（ㄆㄧㄠ）而不知發；人死，則曰：『非我也，歲也。』是何異於刺人而殺之，曰：『非我也，兵也。』王無罪歲，斯天下之民至焉。」

梁惠王說：「我對於國事，真是用盡心力了，河內發生饑荒，就把部分百姓遷到河東，又把河東的部分糧食運到河內。河東發生饑荒，也依類似的方式來做。考察鄰國的政務，沒有哪個國君，像我這麼用心的；可是鄰國的百姓並未減少，我國的百姓並未增多，這是什麼緣故呢？」

孟子回答說：「大王喜歡戰爭，就用戰爭來做比喻。戰鼓鼕鼕響起，刀刃劍鋒相碰，就有士兵丟掉盔甲拖著兵器逃跑，有的跑了一百步才停下來，有的跑了五十步就停下來，那些跑五十步的嘲笑那些跑一百步的，說得過去嗎？」

梁惠王說：「不可以的，只不過是沒有跑一百步罷了，這同樣是逃跑啊。」

孟子說：「大王如果懂得這個道理，就不必指望百姓會比鄰國多了。不耽誤百姓耕種及收穫的季節，糧食自然吃不完；細密的漁網不放入大池捕撈，魚鱉自然吃不完；砍伐樹木按照一定的時間，木材自然用不完。糧食和魚鱉吃不完，木材又用不盡，這樣就使百姓養家活口、辦理喪事都沒有什麼不滿，這是王道的開始啊。

「在五畝大的宅園中種桑養蠶，五十歲的人就可以穿上絲棉襖了。雞、狗與豬這些家畜，不要錯過繁殖的季節，七十歲的人就可以有肉吃了。一家人百畝的田地，不要占奪他們耕作的時機，幾口人的家庭就可以不挨餓了。認真辦理學校教育，反覆講述孝親敬長的道理，那麼頭髮花白的人就不會背著及頂著重物在路上行走了。如果七十歲的人，有絲棉襖穿也有肉吃，一般百姓不挨餓也不受凍，這樣還不能稱王天下，那是從來不曾有過的。

盡心治國為何沒有成效？

河東和河內是魏國的兩個地方，河內發生饑荒，梁惠王把部分百姓遷到河東，部分糧食運到河內。這樣做固然不錯，但顯然還不夠。

因為他並沒有開倉賑濟百姓，而只是把兩邊的百姓遷來遷去，自己的倉庫依然滿滿的，還認為自己已經很用心了，真是天真。不過，梁惠王是有點好奇心的，常想：「奇怪，我的百姓為什麼沒有增加？」因為百姓增加，表示納稅的人更多，國力也就更強大了。

孟子聽出梁惠王的抱怨，於是說：「王好戰，請以戰喻。」這裡的「請」字是客氣的用法，「填然鼓之」裡「填然」，是擊鼓的聲音。「兵刃既接，棄甲曳兵而走」的「走」字是跑的意思。古代講到人的行走，有三個簡單的區分：走路叫做「步」；走得很快叫做「趨」；講「走」的時候，反而是「跑」的意思。《莊子‧田子方》說：「夫子步亦步，夫子趨亦趨」。意思是老師慢慢走，我也跟著慢慢走；老師快走，我也快走。

孟子說，跑了五十步的人，看到別人跑了一百步，就認為別人怎麼那麼怕死，這

說得過去嗎？由此也引出了「五十步笑百步」這個有名的典故。梁惠王聽了不禁也說：「只不過是沒有跑一百步罷了，但同樣是逃跑啊。」

知道梁惠王明白了，孟子接著就說明具體的做法。

務實民生，順時生養

當時的社會是以農業為主，農時即春耕、夏耘、秋收、冬藏。在春、夏、秋三季，要耕、耘、收，冬季才有空間。古代國家的防備工事，是由百姓來服勞役，沒有工錢可領。每一家的壯丁，三人出一人，五人出兩人。如果在春、夏、秋季服勞役，田地無人耕種，收成就會有問題。所以要百姓服勞役，最好利用冬天，也就是「不違農時」，糧食自然吃不完。

「數罟不入洿池」，「數罟」即細密的漁網，古代規定漁網不能小於四吋，換算成今天的尺寸，等於漁網不能小於九公分。用這麼大的網口撈魚，小魚就可以游走，等牠長大之後才抓上來，這樣魚鱉自然源源不絕。

砍伐樹木也需要看時間。譬如秋天樹葉凋零，適宜砍樹；春、夏季是樹木成長的時候，此時砍伐就很可惜，如果等到秋季，讓樹長大再砍，這樣樹木就用不完了。由此可見儒家非常重視行動的時機。

每天都有人出生，也有人死去，生生死死是自然的現象，所以要讓人「養生喪死無憾」。按照上面的做法，稻米和魚鱉是用來養活人的；樹木很多，棺材就夠用，因為大樹可做棺材。這麼一來，自然能使百姓養家活口、辦理喪事都沒有什麼不滿，滿

足了百姓所有的生活需求，就是王道的開始。

安頓百姓身心，就是推行王道

古代一家人住的地方大約五畝地，自然就會有很大的院子，可以種桑樹養蠶。養蠶可以有絲，就可以做衣服。「五十者可以衣帛矣」，「帛」就是絲，為什麼要到五十歲才能穿呢？因為古人認為五十歲時身體開始衰老，要穿絲棉襖才會暖和。

「雞豚狗彘之畜，無失其時，七十者可以食肉矣」，「豚」與「彘」都是指豬。古代祭祀的時候必須用漂亮的小豬，所以特別叫「豚」，指的是小豬，非肉不飽，而家禽、家畜有繁衍的天性，人不可混淆牠們的生產時間，免得錯過繁殖的季節，這樣七十歲的人也有肉吃了。

古代的井田制度，每一家可以分到百畝田。一家平均是八口人，八口之家表示有兩三個壯丁，如果要耕種百畝田地，也夠忙的了，所以不要占奪他們耕田的時機，這幾口的家庭就不必挨餓了。

「謹庠序之教，申之以孝悌之義，頒白者不負戴於道路矣」，「庠序」是指古代的鄉村或地方教育；中央的教育叫大學。「申」即反覆叮嚀、耳提面命。「頒白者」與「斑白者」通用，意思是頭髮花白。背上背的叫「負」，頭上頂的叫「戴」。要教「孝悌」，孝順父母，友愛並尊敬兄長。看到老人家背著、頂著重物在路上走，就會感到不忍心而去幫忙，這就是教育孝悌的成效。

讓七十歲的老人，有絲棉襖穿也有肉吃，讓一般百姓不挨餓也不受凍，「黎民」是指黑頭髮的人，亦即青少年、壯年。孟子認為，如果為政者如此顧念百姓，這樣還不能稱王天下，那是從來不曾有過的。

誠懇面對錯誤，才能獲得民心

「狗彘食人食而不知檢，塗有餓莩而不知發」，「檢」是指節制，「莩」專門指餓死的人。豬狗吃的飼料，其中很多人也可以吃，正所謂「朱門酒肉臭」，有錢人家餵給豬吃的食物，甚至比窮人家吃得還好；若已經「路有凍死骨」，還不知開倉救濟百姓的話，這根本就是草菅人命了。

「歲」代表年，代表收成。收成不好，有人餓死，就說「非我也，歲也」，這個與「刺人而殺之，曰：『非我也，兵也』」有什麼差別呢？這種比喻多生動啊！孟子能夠以這種方式說話，就知道他學問充實、經驗深刻，無庸置疑。

由本章可見，梁惠王雖然有心，但是並未想要與人民同甘共苦。在孟子看來，如果不懂仁義之道，而在技術層面做改革，結果就只是「五十步與一百步」的差別而已。政治領袖找藉口的毛病，很難根絕。至於教育，一定要從孝悌開始。這是孟子的主要原則。孟子當時五十幾歲，面對政治領袖，談話不卑不亢，目的是要告訴對方，有權力不代表有學問；他心裡不諛不求，沒有要討好，也沒有什麼要求，合則來，不合則去，只講正確的道理。這就是孟子的特色。

〈1‧4〉

梁惠王曰：「寡人願安承教。」

孟子對曰：「殺人以梃（ㄊㄧㄥ）與刃，有以異乎？」

曰：「無以異也。」

「以刃與政，有以異乎？」

曰：「無以異也。」

曰：「庖有肥肉，廄有肥馬，民有飢色，野有餓莩，此率獸而食人也。獸相食，且人惡（ㄨ）之；為民父母行政，不免於率獸而食人，惡（ㄨ）在其為民父母也？仲尼曰：『始作俑者，其無後乎！』為其像人而用之也。如之何其使斯民饑而死也？」

梁惠王說：「我很樂意接受你的指教。」

孟子回答說：「用木棍打死人，與用刀殺人，有什麼不同嗎？」

梁惠王說：「沒有什麼不同。」

「用刀殺人，與用苛政害死人有什麼不同嗎？」

梁惠王說：「沒有什麼不同。」

孟子說：「廚房裡有肥肉，馬廄裡有肥馬，可是百姓面帶饑色，野外有餓死的屍體，這等於率領野獸來吃人。野獸互相殘食，人們尚且厭惡；身為百姓的父母，推行政事，卻不免於率領野獸來吃人，這又怎麼配做百姓的父母呢？孔子說：『最初製作木偶人來陪葬的，該會斷絕子孫吧！』因為木偶像人，

卻用來殉葬。那麼，又怎麼可以讓百姓饑餓而死呢？」

仁民是治國的根本

孟子已經與梁惠王談過三次了，梁惠王對孟子也有一定的了解，知道他有學問也有見解。梁惠王很羨慕周文王可以受到百姓愛戴，就想自己為什麼不學習他呢？這表示他心裡還是有向上的意念，所以他見了孟子就說：「願安承教。」「承教」就是接受指教，「安」就是樂意，算是很客氣說法了。

孟子以一貫的風格回答說：「用木棍打死人，與用刀殺人有什麼不同嗎？」梁惠王說：「沒有什麼不同。」孟子再問：「用刀殺人，與用苛政害死人有什麼不同嗎？」梁惠王說：「沒有什麼不同。」這是孟子高明的類比方法。用刀殺人、用木棍打死人，和用政治的手段、苛政、苛捐雜稅把人逼死，最後都是害死人。就像孔子說的「苛政猛於虎」，故事中的婦人，寧可一家三代都被老虎咬死，也不願意活在社會上受人虐待，由此可見苛政的殘忍與恐怖之處。

於是孟子開始發揮，連著四句話都是描寫客觀的現象，但一氣呵成，力道很強：「廚房裡有肥肉，馬廄裡有肥馬，可是百姓面帶饑色，野外有餓死的屍體。」廚房裡有肉，一般是指豬肉，豬長得很肥，才會有肥肉。把豬養肥需要很多飼料，而飼料當中也有人的食物，就等於是把一般百姓的食物拿去餵豬，如此一來，豬長肥了，大官才有肥肉吃。

馬是重要的財產，馬養得肥壯，可以賣人或送人，也可以自己使用。「民有饑

色」，可想而知許多百姓看起來就面黃肌瘦，一點營養都沒有的模樣。最慘的是，野外有餓死的屍體。

孟子接著提到「率獸食人」，更是一語道盡亂世的荒謬。這四個字是成語，意思是說，會把肥豬、壯馬是因為人的食物被吃掉，因而餓死，這就等於是帶著野獸來吃人一樣。「且人惡之」，這是古代的句法，就是「人且惡之」。「獸相食」的鏡頭在電視上經常可見，老虎抓羚羊，畫面殘酷血腥；等老虎年老或受傷時，換成野狗來吃牠，免不了「獸相食」的結局。我們看到這些情景，都會覺得於心不忍，更何況是「率獸食人」呢？

人人生而平等，擁有同樣的尊嚴

「始作俑者」的「俑」是指殉葬的土偶或木偶。古代曾用活人殉葬，後來大家覺得活人還有一點用處，可以用來耕田、打仗，如果多陪葬幾個，打仗時兵力少了也不太好，於是造了一些俑來代替活人。這個舉措已經算改善許多了，但即使是人俑，也因為像人而使孔子深覺不忍。

為什麼孔子會說出「最初製作木偶人來陪葬的，該會斷絕子孫」這樣的話呢？孟子的解釋是：「因為木偶像人，卻用來殉葬。」意思是把很像人的木偶埋在墳墓裡，難道心裡不會難過嗎？如果把木頭丟在墳墓裡，木頭上面沒有刻出鼻子、眼睛，也沒有手腳，就沒有什麼感覺；但把木頭刻成像人的模樣，心裡不免會不安，何況做成人形的俑呢？

接著，孟子對梁惠王提出了教訓，連用像人的木偶陪葬都不忍心，卻眼睜睜地讓活著的人餓死，這不是太慘了嗎？

由本章可見，儒家人文主義顯示的深刻人道情懷，便是珍惜每個人的生命價值。不過「人人生而平等」的觀念，並不是自古就有的。古代的人很不幸，生下來就有階級之分，如果不幸屬於奴隸或百姓階級的話，人命是不值錢的。孔子之所以了不起，是因為他在那麼早的時代，就看出每個人都具有同樣的尊嚴。

何謂「同樣的尊嚴」？當人沒有飯吃時，還有尊嚴嗎？孔子認為有，因為「人性向善」。「向善」兩字代表人有豐富的潛能可以行善，行善之後，人的價值自然呈現，改變自己生命的形態，最後成為君子、成為聖人。

儒家偉大之處就在這裡，肯定向善的力量是由內而發的，所以人人平等。社會上各行各業有各種能力的要求，競爭的條件也不一樣，因此由外在看來，人永遠不可能平等。真正的平等是指內在的平等，是實現價值的平等機會，這就是儒家的特色。

〈1‧5〉

梁惠王曰：「晉國，天下莫強焉，叟之所知也。及寡人之身，東敗於齊，長子死焉；西喪地於秦七百里；南辱於楚。寡人恥之，願比死者一洒（ㄒㄧ）之，如之何則可？」

孟子對曰：「地方百里而可以王。王如施仁政於民，省刑罰，薄稅斂，

深耕易耨（ㄋㄡˋ）；壯者以暇日修其孝悌忠信，入以事其父兄，出以事其長上，可使制梃以撻（ㄊㄚˋ）秦楚之堅甲利兵矣。彼奪其民時，使不得耕耨以養其父母。父母凍餓，兄弟妻子離散。彼陷溺其民，王往而征之，夫（ㄈㄨˊ）誰與王敵？故曰：『仁者無敵。』王請勿疑。」

梁惠王說：「晉國的強大，以前天下沒有比得上的，這是老先生你所知道的。可是到了我手中，在東邊被齊國打敗，我的長子也犧牲了：在西邊被秦國打敗，割讓了七百里土地，在南邊又被楚國欺侮，占去了八個城池。我對此深感羞恥，想為戰死的人報仇雪恨。要怎樣才辦得到呢？」

孟子回答說：「縱橫各一百里的小地方也可以讓天下歸服。大王如果對百姓施行仁政，少用刑罰，減輕賦稅，深耕細作，勤除雜草。安排年輕人在閒暇時學習孝悌忠信的道理，進而在家侍奉父兄，在外敬重長上，這樣可以讓他們拿起木棍打贏擁有堅實盔甲、銳利刀槍的齊國與楚國的軍隊了。齊國與楚國占奪了百姓耕種的時間，使他們不能耕田除草，沒有收穫去奉養父母，父母受凍挨餓，兄弟妻子各自逃散。他們讓百姓陷入痛苦之中，大王前往討伐，還有誰能與大王對抗呢？所以古語說：『有仁德的人，天下無敵。』希望大王不要懷疑了！」

梁惠王繼續向孟子請教，這裡談的問題，牽涉到一些歷史背景。韓、趙、魏三家

分晉，只有魏國自稱是晉國。戰國初期，魏國確實勢力最大，後來歷經幾次敗仗，到

梁惠王時，國勢已從強盛走向衰弱了，但他仍然念念不忘自己才是正宗的晉國。

從春秋五霸之一的晉文公之後，晉國一直很強大，到了梁惠王手中，卻開始連吃

敗仗，先是古代有名的「馬陵之役」。那時孫臏在齊國，龐涓在魏國，梁惠王本來以

為有龐涓這些軍師輔佐，太子（長子）帶兵，必勝無疑。不料，龐涓碰到孫臏，這對

師兄弟，新仇舊恨一起算，結果龐涓輸了，竟連太子的性命也一起賠上，梁惠王非常

痛心。

接著又連續在東、西、南三邊都打了敗仗。本來是國勢最強的，反而招致禍患，

並因為地方大，防線太長，三個強敵自三面圍攻，國家的精銳部隊被分成三份，軍力

就減弱了，到最後三面作戰都失敗了。

梁惠王就問孟子有什麼辦法可替戰死的人洗刷恥辱呢？「願比死者一洒之」，

「洒」在古時候通「洗」，是指洗刷恥辱，「比」是替的意思。

順應人性，仁者無敵

孟子回答：「縱橫各一百里也可以讓天下歸服。」「方百里」三字是一

個詞，即「縱橫各一百里」。這裡指的是商湯、周文王原有的國土。

國君使用刑罰是擔心百姓不聽話，提高賦稅是為了自己要享受，因此孟子希望梁

惠王對百姓能施行仁政，做到兩件事──少用刑罰、減輕賦稅；而深耕細作、勤除雜

草，則是針對當時農業社會耕種的需要而言。

接下來是「安排年輕人在閒暇時學習孝悌忠信的道理。」「孝悌忠信」這四個字是最基本的，對父母是「孝」、對兄弟姊妹是「悌」、對長官是「忠」、對朋友是「信」。儒家孟子的思想，絕不只是追求具體的生活改善、經濟發展、政治清明、法律上軌道等，還要讓年輕人學習做人的道理。

孟子認為只要政治上軌道，再教導百姓做人處事的道理，人民就會過得快樂，自然也會效忠國家，憑著木棍就可以勝過堅甲利兵，這叫做「仁者無敵」。

戰國時代是個亂世，孟子認為，這些大國雖然表面強盛，但是並不得民心。因此，他提出「仁者無敵」的觀念，希望讓梁惠王推行仁政，百姓就會願意歸附。孟子真是苦口婆心，至於梁惠王聽信與否，就難說了。

這一章開始出現「仁政」一詞，意指「有仁德的政治」，代表國君「愛民如子」，這是孟子的政治主張。其做法不外乎「養民、教民、與民同樂」，養育百姓，與百姓一起快樂，國家所有資源都能共同享用。

「仁」字指的是人性的歸趨，由內而發可稱為仁德，用於政治則是仁政。「仁者無敵」是因為所做的都是符合人性的要求，讓好人過得快樂，讓壞人有所忌諱，順應人性，自然人人都會支持。

孟子在面對這些有權力的國君時，他的意見都是直接去關心具體的生活，例如他常提到：百姓有沒有吃飽？有沒有挨餓？由此可以看出他的實際性，很多地方談到經濟，甚至談到井田制度，連怎麼耕田都會說明，這證明了哲學家不是只會談抽象的問題而已。

〈1‧6〉

孟子見梁襄王。出語（ㄩ）人曰：「望之不似人君，就之而不見所畏焉。卒（ㄘㄨ）然問曰：『天下惡（ㄨ）乎定？』吾對曰：『定於一。』『孰能一之？』對曰：『不嗜殺人者能一之。』『孰能與之？』對曰：『天下莫不與也。王知夫苗乎？七八月之間旱，則苗槁矣。天油然作雲，沛然下雨，則苗浡（ㄅㄛ）然興之矣。其如是，孰能禦之？今夫（ㄈㄨ）天下之人牧，未有不嗜殺人者也。如有不嗜殺人者，則天下之民皆引領而望之矣。誠如是也，民歸之，由水之就下，沛然誰能禦之！』」

孟子謁見梁襄王，出來之後對人說：「遠遠看他，不像一個國君的樣子；就近看他，也沒有什麼威嚴可言。他突然發問：『天下怎樣才會安定？』我回答說：『天下的人沒有不跟隨他的國君就可以統一。』『誰來跟隨他呢？』我回答說：『天下的人沒有不跟隨他的。大王了解禾苗生長的情況嗎？七八月間遇到天旱，禾苗又立刻蓬勃地生長起來了。這時天上湧起烏雲，降下大雨，禾苗自然枯槁了。像這樣，誰能夠阻擋呢？現在天下的國君沒有不喜歡殺人的。如果有不喜歡殺人的，那麼天下的百姓都會伸長脖子盼望著他了。果真如此，百姓歸附他，就像水向下奔流，來勢洶湧又有誰能夠阻擋呢？」

是，這整個過程是由孟子轉述的。

梁惠王過世以後，由兒子梁襄王繼位為王，這一章就是講他的故事，比較特別的

愛民之君是蒼生的企盼

孟子謁見梁襄王，覺得他沒有威嚴，不像一個國君。「就之而不見所畏焉」，

「所畏」是指讓別人感覺到敬畏。

戰國時期二十多個國家一直在互相競爭，梁襄王忽然問孟子怎麼安定天下，感覺

好像很有魄力、大有可為似的，他當然希望自己有機會能統一天下。「卒然問曰」是

指問的問題太突然了。

當時的國君都喜歡殺人，百姓並不受尊重珍惜。因此孟子回答得很巧妙：「不喜

歡殺人的國君就可以統一。」而且「天下莫不與也」，天下人沒有不跟隨他的。

接著，孟子以禾苗生長的情形做比喻。當時正值七八月，剛好是禾苗待雨的季

節，若遇天旱，禾苗必定枯萎。這個比喻顯得很具體，如果是在冬天下雪時談七八月

的稻子，恐怕梁襄王不見得能理解。

當時使用的是周曆，周曆的七八月相當於夏曆的五六月，現在用的黃曆就是夏

曆，黃曆的好處在於配合農業社會。

「油然」是指雲像油一樣聚在一起；「沛然」形容雨的聲勢浩大。比方說乾旱期

間，當大雨下過之後，草木的生長就特別有力量，這樣的情況誰可以阻擋呢？所以說

「孰能禦之」。

「誠如是也，民歸之」，是一個假設語句。「由水之就下」，「由」同「猶」，在此是一樣的意思。在孟子的思想裡，這個比喻特別重要，就是要想像「如同」水往下奔流一樣。

行善之君得人心

孟子談到人和社會的根本問題時，有時沒辦法多講，因為還沒有實現他所描繪的理想。別人會問：「何以得知根據這個說法去做，將來就會產生那個好的結果呢？」他就說，「由水之就下」，擋也擋不住。好的政治領袖，就是要行「善」，有了「善」的言行，百姓自然會跟隨，就好比水往下流，擋也擋不住。

由上可知，孟子因材施教，回答簡單明瞭，不過，梁襄王不見得能懂；即使懂了，也未必做得到。

〈1‧7‧1〉

齊宣王問曰：「齊桓、晉文之事，可得聞乎？」

孟子對曰：「仲尼之徒，無道桓、文之事者，是以後世無傳焉，臣未之聞也，無以，則王乎？」

曰：「德何如則可以王矣？」

曰：「保民而王，莫之能禦也。」

齊宣王問說：「齊桓公、晉文公的事蹟，可以講給我聽聽嗎？」

孟子說：「孔子的學生沒有談論齊桓公、晉文公事蹟的，所以沒有流傳到後代，我也不曾聽說過。如果一定要我說，那就談談稱王天下的道理吧！」

齊宣王說：「那要有怎麼樣的德行，才可以稱王天下？」

孟子說：「保護百姓進而稱王天下，就沒有人可以阻擋了。」

齊宣王說：「像我這樣的人，可以做到保護百姓嗎？」孟子說：「可以。」

齊宣王說：「憑什麼知道我可以呢？」

孟子說：「我聽胡齕說過：有一天大王坐在堂上，有人牽著一頭牛從堂下經過，大王見了就問：『牛要牽到哪裡去？』那人回答：『要用牠來祭鐘。』大王說：『放了牠吧！我不忍心看牠恐懼發抖的樣子，好像沒有犯罪就被置於死地。』那人便問：『那麼，要廢除祭鐘的儀式嗎？』大王說：『怎麼可以廢除呢？用羊來代替牠吧！』不知道有沒有這回事？」

曰：「若寡人者，可以保民乎哉？」曰：「可。」

曰：「何由知吾可也？」

曰：「臣聞之胡齕（ㄏㄜ）曰，王坐於堂上，有牽牛而過堂下者：王見之，曰：『牛何之？』對曰：『將以釁（ㄒㄧㄣ）鐘。』王曰：『舍之！吾不忍其觳觫（ㄏㄨ ㄙㄨ），若無罪而就死地。』對曰：『然則廢釁鐘與？』曰：『何可廢也？以羊易之！』不識有諸？」

以德服人，稱王天下

齊宣王知道孟子有學問，而齊桓公是齊國的先君，他想藉著談論先祖來榮耀祖先。但孟子不願多談，因為不想引起對方稱霸天下的念頭，所以他巧妙地閃避了。

「無以」的「以」字是指停止。

孟子的觀點很清楚，就是以德服人，稱王天下。如果講到齊桓公、晉文公，就等於宣傳用武力征服別人，稱霸天下。所以他故意說孔子的學生中沒有人談論齊桓公和晉文公。

不過，孔子也的確很少談論齊桓公、晉文公，《論語》裡真正談到兩人的只有〈憲問篇〉的一句話：「晉文公譎而不正，齊桓公正而不譎。」亦即晉文公要手段而不太正直，齊桓公正直而不耍手段。

齊宣王也知道稱王天下需要德行，於是問孟子要有怎麼樣的德行才行，孟子要他「保護百姓，進而稱王天下」。齊宣王接著問：「我這樣的人可以做到保護百姓嗎？」這句話表達了他想要努力的心願。所以當他聽到孟子說可以時，非常開心，這表示他還有機會，於是趕緊追問理由。

動物也懂得愛惜生命

孟子就轉述胡齕說過「以羊代牛」的故事，胡齕是齊宣王的大臣之一。

「王坐於堂上」，這時並非上朝的時間，而是下班之後的事。齊宣王可能坐在堂上，等著接見別人，正好看到堂下遠處，有人牽著一頭牛要去「釁鐘」。

鐘在古代是重要的禮器，尤其是祭祀的時候，鐘鼓是主要的樂器。「釁」是空隙的「隙」。以前的鐘在鑄好之後，依禮要用牛血或其他動物的血把空隙塗滿，才可以正式使用，這叫做「釁鐘」，就是祭鐘之禮。古代在完成某些大事時，會殺牛羊或豬來祭祀，都成爲一種禮俗了。

牛察覺自己將要被殺，所以一直發抖，大概是因爲牽牛的人是專門殺牛的，動物的本能在生命受威脅時會直接反應。齊宣王看牠發抖哀鳴，好像沒有犯罪就被置於死地的樣子，很不忍心，就下令叫人放了牠。但是，祭鐘儀式是國家重要的典禮，可以隨便廢除這個儀式嗎？齊宣王很聰明，就想到用羊來代替牛。

〈1‧7‧2〉

曰：「有之。」

曰：「是心足以王矣。百姓皆以王爲愛也，臣故固知王之不忍也。」

王曰：「然，誠有百姓者，齊國雖褊（ㄅㄧㄢˇ）小，吾何愛一牛？即不忍其觳觫，若無罪而就死地，故以羊易之也。」

曰：「王無異於百姓之以王爲愛也，以小易大，彼惡知之？王若隱其無罪而就死地，則牛羊何擇焉？」

王笑曰：「是誠何心哉？我非愛其財而易之以羊也，宜乎百姓之謂我愛也。」

曰：「無傷也，是乃仁術也，見牛未見羊也。君子之於禽獸也，見其生，不忍見其死；聞其聲，不忍食其肉。是以君子遠庖廚也。」

齊宣王說：「有的」。

孟子說：「這樣的心意就足以稱王天下了，百姓都以為大王是吝嗇，我本來就知道大王是不忍心啊。」

齊宣王說：「是的，確實有這樣議論的百姓。齊國雖然狹小，我怎麼會吝惜一頭牛？就是不忍心看牠恐懼發抖的樣子，好像沒有犯罪就被置於死地，所以才用羊代替牠啊。」

孟子說：「大王不必責怪百姓以為您吝嗇。用小的代替大的，他們怎麼了解您的想法？大王如果可憐牠沒有犯罪就被置於死地，那麼牛和羊又有什麼分別呢？」

齊宣王笑著說：「這究竟是什麼樣的心思呢？我不是吝惜錢財而以羊換牛的。也難怪百姓要說我吝嗇了。」

孟子說：「沒有關係，這正是仁德的具體表現，是大王見到牛而沒有見到羊的緣故。君子對於禽獸，看到牠活著，就不忍心看到牠死去；聽到牠的哀鳴，就不忍心食用牠的肉。正是因為如此，所以君子總是與廚房保持距離。」

求生本是天性

孟子認爲，齊宣王不忍心看見牛恐懼發抖的模樣，因此想到用羊來代替，並非出於吝嗇，有這樣的心意就足以稱王天下了。

齊宣王聽了這番話，顯得很開心。因爲一般百姓只是聽說此事，以爲用羊代替牛是因爲牛比較貴。但齊國國土那麼大，不至於連一頭牛都捨不得，一定是當時的「不忍心」表現出來了。

孟子要齊宣王不必責怪百姓誤會他吝嗇，並且進一步指出，如果可憐牛沒有犯罪就被置於死地，那麼牛和羊又有什麼分別呢？「則牛羊何擇焉」，每一種動物都會怕死，用羊來代替牛，也會遇到同樣的問題啊。

齊宣王忍不住笑了，哎呀，他以前怎麼沒想到這一點呢？於是他說：「這究竟是什麼樣的心思呢？我不是吝惜錢財而以羊換牛的。也難怪百姓要說我吝嗇了。」「是誠何心哉」，這句話是齊宣王問自己的，眞不知道自己當時是怎樣的心思。最後他總算懂了，所以人與人之間有誤會時，要進一步溝通，把道理說清楚。

有仁德的人珍惜生命

孟子認爲齊宣王「見牛而不見羊」，仍是仁德的具體表現。「仁心」是內在的好心，「仁術」就牽涉到具體的做法。光有仁心不夠，必須擴而充之，把仁落實在具體的做法上，也就是「仁術」。

君子，在古代指有官位或者有德者，大多是受過教育出來做官的人。如果他常在

廚房，看多了那些殺雞、殺鴨的情況，就難免對殺生之事日益麻木無覺。「君子遠庖廚」是擔心「君子的不忍」因為接近庖廚而減損，最後對人也不再憐惜。君子負責治理百姓，少接觸死亡（尤其是殺生）這個題材，比較容易珍惜百姓的生命。這是孟子的用意。

〈1．7．3〉

王說（ㄩㄝˋ）曰：《詩》云：『他人有心，予忖度（ㄉㄨㄛˋ）之。』夫子之謂也。夫我乃行之，反而求之，不得吾心。夫子言之，於我心有戚戚焉。此心之所以合於王者，何也？」

曰：「有復於王者曰：『吾力足以舉百鈞，而不足以舉一羽；明足以察秋毫之末，而不見輿薪。』則王許之乎？」

曰：「否。」

「今恩足以及禽獸，而功不至於百姓者，獨何與？然則一羽之不舉，為不用力焉；輿薪之不見，為不用明焉；百姓之不見保，為不用恩焉。故王之不王，不為也，非不能也。」

曰：「不為者與不能者之形何以異？」

曰：「挾（ㄒㄧㄝˊ）太山以超北海，語人曰：『我不能。』是誠不能也；為長者折枝，語人曰：『我不能。』是不為也，非不能也。故王之不王，

非挾太山以超北海之類也；王之不王，是折枝之類也。老吾老，以及人之老；幼吾幼，以及人之幼；天下可運於掌。《詩》云：『刑於寡妻，至於兄弟，以御於家邦。』言舉斯心加諸彼而已。故推恩足以保四海，不推恩無以保妻子；古之人所以大過人者，無他焉，善推其所為而已矣。今恩足以及禽獸，而功不至於百姓者，獨何與？權，然後知輕重；度，然後知長短，物皆然，心為甚。王請度之。抑王興甲兵，危士臣，構怨於諸侯，然後快於心與？」

齊宣王高興地說：「《詩經‧小雅‧巧言》上說：『別人想什麼，我能揣摩到。』說的正是先生啊！我做了這件事，反過來追究原因，自己心裡也不明白。先生這麼一講，使我內心怦然相應。這樣的心思合乎稱王天下的要求，又是什麼緣故呢？」

孟子說：「如果有人向大王報告：『我的力氣能夠舉起三千斤，卻舉不起一根羽毛；我的眼力能夠看清楚秋天獸毛的尖端，卻看不見一車薪柴。』大王會認可這樣的話嗎？」

齊宣王說：「不會。」

孟子說：「現在恩惠能夠推廣到禽獸身上，可是功績卻照顧不到百姓，到底是怎麼回事呢？事實上，一根羽毛都舉不起，是因為不肯用力氣；一車薪柴都看不見，是因為不肯用眼力；百姓不能受到保護，是因為不肯施行恩惠啊。所以大王沒有稱王天下，只是不去做，而不是不能做。」

齊宣王說：「不去做和不能做的情形，有什麼不同？」

孟子說：「用手臂夾著泰山跳過北海，對別人說：『我辦不到』，這是真的不能做到。給年長的人彎腰行禮，對別人說：『我辦不到』，這就是不去做，而不是不能做。所以，大王沒有稱王天下，是屬於給年長的人彎腰行禮一類；尊敬自己的長輩，然後推及尊敬別人的長輩；愛護自己的子弟，然後推及愛護別人的子弟。這樣要治理天下，就像在手掌上轉動東西一樣。《詩經·大雅·思齊》上說：『（文王）先給妻子做一個榜樣，再影響到兄弟們，再進而影響到封邑與國家。』這裡說的，不過是要把這樣的心思用到其他人身上。所以，推廣恩惠就可以保住天下，不推廣恩惠就連妻子兒女都保不住。古代的君主所以能夠遠遠地超過一般人，沒有別的原因，只是善於把他的作為推廣出去罷了。現在恩惠能夠推廣到禽獸身上，可是功績卻照顧不到百姓，到底是怎麼回事呢？秤一秤，然後才知道輕重；量一量，然後才知道長短。所有的東西都是這樣，人心更是如此。大王請仔細考慮。難道大王要動員軍隊，使將士冒險犯難，與別的國家結下仇怨，然後心裡才覺得痛快嗎？」

不去做和不能做的差別

齊宣王聽到孟子說他是不忍心，好像很了解他，就高興地說：「夫子言之，於我心有戚戚焉。」其實人與人相處，只要體貼別人就很容易心意相通。「於我心有戚戚焉。」

為」這句成語，就是從此而來的。「此心之所以合於王者」，表示齊宣王開始要想了解是怎麼回事了。

孟子舉了兩個例子來說明。第一個是「力足以舉百鈞，而不足以舉一羽」，一鈞等於三十斤，「百鈞」就是三千斤了。古時候的斤與現在的公斤不同，能舉起三千斤，真是力大無比。

第二個是「明足以察秋毫之末，而不見輿薪」。秋天的時候，野獸準備過冬，會長出新的毛來，剛長出來的毛非常細，尤其是毛的尖端，此謂「秋毫之末」。意思是如果可以看到這麼細的東西，難道會看不到一大車子的木材？

很顯然，人不是舉不起羽毛，而是不肯舉，不用力氣當然什麼都舉不起，羽毛也不例外。不肯用眼力的話，眼睛張開視而不見，是不願意看，而不是不能。對待百姓也是如此。

齊宣王對牛尚且不忍心，想給牠一條活路，那為什麼不能照顧百姓，以致還有百姓餓死，這是怎麼回事呢？

其實，做官的人想要照顧百姓，太容易了。古人有一句話說得好：「人在公門好修行。」做官就是要照顧百姓、體諒百姓，所以說，做官的修行機會很多。尤其是做法官，審判時總是想盡辦法兼顧情理，當然也不能姑息養奸、放縱壞人。

孟子這番話是要提醒齊宣王，因為他不肯施行恩惠，所以沒有稱王天下。這不是做不到，而是不去做。

凡事都要推己及人

孟子進一步說明做不到和不能做的不同。「挾泰山以超北海」，泰山何其大，夾在手臂下，跳過北海，當然是辦不到的幻想。「為長者折枝」，「枝」即是「肢」，意思是給年長的人彎腰行禮，表示尊重，這是很容易做到的事。就好像搭公車時讓座給老人家，是很容易做到的。容易的事應該是隨時可以做到的，但是自己不去做，誰也沒有辦法。

儒家的道理，在於「推己及人」，所以說「老吾老，以及人之老；幼吾幼，以及人之幼」，一切都要從自己的長輩或孩子做起才行。譬如，照顧好自己的小孩，有能力再去照顧別人的小孩，這樣一來，別人也會跟著去做，對大家都有好處。推廣開來之後，整個社會風氣就和諧快樂了。

如此一來，「天下可運於掌」，這個比喻十分生動，意思是要治理天下，就好像把東西放在手掌上轉動一樣，容易得很。

接著孟子再引《詩經‧大雅‧思齊》的話：「刑於寡妻，至於兄弟，以御於家邦。」「刑」是典型的「型」，意即自己要先做示範，文王做為丈夫，要先給妻子做榜樣，接著再影響到兄弟們，最後就是影響到封地與國家。由近及遠，修身、齊家、治國、平天下，慢慢推廣出去。

換句話說，這與「老吾老，以及人之老」一樣，把同樣的心思加在別人身上就可以了。這也就是孔子所主張的「恕道」——己所不欲，勿施於人，都是出於一樣的原則，對待別人和對待自己一樣。

「故推恩足以保四海，不推恩無以保妻子」，「推恩」意即推廣恩惠，就是自己得到什麼照顧，讓別人也都可以得到，這樣的話大家都快樂。推恩，會有好的結果；相反的，不能推恩的話，「不足以保妻子」。一個人若是只顧自己享受好處，最後難免眾叛親離。

治理天下的祕訣

推廣出去之後可能有兩種效果，一種是受到反彈，表示這個作為是壞的，所以別人反彈。第二種是受到歡迎，代表這是好的作為。百姓一般來說很單純，只是希望能夠得到好的照顧，因此讓天下每一個人都得到照顧，肯定是好事。

齊宣王能把恩惠推廣到禽獸身上，但功績卻照顧不到百姓，此時就必須經常去「權」去「度」，隨時用心衡量，替別人設想一下，到底怎麼做才是對的？

所以孟子要齊宣王好好想想，難道一定要「興甲兵，危士臣，構怨於諸侯，然後快於心與？」意思是一定要弄到打仗，使大家陷入困境，才會覺得快樂嗎？這當然是一句反話了，孟子等於故意問宣王，看看他要怎麼回答。

儒家對人性充滿信心，是肯定人性的內在就有行善避惡的力量。至於人生其他的成就，像富貴，則往往有「是不能也」的情況，因而不必強求。孟子認為，如果為了做成一件事而不擇手段，當然是不恰當的。道德上的實踐才是合乎人性的作為。

〈1‧7‧4〉

王曰：「否。吾何快於是？將以求吾所大欲也。」

曰：「王之所大欲，可得聞與？」王笑而不言。

曰：「為肥甘不足於口與？輕煖（ㄋㄨㄢˋ）不足於體與？抑為采色不足視於目與？聲音不足聽於耳與？便嬖（ㄅㄧㄢˊㄅㄧˋ）不足使令於前與？王之諸臣皆足以供之，而王豈為是哉？」曰：「否，吾不為是也。」

曰：「然則王之所大欲可知已。欲辟土地，朝秦楚，蒞中國而撫四夷也。以若所為，求若所欲，猶緣木而求魚也。」

齊宣王說：「不，對此我有什麼痛快的呢？我是想藉此實現我最大的願望。」

孟子說：「大王最大的願望可以說來聽聽嗎？」齊宣王笑而不答。

孟子說：「是為了肥美的食物不夠吃嗎？輕暖的衣服不夠穿嗎？還是豔麗的色彩不夠看嗎？美妙的音樂不夠聽嗎？乖巧的侍從不夠使喚嗎？這些，大王的群臣都能夠供應，難道大王真是為了這些嗎？」

齊宣王說：「不，我不是為了這些。」

孟子說：「那麼大王最大的願望就可以知道了。您是想要開拓疆土，讓秦國與楚國都來朝貢，君臨天下並且安撫四周的外族。然而，以您的做法去追求您的願望，就好像爬到樹上去捉魚一樣。」

緣木求魚，適得其反

上文孟子問齊宣王：「你要打仗，讓軍隊陷於危險，與別的國家結怨，你才會高興嗎？」齊宣王說：「否。吾何快於是？將以求吾所大欲也。」「何快於是」即「於是何快」，意即：對此我有什麼痛快的呢？由齊宣王的回答可知，他並不反對打仗，他以為可以靠打打仗實現願望。

當孟子問齊宣王最大的願望為何時，他笑而不答，是因為不好意思說，怕說了又要被批評一番。孟子是傑出的老師，對方不說話，他就用引導的方式來啟發。

吃、穿、看、聽、用，這些都是物質生活的享受。孟子先把所有的物質享受都排除在外，因為這些都已經有了，只是程度多少而已，這表示齊宣王一定有別的欲望。

「煖」與「暖」相通。「便嬖」代表口才很好又受到寵幸的人。嬖人，有時候是指宦官，一般是指左右的親侍，在古代叫「便嬖」。

由本段內容可以欣賞孟子說話的技巧，他先問一些反話，把許多問題排除，讓範圍愈來愈小，到最後目標浮現，就可以進一步深究了。

「朝秦楚」的「朝」是動詞，意即讓他們來朝見我。「蒞中國」，君王面對整個中國，只有帝王才有這樣的架式。至於「四夷」，以前的中原各國，把四周的少數民族叫做「夷」。

孟子知道齊宣王的願望是想稱王天下，但以宣王目前的做法來說，要達成願望「猶緣木而求魚也」，意即好像是爬到樹上捉魚一樣。「緣木求魚」這個比喻非常有創意，爬到樹上怎麼可能捉到魚呢？表示此事絕無可能。

——人性向善。只要有中心思想，看待任何問題都不會離開基本原則。

孟子能靈活地掌握思想要點，並且善用日常比喻來表達，是因為他有中心思想

〈1・7・5〉

王曰：「若是其甚與？」

曰：「殆有甚焉。緣木求魚，雖不得魚，無後災。以若所為，求若所欲，盡心力而為之，後必有災。」

曰：「可得聞與？」

曰：「鄒人與楚人戰，則王以為孰勝？」

曰：「楚人勝。」

曰：「然則小固不可以敵大。寡固不可以敵眾，弱固不可以敵彊（くㄧㄤ´）。海內之地，方千里者九，齊集有其一；以一服八，何以異於鄒敵楚哉？蓋（ㄏㄜ´）亦反其本矣。今王發政施仁，使天下仕者皆欲立於王之朝，耕者皆欲耕於王之野，商賈（ㄍㄨˇ）皆欲藏於王之市，行旅皆欲出於王之塗，天下之欲疾其君者，皆欲赴愬（ㄙㄨˋ）於王，其若是，孰能禦之？」

王曰：「吾惛（ㄏㄨㄣ），不能進於是矣。願夫子輔吾志，明以教我，我雖不敏，請嘗試之。」

齊宣王說：「會像你說的這麼嚴重嗎？」

孟子說：「恐怕比這個更嚴重。爬到樹上去捉魚，雖然捉不到魚，不會有什麼後患。以您的做法去追求您的願望，如果費盡心力去做，一定會有禍害在後面。」

齊宣王說：「可以說來聽聽嗎？」

孟子說：「鄒國與楚國打仗，大王認為誰會打勝？」

齊宣王說：「楚國會勝。」

孟子說：「由此可見，小的原本敵不過大的，人少的原本敵不過人多的，勢力弱的原本敵不過勢力強的。現在四海之內的面積約九百萬平方里，齊國全國土地占了其中九分之一。以一份來對抗另外八份，那和鄒國與楚國為敵有什麼不同呢？何不回到根本上來呢？現在大王改革政治、施行仁德，使天下做官的都想來大王的朝廷任職，農夫都想來大王的田野耕種，商人都想來大王的市場經營，旅客都想在大王的道路來往，天下有痛恨本國君主的人都想來大王這兒控訴。果真做到這樣，誰能抵擋得住呢？」

齊宣王說：「我頭昏腦脹，沒有辦法了解這一步。希望先生輔佐我實現志向，明白地教導我。我雖然不夠聰明，也要嘗試一下。」

用錯方法，得不償失

孟子**繼續**談比喻，而且進一步結合現實來談。

齊宣王所想的是稱霸天下，所做的卻與這個目標背道而馳，不行仁政而稱霸天

下，必定變成夏桀、商紂第二，這就叫做後患無窮。

孟子接著問齊宣王，如果鄒、楚兩國打仗，誰會打勝？齊國跟楚國相比呢？在正常情況下，小不敵大，人少不敵人多，勢力弱不敵勢力強。因此這個答案顯而易見，齊宣王當然是回答楚國會勝。

「方千里」是指一百萬平方里。齊國想要稱霸，而別國不同意，就會聯合起來對付，這等於是以一敵八，怎麼打得過呢？雙拳難敵四手，正是此意。小國打不過大國，人少打不過人多，還不如回到根本處著手。

人民歸向善的政治

那麼，根本處是什麼呢？就是要齊宣王改革政治、施行仁德。如此一來，做官的、農夫、商人、旅客，還有痛恨本國國君的人，都願意歸附，自然人多勢眾。

痛恨本國國君的人當然是指別國百姓。「欲疾其君者」，「疾」是指痛恨，原本是指生病，好像痛恨一個人到希望他生病這麼嚴重的程度。「皆欲赴愬於王」，意即要來這邊控訴他們的國君不好。「愬」通「訴」，是指上訴。

一國的人愈來愈多，自然土地也占得愈多，誰又能抵擋得住呢？這番話很動聽，天下人才都來支持的話，等於是自動把你當做天子了。

齊宣王聽了之後，說出了：「我雖不敏，請嘗試之。」這裡有人承認「我雖不敏」。這四個字在《論語》倒是經常出現，比如〈顏淵篇〉提到：「顏淵問仁……回曰：『回雖不敏，請事斯語矣。』」意即：我雖然不聰明，但

是我想好好做這幾件事，這是顏淵的自謙之詞。齊宣王能承認自己「不敏」，實在是不容易啊！

齊宣王的願望，其實是戰國七雄的共同願望。在正常情況下，小國不能打勝大國，但是孟子卻堅信他的仁政理想可以所向無敵。這是由於他對人性的洞見，亦即人民自然也必然歸向於善的政治。

儒家因為對人性有一套完整的看法，才敢提出一個大的原則理想。而齊宣王在當時能承認自己不夠聰明、無法理解此一原則，已經十分可貴了。

〈1‧7‧6〉

曰：「無恆產而有恆心者，唯士為能。若民，則無恆產，因無恆心。苟無恆心，放辟邪侈，無不為已。及陷於罪，然後從而刑之，是罔民也。焉有仁人在位，罔民而可為也？

「是故明君制民之產，必使仰足以事父母，俯足以畜（ㄒㄩˋ）妻子，樂歲終身飽，凶年免於死亡。然後驅而之善，故民之從之也輕。今也制民之產，仰不足以事父母，俯不足以畜妻子，樂歲終身苦，凶年不免於死亡。此唯救死而恐不贍（ㄕㄢˋ），奚暇治禮義哉？

「王欲行之，則盍反其本矣。五畝之宅，樹之以桑，五十者可以衣帛矣。雞豚狗彘之畜（ㄒㄩˋ），無失其時，七十者可以食肉矣。百畝之田，勿奪其

時，八口之家可以無饑矣。謹庠序之教，申之以孝悌之義，頒白者不負

戴於道路矣，老者衣帛食肉，黎民不饑不寒，然而不王者，未之有也。」

孟子說：「沒有固定產業卻有堅定心志的，只有讀書人做得到。至於一般百

姓，沒有固定的產業，因而也就沒有堅定的心志，就

會違法亂紀，什麼事都做得出來。等到他們犯了罪，然後加以處罰，這就等

於設下羅網陷害百姓。哪裡有仁德之君在位，卻做出陷害百姓的事呢？

「所以英明的君主在規劃百姓的產業時，一定要使他們對上足夠侍奉父母，

對下足夠養活妻小，豐年可以天天吃飽，荒年也不至於餓死。這樣之後，督

促他們走上善道，百姓也就容易聽從了。現在所規劃的百姓產業，讓他們對

上不夠侍奉父母，對下不夠養活妻小，豐年還要天天吃苦，荒年就免不了餓

死。這樣，他們連救活自己都怕來不及，又哪有空閒講求禮儀與義行呢？

「大王想要實現願望，那麼何不回到根本上來呢？在五畝大的宅園中，種桑

養蠶，五十歲的人就可以穿上絲綿襖了。雞、狗與豬這些家畜，不要錯過繁

殖的季節，七十歲的人就可以有肉吃了。一家人百畝的田地不要占奪他們耕

作的時機，八口人的家庭就可以不挨餓了。認真辦理學校教育，反覆講述孝

親敬長的道理，那麼頭髮花白的人就不會背著及頂著重物在路上行走了。老

年人有絲綿襖穿也有肉吃，一般百姓不挨餓也不受凍，這樣還不能稱王天

下，那是從來不曾有過的事。」

生活無虞才能走上善道

「恆產」是固定的產業，足以使人衣食無缺。「恆心」是堅定的心志，要「擇善固執」，孟子對讀書人的期許由此可見。

這句話並不是歧視沒有讀書的人，而是說人讀了書之後就能明白道理。古代的經典，無論是歷史，像《書經》，或文學，像《詩經》，都反應了時代背景和百姓的心聲。這些經過長期的蒐集，再選擇淘汰之後留下來的，肯定是人類生命經驗裡面極有價值的資料。所以啓蒙教育很重要，如果從小就明白道理，表現正確的言行，自然對自己和周圍的人都會產生正面的效應。

「若民，則無恆產，因無恆心。」這話出於同理心，很能體諒別人。因為古代接受完整教育的人很少，一般人生活窮困的話，很容易饑寒起盜心。所以孟子認為，一般百姓無恆產，也就沒有行善的恆心。

窮困之時，要堅持原則及遵守法紀，是很不容易的。為了吃飽喝足、保住性命，就會為所欲為，什麼事都做得出來。

政府如果不分給百姓田地，或者不讓他們安心工作，結果百姓吃不飽、穿不暖，一旦犯罪就抓來處罰，這樣就等於是設下陷阱羅網來對付百姓。

所以，孟子認為理想的情況，應該是「仰足以事父母，俯足以畜妻子，樂歲終身飽，凶年免於死亡」，如此百姓自然樂意跟隨而走向善道；如果情況相反，比如戰爭的時候，百姓連活下去都有困難時，又怎麼可能要求他們講義行、講禮貌呢？

滿足民生實際需求是治國之本

所以，齊宣王想要實現願望，必須回到根本上來。儒家重視「回到根本」，就是注意到人的基本需要。人要吃飽喝足，然後接受教育。教育內容是配合人性內在的需求，就是教導什麼是善，鼓勵人行善避惡。

接下來，「五畝之宅……」的一段文字，在〈1·3〉有類似的說法。以前一般百姓的生活很簡樸，到七十歲才期盼有肉吃。這是以最低限度來考量，就是讓最窮人家的七十歲老人都可以吃到肉。如果大家生活都豐衣足食，上下必定齊心協力。

由此可知，孟子的理想不是憑空去想，他肯定讓百姓吃飽喝足是必要條件。但是，儒家當然不是只談經濟而已，經濟是必要的，但是還不夠。百姓吃飽喝足之後，就要想到更高的層次，就是如何發展心智的潛能、追求靈性的修養等等，這些方面就可以接著開發出來。

往更高層次的方向很明確，就是要讓一個人成為更完整、更完美的人。方法是藉由不斷地行善，實現人與人之間的適當關係。因為一個人行善時，相關的人一定會受惠、受益，如此慢慢形成良性循環的開始，在整個社會推廣開來之後，自然天下和樂太平。

由本文最後一段，可以再度看出孟子對一般人物質生活的重視。孟子做為哲學家，自然有他深刻而高明的見解，但是談及現實人生，像政治與經濟問題，則必須具體而可行。孟子從具體生活入手，最後可以暢談浩然之氣，直至上下與天地同流。

卷二 〈梁惠王篇〉下

〈2‧1‧1〉

莊暴見孟子，曰：「暴見（ㄒㄧㄢ）於王，王語（ㄩˋ）暴以好樂（ㄩㄝˋ），暴未有以對也。」曰：「好樂何如？」孟子曰：「王之好樂甚，則齊國其庶幾乎！」

他日，見於王曰：「王嘗語莊子以好樂，有諸？」王變乎色，曰：「寡人非能好先王之樂也，直好世俗之樂耳。」

曰：「王之好樂甚，則齊其庶幾乎！今之樂，由古之樂也。」

曰：「可得聞與？」

曰：「獨樂（ㄩㄝˋ）樂（ㄌㄜˋ），與人樂（ㄌㄜˋ）樂，孰樂？」曰：「不若與人。」

曰：「與少樂樂，與眾樂樂，孰樂？」曰：「不若與眾。」

齊國大臣莊暴來見孟子，說：「我被大王召見時，大王告訴我，他愛好音樂，我沒有話可以回答他。」接著又說：「愛好音樂到底好不好？」孟子說：「大王如果非常愛好音樂的話，齊國大概就可以平治了。」

過了幾天，孟子被齊宣王召見。他說：「大王曾經對莊暴說過愛好音樂，有這回事嗎？」

齊宣王臉色一變，說：「我不是愛好古代聖王的音樂，只是愛好世俗流行的音樂罷了。」

孟子說：「大王如果非常愛好音樂，齊國大概就可以平治了。現代的音樂和古代的音樂是一樣的。」

齊宣王說：「可以說來聽聽嗎？」

孟子說：「獨自欣賞音樂的快樂，比起同別人一起欣賞音樂的快樂，哪一種更快樂？」齊宣王說：「不如同別人一起。」

孟子說：「同少數人一起欣賞音樂的快樂，比起同多數人一起欣賞音樂的快樂，哪一種更快樂？」齊宣王說：「不如同多數人一起。」

善用音樂的正面價值──創造和諧

莊暴是齊國的大臣，孟子稱他莊子，在古代是禮貌的稱呼，與道家的莊子無關。

這裡的「何如」就是如何，但比「如何」的意思更深一點，就是這件事情到底怎麼樣去理解呢？

齊宣王告訴莊暴他喜歡音樂，莊暴不知道該怎麼說，只好轉而請教孟子。孟子認為：「齊國其庶幾乎」，意即齊國差不多可以國泰民安了。

過了幾天，孟子被齊宣王召見，他開門見山問起宣王與莊暴的對話。齊宣王不敢

對孟子亂講話，所以他臉色一變，立刻承認自己不是喜歡古典的音樂，而是喜歡當時流行的靡靡之音。

孟子沒有責備他，反而語多勉勵：「大王如果非常愛好音樂，齊國大概就可以平治了。現代的音樂和古代的音樂是一樣的。」孟子在任何地方，說話都是一樣的心態，無論是對大臣、國君，既不會狂妄也不會卑屈。

齊宣王得到孟子的稱讚，忽然間心情大好，原來喜歡世俗音樂也可以推而治國，他當然很興奮了。

欣賞音樂是沒有人數限制的，眾人一起聽，大家的情感在美妙的旋律中交流，立即產生和諧的氣氛，音樂的目的就在於和諧。禮儀與音樂不同，「禮」的作用在於分辨尊卑秩序，規矩訂得很清楚；「樂」的作用則是和。

同許多人一起欣賞音樂，那種共鳴的氣氛當然更快樂。孟子的意思是：不管大王喜歡的是雅樂或俗樂，都不妨從音樂的和諧效果來設想，然後由己及人推廣出去，讓天下百姓都能共享這樣的快樂。他接著就以案例來加以說明。

〈2．1．2〉

「臣請為王言樂。今王鼓樂於此，百姓聞王鐘鼓之聲、管籥（ㄩㄝˋ）之音，舉疾首蹙頻（ㄜˊ）而相告曰：『吾王之好鼓樂，夫何使我至於此極也！』今王田獵於此，百姓聞王車馬之音，見

父子不相見，兄弟妻子離散！』

羽旄（ㄇㄠ）之美，舉疾首蹙頞而相告曰：『吾王之好田獵，夫何使我至於此極也！父子不相見，兄弟妻子離散。』此無他，不與民同樂也。今王田獵於此，百姓聞王車馬之音，見羽旄之美，舉欣欣然有喜色而相告曰：『吾王庶幾無疾病與，何以能田獵也？』此無他，與民同樂也。今王與百姓同樂，則王矣。」

日：『吾王庶幾無疾病與，何以能鼓樂也？』今王田獵於此，百姓聞王鐘鼓之聲，管籥之音，舉欣欣然有喜色而相告

孟子說：「請讓我為大王談談音樂。假設大王在這兒奏樂，百姓聽到鐘鼓的聲音，簫笛的演奏，大家都頭痛皺眉互相議論說：『我們大王愛好音樂，為什麼讓我們陷入這樣的絕境？父子不能見面，兄弟妻兒離散。』假設大王在這兒打獵，百姓聽到大王車馬的聲音，看見旗幟的華美，大家都頭痛皺眉互相議論說：『我們大王愛好打獵，為什麼讓我們陷入這樣的絕境？父子不能見面，兄弟妻兒離散。』這沒有別的原因，只是不同百姓一起快樂的緣故。

假設大王在這兒奏樂，百姓聽到鐘鼓的聲音，簫笛的演奏，大家都眉開眼笑互相談論說：『我們大王大概沒什麼病吧，不然怎能奏樂呢？』假設大王在這兒打獵，百姓聽到大王車馬的聲音，看見旗幟的華美，大家都眉開眼笑互相談論說：『我們大王大概沒什麼病吧，不然怎能打獵呢？』這沒有別的原因，只是同百姓一起快樂的緣故。如果大王可以與百姓一起快樂，就可以稱王天下了。」

孟子切入正題了，要同齊宣王談談音樂，由此可見孟子不只是滿口仁義道德，他也談音樂、休閒、打獵等，但都是為了一個共同的立場。

為政之道就是與民同樂

「管籥」，是指像笛子、蕭這些中空的樂器。「舉」是指「皆」，即指所有人都怎麼樣了。「疾」代表非常討厭，如「疾惡如仇」。「極」就是絕境，沒有路走了。

百姓窮困之至，導致「父子不相見，兄弟妻子離散」，因為兒子去服勞役或去參戰，父子見不到面，兄弟妻兒也離散了。百姓生活困苦，當然會有怨言：國君喜歡音樂，但為什麼讓我們這麼苦呢？為什麼不能讓大家都快樂呢？

孟子為了證明他的論點，再舉田獵做為例子，田獵就是打獵。在此，孟子是醜話講在前面，後面就講正面的了。

君主的鼓樂與田獵都是正當娛樂，但前提是要讓百姓豐衣足食，也能過得平安快樂。問題在於：君主的享受往往是由剝削百姓而得到的，因而很難兩全其美。但是建立一個合理的制度，盡量減少錯誤的政策，至少可以讓百姓活得有希望。

最後孟子提出結論，即「與民同樂」，這四個字，就是為政之道。百姓喜歡什麼，君王可以同他們一起快樂。

這一段話提到兩件事，一是鼓樂，一是田獵，都是君王的休閒活動。休閒活動的快樂，只要不是一個人獨占，而是讓百姓也能快樂的話，恩澤就會擴及所有百姓，治理天下自然沒有什麼困難了。

〈2‧2〉

齊宣王問曰：「文王之囿，方七十里，有諸？」

孟子對曰：「於傳（虫）有之。」

曰：「若是其大乎？」

曰：「民猶以爲小也。」

曰：「寡人之囿，方四十里，民猶以爲大，何也？」

曰：「文王之囿，方七十里，芻蕘（虫）者往焉，雉兔者往焉，與民同之；民以爲小，不亦宜乎？臣始至於境，問國之大禁，然後敢入。臣聞郊關之內有囿方四十里，殺其麋鹿者，如殺人之罪，則是方四十里爲阱於國中。民以爲大，不亦宜乎？」

齊宣王問說：「周文王的園林縱橫各七十里，有這回事嗎？」

孟子回答說：「在史籍上有這樣的記載。」

齊宣王說：「這樣不是很大嗎？」

孟子說：「百姓還覺得太小了呢。」

齊宣王說：「我的園林縱橫各四十里，百姓還覺得太大，這是什麼緣故？」

孟子說：「周文王的園林縱橫各七十里，割草砍柴的可以去，打鳥捕兔的可以去，那是與百姓一同享用的；百姓認爲太小，不是應該的嗎？我剛到貴國邊境的時候，先問清楚齊國重要的禁令，然後才敢入境。我聽說在國都郊區有一處園林，縱橫各四十里，殺了其中的麋鹿，就如同犯了殺人罪；這等於

在國內設下縱橫各四十里的陷阱。百姓認為太大了，不也是應該的嗎？」

以資源共享來創造更大價值

「囿」是指古代蓄養草木鳥獸的園林，沒有圍牆的稱作「苑」。囿也是君主田獵之所。

齊宣王先確認周文王的園林有七十里，然後再問為什麼自己的園林只有四十里見方，而百姓還是認為太大，這表示他也想了解一下民情。

「芻蕘者」是指割草、砍柴的人；「雉兔者」是指打鳥捕兔的人。當時的許多百姓就是靠「芻蕘、雉兔」為生的。以前百姓的生活很簡單，不會拿園林來休閒。周文王的園林不是獨家專屬的，誰都可以去割草、砍柴、打鳥、捕兔，如此百姓當然認為地方太小。

孟子很聰明，一到齊國邊境時，就問這個國家有什麼重要的禁令，深怕弄錯了規矩，到時候被抓還不知道是怎麼回事，這就是「入境問俗」。

接著孟子提到：「郊關之內有囿方四十里，殺其麋鹿者，如殺人之罪，……」「郊關」，國都之外，百里為郊，郊外有關。有關，就要設關卡。關卡有兩個作用，一是檢查有沒有非法入境者，二是要收稅。

要是殺了園林的一隻鹿，就等於殺人一樣，因為那兒的鹿只有國君可以處置。殺人者死，所以要為鹿償命。這樣百姓就覺得恐怖，覺得這個地方很多陷阱。經過這個園林隨時都有危險，如果一隻鹿掉下來，自己會不會有罪呢？所以百姓覺得四十里太

大了，不是應該的嗎？

「民以為大，不亦宜乎？」說得多麼合理。周文王的作風是「與民同之」，政治沒有什麼特別之處，就是要「與人民同之」。看似簡單的一句話，卻不容易做到。

這一段所說的園林也與實際生活有關，可見哲學家並不是脫離人間的。孟子這些話說得十分親切，顯示他平常對於實際生活也很留意。

〈2‧3‧1〉

齊宣王問曰：「交鄰國，有道乎？」

孟子對曰：「有。唯仁者為能以大事小，是故湯事葛，文王事昆夷。唯智者為能以小事大，故太王事獯鬻（ㄒㄩㄣ　ㄩˋ），勾踐事吳。以大事小者，樂天者也；以小事大者，畏天者也。樂天者保天下，畏天者保其國。詩云：『畏天之威，於時保之。』」

齊宣王問：「與鄰國交往有什麼原則嗎？」

孟子回答說：「有的。只有仁德者能以大國的身分事奉小國，所以商湯服事葛伯，周文王服事昆夷。只有明智者能以小國的身分事奉大國，所以太王服事獯鬻，勾踐服事吳國。以大國身分事奉小國的，是以天命為樂的人；以小國身分事奉大國的，是對天命敬畏的人。以天命為樂的人可以保住天下，對

天命敬畏的人可以保住他的國家。《詩經・周頌・我將》上說：『敬畏天的威嚴，所以保住福佑。』」

對鄰國的外交原則

齊宣王問：「與鄰國交往有什麼原則嗎？」當時大大小小總共有二十幾國，以戰國七雄為首，齊國是其中之一。這裡提及古代的歷史資料。湯是商朝的創建者商湯，葛是古代的小國，這件事在〈滕文公下〉，有較詳細的介紹。商湯征伐各國時，首先征伐的就是這個鄰居葛國。

葛國的國君葛伯作風惡劣，不肯祭祀。在古代，一個國君不肯祭祀，是很大的罪過。因為祭祀的時候，會有敬畏之心，表現超越的情操。君主平常吃喝玩樂，至少要去祭祀之前，會齋戒、沐浴幾天，收斂心思，這表示一年裡面有機會回到生命的本源之處，同祖先連上線。以後即使故態復萌，但是至少可以定期齋戒。

古代強調「國之大事在祀與戎」，祀就是祭祀，尤其對君王而言特別重要，表示珍惜祖先的傳統。人難免一死，如果對死後世界完全不在乎的話，現在就很難安排正當的生活。一個人認定死了之後一切結束，那就是虛無主義的心態。如果相信死後還有不同形態的生命，要求子孫去祭祀，那麼生者就會收斂，國家和百姓也才可以找到生活的重心。

所以，商湯討伐各國，是先從葛開始，故事內容將來再說。這就叫做「以大事小」，因為商湯是大國。「文王事昆夷」，昆夷是周朝初年的西戎國名。文王是西伯，

西方的霸主，昆夷只是小國，但文王對它也非常客氣。這就是大國度量大，不跟小國計較，這是出於仁者的心。

「太王」是指周文王的祖父古公亶父。「獯鬻」是指北方的少數民族，也就是狄人。東夷、西戎、南蠻、北狄，代表沒有開化的少數民族，當地的原住民。秦漢時稱狄人為匈奴。

越王勾踐於西元前四九四年被吳王夫差所敗，後來演變出「臥薪嘗膽」、「勾踐復國」等事蹟。這些孟子都很熟悉，因為是在他不久之前的歷史。前面講求仁德，後面講求明智。因為國家小，所以特別需要聰明。

樂天知命，高枕無憂

以天命為樂，「樂天者也」。「樂天知命」後來成為成語。樂天要對照後文的畏天，一個是以天命為樂，一個是對天命敬畏。

先說「對天命敬畏」。既然是小國，面對大國若不順從會被消滅。既然天命如此，那就接受及敬畏天命，聽從大國的話，不會發生戰爭。一旦打仗，不會有好結果，實在太不明智了。至於以天命為樂，則大國既然已是大國，天命如此，不妨以此為樂，不必計較太多，對小國要多加包容。一個是「畏」，一個是「樂」，態度不一樣。敬畏天命，至少可以保存國家，不至於被消滅。

孟子所謂的「天」，是指一個超越的主宰、至上的神。天不是指自然之天，誰會在意上天下雨或不下雨？但是誰都會害怕天的威嚴，所以就老老實實敬畏天命，有這

樣的「天」，才有必要「畏天命」。

〈2‧3‧2〉

王曰：「大哉言矣！寡人有疾，寡人好勇。」

對曰：「王請無好小勇。夫撫劍疾視曰：『彼惡（ㄨ）敢當我哉！』此匹夫之勇，敵一人者也。王請大之！《詩》云：『王赫斯怒，爰整其旅，以遏徂（ㄘㄨ）莒，以篤周祜（ㄏㄨ），以對於天下。』此文王之勇也。文王一怒而安天下之民。《書》曰：『天降下民，作之君，作之師，唯曰其助上帝寵之，四方有罪無罪唯我在，天下曷敢有越厥志？』一人衡行於天下，武王恥之。此武王之勇也，而武王亦一怒而安天下之民。今王亦一怒而安天下之民，民唯恐王之不好勇也。」

齊宣王說：「這番話太偉大了！不過我有一個毛病，就是愛好勇敢。」

孟子回答說：「希望大王不要愛好小勇。手按劍柄、怒目而視，說：『他怎麼敢抵擋我！』這是平凡人的勇敢，只能對付一個人。希望大王擴而大之。《詩經‧大雅‧皇矣》上說：『文王勃然大怒，於是整頓軍隊，阻止侵略莒國的敵人，以增強周朝的福佑，並以此報答天下人的期望。』這是文王的勇敢。文王一發怒就安定了天下的百姓。《尚書‧泰誓》上說：『天降生萬民，為萬民立了君主也立了師傅，要他們協助上帝來愛護百姓。因此，四方

安定天下才是真正的勇敢

孟子前面描述仁德者、明智者的作為，是要化解戰爭的威脅。接著宣王承認自己有毛病，喜歡打仗，希望孟子來指教。

針對齊宣王的「好勇」，孟子期許他不要愛好小勇。小勇就是「手按劍柄、怒目而視，說著：『他怎麼敢抵擋我！』」這確實是平凡人的勇敢，只能對付一個人。所以孟子希望宣王能擴而大之。這話說得非常生動。

孟子接著引用《詩經・大雅》，裡面提到文王一發怒就安定了天下的百姓，這才叫做大勇。「王赫斯怒」，「赫斯」是指生氣的樣子，意即國君發怒了；「爰整其旅」，於是整頓他的軍隊，「旅」代表人數眾多；「以遏徂莒」的「遏」是指遏止，「徂」是指前往。

接著再引用一段《尚書》，裡面提到武王也是一發怒就安定了天下的百姓。「天降下民」，百姓可以誕生於世，古代的人相信天是造生者，人的生命推源於天，把天當做一切生命最後的來源。其他動物是物競天擇，適者生存，只能自生自滅。但是人不一樣，天還要「作之君」、「作之師」，替人找到君主、找到老師。

大王不愛好勇敢呢。」

百姓有罪的與無罪的，都由我來負責，天下誰敢超越他的的本分？』有一個人在天下橫行，武王覺得可恥。這就是武王的勇敢。武王也是一發怒就安定了天下的百姓。」如果大王也是一發怒就安定了天下的百姓，那麼百姓還只怕

沒有君主的話，人群就變成一般散沙。人類沒有合作就不可能生存，為了驅逐猛獸、疏導洪水，需要有人領導，這叫做「作之君」。而「作之師」，是指需要有人來「教導」如何做人處事，因為百姓不是生下來就懂道理的，要靠學習才知道什麼該做什麼不該做。所以天會選擇老師與國君，要求他們協助上帝來愛護百姓。

《詩經》、《書經》裡面常常提到天與上帝，這在孟子看來是很自然的。因為萬物要有最後的來源，人類也要有決定善惡的最後的判斷力量，那就是天或上帝，君與師是代替上帝來愛護百姓的。

在古代，天代表萬物的最後歸屬。「四方有罪無罪唯我在」，是指沒有罪的我負責照顧，有罪的我負責懲罰。但是懲罰的時候，要先問自己有沒有照顧好，有沒有教好百姓。所以古代的聖王，看到天下發生災難，都是先自我反省，問自己是不是沒有盡到責任；而後代的暴君一看到國家有問題，就怪罪百姓。這是完全不同的心態。

勇敢與抉擇有關

「天下何敢有越厥志」，「厥」是指這個，「志」是指應該有什麼樣的自我要求。

「一人衡行」，「衡」即橫，就是橫著走路，與螃蟹一樣。周武王認為可恥的是，讓紂王這樣一個壞人到處橫行霸道。

最後，孟子的話題回到現場：「如果大王也是一發怒就安定了天下的百姓，那麼百姓還只怕大王不愛好勇敢呢。」由此可知，勇敢總是與抉擇有關。採取某種行動時，如果出發點是血氣之勇，這口氣忍不下去，非要出來計較不可，這叫做「小

勇」。「大勇」代表出於正義感。

西方談到憤怒時，也分得很細。譬如上帝發怒，《聖經》裡面描寫那是被祝福的憤怒（the blessed rage），叫做「義怒」，代表正義的憤怒。這種怒不是為了自己，而是為了人們的行為不符正義而發怒，它是充滿力量的。

說到愛好勇敢，孟子總是希望國君能夠變成像周文王、周武王這樣的人。小勇是逞強好鬥，出於意氣衝動。大勇則是主持正義，為了照顧百姓。

孟子說話條理分明，總是把每一個概念都分辨清楚。因為人生的問題往往來自概念的混淆，把一些不相干的東西湊在一起，出發點一片模糊；逐步澄清之後，概念不再混淆，問題就化解了。根據客觀事實，不必浪費口舌，道理自然明白，就不會陷入似是而非的迷惑之中。

〈2・4・1〉

齊宣王見孟子於雪宮。王曰：「賢者亦有此樂乎？」

孟子對曰：「有。人不得，則非其上矣。不得而非其上者，非也；為民上而不與民同樂者，亦非也。樂民之樂者，民亦樂其樂；憂民之憂者，民亦憂其憂。樂以天下，憂以天下，然而不王者，未之有也。昔者齊景公問於晏子曰：『吾欲觀於轉附朝儛（ㄨˇ），遵海而南，放於琅邪；吾何修而可以比於先王觀也？』

齊宣王在他的離宮雪宮裡接見孟子。齊宣王說：「賢良的人也有這種快樂嗎？」

孟子回答說：「有。人們得不到這種快樂，就會抱怨他們的君主。得不到就抱怨君主，是不對的；做為百姓的君主卻不讓百姓一起快樂，也是不對的。君主以百姓的快樂為自己的快樂，百姓也會以君主的快樂為自己的快樂；君主以百姓的憂愁為自己的憂愁，百姓也會以君主的憂愁為自己的憂愁。同天下人一起快樂，同天下人一起憂愁，這樣還不能稱王天下，那是從來不曾有過的事。從前齊景公問晏子說：『我想去遊覽轉附、朝儛這兩座山，然後沿著海岸向南行，一直走到琅邪山；我要怎樣修養才能與先王的遊覽相比擬呢？』」

學習用同理心相互對待

齊宣王在雪宮接見孟子。有人把「雪宮」翻譯成別墅，感覺太現代了，我譯成「離宮」，亦即古代帝王出巡時的行宮，感覺較貼切。齊宣王說：「賢良的人也有這種快樂嗎？」他這樣說當然是肯定自己的離宮富麗堂皇，是讓人感到愉快的地方。孟子說：「有的，賢者也會有這樣的快樂。」

他接著說，身為百姓，得不到就抱怨君主，質疑為什麼自家環境那麼差，國君住的地方卻那麼好呢？但是，身為國君卻不讓百姓像他一樣快樂，也有責任。這兩方面都有問題。

孟子隨即切入正題：「樂民之樂者，民亦樂其樂；憂民之憂者，民亦憂其憂。」

這是互相的同理心，孟子一再提及類似的觀念。再看，人生有快樂，也有憂愁。身為

一個領袖人物，如果沒有與百姓同樂同憂，百姓當然不能接受，這是可以理解的。

「樂以天下，憂以天下」，孟子說得很實在，國君要同天下人一起快樂，同天下人

一起憂愁。

宋朝的范仲淹說：「先天下之憂而憂，後天下之樂而樂。」他的說法根本不可能

實現。如果真有人「後天下之樂而樂」，那麼他永遠不可能快樂了，因為天下總是有

人處於痛苦之中。相對於此，孟子說的「樂以天下，憂以天下」就平實可信多了，並

且無損於「與民偕樂」的理想。由此可見，偉大的哲學家不必高唱美麗的口號，而是

要視民如親，以同理心看待百姓苦樂。

孟子知道齊國人喜歡談論齊桓公、齊景公這些祖先，所以就引述一段故事。齊景

公知道先王，如周文王和周武王，經常得到處遊覽，受到百姓的支持和歡迎，於是想知

道怎麼樣可以效法他們。孟子引述齊國的往事，是希望啟發齊宣王的上進心，所謂

「取法乎上，得乎其中」，先王可以做到的，他為什麼不能做到？與其在戰國時代與各

國諸侯爭霸權，不如轉移焦點，向古人請益，看看怎樣才是傑出的君王。

〈2‧4‧2〉

「晏子對曰：『善哉問也！天子適諸侯曰巡狩。巡狩者，巡所守也。諸侯

朝於天子曰述職。述職者，述所職也。無非事者。春省耕而補不足，秋省斂而助不給。夏諺曰：「吾王不遊，吾何以休？吾王不豫，吾何以助？一遊一豫，為諸侯度。」今也不然：師行而糧食，飢者弗食，勞者弗息。睊（ㄐㄩㄢ）睊胥讒，民乃作慝（ㄊㄜˋ）。方命虐民，飲食若流。流連荒亡，為諸侯憂。從流下而忘反，謂之流；從流上而忘反，謂之連；從獸無厭，謂之荒；樂酒無厭，謂之亡。先王無流連之樂，荒亡之行。唯君所行也。」

「景公說（ㄩㄝˋ），大戒於國，出舍於郊。於是始興發補不足。召太師曰：『為我作君臣相說之樂！』蓋『徵招（ㄓˇ ㄕㄠˊ）』、『角招（ㄐㄩㄝˊ ㄕㄠˊ）』是也，其詩曰：『畜君何尤？』畜君者，好君也。」

「晏子回答說：『問得好啊！天子前往諸侯之國，稱為巡狩。所謂巡狩，就是巡視諸侯所守的疆土。諸侯去朝見天子，稱為述職。所謂述職，就是陳述自己所盡的職責。沒有不與工作相結合的。春天視察耕種情況，幫助不足的人；秋天視察收成情況，周濟缺糧的人。夏朝的諺語說：「我王不出來巡遊，我們哪會得到休息？我王不出來走動，我們哪會得到補助？他的巡遊與走動，都是諸侯的榜樣。」現在卻不是如此，出巡時興師動眾，並且徵集糧食，使得饑餓的人沒有飯吃，勞累的人不得休息。違背天意，虐待百姓，吃喝浪費如同流水；流連忘返，荒亡無行，使諸侯也深感憂愁。大家怒目而視，互相抱怨，百姓也開始為非作歹了。從上游玩到下游，樂而忘返，叫做

賢德的君主時時心繫民生

孟子借用一段史實，來教導齊宣王。晏嬰與齊景公的對話，是齊國先王的軼事，齊宣王應該聽得進去。

我們至今還在使用「述職」一詞。「無非事者」，任何作為都不能沒有正當理由，國君要到某地遊覽就說是去巡狩，諸侯要去朝見天子就說是去述職，都是為了視察各地的民生情況。

「不足」是擔心春天耕田的人手不夠，要派一些人幫忙；「斂」是指收穫，秋天收成不好就需要周濟。意思是國君春、秋兩季到各地視察，是為了幫助百姓。

「豫」也是「遊」的意思。天子的巡遊與走動都是諸侯的榜樣，因為他是出來幫助百姓，為了「春省耕，秋省斂」。

流；從下游玩到上游，樂而忘返，叫做流；拚命打獵不知厭倦，叫做荒；好酒貪杯不知滿足，叫做亡。先王沒有流連的享樂、荒亡的行徑。就看您怎麼做了。」

「齊景公聽了很高興，先在都城內做好充分準備，自己再駐紮到郊外去，然後開倉救濟窮人。他召來大樂官，說：『為我作一首君臣相悅的歌曲！』那就是『徵招』與『角招』啊。其中有一句說：『關心君主，有什麼過錯？』關心君主，就是愛護君主的意思。」

以公共資源滿足私欲將引起民怨

「師行」，古代以五百人為一個師，這麼多人出門正是勞師動眾。國家的元首有這種特權，但百姓卻要跟著受苦。於是百姓「睊睊胥讒，民乃作慝」。「睊睊」即怒目而視，眼睛瞪得很大，斜眼看人的樣子；「胥讒」，是指互相抱怨。「慝」是指藏在心中的壞念頭，「匿」底下有一個「心」，代表動了念頭要做壞事。

「方命虐民」的「方」是阻礙的意思，表示違背了天意。身為天子而違背天意，虐待百姓。「飲食若流」，有如今天所謂的流水席，吃喝浪費如同流水。

晏子接著提醒齊景公：「先王無流連之樂，荒亡之行。唯君所行也。」從上游玩到下游比較容易，即順「流」而下；「連」則需要有人拉船，古時候沒有馬達，船要逆流而上得有縴夫來拉，兩岸有人拉船，從下游往上游去，勞苦不堪。

「從獸」就是追逐野獸，打獵不知厭倦，叫做「荒」。什麼叫「亡」呢？即「樂酒無厭」也。前者「從獸無厭」，後者「樂酒無厭」，這些享受都很容易讓一個人耽溺其中。一早起來就去打獵，不用費什麼腦筋，大家相約喝酒作樂，好像忘了責任。如此而不厭倦，一直下去怎麼得了？

用正面的方式鼓勵人向善的心

聽到大臣這樣建議，齊景公當然有心學好，認為自己這麼做的話，會受到百姓的謳歌與稱讚。

所以景公決定「發補不足」，因為百姓太窮了，就開倉救濟窮人，發一點米給大

家。接著「召太師」，「太師」是指樂師，即製作音樂的大樂官。「君」是指景公，「臣」就是晏嬰。國君接受臣子建議，馬上改過遷善，那就作一首歌曲做為紀念吧。「畜君者，好君也」，愛好君主，喜歡他就要關心他，要勸他做好事，百姓也會稱讚他。

所作的就是「徵招」、「角招」。「招」同「韶」，即韶樂，是一種音樂的類型。「畜君者，好君也」，愛好君主，喜歡他就要關心他，要勸他做好事，百姓也會稱讚他。

從這一段史實可以看到，齊景公想去旅遊，又怕師出無名，於是晏嬰告訴他以前的情況，「流連荒亡」是不好的，照顧百姓就是好的。所以景公立刻開倉救濟百姓，百姓自然感念恩德，景公也因此覺得自己很了不起，就派人作樂，來紀念此事。

齊景公之名在《論語》裡面出現過，晏子是他的宰相。孔子也曾見過齊景公，但是對他評價不高。《論語·季氏》裡說：「齊景公有馬千駟，死之日，民無德而稱焉。」意思是當他死的時候，百姓找不到任何德行可以稱讚他。

孟子總是以正面鼓勵的方式，肯定好心與善行，目的是為了啟發聽者自覺其「向善」的心志。譬如，齊宣王以前看到牛的恐懼模樣便不忍心殺牠，孟子都認為這是好事。然而孟子不是只停留在這個層面，而是要往上提升。例如，宣王說喜歡勇敢，他就要將它提升成大勇；說樂於觀賞，他就舉齊景公為例做為示範。他總是一有機會就循循善誘，鼓勵人努力行善。這是孟子的一大特色。

儒家由於肯定人性向善，所以總是顯示樂觀的心情，即使在面對沉迷於享樂的君主時，也要想盡辦法開導他們的行善心志。國君位居要津，動見觀瞻，他們如果從善如流，則天下有道的機率就更高了。孟子這種做法，正如孔子，是「知其不可而為之」。事後驗證並未成功。理論無法得到驗證，並不表示儒家所說的是錯的。關於這

一點，將來還有更深入討論的機會。

〈2‧5‧1〉

齊宣王問曰：「人皆謂我毀明堂，毀諸？已乎？」

孟子對曰：「夫明堂者，王者之堂也。王欲行王政，則勿毀之矣。」

王曰：「王政可得聞與？」

對曰：「昔者文王之治岐也，耕者九一，仕者世祿，關市譏而不征，澤梁無禁，罪人不孥（ㄋㄨˊ）。老而無妻曰鰥（ㄍㄨㄢ），老而無夫曰寡，老而無子曰獨，幼而無父曰孤，此四者，天下之窮民而無告者，文王發政施仁，必先斯四者。《詩》云：『哿（ㄍㄜˇ）矣富人，哀此煢（ㄑㄩㄥˊ）獨。』」

王曰：「善哉言乎！」

曰：「王如善之，則何為不行？」

王曰：「寡人有疾，寡人好貨。」

齊宣王問說：「別人都建議我拆毀明堂，要拆毀呢？還是不要？」

孟子回答說：「明堂是古代君王會見諸侯的殿堂。大王如果想要施行王政，就不要拆毀它。」

齊宣王說：「王政的情況，可以說來聽聽嗎？」

孟子回答說：「從前周文王治理岐地，農民抽九分之一的稅。做官的人世代繼承俸祿，關卡與市場只稽查不徵稅，湖泊、池沼不設捕魚禁令，懲罰罪犯

不牽連妻小。年老無妻叫做鰥，年老無夫叫做寡，年老無子叫做獨，年幼無父叫做孤。這四種人是天下最困苦而又無所依靠的人。周文王發布政令、施行仁政，一定最先考慮他們。《詩經‧小雅‧正月》上說：『有錢的人過得不錯，要可憐這些孤獨無依的人。』」

齊宣王說：「這番話說得好啊！」

孟子說：「大王如果覺得好，那麼為什麼不實行呢？」

慎重看待道統的傳承

「王者」原本是指天子，天子在各地巡狩時，在山東地區蓋了一座明堂，用來召見諸侯。因此明堂的存在，可以提醒諸侯不要忘了天子是天下的共主。

在《論語‧八佾》有一句話：「子貢欲去告朔之餼羊。」古代天子統治天下，諸侯每個月要行告朔之禮，用一隻活羊去祭拜，表示接受天子所頒的月曆，亦即表明自己是服從與支持天子的。到了春秋時代末期，天子勢力大衰，子貢是孔子的學生，聰明而且口才很好。他認為應該廢除告朔時所準備的活羊，因為根本就沒有人在乎周朝天子，又何必用一隻羊徒具形式呢？

子曰：「賜也，爾愛其羊，我愛其禮。」孔子說：「子貢啊，你捨不得這隻羊，我捨不得這個禮。」子貢捨不得一隻羊，但是孔子捨不得這個禮，因為只有繼續維持這個以羊祭祀的舉動，可以讓人想起來還有天子，還有周朝。天子根本不敢來了，明堂留在那裡，沒有什麼用處。但這裡的情況也是類似的。

是拆掉明堂的話，大家更容易忘記還有一個天子存在。既然想行王政，那就保存明堂，又何必非拆不可呢？孟子說的是這個意思。

用合理的原則治國

齊宣王想聽聽王政的情況，孟子就以周文王治理岐地為例來說明。

「九分抽一」，因為有井田制度。一塊地，劃一個「井」字，中間的叫公田，由八家共耕。八家各有私田，公田要一起負責，公田耕好後才能耕私田，這叫九分抽一，一共有九份田，一份是歸公家，「耕者九一」也。

「仕者世祿」，做官的人世代繼承俸祿叫「世祿」。為什麼要世代繼承俸祿呢？因為他們對國家有所貢獻，照顧公務人員很重要，讓他們可以專心為社會服務。

「關」是指設在郊外的，市場則設在都市裡，至少是人群往來集中的地方，「譏」是指稽查。檢查貨物，但不徵稅，此謂「關市譏而不征」。

「澤」原是指妻小家人。一人犯罪，罪不及妻小。誰犯罪誰負責，不要連累妻小，就是「罪人不孥」。文王的作風在古代堪稱仁政了。中國湖泊很多，如洞庭湖、太湖都像海一般，一望無際。許多人在這些地方捕魚，賴以為生，因此就不要禁止，這叫「澤梁無禁」。

「孥」原是用手提起來的意思，在此是指妻小人。

弱勢族群最需要社會的照顧

《禮運・大同》提到的理想國：「矜、寡、孤、獨、廢疾者皆有所養。」前三者

都與年老有關。所以孔子的志向就把「老者安之」放在第一位。人都會老，並且要很幸運才會老；不幸的話就先走了。人若是想到自己將來的樣子，就會對老年人體貼一點。第四者叫做孤，是指小孩而言，屬於孔子所說的「少者懷之」。這四種情況都應該由社會來救濟，因為這些人真的無依無靠。

年老、年幼、殘疾者，都應該受到照顧。這樣一種制度，可以幫助社會弱勢團體，大家也都樂意做。古代周文王在發布政令、施行仁政時，就是這麼做的，這些都出於自然又平常的同理心。

孟子再舉《詩經・小雅・正月》上說的：「哿矣富人，哀此煢獨。」「哿」即是可，過得可以了。「煢獨」是指孤獨無依的人。齊宣王聽完當然有些感動，被引發了善的衝動，孟子也打鐵趁熱：「大王如果覺得好，為什麼不實行呢？」既然覺得好，為什麼不去做呢？且看下文。

像孟子這樣引經據典來說明他的主張，當然需要一個前提，就是大家都接受傳統的價值觀，認同周文王的德政以及他們受百姓的愛戴。不過，身為哲學家，孟子必須進一步指出：周文王的德政不是出於任意的選擇，而是合乎人性的需求。那麼，人性的需求是什麼？孟子後來一再講述人性與善的關係，就是為了說清楚其中的道理。主要的討論可參看〈告子上〉。

〈2‧5‧2〉

王曰：「寡人有疾，寡人好貨。」

對曰：「昔者公劉好貨，《詩》云：『乃積乃倉，乃裹餱（ㄏㄡˊ）糧，於橐（ㄊㄨˊ）於囊，思戢（ㄐㄧˊ）用光。弓矢斯張，干戈戚揚，爰方啟行。』故居者有積倉，行者有裹糧也，然後可以爰方啟行。王如好貨，與百姓同之，於王何有？」

王曰：「寡人有疾，寡人好色。」

對曰：「昔者太王好色，愛厥妃。《詩》云：『古公亶（ㄉㄢˇ）父，來朝走馬，率西水滸，至於歧下，爰及姜女，聿（ㄩˋ）來胥（ㄒㄩ）宇。』當是時也，內無怨女，外無曠夫。王如好色，與百姓同之，於王何有？」

齊宣王說：「我有個毛病，我愛好財物。」

孟子回答說：「從前公劉愛好財物，《詩經‧大雅‧公劉》上說：『糧食屯積在倉庫，包裹乾糧裝橐囊，安定百姓顯聲威。把箭張在弓弦上，干戈刀斧都齊備，這才出發向前行。』因此，留守的人有屯積的倉庫，出行的人有滿載的乾糧，然後才可以出發遠行。大王如果愛好財物，與百姓共同享用，要稱王天下有什麼困難呢？」

齊宣王說：「我有個毛病，我愛好美色。」

孟子回答說：「從前太王愛好美色，寵愛他的妃子。《詩經‧大雅‧綿》上說：『古公亶父，清晨騎馬奔馳，沿著西邊河岸，到了歧山腳下，於是姜氏

女子，一起來此居住。』在那個時候，沒有不嫁而抱怨的女子，也沒有不娶而單身的男子。大王如果愛好美色，與百姓共同分享，要稱王天下有什麼困難呢？」

愛財的正道──與人分享

齊宣王自承「好貨」，亦即愛好財物，孟子就舉《詩經・大雅・公劉》上的：

「乃積乃倉，乃裹餱糧，於橐於囊，思戢用光。弓矢斯張，干戈戚揚，爰方啟行。」

「囊」、「橐」都是袋子，用來裝乾糧。「思戢用光」的「思」是語助詞，「戢」是指安定、集合，「用光」是顯出光輝，就是安定百姓顯聲威。「干戈戚揚」是古代四種基本的武器，「戚揚」是所謂的斧、鉞，用來作戰的，干、戈亦然，這代表武器都齊備了。

這首詩描寫倉庫滿了，乾糧、武器也都齊備，表示財力雄厚。孟子藉它說明國君愛財沒有關係，公劉也擁有很多錢財和物力。有倉庫給留守的人，有乾糧給出發的人，這樣才可以往外擴張勢力。在此，「與百姓同之」才是關鍵，只要財物與百姓一起享用，要稱王天下有什麼困難呢？

善用「欲望」的正面價值

齊宣王繼續說自己「好色」，孟子以《詩經・大雅・綿》提到的古公亶父為例。

「來朝走馬」，清晨騎馬奔馳，「率」是指循著、沿著。「水滸」是指水邊。「聿來胥

宇」的「胥」是指相、一起；「宇」是指居住的屋宇。

古公亶父清晨騎馬尋找姜氏女子，表示他很愛他的夫人，他夫人也長得美。孟子引這首詩來說明「內無怨女」、「外無曠夫」，如果沒有怨女也沒有曠夫，讓男有分，女有歸，豈不是很好嗎？大家都愛好美色，每個人都娶得佳人歸。這就是「好色」的最終用意了。

其實，好貨與好色都不是壞事，關鍵在於是否「與民同之」。只要百姓都可以滿足這些自然的欲望，國泰民安就沒有問題了。

齊宣王先後談及他的毛病有好勇、好色、好貨三點。這不免使人想起孔子在《論語・季氏》所說的：「君子有三戒，少之時，血氣未定，戒之在色；及其壯也，血氣方剛，戒之在鬥；及其老也，血氣既衰，戒之在得。」孔子把人的一生分成少年、壯年、老年三個階段，由於血氣（本能、欲望、衝動）的影響會分別出現三種毛病。事實上，孔子說得還算客氣，因為許多人不論在什麼年紀，都同時具備三大毛病。

像齊宣王這樣的政治領袖，有真誠反省及坦白認錯的心意，實在難能可貴。自古以來，有幾個政治領袖願意承認自己有疾、有病呢？人說「醫者父母心」，病患看到醫生，就像看到父母一樣，齊宣王顯然把孟子當成醫生了。

孟子的思維方式，由此可見一斑。當一個人承認自己有毛病時，孟子就說這個毛病是出於人性弱點，大家都有的。如果把利己的念頭擴充出去，讓每個人的欲望都得以滿足，不就是好事了嗎？

〈2‧6〉

孟子謂齊宣王曰：「王之臣有託其妻子於其友而之楚遊者，比其反也，

則凍餒（ㄋㄟ）其妻子，則如之何？」

王曰：「棄之。」

曰：「士師不能治士，則如之何？」

王曰：「已之。」

曰：「四境之內不治，則如之何？」王顧左右而言他。

孟子對齊宣王說：「假如大王有個官員，把妻小託付給朋友照顧，自己前往楚國遊歷，等他回來時，發現他的妻小在受凍挨餓，對這樣的朋友應該怎麼辦？」

齊宣王說：「與他絕交。」

孟子說：「司法官不能管好他的下屬，應該怎麼辦？」

齊宣王說：「撤換他。」

孟子說：「一個國家治理不好，應該怎麼辦？」齊宣王轉頭去看左右兩邊，談起別的事情了。

賢君懂得從別人的過錯來反省自己

在這一篇裡，孟子問了三個問題，就讓齊宣王覺得羞愧。

第一個問題是把妻子小孩託朋友照顧，回來卻發現他們在受凍挨餓。齊宣王認為這種朋友當然不可原諒，要與他絕交。

第二個問題是「士師不能治士」。「士師」是指古代的司法官，下屬有鄉士、遂士，就是鄉里中管治安的。司法官是中央官員，如果沒有管好屬下，就必須撤換。對不義的朋友如此，對不好的法官也是如此。總之，齊宣王也同意不能寬貸不忠不義的人。

孟子步步進逼，接著再問：「一個國家治理不好該怎麼辦？」這時，齊宣王轉頭去看左右兩邊，談起別的事情。他知道責任在於自己，心中慚愧而無法回應。既然答不上來，只好「顧左右而言他」了。

孟子真是說話高手，他先說朋友該怎麼做，再說司法官該怎麼做，最後說的是齊宣王自己該怎麼做。絕交、撤換別人都很容易，答案都很清楚，但自己的過錯怎麼辦？要處罰自己嗎？這話直接說出來會讓人受不了。所以他一樣一樣漸次舉例，最後再讓宣王自己去反省。這就是說話的藝術。

在《孟子》上篇中，到此為止，他的談話對象都是國君，這些都是大權在握的人，周圍有很多人在奉承、討好他，所以為君者不太容易聽到真話，連比較有道理的、深刻的話也難以聽到，很少有人會像孟子這樣直言不諱。

〈2·7〉

孟子見齊宣王，曰：「所謂故國者，非謂有喬木之謂也，有世臣之謂
也。王無親臣矣，昔者所進，今日不知其亡也。」
王曰：「吾何以識其不才而舍之？」
曰：「國君進賢，如不得已，將使卑踰尊，疏踰戚，可不慎與？左右皆
曰賢，未可也；諸大夫皆曰賢，未可也；國人皆曰賢，然後察之；見賢
焉，然後用之。左右皆曰不可，勿聽；諸大夫皆曰不可，勿聽；國人皆
曰不可，然後察之；見不可焉，然後去之。左右皆曰可殺，勿聽；諸大
夫皆曰可殺，勿聽；國人皆曰可殺，然後察之；見可殺焉，然後殺之。
故曰，國人殺之也。如此，然後可以為民父母。」

孟子謁見齊宣王，說：「所謂歷史悠久的國家，不是說國中要有高大的樹
木，而是說要有世代從政的官員。現在大王沒有親信的官員了，過去任用的
人，現在不知哪裡去了。」

齊宣王說：「我怎麼辨識哪些人沒有才幹，而不任用他們呢？」

孟子說：「國君任用傑出的人，如果不得不做，將會使地位低的超過地位高
的，關係遠的超過關係近的，對這種事能不慎重嗎？因此，左右近臣都說他
傑出，還不行；大夫們都說他傑出，還不行；全體國人都說他傑出，這才去
考察他，看他確實傑出，然後才任用他。左右近臣都說他不可用，不要聽
信；大夫們都說他不可用，不要聽信；全體國人都說他不可用，這才考察

他，看他確實不可用，然後才撤換他。左右近臣都說他可殺，不要聽信；大夫們都說他可殺，不要聽信；全體國人都說他可殺，看他確實可殺，然後才殺死他。所以說，這是全體國人殺死他的。這樣，才可以做為百姓的父母。」

明君敬重傳統的智慧

孟子去謁見齊宣王，說：「所謂故國者，非謂有喬木之謂也，有世臣之謂也。王無親臣矣，昔者所進，今日不知其亡也。」

「故」是指過去的、有傳統的、歷史的。有時候去到一個地方，看到那兒的樹木高大，就會覺得那個地方歲月悠悠，好像有久遠的歷史。「喬木」是指高大的樹木。平常說的「喬遷之喜」，就是從幽暗的山谷飛向高大的樹木，那兒有陽光照耀。所以朋友搬家，不管是從高樓搬到樓下，還是從都市搬到鄉村，都要祝賀他是喬遷。

孟子特別強調的是「有世臣之謂也」，一個國家歷史悠久，一定有一些大臣是世代從政的。如此一來，國家的政策與作風就有連續性。孟子認為國君沒有理由隨便更換官員。要不然，以前任用的人都被開除了，還有誰可以信任呢？

齊宣王下不了台，只好替自己找藉口說：「吾何以識其不才而舍之？」意思是有些人以前被他任用，後來被他開除，那麼該如何辨別不可任用的人？此話其實有推卸責任的意味。

「國君進賢，如不得已」，被提拔任用的人也會尷尬。一個人當上大官後，發現有

此一部下是以前的長官，大家見面時，情何以堪；但是國君不管這些，憑自己喜好隨便用人，以至於內部難免發生衝突。

政治不是一人獨斷獨行

孟子針對這一情況，提了三點考慮。任用人有三個步驟：第一是左右近臣都肯定，因為身邊的人說話，國君比較容易聽得進去；第二是大夫，得到這些從政官員的肯定；第三要等全體國人都說他傑出。第三點在古代也許可能，但在現今恐怕是個幻想。這是第一種，有關用人的原則。

第二種情況是，「左右皆曰不可，勿聽；諸大夫皆曰不可，然後察之；見不可焉，然後去之。」「去」是指撤換。反過來說，有關撤換官員也是一樣的步驟。國君要保持超然心態，聽取各方的意見。

第三種情況是，「左右皆曰可殺，勿聽；諸大夫皆曰可殺，勿聽；國人皆曰可殺，然後察之；見可殺焉，然後殺之。」這些話聽起來很合理，好像到了民主時代，完全尊重民意，但卻不容易實現，因為很難知道是否全體國人「皆曰可殺」。

關於古人在抉擇時的考慮因素，可以參考《尚書·洪範》的一段資料。在我的《哲學與人生》一書中，特別列出以供參考。在治理國家時，任何重大的決策都要考慮五個步驟：第一是「謀及乃心」，「謀」就是要商量，要與自己的內心商量，自己先想清楚該怎麼做。第二是「謀及卿士」，「卿士」是指各部門負責的官員。第三是「謀及庶人」，「庶人」是指百姓，要與百姓商議。第四與第五個步驟是「謀及卜

筮」，就是要占卦卜筮。一共有謀及乃心、謀及卿士、謀及庶人、謀及卜、謀及筮五個方法。

「乃心」是指自己要用心去想，不能推卸責任。孟子知道這些國君已經不談什麼「乃心」；而且不喜歡談卜筮，因為用占卦來算，不如靠具體的武力。但是孟子至少還重視兩種人：卿士和庶人。卿士還分兩種，一種是左右近臣，一種是所有的大夫。由此可見，對於官員的任用、撤換、處死，孟子的態度是如何慎重。

孟子認為，一個國家的從政大臣不能穩定下來，光靠國君代代相傳是很難長期維持安定的，因為國家是一個龐大的組織，施政要廣納各方的建言，有如民主程序，還要親自仔細考察，尋求可靠實證，如此一來才可出現「世臣」。國家的大臣可以穩定下來工作，才可以符合「故國」的條件。

這說明中國古代政治上的運作，並不是靠一個人獨斷獨行的。如果國君能夠依照孟子所說的去做，政治自然上軌道，而社會也自然安定了。

〈2‧8〉

齊宣王問曰：「湯放桀，武王伐紂，有諸？」

孟子對曰：「於傳有之。」

曰：「臣弒其君，可乎？」

曰：「賊仁者，謂之賊，賊義者，謂之殘。殘賊之人，謂之一夫。聞誅

一夫紂矣，未聞弒君也。

齊宣王問說：「商湯放逐夏桀，周武王討伐商紂，有這些事嗎？」

孟子回答說：「史籍上有這樣的記載。」

齊宣王說：「臣子殺害他的國君，這是可以做的嗎？」

孟子說：「破壞仁德的人，稱做賊害；破壞義行的人，稱做殘酷；殘酷賊害的人，稱做獨夫。我只聽說殺了獨夫商紂，沒有聽說殺了國君啊。」

不仁不義將會眾叛親離

齊宣王問孟子是否可以「臣弒其君」，國君當然都不願意看到這種事情發生。齊宣王如果熟知齊國的歷史，就知道春秋末期「田氏篡齊」的史實。田氏（田常，或稱陳恆）弒君，取而代之。換言之，宣王的祖先就是「臣弒其君」的例子。

到了明朝的朱元璋，當上皇帝之後，就想把孟子趕出孔廟，因為孟子說了許多反動的話。結果要請出孟子牌位的當天，雷雨大作，一片漆黑。大臣就說天象有變，表示上天不允許把孟子趕出孔廟。朱元璋不敢違逆天意，只好下令把孟子書裡反動的言論統統刪掉，其中像「湯放桀，武王伐紂」這些句子就被刪掉了。齊宣王自己是國君，當然會認為大臣殺國君是大逆不道了。

孟子採取實話實說的態度。「賊仁者」、「賊義者」，傷害仁德叫做賊害，因為仁德來自人性，傷害人性的話，誰還願意做好人？「義」是義行，就是什麼事該做，是

什麼角色、什麼身分就要做什麼事情。把仁德、義行破壞了，天下的人都將無路可走。這樣的人就是獨夫，眾叛親離，所以該殺。因此，這是剷除獨夫，而不是殺害國君。「一夫」不仁不義以至眾叛親離，成為獨夫。

尊重人的內在價值

孟子這種思想對歷代統治者是一大警惕。不過即使面臨「獨夫」在統治，若無商湯與周武王這些仁君，大家依然無可奈何。在古代，暴虐的國君很多，為什麼還可以長期維持政權呢？因為沒有相對的商湯、周武王這些仁君出現。百姓總是聽天由命，缺少反抗或革命的條件。但即使如此，孟子的立場也毫不含糊。

孔子、孟子肯定每一個人都有最基本的價值，只要是人，就具有共同的人性。人權來自人性，亦即每一個人都有內在的價值，可以使他覺悟自己有尊貴之處。如果因貧窮就被別人歧視，或者因地位低下就被別人輕視，就表示人的價值是由外而來的。儒家認為，人的價值在內不在外，尤其在於人有行善的能力，因此人只要行善，就自然展現人的尊嚴與可貴。反之，人若為非作歹，那麼即使是國君，也難逃獨夫的下場，受到大家的唾棄。

〈2‧9〉

孟子見齊宣王，曰：「為巨室，則必使工師求大木。工師得大木，則王

喜，以為能勝其任也。匠人斲（ㄓㄨㄛˊ）而小之，則王怒，以為不勝其任矣。夫人幼而學之，壯而欲行之，王曰，『姑舍女（ㄖㄨˇ）所學而從我』，則何如？今有璞玉於此，雖萬鎰（一），必使玉人雕琢之。至於治國家，則曰，『姑舍女所學而從我』，則何以異於教玉人雕琢玉哉。」

孟子謁見齊宣王，說：「建築大房子，就一定要派大工匠去尋找大木材。大工匠找到了大木材，大王就高興，認為他能稱職。如果木匠把木材削小了，大王就發怒，認為他不能稱職。一個人從小學習一種專業，長大了便想學以致用，大王卻說，『暫且放棄你所學的，照我的辦法去做。』這樣怎麼行呢？假設這裡有一塊原始的玉石，就算它價值二十萬兩，也一定要請玉匠來雕琢。談到治理國家，卻說，『暫且放棄你所學的，照我的辦法去做。』這與指導玉匠去雕琢玉石，又有什麼不同呢？」

尊重專業，避免剛愎自用

「巨室」是指大房子，古代的巨室有規定，一百畝的地方要蓋三百戶，外國使節來參訪時就都有地方住。所以一定要派大工匠——工師；「匠人」則是指一般木匠。如果木匠把木材削小了，要蓋大的房子，棟樑就不夠粗巨，兩根木頭拼在一起，又不夠堅固。好不容易找來巨大的木材，反而被削短了，大王看了當然會生氣。

「幼而學之，壯而欲行」，讀書當然希望能夠找到學以致用的機會。如果要人放棄

所學的，譬如蓋房子，大王就說，不要管工匠專業怎麼做，照我的想法來做，那麼房子一定垮掉。大王有權力，但是並不代表他有學問。

孟子繼續舉「璞玉」為例，璞玉是指玉在石中，還未經雕刻。一「鎰」是二十兩，萬鎰就貴重了。如果因為這塊玉很貴重，就請大王親自來雕刻，弄到最後一定是破壞了事。玉石貴重，所以要請專家來雕刻，那麼國家不是更貴重千萬倍嗎？

「姑舍女所學而從我」，這就是大王的口吻，對各行各業的專家與從政的人員說：照我的辦法去做，這邊蓋城牆，那邊修水庫。也不問專家，自己瞎指導。玉石再怎麼貴重，也要請專家負責雕琢才行。事實上愈是重大的任務，愈需要專業人才，何況是治理國家？但是君主未必承認自己沒有治國能力，甚至往往認為自己最懂得治國。

孟子當時已經有了權能分治的觀念，有權者與有能者分工合作，各司其職，才可造就國家整體的福祉。

〈2．10〉

齊人伐燕，勝之。宣王問曰：「或謂寡人勿取，或謂寡人取之。以萬乘之國，伐萬乘之國，五旬而舉之，人力不至於此。不取，必有天殃。取之，何如？」

孟子對曰：「取之而燕民悅，則取之。古之人有行之者，武王是也。取之而燕民不悅，則勿取。古之人有行之者，文王是也。以萬乘之國伐萬

乘之國，簞食壺漿以迎王師，豈有他哉？避水火也，如水益深，如火益熱，亦運而已矣。」

齊國攻打燕國，大獲全勝。齊宣王問說：「有人勸我不要奪取燕國，也有人勸我奪取燕國。以一個擁有萬輛兵車的國家去攻打同樣擁有萬輛兵車的國家，五十天就成功了，光靠人力是做不到的。不奪取它，必定會有天降的災禍。奪取它，怎麼樣？」

孟子回答說：「奪取它而燕國百姓高興，就奪取它。古代有人這麼做過，就是周武王。奪取它而燕國百姓不高興，就不要奪取它，古代有人這麼做過，就是周文王。以擁有萬輛兵車的國家去攻打同樣擁有萬輛兵車的國家，百姓用筐裝飯、用壺盛酒來迎接大王的軍隊，難道會有別的意思嗎？只是想避開水深火熱的痛苦罷了。如果水淹得更深，如果火燒得更熱，那就只能轉而指望別人來拯救了。」

這一章是齊國與燕國作戰，起因於燕王噲把王位讓給相國子之。燕王噲是一個糊里糊塗的人，他大概以爲堯禪讓給舜，舜禪讓給禹，成爲千古美談，他也要來效法，便把王位讓給他的宰相子之。

其實堯和舜有親戚關係，堯讓位給舜是讓給女婿，兩個女兒都嫁給他。燕王噲把王位讓給子之，子之居然接受了，國人不服，造成內鬥，動亂就開始了。這時候齊宣

王趁機攻打燕國，燕人打開城門歡迎，他們以為齊國會來主持正義。於是，齊宣王的軍隊很快就占領燕國的幾個重要都城，時間是在齊宣王五年（西元前三六五年）。

順應民心是治國者的行事原則

齊國攻打燕國，大獲全勝，齊宣王很是得意，認為是上天讓他戰勝的，而不是他自己想要占領燕國，而且如此可讓齊國的勢力擴大一倍，他怎麼捨得拒絕呢？

孟子分別以周文王、武王的例子來說明。周武王革命成功，百姓很高興，但是做為父親的周文王為什麼不革命呢？那是因為時機還未成熟，所以要等武王來完成建國目標。文王不是不願奪取，而是因為當時商紂氣數未盡，還沒有到滅亡的關頭。

城門自動打開歡迎軍隊進來，百姓送上飯與酒慰問軍隊，是因為太痛苦了，所以想「避水火也」。如果水淹得更深，火燒得更熱，就只能轉而指望別人來拯救了。

後續的史實不幸被孟子說中。兩年之後，燕國人就起來把齊國人趕走，還聯合別的國家一起對付齊國。因為如果齊國加倍強盛的話，對別的國家是一大威脅，並且燕國百姓也不願接受異國統治。被異國統治好像低人一等，誰願意長期忍受？

齊宣王使用「天殃」一詞，表示當時的人相信「天」有某種能力給人災殃，如果不依天的意願去占領燕國的話，上天就會降下災禍。表面看來對「天」仍有某種信仰。孔子「五十而知天命」，此時的天命已由政治名詞轉化為個人使命與理想的標誌。

「天」所代表的力量，叫做超越界。古代帝王自稱「天子」，正是來自傳統的信念，但事實上是以天做為實現個人野心的藉口。

了。齊宣王以天爲藉口而未能反省自己何德何能，所以種下失敗的因素。

〈2‧11‧1〉

齊人伐燕，取之，諸侯將謀救燕。宣王曰：「諸侯多謀伐寡人者，何以待之？」

孟子對曰：「臣聞七十里爲政於天下者，湯是也。未聞以千里畏人者也。《書》曰：『湯一征，自葛始。』天下信之，東面而征，西夷怨；南面而征，北狄怨，曰：『奚爲後我？』民望之，若大旱之望雲霓也。歸市者不止，耕者不變，誅其君而弔其民，若時雨降。民大悅。」

齊國攻打燕國，乘勝奪取了它，別的諸侯商議出兵去救燕國。齊宣王說：

「很多諸侯商議要來攻打我，怎麼對付呢？」

孟子回答：「我聽說憑藉縱橫各七十里的土地還害怕別人的。《尚書》上說：『商湯的征伐，從葛國開始。』天下的人都信賴他，他向東方征伐，西邊的夷人就抱怨；他向南方征伐，北邊的狄人就抱怨，說：『爲什麼把我們放在後面？』去市場的不停止，耕田的照常工作，他殺了那兒的暴君，慰問那兒的百姓，像是及時雨從天而降，百姓非常歡喜。」

仁君是眾望所歸

齊國奪取了燕國，因為燕國也有一些駐外大臣、使節、遊說別的諸侯去幫他們的祖國，所以各國正想聯合起來對付齊國，這是十分危險的情況。

齊宣王向孟子請教因應的對策。孟子認為，齊國是「方千里」的大國，這麼大的國家要保護自己絕對沒有問題，只要與別國建立外交關係、好好相處，遠交近攻，更沒有問題，何必擔心戰爭呢？

他接著引用《尚書》裡商湯的征伐，從葛國開始的例子。葛伯是商湯的鄰國之一，主要的罪名是他不肯祭祀。在古代不祭祀祖先，簡直無法無天，沒有任何信仰；沒有信仰的人，任何事只看現實的利益。

烏雲與虹霓是將下大雨的徵兆，天上烏雲密布，虹霓也出現在西方。「奚為後我」，亦即前往征伐，別人不但不討厭，反而忙著歡迎，就像久旱逢甘霖一樣。「歸市者不止」，是指商湯的軍隊來了，百姓不以為意，去市場的照樣去市場，好像沒有事一樣，這是因為商湯的軍隊不會傷害百姓。別國軍隊來到，百姓一切照常進行，這是很難想像的畫面。

〈2.11.2〉

《書》曰：『徯（ㄒㄧˋ）我后，后來其蘇。』今燕虐其民，王往而征之，民以為將拯己於水火之中也，簞食壺漿以迎王師。若殺其父兄，係累其

子弟，毀其宗廟，遷其重器，如之何其可也？天下固畏齊之強也，今又倍地而不行仁政，是動天下之兵也。王速出令，反其旄倪，止其重器，謀於燕眾，置君而後去之，則猶可及止也。」

《尚書》上說：『等待我們的君主來，才有重生。』現在燕國虐待它的百姓，大王前去征討，百姓以為您會把他們從水深火熱中拯救出來，所以用筐裝飯、用壺盛酒來迎接大王的軍隊。如果您殺害他們的父兄，囚禁他們的子弟，拆毀他們的宗廟，搬走他們的寶物，那怎麼可以呢？天下各國本來就害怕齊國強大，現在齊國土地增加一倍又不施行仁政，那是自己在招致各國興兵動武啊。大王趕快發布命令，送回俘獲的老人與小孩，停止搬運他們的寶物，與燕國百姓商量選立一個國君，然後撤離燕國，那麼還來得及阻止諸侯出兵。」

擄掠強奪必招惡果

這一段是孟子的建議。他繼續引用《尚書》上的：「徯我后，后來其蘇。」「徯」是指等待，「后」是指君主。國君來臨，照顧百姓，等於是給大家重生的機會，「蘇」就好像從睡夢中再醒過來。百姓仰賴國君，國君又怎能不珍惜這份情意？

「係」是用繩子綁起來，「累」是囚禁起來。拆毀宗廟，搬走寶物，就是所謂的「遷其重器」，把一個國家的文化資產都給偷走，這與強盜行徑有什麼差別呢？

如果土地增加一倍，並且開始施行仁政的話，那還可以與人為善。現在齊國國力強大，又不行仁政，等於是自己去「動天下之兵也」，是自己去鼓動天下各國的軍隊來攻打的。責任在己不在人。

孟子的建議十分具體，他從人性的需要來考慮，就是為燕國設想：「己所不欲，勿施於人」。由此可見，孟子不但可以暢談理論，也可以考量具體處境，提出明確的建議。小聰明與大智慧的分野，在於後者總是從整體及長遠的眼光，來判斷當前的狀況，而不會病急亂投醫，像救火隊一般疲於奔命。孔子說：「人無遠慮，必有近憂。」也顯示了類似的觀點。

〈2‧12〉

鄒與魯鬨，穆公問曰：「吾有司死者三十三人，而民莫之死也。誅之，則不可勝誅；不誅，則疾視其長上之死而不救。如之何則可也？」

孟子對曰：「凶年饑歲，君之民老弱轉乎溝壑，壯者散而之四方者，幾千人矣；而君之倉廩（ㄌㄧㄣ）實，府庫充，有司莫以告，是上慢而殘下也。曾子曰：『戒之戒之！出乎爾者，反乎爾者也。』夫民今而後得反之也。君無尤焉！君行仁政，斯民親其上，死其長矣。」

鄒國與魯國發生衝突。鄒穆公問說：「我的官吏死了三十三人，而百姓沒有

一個肯為長官赴死的。殺了他們吧，沒有辦法殺光；不殺他們吧，又痛恨他們看著自己的長官被殺而不去救，怎麼辦才好呢？」

孟子回答說：「遇到災荒的年頭，您的百姓，年老體弱的餓死在田溝山溪中，年輕力壯的逃散到四方去，大概有上千人了。然而您的倉庫中堆滿糧食，府庫中積滿財物，那些官吏卻沒有向您報告，這是對上怠慢國君，對下殘害百姓。」曾子說過：『警惕啊，警惕啊！你所做的事，後果會報復到你的身上。』百姓現在才有報復的機會。您不要責怪他們了。您若施行仁政，百姓就會親近他們的長官，並且為長官死了。」

自己做的事，後果都會回到自己身上

鄒國與魯國發生衝突。「鬨」是指爭戰狀態。孟子的祖國是鄒國，在當時是個小國。鄒穆公不滿百姓沒有一個肯為長官赴死，而在殺與不殺間猶豫，真把這三百姓殺光，國家又如何存續？國君只看到官吏的委屈，而完全不明白百姓出了什麼問題。

孟子並不同情那些官員。「轉」是指屍體被丟棄。這些官吏戰死，不能怪百姓不來救援，因為百姓以前死喪的時候，他們並未盡責，沒向國君報告災情。國君住在深宮裡，不清楚百姓的慘狀，官吏們只知諂媚阿諛，報喜不報憂。

釋迦牟尼從小住在皇宮中，所見的每個人都豐衣足食，就以為人生美好安詳。他到了二十九歲第一次離開皇宮，才發現原來還有老人、病人、死人，心中大為震撼。

一旦發現後就無法遏止內心的衝動，想要找出一切痛苦的原因，他立刻出家修行，希

望普渡眾生。當然這是聖賢的用心，一般國君念不及此啊！

這是宗教家的慈悲精神，看到有人受苦，就想知道他為何受苦？能幫上忙嗎？孟子是哲學家，他從互動的角度提醒國君，別忘了百姓也在責怪你。

接著，他引用曾子的話：「戒之戒之！出乎爾者，反乎爾者也。」「出爾反爾」這句成語，古今用法不同。原本的意思是：一個人把自己說過的話收回去了，不守信用。今天的「出爾反爾」，意思是一個人所做的事，後果會回到自己身上。

我們也可以從報應的觀點來省思「出爾反爾」一語。一個人從起心動念開始，他的言行首先會在自己心中產生某種效應。言行皆善，則心境愉快；反之，則如網羅糾結，愈陷愈深。想靠外在功業來肯定自身價值的人，注定會失望的，也正如孟子所謂的「緣木求魚」。

〈2‧13〉

滕文公問曰：「滕，小國也，間於齊、楚。事齊乎？事楚乎？」

孟子對曰：「是謀非吾所能及也。無已，則有一焉：鑿斯池也，築斯城也，與民守之，效死而民弗去，則是可為也。」

滕文公說：「滕是個小國，處在齊國與楚國之間。是服事齊國呢？還是服事楚國？」

孟子回答說：「這個謀略不是我能提供的。一定要我說，就只有一個辦法。挖深護城河，築牢城牆，與百姓一起守衛，百姓寧死也不離開，那就可以有些作為。」

治理小國更需要民心支持

滕是個小國，處在齊國與楚國之間，滕文公不知該服事哪一國才好，正所謂兩大之間難為小，古代也有這種情況。孟子很有分寸，無法回答的問題，不會亂出主意。

他要滕文公挖深護城河，築牢城牆，與百姓一起守衛，百姓寧死也不離開，那就可以有些作為。因為如果百姓大量移民，國家就沒有了人民，當然是無路可走。所以先增加外在的條件，護城河與城牆築得好一點，然後推行仁政，讓百姓願意為國君拚命。得到百姓全力支持，就不用太擔心。這是孟子提供一個小國的建議。

我想起歐洲有個小國，叫做奧地利。這個國家的百姓與鄰近強大的德國是同文同種，要移民很容易。但是奧地利的人民依然堅守自己的家園，原因之一是他們的文化教育非常成功。譬如，每天的媒體廣播在結束時，會重複一句口號：「沒有奧地利就沒有歐洲，沒有歐洲就沒有世界。」這話並非出於杜撰，而是根據奧匈帝國的一段史實。如此可以激發國民的榮譽感與愛國心，讓青少年從小就以身為奧國人為榮，這樣的小國依然可以受到世人的尊重。

〈2‧14〉

滕文公問曰：「齊人將築薛，吾甚恐，如之何則可？」

孟子對曰：「昔者大王居邠（ㄅㄧㄣ），狄人侵之，去之岐山之下居焉。非擇而取之，不得已也。苟為善，後世子孫必有王者矣。君子創業垂統，為可繼也。若夫成功，則天也。君如彼何哉？強（ㄑㄧㄤ）為善而已矣。」

滕文公問說：「齊國要修築薛地的城牆，我很害怕，要怎麼辦才好？」

孟子回答說：「從前太王住在邠地，狄人前來侵犯，他就離開，遷到岐山下定居，不是他要選擇住在那兒，而是不得不如此。如果多做善事，後代子孫必定會有稱王天下的。君子創立基業，傳下典範，是為了可以繼承下去。至於將來能否成功，就只有讓天來決定了。您怎樣對付齊國呢？只有努力多做善事了。」

創下好的傳統，後代就有遵循的典範

薛是一個小國，已經被齊國攻滅了。滕文公很擔心，齊國下一步可能要對付他了。人活在世界上，很多事情都是不得已，很少人可以隨心所欲。

「苟為善，後世子孫必有王者矣」，孟子不是預言家，而是哲學家，他說的話是出於他的理性判斷，但是涉及對未來的構想，則須憑他的信念，顯示他對人性的堅定信念。這種信念也是來自他的經驗與智慧。行仁政做好事，後代子孫當然就稱王天下。

問題是：行仁政到什麼程度，做好事又要持續多少代人？他所舉的例子是商朝、周朝的祖先，像太王就是周朝的祖先。「若夫成功，則天也」，人間的一切最後還是由天決定。目前要對付齊國就只有努力多做善事，團結民心，然後就算暫且被滅，將來子孫也許還會復國。「創業垂統」，創立基業，傳下典範，是為了可以繼承下去，每一個人創立事業都是希望後代將來可以承繼。

國家的主體如果界定在人民身上，則太王遷居就是正確的做法。但是，如果只想到一家一姓要擁有國家，就難免擔心害怕失去權位了。孟子後來宣稱：「民為貴，社稷次之，君為輕。」他的立場十分明確。

〈2‧15〉

滕文公問曰：「滕，小國也，竭力以事大國，則不得免焉。如之何則可？」

孟子對曰：「昔者大王居邠，狄人侵之。事之以皮幣，不得免焉；事之以犬馬，不得免焉；事之以珠玉，不得免焉。乃屬其耆老而告之曰：『狄人之所欲者，吾土地也。吾聞之也：君子不以其所以養人者害人。二三子何患乎無君？我將去之。』去邠，踰梁山，邑於歧山之下居焉。邠人曰：『仁人也，不可失也。』從之者如歸市。或曰：『世守也，非身之所能為也。效死勿去！』君請擇於斯二者。」

滕文公問說：「滕是個小國，竭盡心力去服事大國，還是無法免於威脅，要怎麼辦才好？」

孟子回答說：「從前太王住在邠地，狄人前來侵犯；獻上皮裘絲綢，不能免遭侵犯；獻上好狗良馬，不能免遭侵犯；獻上珍珠寶玉，不能免遭侵犯。於是召集父老對他們說：『狄人想要的是我們的土地。我聽說過：君子不拿他用來養活人的東西害人命。各位何必擔心沒有君主？我要離開這裡了。』於是離開邠地，越過梁山，在岐山下建築城邑定居下來。邠地的人說：『這是一位有仁德的人，不能失去他啊。』追隨前去的人，多得像趕往市場一樣踴躍。也有人說：『土地是要世世代代守護的，不是我自己所能做主的，犧牲生命也不能離開。』請您就這兩種辦法做個選擇。」

忍辱求全，能屈能伸

滕文公問孟子，對於大國的予取予求，小國要怎麼辦才好？

孟子還是介紹周朝祖先太王的一段史實。「皮」是指皮裘，毛皮所製成的衣服，「幣」不是錢財，而是指絲綢。皮裘絲帛雖然值錢，但還是不能免遭狄人侵犯。連好狗良馬、珍珠寶玉也起不了作用。

土地原是用來養人的，結果為了保衛土地，居然死了許多人，這似乎本末倒置了。如果保護土地的代價是會死去許多人，那就把土地給狄人，自己搬走，讓大家繼續活著。就算不願遷移也沒有關係，狄人入主的話，百姓照樣耕田、納稅、過活。

「從之者如歸市」，這種景觀，令人嚮往，很多百姓跟隨他，就像去趕集一樣，民心所向令人感動。

「世守也，非身之所能為也」，「身」在古代常是指自己，意思是：這不是你我個人所能做主的。

於是在此有兩派主張，一派主張土地讓給別人，自己搬家算了；另一派主張土地是祖先留下來的，就算犧牲生命也要堅守。孟子最後說：「您做一個選擇吧。」這種事情，他也無法替滕文公選擇。

孟子的說法，合乎孔子「扣其兩端而竭焉」的原則。在面對別人的請教時，「兩端」是指正反兩種對立的選擇，不選甲就選乙，沒有妥協的餘地。因此，為了避免選錯，必須思考清楚：每一種選擇的理由是什麼，後果又將如何。這樣想透徹了，自然知道怎麼選擇了。孟子又怎能代替文公來決定滕國百姓的命運呢？

〈2·16〉

魯平公將出，嬖人臧倉者請曰：「他日君出，則必命有司所之。今乘輿已駕矣，有司未知所之，敢請。」

公曰：「將見孟子。」

曰：「何哉？君所為輕身以先於匹夫者？以為賢乎？禮義由賢者出；而孟子之後喪踰前喪。君無見焉。」

公曰：「諾。」

樂正子入見，曰：「君奚爲不見孟軻也？」

曰：「或告寡人曰：『孟子之後喪踰前喪』，是以不往見也。」

曰：「何哉，君所謂踰者？前以士，後以大夫；前以三鼎，而後以五鼎

與？」

曰：「否，謂棺槨（ㄍㄨㄛˇ）衣衾（ㄑㄧㄣ）之美也。」

曰：「非所謂踰也，貧富不同也。」

樂正子見孟子，曰：「克告於君，君爲來見也。嬖人有臧倉者沮君，君

是以不果來也。」

曰：「行，或使之；止，或尼之；行止，非人所能也。吾之不遇魯侯，

天也。臧氏之子焉能使予不遇哉？」

魯平公準備外出，他的寵臣臧倉請示說：「平日國君外出，一定告訴執事官

員要去的地方。現在車馬已經預備好了，執事官員還不知道您要去哪裡，因

此冒昧請示。」

魯平公說：「要去見孟子。」

臧倉說：「國君降低自己的身分主動去見一個普通人，是爲了什麼？是認爲

他是賢良的人嗎？賢良的人應該做到守禮與義行，但是孟子爲母親辦的喪

事，排場超過先前爲父親辦的喪事。您別去看他吧！」

魯平公說：「好。」

公就準備去拜訪孟子，這本來是件好事，但是結果卻出人意外。

人才，您身為國君一定要禮賢下士，這樣大家才會認為您是一位好國君。」所以魯平

孟子旅行到了魯國，樂正子立即向魯君說：「我的老師孟子來了，他是了不起的

時，還曾經「喜而不寐」，意即高興得晚上睡不著覺。

點──好善，他聽到善的事就很開心，一心一意想要去實踐。孟子聽到樂正子要做官

樂正子是孟子的學生，很得孟子的欣賞。雖然才華表現並不突出，但是有一個優

與魯侯會晤呢？」

人力所能左右的。我不能與魯侯會晤，那是天意。臧的這個人怎能使我不

孟子說：「要來，有鼓動的力量；不要來，有阻止的力量。來與不來，不是

倉的阻止他，所以他最後沒有來。」

樂正子去見孟子，說：「我向國君說過，他打算來看您的。寵臣中有個叫臧

樂正子說：「這不叫超過，而是前後貧富不同的緣故。」

魯平公說：「不是啊，我所指的是棺槨、衣物的華美。」

禮；先前用三個鼎擺設供品，後來用五個鼎擺設供品嗎？」

樂正子說：「您所謂的超過是指什麼呢？是指先前用士禮，後來用大夫之

的喪事。』所以我不去見他。」

魯平公說：「有人告訴我，『孟子為母親辦的喪事，排場超過先前為父親辦

樂正子前去謁見，說：「國君為什麼不去見孟軻呢？」

為父母付出，不會捨不得花錢

臧倉是魯平公寵愛的近臣，「嬖」，就是受寵的近臣。魯平公說要去見孟子，臧倉這種小心眼的人當然會想辦法阻止。

臧倉把孟子說成普通人，稱孟子「匹夫」，並且對孟子的背景也有些了解，還用「禮義」這種冠冕堂皇的話來批評孟子。他為了不讓孟子出頭，真是用盡心機。

「後喪」，是說孟子母親活得較久，是後來辦的喪事；「前喪」，則是說孟子的父親比較早過世。他後來替母親辦的喪事，在排場上比替父親辦的要大多了。臧倉藉此批評孟子的行為不合禮義，因此勸魯平公不要去看他，好好的一件事就被破壞了。

樂正子很著急，說好要去的，怎麼忽然變卦了呢？於是趕快去謁見魯平公。魯平公就說，有人說孟子「後喪踰前喪」，「踰」是指超過。孟子的父親過世時，他的身分是士；後來母親過世時，他已經具有大夫身分了。士只能設三個鼎，大夫可以設五個鼎。「鼎」是祭祀時用以盛裝犧牲的。五鼎有羊、豕、膚（切肉）、魚、臘；三鼎有牲、魚、臘，需依兒子的身分來安排。

孟子先喪父後喪母，喪事花費多少，依他當時的身分與財力而定，這合乎於古代的禮儀。天子、諸侯、卿大夫、士的順序，分別使用九鼎、七鼎、五鼎、三鼎。官做得愈大，鼎用得愈多。

孟子替母親準備的棺木特別貴重的理由有二：一是法律沒有規定不許使用貴重的棺木；二是他現在有錢買得起，又不是向別人借的錢，為什麼不能選用好的棺木呢？

但是國君並無主見，聽人如此批評，就覺得孟子對父親不夠孝順，給母親用的是

上等的棺木，那可是有錢人才買得起的。但是孟子的理由是「君子不以天下儉其親」，君子為父母付出的時候，是不會捨不得花錢的。

成與不成，歸之天意

樂正子無話可說，既然魯平公不願意去，他也不能勉強。「沮」是指阻止。「不果來」是指並沒有成為具體的事實，也就是不了了之。

孟子認為任何事的成與不成，一定有各種因素，這不是一個人可以左右的，他把這一切歸之於天，並未放在心上。

孟子對於無可奈何的事，往往都歸之於天意。臧倉固然從中作梗，但是魯侯缺乏己見，即使會晤孟子也未必能予以重用，所以孟子看得很開。這說明他有很高的理想，一時的不能得志，也只看成時機尚未成熟。換言之，做任何事情都不必勉強。

學習孔、孟、老、莊的經典之後，還有什麼好責怪別人的呢？經由理解而明白道理之後，一切都通了，遇到任何事情發生的時候，先想通了，先看開了，心情也就自動轉到正面的軌道上，進而對於周圍身邊的人就形成一股正面的力量。

卷三　《公孫丑篇》　上

〈3・1・1〉

公孫丑問曰：「夫子當路於齊，管仲、晏子之功，可復許乎？」

孟子曰：「子誠齊人也，知管仲、晏子而已矣。或問乎曾西曰：『吾子與子路孰賢？』曾西蹵（ㄘㄨˋ）然曰：『吾先子之所畏也。』曰：『然則吾子與管仲孰賢？』曾西艴（ㄈㄨˊ）然不悦，曰：『爾何曾比予於管仲？管仲得君如彼其專也，行乎國政如彼其久也，功烈如彼其卑也；爾何曾比予於是？』」

曰：「管仲，曾西之所不為也，而子為我願之乎？」

曰：「管仲以其君霸；晏子以其君顯。管仲、晏子猶不足為與？」

曰：「以齊王，由反手也。」

曰：「若是，則弟子之惑滋甚。且以文王之德，百年而後崩，猶未洽於天下；武王、周公繼之，然後大行。今言王若易然，則文王不足法與？」

曰：「文王何可當也？由湯至於武丁，賢聖之君六七作，天下歸殷久矣，久則難變也。武丁朝諸侯，有天下，猶運之掌也。紂之去武丁未久

也，其故家遺俗，流風善政，猶有存者；又有微子、微仲、王子比干、箕子、膠鬲，皆賢人也，相與輔相之，故久而後失之也。尺地，莫非其有也；一民，莫非其臣也；然而文王猶方百里起，是以難也。」

公孫丑請教說：「如果先生在齊國掌權，管仲、晏子的功業可以再度興起嗎？」

孟子說：「你真是個齊國人啊，只知道管仲、晏子而已。有人問曾西說：『你和子路相比，誰比較傑出？』曾西不安地說：『他是我父親所敬畏的人。』那人又問：『那麼你和管仲相比，誰比較傑出？』曾西臉色一沉，很不高興地說：『你怎麼拿我和管仲相比？管仲得到齊桓公的信任是那樣專一，執掌國政是那樣長久，而功業卻是那樣卑微。你怎麼竟拿我和他相比？』」

公孫丑說：「管仲輔佐桓公使他稱霸，晏子輔佐景公使他揚名，管仲、晏子還不值得學習嗎？」

孟子說：「以齊國的條件要稱王天下，是易如反掌的。」

公孫丑說：「照您這麼講，學生就更困惑了。憑著周文王的德行，活了將近百年，都還沒有收服天下；周武王、周公繼承他的事業，然後教化才遍及天下。現在您把稱王天下說得好像很容易，那麼周文王也不值得效法嗎？」

孟子說：「怎麼可以和周文王相比呢？從商湯到武丁，賢明的君主有六、七

位，天下歸順商朝已經很久了，久了就難以改變。武丁使諸侯來朝見，統治天下，就像在手掌上轉動東西一樣。商紂距離武丁的年代並不算久，原有家族遺留的風俗，善良政治造成的影響，都還有些保存著；又有微子、微仲、王子比干、箕子、膠高這些賢良的人一起輔佐他，所以過了很長的時間才失去天下。當時，沒有一尺土地不是他的疆土，沒有一個百姓不是他的臣民；然而周文王還能由縱橫一百里的地方興起，所以是很困難的。」

公孫丑是孟子的學生，由學生提的問題，就比一般國君提的問題更為深刻。

以力服人是稱霸；以德行仁是稱王

公孫丑請教孟子，如果孟子能在齊國掌權的話，是否可以讓管仲、晏子的功業再度興起。不料孟子聽了，不以為然，反而責備他的眼光只侷限在齊國，因為管仲和晏子都是齊國人，管仲輔佐齊桓公，晏子輔佐齊景公。

接著孟子以曾西的例子來說明。曾西的父親是曾參，曾參敬畏子路，這兩人都是孔子的學生。曾西是曾參的兒子，要他與子路相比，當然不好意思，畢竟子路是他父親所敬畏的人啊！子路後來參加衛國的政爭而不幸被殺。

管仲的命運大不相同，他是齊桓公的宰相，「九合諸侯，一匡天下」，使齊桓公成為春秋五霸第一霸。但是拿曾西與管仲相比，曾西卻覺得自己受到侮辱。

儒家看不起管仲，是因為他器量有限，只能幫助齊桓公稱霸，而儒家主張的是稱

王。以力服人者霸；以德行仁者王。用力量去鎮服別人是稱霸，儒家不表贊同，因為靠力量一定會陷於興盛衰亡的交替中。以德服人就稱王，仁者無敵。儒家的原則很清楚，絕不妥協。

管仲有成就之後，就開始享受生活。《論語‧八佾》裡記載，齊桓公有三歸，「管氏有三歸，官事不攝，焉得儉？」齊桓公有三處公館，管仲也要有三處公館，並且工作人員也有三組，一點都不節儉，這是因為管仲認為自己功勞最大。

「官事不攝」，是說三個公館裡面的主管、管家、傭人都不兼差，既浪費又奢侈，齊桓公也不敢表示反對。齊桓公稱管仲為「仲父」，就是叔叔的意思，正好他的名字也叫做「仲」，這麼稱呼他具有雙重含義，也禮遇備至，因為如果不是管仲，齊桓公也沒有什麼機會成就霸業。

孟子根本不屑於做管仲，公孫丑還不死心：「管仲以其君霸；晏子以其君顯。管仲、晏子猶不足為與？」孟子卻認為以齊國的條件要稱王天下易如反掌，亦即好像把手掌翻過來一樣容易。

平治天下需要很多外在助緣

這個回答讓公孫丑很困惑，孟子前面說齊國稱王天下易如反掌，但周文王活了九十八歲都沒有做到，直到他的兒子周武王、周公，才把整個商朝滅亡，那麼，難道周文王還不夠好嗎？

孟子接著說明他對歷史的見解。商朝有六百多年，經過幾十代，長期統治的基礎

非常穩固。一代一代傳下來，到武丁的時候，「天下可運於掌」，亦即治理天下就像手掌上轉東西一樣，根本不費什麼力氣，因為大家都接受他應該有天子的地位，沒有人想要去革命，這表示傳統打下的基礎很好。

而商紂距離武丁的年代並不算久，原有家族遺留的風俗，善良政治造成的影響，多少有些保存著；又有微子、微仲、王子比干、箕子、膠鬲等賢良的人一起輔佐他。微子、比干這些人，大家都比較熟悉。比干死得很慘，被商紂王剖心；微子被抓去囚禁；箕子先裝瘋後逃走，最後逃到現在的韓國去了，所以在韓國還有箕子墓與箕子廟。就是因為有這些賢者，所以過了很長的時間，周武王才有辦法革命成功。

「尺地，莫非其有也」，一民，莫非其臣也」，就是所謂的「普天之下，莫非王土；率土之濱，莫非王臣」。

建立新的國家，顯然需要許多條件的配合。周文王的德行與能力不容置疑；他被商紂關在羑里七年之久，寫下《周易》的卦爻辭，據說其中還隱藏了重要的情報信息，由此亦可知他的智慧之卓越。但是，當時商朝氣數未盡，誰也奈何不了商紂這位暴君。直到武王繼文王之位，才能「順天應人」完成革命，拯救百姓於水火之中。

這件史實提醒我們：屬於社會人群的事，不可忽略相關的趨勢與條件；但是，對個人而言，就須秉持孔子的作風，「知其不可而為之」。許多事情不能光靠理性思維，還須在實踐中促成正義的來到。

〈3‧1‧2〉

「齊人有言曰：『雖有智慧，不如乘勢，雖有鎡（ㄗ）基，不如待時。』今時則易然也。夏后、殷、周之盛，地未有過千里者也，而齊有其地矣；雞鳴狗吠相聞，而達乎四境，而齊有其民矣。地不改辟矣，而齊不改聚矣，行仁政而王，莫之能禦也；民之憔悴於虐政，未有甚於此時者也。且王者之不作，未有疏於此時者也；饑者易為食，渴者易為飲。孔子曰：『德之流行，速於置郵而傳命。』當今之時，萬乘之國行仁政，民之悅之，猶解倒懸也。故事半古之人，功必倍之，唯此時為然。」

「齊國有句俗話說：『雖然有智慧，不如靠形勢；雖然有鋤具，不如等時機。』現在的時機算是容易的。夏、商、周三代興盛時，土地沒有超過縱橫一千里的，現在齊國就有這麼大的地方了；雞啼狗叫相互聽聞，一直達到四周的邊境，齊國有這麼多百姓了。土地不必再開拓，百姓不必再增加，施行仁政而能夠稱王天下，沒有人能夠阻擋得住。並且，仁德的君主不出現，沒有比現在等得更久的；百姓受暴政壓迫的痛苦，沒有比現在更嚴重的。饑餓的人吃什麼都容易滿足，口渴的人喝什麼都容易接受。孔子說：『德政的流行，比驛站傳達政令還要快。』現在這個時候，擁有萬輛兵車的大國施行仁政，百姓的喜悅就像解除了倒懸的痛苦一樣。所以，事情做到古人的一半，功效必定是古人的一倍，只有在這個時候才是如此。」

時機是成功的關鍵

「雖有智慧，不如乘勢，雖有鎡基，不如待時。」這是當時齊國的諺語，很有道理，一個人智慧再高，但形勢比人強，時機還未成熟時，再做也只是閉門造車。

諸葛亮的才華與能力都是一等一的高手，很多人評價他是儒家的實踐者。天下大亂，隆中高臥，避世隱居，到劉備三顧茅廬，他才願意出來，代表他自有一套原則。

一旦從政，就「知其不可而為之」了。

諸葛亮的表現可圈可點，但是曹操品德再怎麼壞，終究還是贏了，因為他可以「挾天子以令諸候」，這就是「形勢」優越。所以智慧不如形勢，有鋤具而沒有時機，天時不能配合，也無法取得好的收成。

孟子舉夏、商、周為例，以前國家規模很小，三代也不例外，後來才慢慢向外擴充。「夏后」的「后」是指王。堯到舜是靠禪讓，到了夏朝才傳位給後代，於是出現一個習慣的稱呼「夏后」，就是指大禹的後代而言。三代時統治的土地面積並不大。

齊國則不然，領土大約等於夏、商、周三代那時候的面積。「雞鳴狗吠相聞，而達乎四境」，代表人口眾多，一直到東南西北四方的邊境，到處都聽得到雞鳴狗叫，顯示了富庶景觀。

實行德政，解百姓倒懸之苦

從春秋到戰國，很少見過仁德的君主。加上戰爭愈來愈多，百姓的痛苦也日益嚴

重。「饑者易爲食，渴者易爲飲」。有誰在饑渴時還會挑食呢？

孟子以孔子說的「德之流行，速於置郵而傳命」說明，如果現在擁有萬輛兵車的大國能施行仁政，百姓的喜悅，就像解除了被頭下腳上倒掛著的痛苦一樣。「如解倒懸」這句成語，儒家、道家都使用這樣的比喻，說明百姓活著實在是苦得受不了。「事半功倍」一語，即出自此段，意思是只要下一半的工夫，效果卻與古人全部做完是一樣的。

綜上所述，孔子充分肯定管仲的貢獻，在《論語》所舉的理由是因爲他「九合諸侯，不以兵車」。刀槍無情，人命可貴，一旦打仗就會死傷無數，怎麼可以隨便輕易動武呢？管仲以外交取代戰爭，這一點做得非常好，孔子在評論時也很客觀，能夠體察別人的偉大貢獻。所以孔子不去批評管仲的功業，反而替管仲辯護，說他這個人「合乎行仁」的要求。但孟子的看法卻不一樣，他認爲管仲沒有幫助齊桓公「修其仁政，由霸而王」。

孟子有關周文王處境的分析，出於合理的歷史見識。他相信齊國如果行仁政就可以稱王天下，並且是「由反手也」，這種說法若非源於他對「人性向善」的堅定信念，實在不易理解。

行仁政而王，爲什麼易如反掌，可以平治天下？因爲推行仁政就是行善，而百姓無不向善，所以國君一行善，大家都會自動支持，這是很簡單的道理。

〈3・2・1〉

公孫丑問曰：「夫子加齊之卿相，得行道焉，雖由此霸王，不異矣。如此，則動心否乎？」

孟子曰：「否，我四十不動心。」

曰：「若是，則夫子過孟賁遠矣。」

曰：「是不難，告子先我不動心。」

曰：「不動心有道乎？」

曰：「有。北宮黝（ㄧㄡˇ）之養勇也：不膚撓（ㄋㄠˊ），不目逃，思以一毫挫於人，若撻（ㄊㄚˋ）之於市朝；不受於褐（ㄏㄜˊ）寬博，亦不受於萬乘之君；視刺萬乘之君，若刺褐夫；無嚴諸侯，惡聲至，必反之。孟施舍之所養勇也，曰：『視不勝猶勝也；量敵而後進，慮勝而後會，是畏三軍者也。舍豈能為必勝哉？能無懼而已矣。』孟施舍似曾子，北宮黝似子夏。夫二子之勇，未知其孰賢，然而孟施舍守約也。昔者曾子謂子襄曰：『子好勇乎？吾嘗聞大勇於夫子矣：自反而不縮，雖褐寬博，吾不惴（ㄔㄨㄟ）焉；自反而縮，雖千萬人吾往矣。』孟施舍之守氣，又不如曾子之守約也。」

公孫丑請教說：「先生如果擔任齊國的卿相，可以實行自己的主張，那麼即使由此建立了霸業或王業，也是不足奇怪的。如此一來，會不會動心呢？」

孟子說：「不，我四十歲就不動心了。」

不為外境牽動內心的境界

有些人取得富貴的時候，就變得趾高氣揚，甚至心浮氣躁。公孫丑請教孟子，如果被賜予爵位的話，是否會動心。

孟子回答得很巧妙：「不，我四十歲就不動心了。」這和孔子的「四十而不惑」

公孫丑說：「這麼看來，先生遠遠超過孟賁了。」

孟子說：「這個不難，告子比我更早做到了不動心。」

公孫丑說：「不動心有方法嗎？」

孟子說：「有。北宮黝這樣培養勇氣：肌膚被刺不退縮，眼睛被戳不逃避；他覺得受到一點小挫折，就像在公共場所被人鞭打一樣；既不受平凡小民的羞辱，也不受大國君主的羞辱。把刺殺大國君主看成刺殺平凡小民一樣；毫不畏懼諸侯，聽到斥罵一定反擊。孟施舍這樣培養勇氣，他說：『對待不能戰勝的，就像對待足以戰勝的一樣；如果衡量敵得過才前進，考慮可以勝才交戰，那是畏懼眾多軍隊的人。我怎能做到必勝呢？不過是無所畏懼罷了。』孟施舍的作風像曾子，北宮黝的作風像子夏。這兩個人的勇氣，不知道誰比較傑出，但是孟施舍把握了要領。從前曾子對子襄說：『你愛好勇敢嗎？我曾經聽孔子談過大勇的作風：反省自己覺得理屈，即使面對千人萬人，我也向前走去。』

孟施舍保持勇氣的方法，又不如曾子的那麼扼要。」

有點接近。不動心是指不會爲了別人說自己好或不好，而高興或難過，因爲他知道自己在做什麼，以及爲什麼如此做。公孫丑聽了很佩服：「先生遠遠超過孟賁了。」孟賁是古代的勇士。

《孟子》當中有〈告子篇〉，告子在人性論上是與孟子針鋒相對的人，是他學術上的對手之一，但是孟子承認告子比他更早先不動心。乍聽之下，會覺得孟子虛懷若谷，但是稍後孟子會分辨告子的不動心，並且指出他的困難及謬誤所在。

學生接著又問不動心有沒有什麼方法，孟子舉北宮黝和孟施舍做例子，這兩個人都是古代有名的勇士。從此段舉例可知，不動心與勇敢的修練有關。

北宮黝這個人自尊心極強，「視刺萬乘之君，若刺褐夫」，聽來像是刺客，去刺殺大國國君時，居然毫不在意。「不膚撓，不目逃」，思以一毫挫於人，若撻之於市朝，不受於褐寬博，亦不受於萬乘之君」，多麼大的氣魄。他不受任何一點點委屈，眼中沒有什麼帝王將相或販夫走卒的區別，是個有仇必報的江湖人物。

第二位人物叫做孟施舍，他的必勝方法，不過是無所畏懼。明明是以一對十，但是他打仗時衝鋒陷陣，好像相信自己會勝，那種氣勢甚至可以以一敵百。明明知道一定會死，照樣全力衝殺過去，那種氣魄就是孟施舍所表現的。此謂「對待不能戰勝的，就像足以戰勝的一樣」。這是第二種勇氣，專注於培養內在的信心與力量。

第一種是外發，表現出凶悍的架勢。第二種是內斂，掌握住自己的信心。孟子覺得孟施舍的作風像曾子，北宮黝的作風像子夏。曾子與子夏都是孔子學生，可以拿來加以比較。如果參考《論語》，我們很難把子夏與北宮黝連在一起。因爲子夏在孔子

口中是比較退縮保守的類型。至於曾子與孟施舍則有些相似，都會強調內在的修練。

理直氣壯，就無所畏懼

孟施舍能夠掌握到自己的內心狀態，當然比北宮黝「不膚撓、不目逃」更為深刻而持久。他培養的是第二種勇敢，即使表面上打不過，也要激發堅強的意志，產生由內而發的力量。

但是這兩種勇敢都不夠，孟子進一步說明「大勇」的作風：「自反而不縮，雖褐寬博，吾不惴焉；自反而縮，雖千萬人吾往矣。」《論語》裡並沒有這句話，孟子顯然是從別的地方聽到的。「雖千萬人吾往矣」，重點不在於對立的一方有多少人，而在於自己是否理直氣壯。這說明「理」是天下人都要遵守的共識，放諸四海而皆準。

在此，孔子所說的境界才是孟子真正佩服的。

今天要引述孔子「自反而縮」一語時，切不可忽略前半句「自反而不縮」。反省自己時有對有錯，可能理直也可能理屈，最怕的是自以為是，以致口誦孔子之語而表現卻荒腔走板。

綜上所述，不動心，首先必須沉得住氣，所以孟子先談養勇。北宮黝的方法是「外發」，靠外在的過人氣勢來彰顯勇敢。孟施舍的方法是「內求」，以堅定自己的信念來彰顯勇敢。內求比起外發當然更能把握住要領，亦即不受限於外在條件，全憑一種內在的力量。

曾子轉述孔子的一段話則是「上訴」，從外到內再到上，「上訴」於人人心中共

有的義理，這種義理是天下人都要接受的。人人心中共有的義理，超越個人的氣勢與意念，務求放諸四海而皆準，所以稱之為大勇，這才是養勇的正確途徑。合不合理，合不合道義。如果合的話，就無換句話說，我們做任何事都要問自己合不合理，合不合道義。如果合的話，就無所懼怕，可以清楚表現出來，讓大家感覺到這是人人都有的嚮往，是合乎人性向善的普遍要求。

〈3‧2‧2〉

曰：「敢問夫子之不動心與告子之不動心，可得聞與？」

「告子曰：『不得於言，勿求於心；不得於心，勿求於氣。』不得於心，勿求於氣，可；不得於言，勿求於心，不可。夫志，氣之帥也；氣，體之充也。夫志至焉，氣次焉。故曰：『持其志，無暴其氣。』」

「既曰『志至焉，氣次焉』，又曰『持其志，無暴其氣』者，何也？」

曰：「志壹則動氣，氣壹則動志也。今夫蹶（ㄐㄩㄝˊ）者趨者，是氣也，而反動其心。」

公孫丑說：「請問，先生的不動心與告子的不動心，可以說來聽聽嗎？」

孟子說：「告子說過：『言論上有所不通，不必求助於思想；思想上有所不通，不必求助於意氣。』思想上有所不通，不必求助於意氣，這是可以的；言論上有所不通，不必求助於思想，這是可以的；

言論上有所不通，不必求於思想，這是不可以的。心志是意氣的統帥，意氣是充滿體內的。心志關注到哪裡，意氣就停留在哪裡。所以說：『要持守心志，不要妄動意氣。』」

公孫丑說：「既然說『心志關注到哪裡，意氣就停留在哪裡』，卻又說『要持守心志，不要妄動意氣。』」

孟子說：「心志專一就能帶動意氣，意氣專一也能帶動心志。譬如跌倒與奔跑，都是意氣的運作，反過來卻帶動了心思。」

道理說不通的時候，別鑽牛角尖

孟子的「不動心」和告子的「不動心」有何區別呢？

告子的方法有兩個步驟：「不得於言，勿求於心」和「不得於心，勿求於氣」。

第一個「勿求」，意思是理論上說不通的事，不要多想是怎麼回事，因為光用想的未必會有結果。

「不得於言，勿求於心」，譬如與別人談話時，話不投機，或者聽不懂別人在設什麼，或者自己說的別人不了解，都是「不得於言」。「勿求於心」，不要在心裡想太多，想太多容易鑽牛角尖，最後連與別人溝通都有困難。

其次，「不得於心，勿求於氣」，思想上有所不通，不必求助於意氣。告子認為，一方面不要在思想上鑽牛角尖，非要想通不可；另一方面，在思想上想不通時，不要意氣用事，不要衝動行事。

孔子在《論語・述而》說：「不憤不啓，不悱不發。」「憤」是生氣，學生想懂而懂不了，快要生氣的時候，老師再給與啓發。「悱」是學生想說而說不出來，臉都脹紅了，這時老師再予以開導。意思是在學生憤、悱之後，老師的啓發才會產生效果。

孟子認為「不得於心，勿求於氣」是可以的，但是「不得於言，勿求於心」則不宜。在言論上說不通時，就須求助於思想，因為思想可以有方法、有結果。如果求助於思想而最後能夠想通的話，那不是很好嗎？與別人談話，若是無法互相了解，還不肯用心去思想，那麼只好與別人保持距離。這樣的「不動心」其實只是消極地逃避問題，甚至只是思想上的怠惰。

另一方面，如果在思想上不能溝通，則千萬不要動氣，這也是一種修養。孟子贊成這個做法，他同意「不要動意氣」，但是言論上不能互相溝通的話，就須在思想上深入了解，否則人的理性又有何用呢？人的理性就是要用來思考的。所以，孟子認為告子的修練方法，後面一半可以成立，而前面一半則有問題。

心志和意氣兩者互相牽引

「夫志，氣之帥也」，這一句話很重要，「志」字是上「士」下「心」，就是指讀書人的心思，選定某種價值，準備讓自己的生命產生變化，日起有功。「帥」是統帥，就是要以心思、心志來統帥氣，「氣」是「體之充」也。

我們的身體充滿了氣，「氣」也代表有形可見的身體，包括其中的欲望、衝動、

能力。孔子講的「血氣」也有類似的意思。「意氣」的重點在於「氣」，氣是具體的生命，人的身體裡面充滿的就是氣。這也可以理解為，一個人的生命要靠呼吸，呼吸就是氣的運作。

至於「志至焉，氣次焉」，是說我的心志指向何處，意氣就跟著過去。心志去哪裡，意氣——身體的行動——就跟著走。譬如，走在路上總是有個目標，這時你心思一轉，想去別的地方或者想做什麼事，隨後身體立即就會有所行動。心志決定了血氣的運作。至於「持其志，無暴其氣」，「暴」是亂的意思，這裡譯成妄動，意即輕舉妄動。

孟子這兩句話合而觀之，顯然有一點矛盾，公孫丑就問，既然說「志至焉，氣次焉」，那為何還說「持其志，勿暴其氣」呢？「氣」本來跟著「志」走的，而且意氣怎麼會妄動呢？如果不是自己的「志」讓「氣」妄動的話，「氣」憑什麼可以妄動？難道「氣」有自主的力量嗎？公孫丑問得非常好。

孟子說：「志壹則動氣，氣壹則動志也。今夫蹶者趨者，是氣也，而反動其心。」譬如，心志專一的時候，不吃飯也不覺得餓。心志專一，所有的能量與行動都跟著投注下去。這是一方面。

另一方面，意氣專一的話，也能帶動心志。孟子所說的並不是空話，他舉了「跌倒」與「奔跑」的例子。當一個人跌倒時，身體的動作會使心思受到影響，帶動心思想要保護自己，這是本能的反應。奔跑是身體的活動，也是「意氣的專一」，一直在跑，這時心思不可能想像奔跑之外的事情。

譬如，希臘時第一位哲學家泰利斯（Thales），他抬頭觀看及研究天象時，女僕就跟在後面幫他拿東西。結果他走著走著，掉到水井裡了，女僕就說了一句至理名言：「地上都沒有搞清楚，看什麼天上！」這說明一心不能二用，走路不專心，就可能跌倒。跌倒的人或者奔跑的人，他的身體的活動也會帶動他的心思。

反之，心思專注的話，身體也可能忘了饑餓，甚至忘了痛苦。這是孟子對人的生命所做的解釋。

身心合一，活出生命的整體

這種解釋說明身與心是一個整體，是互動的整體，我稱之為「身心合一論」。

許多人把孟子說成是「唯心論」，認為心就是人的一切，心又是如何的完美等等。其實儒家並沒有忽略身體。譬如你想做好事，沒有身體又怎麼能做呢？有人摔了跤，你想幫他忙，就要真的伸出手來，才算是真正幫上忙。心願意幫忙，同時還要伸出手來，這才是完整的善的行為。

綜上所述，孟子對人的生命的看法是：人有兩部分，一稱為「志」，就是心思，會思考該怎麼做、該去哪裡；第二叫做「氣」，氣是身體，身體是有形可見的活動的能力。「志」是統帥，要讓心思來主導身體，面對任何事要先想一想該不該做，然後再去做；如果只靠盲目衝動，心思就會反過來，被身體所左右。

比如有些人吃了迷幻藥，感覺飄飄欲仙，上癮後就沉迷其中。一旦沉迷，就傷害自主神經，失去正常的判斷能力，讓身體的欲望和衝動來主導行為。這就是孟子所說

的，「志」本來是統帥，你解除了它的統治權，最後連自己在做什麼也不知道了。在孟子看來，這就是本末倒置。由此可見，孟子對人性的了解有一套完整的觀念。

告子比孟子更早達到「不動心」的境界，但是他的不動心是靠兩種勿求──勿求於心、勿求於氣。結果既不能通達義理，也不能知言養氣。因為「勿求於心」而放棄思考的話，怎麼可能通達義理呢？自然也就無法知言養氣了。其實氣也可以求，就是要設法養氣。

「志，氣之帥也；氣，體之充也」，這句話是孟子對人的生命的基本看法。孟子認為人的生命是兩種力量的組合，人有身體，它以氣為內容，氣包括血氣、欲望、情緒等等，在此勉強把它譯為意氣。同時，人還有心志，可以思考、判斷及選擇。先思考，然後判斷是非對錯，選擇則是要付諸行動了。簡而言之，孟子可以說是主張「身心合一論」與「以心統身論」，以心來領導統帥身體。

〈3‧2‧3〉

「敢問夫子惡（ㄨ）乎長（ㄓㄤ）？」

曰：「我知言，我善養吾浩然之氣。」

「敢問何謂浩然之氣？」

曰：「難言也。其為氣也，至大至剛，以直養而無害，則塞於天地之間。其為氣也，配義與道；無是，餒也。是集義所生者，非義襲而取之

也，行有不慊（くぅ）於心，則餒矣。我故曰，告子未嘗知義，以其外之也。必有事焉而勿正，心勿忘，勿助長也。無若宋人然；宋人有閔其苗之不長而揠（ㄚ）之者，芒芒然歸，謂其人曰：『今日病矣！予助苗長矣！』其子趨而往視之，苗則槁矣。天下之不助苗長者寡矣。以爲無益而舍之者，不耘苗者也；助之長者，揠苗者也。非徒無益，而又害之。」

公孫丑說：「請問先生的優異之處在哪裡？」

孟子說：「我能辨識言論，我善於培養我的浩然之氣。」

公孫丑說：「請問什麼叫做浩然之氣？」

孟子說：「很難說清楚的。那一種氣，最盛大也最剛強，以正直去培養而不加妨礙，就會充滿在天地之間；那一種氣，要和義行與正道配合。沒有這些，它就會萎縮。它是不斷集結義行而產生的，不是偶然的義行就能裝扮成的。如果行爲讓內心不滿意，它就萎縮了。所以我說，告子不曾懂得義行，因爲他把義行看成外在的東西。對這種氣，一定要在行事上努力，但不可預期成效：內心不能忘記它，但不可主動助長。不要像宋國人那樣。宋國有個擔心禾苗不長而去拔高的人，十分疲困地回去，對家人說：『今天累壞了！我幫助禾苗長高了。』他的兒子趕快跑去一看，禾苗都枯槁了。天下不幫助禾苗長高的人很少啊。以爲養氣沒有用處而放棄的，是不爲禾苗除草的人。主動助長的，是拔苗的人，不但沒有好處，反而傷害了它。」

內在最強大的力量是浩然之氣

孟子有什麼優點，公孫丑當然想要知道。孟子有自知之明，就指出兩點，一是「知言」，二是「善養吾浩然之氣」。

第一點就是「能夠辨識言論」。「知言」，是指聽到別人說話就知道別人的問題在哪裡。在《論語‧堯曰》已經出現過：「不知言，無以知人也。」如果不知道如何分辨言論，就不可能了解一個人。這是孟子的第一個特長。

第二個特長是「善於培養我的浩然之氣」。何謂浩然之氣？孟子口才這麼好，天下很少有人辯得過他，但他也必須承認「難言也」，亦即很難說得清楚。因為「浩然之氣」這種狀態，牽涉到個人的修養，要有具體的生活體驗做為理解的基礎。假設你對十幾歲的年輕人說「人生七十古來稀」，他們根本不懂你在說什麼。

但孟子接著還是說了：「至大至剛，以直養而無害。」「直」字是關鍵，如果要培養這種「氣」的話，一定要「直」。「直」不僅是指正直，也包括真誠在內。一個人真誠，才能夠由內而外像一條直線一般地表現出內心的意念，沒有任何扭曲或勾心鬥角或其他的念頭。以「直」來養氣，不要阻礙它、扭曲它，如此一來，它就會充滿在天地之間。這說明人的「氣」可以與萬物相通，與一切都相順而不相逆。

孟子描寫「浩然之氣」這段是最難懂的。如何理解「至大至剛，以直養而無害」呢？光是「不加妨礙」四字就很難做到。正直是由內而發，讓生命力量直接表現出來，進而融入整個宇宙裡面。儒家的思想喜歡強調這一點，道家也有類似的觀念，這也就是《中庸》所謂的「無入而不自得」。

孟子的修養是從眞誠而正直著手。人與大自然本來就可以和諧相處，只要你不妨礙氣的發展，就是讓自己順其自然，不要被人情世故或外在權威等各種壓力，扭曲自己本來應該有的表現。這當然是不容易做到的。如果這種氣發展出來充滿在天地之間，就代表你在任何地方都可以如魚得水。

義行與正道，二者缺一不可

接下來更重要的是「配義與道」，一個是義，一個是道，再加上前面說過的直。直代表眞誠而正直，是出發點；義代表正義的行爲；道代表正確的道路，氣要和義行與正道配合。氣餒就是氣萎縮了，沒有義和道的話，它就會萎縮，也就是感覺到心虛。

孟子思想的重要觀念之一就是「集義」。孟子談的「集義」，有特別的含義，與荀子說的「積善」不一樣。積善是指不斷地累積善的行爲，最後發現自己變得很好了，這是靠累積善的「行爲」所造成的。積善，好像把善當成一種外在的行爲，可以不斷地累積。

就好像寫「功過格」。統計今天有幾個功、過，每一個再按照大小給分數。每天回家就塡表，到一定時間再做全面反省，功愈來愈多，過愈來愈少，這就叫做積善，是很具體的方法。

荀子的思想比較偏重外在，把善當作「僞」（人爲的），要設法努力改變自己的行爲模式，不斷地累積善行。孟子談的是「集義」，「集」字意思是好像它有根有源，

從內在不斷地發出來。也有人認為「集」是集結，好像不斷地從內在聚集，外顯之後就發出光芒，正如一個人「腹有詩書氣自華」，飽讀詩書，氣質自然就顯得高雅。

「非義襲而取之也」，「襲」是指從外面加一件外套，裝扮成某種樣子。如果行為不能讓內心滿意，這種氣隨時可能萎縮。換句話說，你做的事別人說好、說壞都不算，要自己內心滿意，因為義是由內而發的要求。自己做得好不好，自己心裡最清楚。

勿忘勿長，過猶不及

「必有事焉」，有再好的理想或道理都沒有用，一定要在事情上磨練，不能光講理論。所謂「勿正」即一定要在行事上努力，但不可預期成效或主動操控。一旦預期成效的話，很可能就急心而不合自然之道。

換句話說，做任何事一定要把心定在當下，努力做好當下這件事，不要急躁；一急躁的話，心裡會想：要趕快把它做成，成效一定要如何，一定要勝過什麼。如此一來，就變成做事只注意到目的，而忽略了過程。

天下之事最好是水到而渠成，譬如熟能生巧到一種程度，猶如化境，表現出來非常自然。一個人在自己的領域裡如魚得水，輕鬆自在，圍觀的人緊張得滿頭大汗，他做起來舉重若輕，如入無人之境，這才叫做專家、專業。

孟子所要求的並不是一種技藝，因為重要的是人的生命。譬如燒飯、洗碗，也有直、義、道可言。日常生活裡「必有事焉，而勿正」，在每件事上都可以修行，心裡

不要存著預期的結果。每件事情都要腳踏實地去做，人生沒有任何事是浪費時間的。

「心勿忘，勿助長」。內心不能忘記它，要記得不斷地「集義」，做該做的事，但是又不能「助長」。孟子接著就舉了一個宋國人「揠苗助長」的例子。宋國人因為國勢衰弱，在當時常常被嘲笑。

「芒芒」然」不是迷惑，而是累得頭昏腦脹、沒有力氣的樣子，因為那麼大一片田，把禾苗一棵一棵拔高，這實在是一個很努力工作的農夫。然後回家告訴家人說：「今天累壞了，我幫助禾苗長高了。」真是貢獻很大。兒子一聽，「趨而往視之，苗則槁矣」。

過程比結果重要

「以為養氣沒有用處而放棄的，是不為禾苗除草的人。」有人認為養那種浩然之氣是沒用的，何必去修養呢？這是第一種人。第二種人是「主動助長的，是拔苗的人，不但沒有好處，反而傷害了它。」這兩種人，一種是根本不去管，一種是管太多了。

這個例子是說明修養的方法，過程比結果重要，所以我們不要忘記，努力做該做的事，但是不要幫助它成長；若是刻意要求早些得到結果，就變成有一個外在目的，效果反而不好。所以花較多時間認真而踏實地做好一件事，是很值得的。

〈3‧2‧4〉

「何謂知言？」

曰：「詖（ㄅ一）辭知其所蔽，淫辭知其所陷，邪辭知其所離，遁辭知其所窮。生於其心，害於其政；發於其政，害於其事。聖人復起，必從吾言矣。」

「宰我、子貢善爲說辭，冉牛、閔子、顏淵善言德行。孔子兼之，曰：『我於辭命，則不能也。』然則夫子既聖矣乎？」

曰：「惡（ㄨ）！是何言也？昔者子貢問於孔子曰：『夫子聖矣乎？』孔子曰：『聖則吾不能，我學不厭而教不倦也。』子貢曰：『學不厭，智也；教不倦，仁也。仁且智，夫子既聖矣。』夫聖，孔子不居。是何言也？」

公孫丑說：「什麼叫做辨識言論？」

孟子說：「偏頗的言詞，我知道它的盲點；過度的言詞，我知道它的執著；邪僻的言詞，我知道它的偏差；閃躲的言詞，我知道它的困境。這些言詞從心思產生出來，會危害政治；在政治上表現出來，會危害具體的事物。如果有聖人再出現，一定會贊成我所說的。」

公孫丑說：「宰我、子貢擅長言談；冉伯牛、閔子騫、顏淵擅長闡述德行。孔子兼有雙方優點，但還是說：『我對於口語表達，並不具備專長。』那麼，先生已經是聖人了吧？」

孟子說：「唉，這是什麼話！從前子貢請教孔子說：『先生是聖人了吧？』孔子說：『聖人，我做不到，我只是學習而不厭煩，教人而不倦怠。』子貢說：『學習而不厭煩，就是明智；教人而不倦怠，就是仁德。仁德加上明智，先生已經是聖人了。』聖人，孔子還不敢自居。你這是什麼話？」

智者具備辨識言論的能力

公孫丑向孟子請教辨識言論。詖辭的「詖」是指遮蔽，有什麼地方被遮蔽了，說話的人自己不覺得，以為自己很客觀。但是孟子一聽就知道，這個言論有偏頗之處。這是第一點。

第二個是淫辭。「淫」在古代是指雨水下得太多，所以有過度的意思。讀《論語》、《孟子》會發現，孔子比孟子溫和些，不喜歡勉強別人，因為「道不同不相為謀」。如果一個人在說話時，堅持只有自己是對的，別人的看法全部有問題，那就有「淫辭」之嫌了。

第三，邪辭，「邪辭知其所離」。「邪」本來是指偏斜，當然是離開了正道。最後一點是「遁辭」。譬如前面讀過的「王顧左右而言他」，不直接談事情，左右四顧，說些別的事。

「言為心聲」，說話代表內心的想法。所以要學習把話說得清楚，讓別人可以正確理解，不要自以為是而引起情緒反應，這就是孟子強調「知言」的效果。知言與養氣配合，是內外兼修的方法。能「知言」的話，與人相處就不會消耗力氣在不必要的誤

會上。佛教裡有一個詞，叫做「聖默然」，什麼都不說，但是充滿著很大的說服力量。能夠知言，就會明白什麼是「無聲勝有聲」。

自滿的心沒有成長空間

孟子了解四種有問題的言詞之後，接著說：「這些言詞從心思產生出來，會危害政治。」古代的百姓是被統治的階級，統治者可能會說出偏差的言論，這些言論一旦從心思表現出來就會危害政治，具體的禮樂政刑就會出現問題。

公孫丑十分好學，把握機會繼續問：「宰我、子貢善為說辭，冉牛、閔子、顏淵善言德行。孔子兼之，曰：『我於辭命，則不能也。』然則夫子既聖矣乎？」最後一句很有趣，他居然要孟子自己與孔子比看。

宰我與子貢口才非常好，《論語・先進》將他們二人列名在言語科；至於另外三位──冉伯牛、閔子騫、顏淵更傑出了，他們列名於德行科。「善言德行」，一個人自己有德行的表現，才能闡述德行讓別人明白。自身有很好修行的人，由他來談修行的問題，更容易感動別人。如果只是口才很好，自身並無修行的經驗，那麼說話就沒有感人的力量，所以「善言德行」很不容易。

孔子強調自己不擅長辭令，是要凸顯德行在人生中的首要地位。像顏淵上課從來不提問題，所以孔子說他「不違若愚」，從來沒有違背我的意思，好像很笨的樣子。不過下課之後，私下觀察顏淵的行為，才發現他上課聽到什麼，下課就去實踐，所以可以看到他不斷精進。於是孔子說：「吾見其進也，未見其止也。」意即：我只看到

顏淵進步，沒有看到他停下來。

公孫丑當面稱讚孟子是聖人，也是對老師表達崇拜之意，但是孟子不會輕易地陷於狂妄自大的心態。如果心態是自滿的，就沒有成長空間了。

孔子與孟子都不敢自居為聖人，因為儒家對人格修養的要求是永無止境的，只要活著，永遠可以更上一層樓。

由上述可見，所謂浩然之氣，是把人的生命力發揮到極限，抵達與萬物相通、充塞於天地之間的地步，使自己在任何處境都很自在。因為內心「集義」，到最後感覺到自己的生命沒有任何誘惑、困擾，或者限制、障礙。

正道是指人生的光明大道，是人人都可以走的，亦即人生要好好行善；義行是指在特定的狀況中，要隨時準備去行善，因為義是個別的情況，看看「適宜」怎麼做。長期集結義行而生的效果，表現為內心坦蕩而自得其樂，一無所缺而永遠上進，這也就是至大至剛的氣。

〈3．2．5〉

「昔者竊聞之：子夏、子游、子張皆有聖人之一體，冉牛、閔子、顏淵，則具體而微。敢問所安？」

曰：「姑舍是。」

曰：「伯夷、伊尹何如？」

曰：「不同道。非其君不事，非其民不使；治則進，亂則退，伯夷也。

何事非君，何使非民；治亦進，亂亦進，伊尹也。可以仕則仕，可以止

則止，可以久則久，可以速則速，孔子也。皆古聖人也，吾未能有行

焉，乃所願，則學孔子也。」「伯夷、伊尹於孔子，若是班乎？」

曰：「否。自有生民以來，未有孔子也。」

曰：「然則有同與？」

曰：「有。得百里之地而君之，皆能以朝諸侯，有天下；行一不義，殺

一不辜，而得天下，皆不為也。是則同。」

曰：「敢問其所以異。」

曰：「宰我、子貢、有若，智足以知聖人，汙不至阿（ㄜ）其所好，宰

我曰：『以予觀於夫子，賢於堯、舜遠矣。』子貢曰：『見其禮而知其

政，聞其樂而知其德；由百世之後，等百世之王，莫之能違也。自生民

以來，未有夫子也。』有若曰：『豈唯民哉？麒麟之於走獸，鳳凰之於

飛鳥，泰山之於丘垤（ㄉㄧㄝˊ），河海之於行潦（ㄌㄠˇ），類也。聖人之於民，

亦類也。出於其類，拔乎其萃。自生民以來，未有盛於孔子也。』」

公孫丑說：「從前我聽說過：子夏、子游、子張都各有聖人的部分特點。冉

牛、閔子騫、顏淵已有聖人全部特點而格局較小，請問先生處於何種情

況？」

孟子說：「暫且不談這個問題。」

公孫丑說：「伯夷、伊尹怎麼樣？」

孟子說：「處事的作風不同。不是理想的君主不去服事；不是理想的百姓不去使喚；天下安定就出來做官，天下動亂就退而隱居，這是伯夷的作風。對任何君主都可以服事，對任何百姓都可以使喚；天下安定出來做官，天下動亂也出來做官，這是伊尹的作風。應該做官就做官，應該辭職就辭職，應該久留就久留，應該速去就速去，這是孔子的作風。他們都是古代的聖人，我還做不到他們的表現。至於我所希望的，則是學習孔子。」

公孫丑說：「伯夷、伊尹比起孔子，算是同等的嗎？」

孟子說：「不。自有人類以來，沒有像孔子這樣的人。」

公孫丑說：「那麼，他們有共同之處嗎？」

孟子說：「有。如果能有縱橫各一百里的土地讓他們擔任君主，都能讓諸侯來朝見而統治天下；如果要他們做一件不義的事，殺一個無辜的人，因而得到天下，他們都是不會去做的。這些是他們的共同之處。」

公孫丑說：「請問孔子的不同之處在哪裡？」

孟子說：「宰我、子貢、有若三人，智力足以了解聖人，即使說話誇大也不至於偏袒他們所敬愛的人。宰我說：『以我對先生的觀察，他的傑出遠遠超過了堯、舜。』子貢說：『看見一國的禮制，就知道它所推行的政事；聽到一國的音樂，就知道它所流行的風氣。自有人類以來，沒有像孔子這樣的人。』有若說：『豈只是人類有這樣的不同！麒麟對於走獸，鳳凰對於飛鳥，泰山對於

土丘，河海對於水洼，都是同類的；聖人對於百姓也是同類的。但是，高出了他的同類，超出了他的同群。自有人類以來，沒有比孔子更偉大的了。』」

孔門弟子代表性人物大部分在本章出現，德行：顏淵、閔子騫、冉伯牛、仲弓。言語：宰我、子貢。政事：冉有、子路，兩人從政做官表現都不錯。文學：子游、子夏，對文獻方面的資料、讀書方面的心得比較多。此謂孔子所分的四科，有十位優秀學生。

不落入與人互相比較的困境

公孫丑希望孟子能夠把自己定位於孔子的某一種學生，這實在很難回答。所以孟子說：「暫且不談這個問題。」他很聰明，因為一旦說自己像誰，就會落入人與人互相比較的困境了。

「具體而微」這個詞是個術語，譬如治理國家，目標太大了，那就治理鄉村，內容與治理國家一樣，裡面的人際關係、各種分工合作都有類似之處，只是具體而微，格局比較小。

公孫丑乾脆打破砂鍋問到底，接著問伯夷、伊尹如何。這兩個人經常被提出來當作聖人，他們各有自己的特色。孟子回說，他們兩人「不同道」，道指的是做人處事的作風。

伯夷的作風非常清高。要他做官，他要看有沒有好的國君、好的百姓，如果這兩

方面都不夠水準的話，他就不做官了。

伯夷的弟弟是叔齊，這兩兄弟是同進退的，最後的遭遇也是一樣，一起餓死了。兩兄弟勸阻周武王未果，逃入首陽山，武王克商之後，他們不吃周朝的食物。司馬遷寫〈列傳〉時，伯夷叔齊排第一位。

伊尹的作風是心存責任感，從不挑三揀四。伊尹是商湯的宰相，聽說他五次去夏桀那邊做官，五次來商湯這裡做官。最後商湯取夏桀而代之，伊尹處在中間竟然沒事，這是很不容易的。但是伯夷與伊尹兩人，一個太清高，一個又太投入。

從政要秉持中庸之道

孔子則不同，他的作風是：應該做官就做官，應該辭職就辭職，應該久留就久留，應該速去就速去。這就產生了一個疑問：如何知道什麼時候應該如何呢？孔子是怎麼判斷的呢？

孔子在離開齊國的時候「接淅而行」，這一段寫在〈萬章〉中：「孔子之去齊，接淅而行，去魯曰：『遲遲吾行也，去父母國之道也。』」他離開齊國時，米撈起來就跑，好像逃命一樣；離開魯國時，走幾步就回頭，看看國君有沒有想到他，再把他請回去。因為齊國不是孔子的祖國，孔子的祖國是魯國。可以速去的速去，可以久留的久留，真是有原則，而運用之妙，存乎一心。

孟子認為孔子與他們都不一樣，自有人類以來，沒有像孔子這樣的人。孟子所謂的人類，當然是指他所知道的中國人，因為那個時候釋迦牟尼和蘇格拉底都已經出現

了，我們也不易比較這些聖哲的高下。所以孟子「乃所願，則學孔子」，「乃」就是至於，他個人的願望，就是學習孔子，由此形成了孟子在孔子之後的儒家傳統。

不可為目的而不擇手段

伯夷、伊尹是古代有名的聖人，孔子也是，那麼他們有什麼共有的特色呢？商湯、周文王開始的時候只有七十里、百里的土地，而最後稱王天下，那是因為他們行仁政。孟子認為伯夷、伊尹、孔子都具有這樣的能力與智慧，如果給他們同樣的機會，都可以平治天下。

退一步看，「行一不義，殺一不辜，而得天下，皆不為也。」這一句話驚天動地，自有人類以來，政治家的最高理想就是這句話——做一件不該做的事，殺一個無辜的人，就算把天下給他，他也不要。換句話說，重視每個人的生命價值超過重視天下。權力、財富都不要，但是要尊重每一個人，這是多麼偉大的情操。真正明白儒家的思想以後，內在就會產生信心，可以不動如山。

孔子聖行的完美

公孫丑很好學，想了解最後的祕訣，向孟子請教孔子的不同之處究竟何在，於是孟子列舉了宰我、子貢、有若三個人做為例證。這三個人是孔子的學生，由於他們的才華、智慧以及親炙機會，可以了解孔子的為人。這裡的「汙」是指汙池，即很大很深的水池，與「誇」相通，表示誇大。

宰我認為孔子的傑出遠遠超過了堯、舜。在子貢眼裡，孔子是天下第一，沒有像他這樣的人。因為孔子表現出對禮制的熟悉，對音樂的了解，以及他所採取的原則。子貢對此已有深刻的認識，所以他認為真的讓孔子來執政，推行禮樂教化，將可帶來天下太平，貢獻也將遠超過堯、舜。「等百世之王」的「等」即差等，在此處作動詞，評價差等。

有若則說：「出於其類，拔乎其萃。自生民以來，未有盛於孔子也。」成語「出類拔萃」就出自此處，意思是高出了他的同類，超出了他的同群。

事實上這兩句話是重複的意思，這是古代的修辭手法。什麼情況是出類拔萃的呢？像泰山對於土丘、麒麟對於走獸、鳳凰對於飛鳥，自然界每一物種表現最傑出的、最優美的。鳥再怎麼美，能比過鳳凰嗎？也沒有哪一種野獸像麒麟一樣神奇的。聖人對於百姓的情況也是一樣，出類拔萃。

古代所謂的聖王，「聖」一定要當「王」，才可以平治天下，否則「聖」而不「王」，就沒辦法表現「聖」的效果，讓教化大行於世。孟子認為「聖」是德行修養，孔子已經達到完美的地步，但能不能當王要看時機。總之，孔子成為德行最高的聖人──至聖。這是孟子擴大聖的範圍，以孔子為至聖。

孟子以孔子為至聖，就像莊子以老子為「博大真人」，各自有其學識所肯定的理由。我們與其爭論誰更偉大，不如設法了解這種說法背後的思想體系。

〈3.3〉

孟子曰：「以力假仁者霸，霸必有大國；以德行仁者王，王不待大：湯以七十里，文王以百里。以力服人者，非心服也，力不贍（ㄕㄢˋ）也；以德服人者，中心悅而誠服也，如七十子之服孔子也。《詩》云：『自西自東，自南自北，無思不服。』此之謂也。」

孟子說：「憑藉武力來號召行仁的是稱霸，稱霸必須具備大國的條件；憑藉道德來努力行仁的是稱王，稱王不必有大國的條件：商湯以縱橫各七十里的土地，周文王以縱橫各一百里的土地，就稱王了。憑藉武力使人服從，別人內心不是真心服從，而是力量不夠；憑藉道德使人服從，別人內心快樂真正順服，像七十多位弟子順服孔子一樣。《詩經·大雅·文王有聲》上說：『從西從東，從南從北，四方無不順服。』說的就是這件事。」

用德政治國，每個人都心悅誠服

「以力假仁者霸」，「假」就是拿來當藉口。拿「仁」來當藉口，並沒有真正行仁。號召行仁是因為這樣可以安定天下，但並沒有真的去做。

「以德行仁者王，王不待大」，這不是假裝，而是努力去實踐「仁」而稱王。因為真正行仁的話，無論國家大小，百姓自然而然就會喜歡。例如周文王重視奉養老人。因為人都會老，如果老人的福利好，當然大家都去他那兒，而老人來了，子女自然跟著一

起來。下一代看到長輩有好的待遇，也會一代一代地支持周文王了。

孟子根據史實，再舉商湯與周文王的土地各七十里、一百里，說明國家雖小，仍可以以仁稱王。現在齊國「方千里」，縱橫各一千里，已經比周朝原來的版圖大多了。如果憑藉武力使人服從，別人因為力量不夠而屈服，並非心服，而是迫於形勢。

孟子說，七十幾個學生順服孔子是「心悅誠服」。孔子並無錢財或者勢力，他過世後，弟子們不但沒有散去，還自願在墳墓邊築室為廬，守喪三年，這就是心悅誠服的明證。

孟子的立場很清楚，孟子一向不贊成用武力稱霸，「春秋五霸」也經常受到他的批評。即使不談國家大政，單就日常生活來說，我們也可以看到「以德服人」與「以力服人」的情況。

重點不在於是否服人，而在於自己若是努力修德，則快樂由內而發；若是專務於追求某種力量（如富貴或武力），想要藉此壓制別人，則不僅取得力量的過程很辛苦，有了力量之後別人又不服，隨時伺機離去。兩相對照，修德當然是正確選擇。

孟子肯定修德的根本理由，在於：人性向善，所以行善最樂。

〈3・4〉

孟子曰：「仁則榮，不仁則辱。今惡（ㄨ）辱而居不仁，是猶惡濕而居下也。如惡之，莫如貴德而尊士，賢者在位，能者在職。國家閒暇，及

是時，明其政刑。雖大國，必畏之矣。

「《詩》云：『迨（ㄉㄞ）天之未陰雨，徹彼桑土（ㄉㄨ），綢繆牖（ㄧㄡ）戶。今此下民，或敢侮予？』孔子曰：『爲此詩者，其知道乎！能治其國家，誰敢侮之？』今國家閒暇，及是時，般（ㄆㄢ）樂怠敖，是自求禍也。禍福無不自己求之者。《詩》云：『永言配命，自求多福。』《太甲》曰：『天作孽，猶可違；自作孽，不可活。』此之謂也。」

孟子說：「行仁就獲得榮耀，不行仁就招來恥辱。現在的君主厭惡恥辱卻又處於不行仁的狀態，這就好像厭惡潮濕卻又處於低窪的地方。如果厭惡恥辱，最好的辦法是崇尚道德、尊重士人，使賢良的人有官位，能幹的人有職務。國家太平無事，趁這個時候修明政治法典，那麼即使大國也一定會畏懼它了。

「《詩經·豳風·鴟鴞》說：『趁著天空沒起雲、沒下雨，扒取桑樹根的皮，窗門都要纏繞好。今後底下那些人，有誰還敢欺侮我？』孔子說：『寫這首詩的人，懂得道理啊！能夠治理他的國家，誰還敢欺侮他？』如果國家太平無事，就趁這個時候追求享樂、怠惰遊玩，這是自己尋求災禍。災禍與幸福沒有不是自己找來的。《詩經·大雅·文王》上說，『永遠與天命配合，自己尋求更多的幸福。』《尚書·太甲》上說：『天降下的災禍，還有辦法躲開；自己造的災禍，就沒有活路了。』說的就是這件事。」

治國要有憂患意識

不喜歡被人批評，就不要行不仁之事，正如不喜歡潮濕，就不要住在低窪的地方。孟子藉以指出當時國君的盲點。

「國家閒暇，及是時，明其政刑。」這段話對國君而言很具體，對一般人來說，閒暇時可以思考生命要往哪裡去？此時對生命才會有質的體驗，而不再只是看到量的累積而已。

德國哲學家比柏（J‧Pieper）寫過一本名為《閒暇》的書。古代所謂的閒暇，是文化的基礎。一個人要利用閒暇時恢復生命的完整性。平常工作上班時，會把自己當成某種工具，生命就割裂了也分散了。閒暇時，可以消解這種工具性的考量，從生命的整體來看待自己，然後才有文化（如文學、藝術、宗教、哲學）上的創作。

孟子接著引述《詩經》的話。「迨天之未陰雨」，陰代表起雲，太陽被遮住了。「徹彼桑土」，「徹」是取，「彼」是它；「桑土」的「土」是杜、根，桑樹根的皮。「綢繆」本來是纏繞之意，意思是說這些人好像鳥一樣，利用天還沒有起雲，還沒有下雨的時候，趕快到處去尋找桑樹根的皮，找到之後把鳥巢纏繞好，這是從鳥的角度來說。如果時時謹慎，好好準備的話，就不會被人欺負。這是「未雨綢繆」一詞的典故。

孔子認為寫這首詩的人，懂得一些道理。他把「鴟鴞」比喻為小國，知道未雨綢繆，利用休閒的時間，居安思危，準備充分，就不會被大國欺負了。

自己招來的禍患，沒有挽救的餘地

下一句是至理名言：「禍福無不自己求之者」。看到別人碰到災禍或幸福，不必嘲笑或羨慕，而要思考他怎麼走到這個地步。當然我們也可以說「天有不測風雲」，天災人禍是難以預測的。所以《詩經‧大雅‧文王》說，「永言配命，自求多福」，意即要我們永遠與天命配合，自己去尋求更多的幸福。

接下來這句也是至理名言：「天作孽，猶可違；自作孽，不可活。」「天作孽」就是所謂風災、水災、自然的災害，科學發達的話，可以掌握災難的前兆，還可以想辦法避開。

至於「自作孽，不可活」，則是因為問題的根源在自己身上。希臘哲人赫拉克利圖（Heraclitus）說：「人的性格即是他的命運。」意思是：一個人的命運（指各種遭遇）主要是由他的性格所決定的。

性格是生來就具備的，那麼由它來決定命運，不是變成宿命論了嗎？實情並非如此，因為人的性格還是可以透過學習與思考而稍做調整。教育的目的在於變化氣質與培養風格，也就是要藉此改善性格，由此造就較為理想的命運。

〈3‧5〉

孟子曰：「尊賢使能，俊傑在位，則天下之士皆悅，而願立於其朝矣；市，廛（ㄔㄢˊ）而不征，法而不廛，則天下之商皆悅，而願藏於其市矣；

關，饑而不征，則天下之旅皆悦，而願出於其路矣；耕者，助而不稅，則天下之農皆悦，而願耕於其野矣；廛，無夫里之布，則天下之民皆悦，而願爲之氓矣。

「信能行此五者，則鄰國之民仰之若父母矣。率其子弟，攻其父母，自生民以來未有能濟者也。如此，則無敵於天下。無敵於天下者，天吏也。然而不王者，未之有也。」

孟子説：「尊重賢良者，任用能幹者，讓傑出人才都有官位，那麼天下的士人都會高興，並且願意去那個朝廷服務了；市場，提供場地存放貨物而不徵收貨物稅，依法收購而不讓貨物滯銷堆積在倉庫，那麼天下的商人都會高興，並且願意把貨物存放在那個市場了；關卡，只稽查而不徵稅，那麼天下的旅客都會高興，並且願意經過那裡的道路了；對待耕田的人，只要他們助耕公田就不再另外徵稅，那麼天下農夫都會高興，並且願意在那兒的田野耕種了；人們居住之處，沒有勞役稅與額外的地稅，那麼天下百姓都會高興，並且願意做那兒的人民了。

「真能做到這五方面的事，鄰國的百姓就會仰望他有如父母。率領子弟去攻打他們的父母，自有人類以來，沒有能夠成功的。像這樣，就會天下無敵。天下無敵的人，就是奉行天命的官吏。如此而不能稱王天下，那是從來不曾有過的。」

針對各種行業的需求，提出治國五法

孟子提出治國五法，首先是把讀書人安頓好。中興以人才為本，讀書人從政做官，可以為百姓服務。「賢」是賢良，指道德修養好的人；「能」是指專業能力強的人。

第二點是讓商人做生意不用繳稅，賣不掉的貨物政府會設法收購。「廛而不征」，「廛」是指提供場地儲放貨物。對政府來說，這是貨暢其流，任何貨物只要生產出來，一定有地方用得上，只是價錢高低而已。政府在此多做調節，如此一來，誰不願意來你的市場做生意呢？

第三點是針對旅人。關卡為什麼要稽查呢？要看有沒有違法、違禁之物，防止從關外帶了武器來作亂這一類的事情。

第四點是針對農夫。井田中間的一塊就是公田，公田收穫的稻米交給公家叫做「助」，不再另外抽稅了；如果公田的產量不夠的話，政府會有別的方法來處分，這是古代的觀念，不會讓人以私害公。

第五點是關於一般百姓。「廛」在此是指民居，即百姓住的地方。「夫」是指男性性服勞役。譬如蓋城牆、挖壕溝，都需要夫。「里」即地，地超過多大，就要繳一些額外的地稅。「布」是錢。古代有此交易是用布的，所以布代表錢，也是稅。意思是讓人住在這裡，不抽勞役方面的稅，也不抽地稅，不會再另外增加額外的負擔。

君主若真能施行仁政，不只是本國百姓，甚至別國的百姓皆願視之為父母。「濟」是指成，即完成一件事。因為鄰國百姓把自己看成父母，鄰國的國君率領百姓來攻

打，就是率領子弟來攻打父母，不可能成功。

孟子最後描述的結果確實是很樂觀。基本原則是「視民如親」，把百姓當成家人，按照各行各業的需要，使他們減輕負擔、增加利益，過一種比較自在的生活，亦即安居樂業。自古以來，政治領袖只需多為人民設想，就會受到百姓的感恩戴德，望之猶如父母。我們把「善」界定為「人與人之間適當關係的實現」，然後說儒家的主張是人性向善。從上述說法看來，還算合情合理。

〈3‧6‧1〉

孟子曰：「人皆有不忍人之心，先王有不忍人之心，斯有不忍人之政矣。以不忍人之心，行不忍人之政，治天下可運之掌上。所以謂人皆有不忍人之心者，今人乍見孺子將入於井，皆有怵（ㄔㄨ）惕惻隱之心：非所以內（ㄋㄚ）交於孺子之父母也，非所以要（一ㄠ）譽於鄉黨朋友也，非惡其聲而然也。」

孟子說：「每個人都有不忍別人受苦的心。先王有不忍別人受苦的心，才會有不忍別人受苦的政治。憑藉不忍別人受苦的心，實施不忍別人受苦的政治，治理天下就像在手掌上轉動東西一樣。我之所以說每個人都有不忍別人受苦的心，理由是：現在有人忽然看到一個孩童快要掉到水井裡，都會出現

驚恐憐憫的心。不是想藉此和孩子的父母攀結交情，不是想藉此在鄉里朋友中博取名聲，也不是因為討厭聽到孩童的哭叫聲才如此的。」

有不忍別人受苦的心，就會發展愛民的政治

「不忍人之心」，是指看到別人處於困境或災難中，會覺得於心不忍。手掌上轉動東西很容易，電影中常見有人手上拿兩顆鐵球轉來轉去，看起來很輕鬆，出不了他的手掌心。以「不忍」治理天下，就像把東西放在手上轉動那麼容易，說明它自己就會順利運轉。何以如此？原因依然是：先王對百姓「將心比心」，百姓原本「向善」，自然會形成風動草偃的效果了。

孟子先說出結論，後面再來證明，接著舉「孺子將入於井」為例。「怵惕」是驚恐，「惻隱」是憐憫，這兩個詞合在一起，意思是看到的時候很驚慌，驚慌的同時又覺得很不忍。這個比喻已經成為孟子思想的招牌之一，值得用心記住。

這種情形並無任何外在的考量，比如心裡盤算著他的父母是誰，可以趁此機會交個朋友，此謂「非所以內交於孺子之父母也」。

第二，「非所以要譽於鄉黨朋友也」。並不是為了期待大家說你是好人，由此得到名聲。

第三，「非惡其聲而然也」。小孩掉下去的話，一定會大聲驚叫，但你並不是因為不喜歡聽到小孩子的哭聲才不忍的。你的不忍完全沒有任何目的。

孟子希望以這個比喻，說明在某種狀況之下，人會直接呈現出本心。人心是一種

力量，這個力量不需任何準備的時間，也不需任何好聽的理由，而是直接就發出來憐憫的心，沒有任何其他的目的。只要是人，自然就會由內而發這種不忍之心。

孟子以「孺子將入於井」做為比喻，是為了強調人在來不及思考個人利害關係之時，會直接而自動地顯示出內在的人性。這是孟子的洞見（insight）。然而，一般人討論人性問題時，傾向於把它當成經驗觀察的對象，而忘了可供觀察的人類行為，都是奠基於無法見聞的內心需求。因此，重要的不是你看到了什麼樣的行為，而是這樣的行為是基於何種內心狀態才有可能出現的。

譬如，看到孺子將入於井，會有怵惕惻隱之心，這就是不忍之心，亦即人性顯示為一種「自我要求的力量」，會敦促自己順著不忍之心而採取某種行為。行為是合乎內心所要求的，即稱為善；否則即是惡。依此而論，人性正是向善的。

〈3・6・2〉

「由是觀之，無惻隱之心，非人也；無羞惡之心，非人也；無辭讓之心，非人也；無是非之心，非人也。惻隱之心，仁之端也；羞惡之心，義之端也；辭讓之心，禮之端也；是非之心，智之端也。人之有是四端也，猶其有四體也。有是四端而自謂不能者，自賊者也；謂其君不能者，賊其君者也。凡有四端於我者，知皆擴而充之矣。若火之始然，泉之始達。苟能充之，足以保四海；苟不充之，不足以事父母。」

心的四端是向善的力量

在忽然之間碰到一種狀況，就會立即表現出內心真正的樣子。人的內心有四端，也可以說是在四種狀況下的四種心，即：惻隱、羞惡、辭讓、是非。心只有一個，但是表現出來的狀態卻有多種。孟子在此只是舉其主要的四種來說明。他連續說了四種「非人也」，我們在理解時，要稍加說明，譬如：「沒有」要增添為「完全沒有」；完全沒有憐憫心的不是人，這樣更為合乎孟子的意思。一個人若是完全沒有憐憫心，或者在任何情況下都沒有憐憫心，那麼你說他是「非人」，他也不會有任何感覺。

仁德是指做好事幫助別人。幫助別人是出於憐憫心，此即仁德的開端。憐憫心一發動，不會考慮外在的因素，譬如希望被別人稱讚，或者得到好處等等。這時只問自己內心是否願意幫忙。孟子強調的是仁德的根源。

「義」是該做的事，沒做到該做的事會覺得慚愧，就是出於羞恥心。我們的文化

「由此看來，沒有憐憫心的，不是人；沒有羞恥心的，不是人；沒有謙讓心的，不是人；沒有是非心的，不是人。憐憫心是仁德的開端，羞恥心是義行的開端，謙讓心是守禮的開端，是非心是明智的開端。人有這四種開端，就像他有四肢一樣。有這四種開端卻說自己不能行善，是傷害自己的人；說他的君主不能行善，就會像柴火剛剛燃燒，泉水剛剛湧出。假使能擴充它們，就會像柴火剛剛燃燒，泉水剛剛湧出。假使能擴充它們，足以保住天下；假使不能擴充它們，連事奉父母都做不到。」

特別重視個人與群體之間的關係，就是因為我們強調羞恥心。

這和基督宗教的原罪觀念可以做個對照。東方文化是一種恥感文化；西方文化則是一種罪感文化。

受宗教影響的西方文化認為人有「原罪」，最初神與人訂了約，而人破壞了這個約，所以有罪。《聖經》上說，亞當、夏娃偷嚐禁果，沒有遵守他們與神的約定。後來的人就一直懷有罪惡感，總覺得自己對不起無限完美的神，心懷愧疚，感到自己的不堪。事實上，西方文化環繞著「原罪」的題材，有許多深刻的反省。

而以中國來說，我們是把個人放在群體中間來加以比較。羞恥感就是自己達不到社會上大家接受的標準，所以覺得慚愧。例如我們的社會講究光宗耀祖、要面子、重人情，這些都與羞恥有關。

西方文化談到「罪」的時候，不太重視「我」與別人的關係，而較為注意「我」個人生命的需求。有罪就須通過信仰、通過行善來設法彌補。在此，孟子是以羞恥心做為義行的根源。

禮在古代的生活不可或缺，因為它界定了每一個人的身分與責任。每一種身分都有一定的行為規範，所以禮就包含了各種規範。像敬老尊賢，禮尚往來，其根源來自謙讓的心。

在〈告子上〉談到四端時，則稱此為「恭敬的心」，意思是一樣的。謙讓才會守禮，大家守禮則人間有秩序，長幼尊卑言行合宜。尊重這個秩序的話，對自己也有好處，譬如我們年老時，別人也會把我們當成長輩來尊重。謙讓心是守禮的開端，不只

是表面對別人有禮貌，重要的是根源在於內心。

一個人是否明智，端視他能不能分辨是非，亦即「是」與「不是」。「是」字很有意思，古代是以「日正」爲是，因爲太陽在正午時，大地一片光明，沒有任何偏斜的陰影，所以叫做「是」。

就像「德」字，古代以「直心爲德」，有德就一定要直接從內心發出來，沒有扭曲。德一定是以眞誠做基礎，所以說「直心爲德」。再譬如「仁」，古代的「仁」字寫成上「身」下「心」，身心合一就是仁，做爲一個人，身以心做爲基礎，亦即身體按照心的安排來表現行爲，那就是仁。

以上是心之四端。人的外在有手腳四肢，內心也有這種四種開端。值得注意的是：有四端猶如有四肢，而不是有四善（仁、義、禮、智）猶如有四體。所以不可依此而說人性本善，而只能說人性向善。

用真誠的行為來提升生命

「火之始燃，泉之始達」，是孟子經常使用的話，描寫開始發展的力量的狀態。火一定是往上燒的，愈燒愈旺；水一定往下流的，愈流愈快，這叫做力量。我常說人性向善，「向」字即指力量而言。

孟子談人性時，知道人性不可能直接加以描述，所以使用動態比喻。像火，火是動態的，火一靜下來就熄滅了；水是動態的，水如果停下來就是死水，這是孟子行文精彩之處。

如果不願意擴充的話，做不到仁、義、理、智，連事奉父母都做不到，因為事奉父母也需要憐憫、恭敬、辭讓、是非之心運作起來；擴充出來到了最高境界就可以保住天下。像周文王、周武王就是擴充出來之後，從身邊的人推廣到天下所有百姓。有「不忍人之心」，才會實踐「不忍人之政」。

孟子談人性，有兩段完整的資料，此處是其一，另一處是〈告子上〉。人有心，心有四端，發展出來成為四種善，叫做仁、義、禮、智。善在於仁、義、禮、智，而不在於惻隱之心、羞惡之心、辭讓之心、是非之心。

孟子認為人的心非常敏感，看到任何狀況出現時，馬上會以四種可能性來回應：惻隱、羞恥、辭讓、是非。這四端展現出來，加以充擴的話，就像水開始流，火開始燒，實踐出來之後的善行則叫做仁、義、禮、智，亦即善在於仁、義、禮、智。

這一段的精彩之處在於孟子所說的「心有四端」，是人心在特定情況下對特定對象所表現的趨力，形成要求自己付諸行動的力量，所針對的分別是仁德、義行、守禮、明智。

仁德是從內在的德表現為外在的行；義行是合宜的正當行動；禮是後天學來的規定，而守禮的基礎是內在的謙讓心；有是非心就會表達明智，可以判斷各種具體的狀況。這四種善裡面，最重要的是仁，其次是義、禮、智。

換言之，心的四端即是向善的力量，是由內而發的。善必須是由內而發到行為的完成，並且要採取適當的方法去行動，這合起來才可說是一個善的行為。人只要真誠，就會發現那種力量是生動而活潑的。

孟子曰：「矢人豈不仁於函人哉？矢人唯恐不傷人，函人唯恐傷人。巫、匠亦然。故術不可不愼也。

「孔子曰：『里仁爲美。擇不處仁，焉得智？』夫仁，天之尊爵也，人之安宅也。莫之禦而不仁，是不智也。不仁、不智，無禮、無義，人役也。人役而恥爲役，由弓人而恥爲弓，矢人而恥爲矢也。如恥之，莫如爲仁。仁者如射：射者正己而後發；發而不中，不怨勝己者，反求諸己而已矣。」

〈3‧7〉

孟子說：「製箭難道比製鎧甲的更爲殘忍嗎？製箭的唯恐不射傷人，製鎧甲的唯恐人被射傷。治病的巫醫與製棺的木匠之間也是如此。所以選擇謀生之術不能不愼重啊。

「孔子說：『住在有仁德的地方才最理想。選擇住處而錯過了仁德的地方，怎麼算得上明智呢？』仁德，是天所賦予的尊貴爵位，是人所擁有的安定住宅。沒有人阻擋而不行仁，是不明智的。無仁德、不明智、不守禮、無義，這種人只能做僕役。做僕役又以被人役使爲恥，就像製弓的人覺得製弓可恥，製箭的人覺得製箭可恥一樣。如果覺得可恥，不如就行仁。行仁的人有如比賽射箭：射箭的人端正自己的姿勢再發箭；如果沒有射中，不抱怨勝過自己的人，而要反過來在自己身上尋找原因。」

對立的利益難免相互衝突

矢是箭，「矢人」是指製箭的人；「函人」是指製鎧甲的人。賣箭的人，唯恐箭不銳利，箭不能傷人誰會買？賣鎧甲的人當然希望他的鎧甲很堅固，箭都射不穿。

古人生病也會找巫醫來治病。孔子說：「人而無恆，不可以為巫醫。」（《論語‧子路》），一個人如果沒有恆心的話，連巫醫也治不好他的病，譬如他不聽醫生的吩咐按時吃藥。可見巫、醫是合在一起的。「匠」是木匠，這裡特別指做棺材的人。做棺材的人希望人有病不要治好，他的棺材生意才會興隆，和做醫生的希望相反。

選擇職業很重要，不同的職業需要不同的心思，久而久之，有些心思可能會背離人的正常情感。然而社會分工合作，各種行業都需要人，所以孟子意在提醒我們不要輕易受行業的特性所影響，並且不可因為行業而失去行仁的心。仁是「天之尊爵」與「人之安宅」，除了努力行仁，人生沒有光明坦途。

超越相對限制，安居在仁德之所

接著孟子引用孔子的話：「里仁為美。擇不處仁，焉得智？」「美」代表理想的作為。

每個人都希望在社會上有高貴的地位，而仁德不但是天所賦予每個人最尊貴的爵位，同時也是人所擁有的安定住宅。立場十分明確。

「莫之禦而不仁，是不智也」，因為「仁則榮，不仁則辱」；而「不仁、不智，無禮、無義，人役也」，也就是因為只能聽從別人的使喚，自己根本沒有獨自走上人生

正途的能力。

而做僕役、製弓的、製箭的人，都不要以自身的職業為恥，其實做任何行業都不要覺得慚愧，只要是正當職業，一定直接或間接對社會有所貢獻，那麼就安分守己，真誠地做人，做好分內的事情。

而「仁者如射：射者正己而後發；發而不中，不怨勝己者，反求諸己而已矣。」失敗了不會怪別人，只怪自己沒有好好練習，這就是現代運動家的精神——反求諸己：任何事覺得不滿意時，先問自己有沒有盡責。因為自己本身就是病根，自己本身也有改善的能力。換句話說，成敗都是自己，不要怪罪別人。至少有一件事可做，就是行仁。

這一章有一句重要的話：仁是「天之尊爵，人之安宅」。換言之，人之所以可貴，就是因為他有行仁的能力，只要行仁，活在世界上就很安穩。行仁就能心安理得，在任何地方都坦蕩蕩，人生又怎能不幸福呢？

〈3‧8〉

孟子曰：「子路，人告之以有過，則喜。禹聞善言，則拜。大舜有大焉，善與人同，舍己從人，樂取於人以為善。自耕稼、陶、漁以至為帝，無非取於人者。取諸人以為善，是與人為善者也。故君子莫大乎與人為善。」

孟子說：「子路，別人指出他的過錯，他就歡喜。禹，聽到良善的言詞就拜謝。偉大的舜更是了不起，善行與別人分享，捨棄自己而追隨別人，樂於吸取別人的優點來自己行善。從當農夫、陶工、漁夫，直到成為天子，沒有一項優點不是向別人學來的。吸取眾人的優點來自己行善，就是偕同別人一起行善。所以君子最高的楷模就是偕同別人一起行善。」

向善之心是生命成長的最佳指引

子路是孔子的學生，個性勇敢而豪爽，但他的勇敢不是用來對付別人，而是用來對付自己。孟子說子路「聞過則喜」，聽到別人指出自己的過失就很開心，因為可以藉此改善自己。人對自己很容易盲目，眼睛只看到別人的毛病，看不到自己的缺點。子路很了不起，勇敢面對自己。

大禹更了不起，「聞善言則拜」。禹是天子，天子聽到好的話就拜謝，表示願意與大家一起努力。舜是「樂取於人以為善」，集眾善之長，有人稱讚他，他謙稱是向別人學的。結果自己變得愈來愈好，同時也提升了別人的生命層次。

舜的事蹟在《史記‧五帝本紀》如此記載：「舜耕歷山，歷山之人皆讓畔；漁雷澤，雷澤之人皆讓居；陶河濱，河濱器皆不苦窳。一年所居成聚，二年成邑，三年成都。」意即：舜在歷山當農夫時，當地的農夫從互相侵略轉化為互相謙讓；在雷澤捕魚時，當地漁夫願意均分漁獲量；在河邊做陶器，做出來的陶器品質都不差。一年後聚在一起的人愈來愈多，二年後成鄉鎮，三年後成都市。三年下來，舜所在地就變成

一個大都市。大家都樂意與他在一起，因為他「樂取於人以為善」。

「與人為善」就是同別人一起行善，這是最偉大的德行。儒家所謂的「善」，是指

「人與人之間的適當關係」，因此一人行善，自然會影響周圍的人。如果能與大家一起

走上善途，人生不是更美好嗎？

〈3‧9〉

孟子曰：「伯夷，非其君不事，非其友不友。不立於惡人之朝，與惡人言，如以朝衣朝冠坐於塗炭。推惡（ㄨ）惡（ㄜ）之心，思與鄉人立，其冠不正，望望然去之，若將浼（ㄇㄟˇ）焉。是故諸侯雖有善其辭命而至者，不受也。不受也者，是亦不屑就已。柳下惠不羞汙君，不卑小官；進不隱賢，必以其道，遺佚而不怨，阨窮而不憫。故曰：『爾為爾，我為我，雖袒裼（ㄒㄧ）裸裎（ㄔㄥˊ）於我側，爾焉能浼我哉？』故由由然與之偕而不自失焉，援而止之而止。援而止之而止者，是亦不屑去已。」

孟子曰：「伯夷隘（ㄞˋ），柳下惠不恭。隘與不恭，君子不由也。」

孟子說：「伯夷，不是理想的君主不去服事，不是理想的朋友不去結交。不在惡人的朝廷做官，不與惡人交談。在惡人的朝廷做官，與惡人交談，就像

穿戴禮服、禮帽坐在泥土炭灰上一樣。把這種討厭惡人的心情推廣出去，他會想，如果與一個鄉下人站在一起，而那人帽子戴得不正，他就會生氣地走開，像是會被玷汙一樣。因此，諸侯即使有好言好語來相請的，他也不接受。不接受，也就是不屑於接近罷了。柳下惠不以壞君主為羞恥，也不以官職低為卑下：入朝做官，不隱藏才幹，但一定遵循自己的原則；丟官去職而不抱怨，倒楣窮困而不憂愁。因此他說：『你是你，我是我，你即使在我旁邊赤身裸體，又怎能玷汙我呢？』所以他能隨和地與這樣的人相處而不失去自己的風度，拉他留下他就留下，也就是不屑於離開罷了。」

孟子又說：「伯夷器量狹隘，柳下惠態度不嚴肅，狹隘與不嚴肅，君子是不這麼做的。」

君子愛惜自己的操守

伯夷為人清高，當武王平定了商紂的混亂後，天下都歸附周朝，可是他卻對周朝的行徑引以為恥，所以「義不食周粟」，立志不吃周朝的東西，最後餓死於首陽山。伯夷這個人在德行上毫不妥協，對偏頗的人可謂一絲不苟。

柳下惠的作風與此大不相同，所以孟子說伯夷是「不屑就已」，柳下惠則是「不屑去已」，不屑於離開。這兩人的性格真是南轅北轍，但是兩人都有自己的操守。伯夷會認為人應該潔身自愛；柳下惠則不放棄那些比他差的人。伯

夷的作風會讓人立志奮鬥，要努力往上提升；柳下惠則認為不如寬待別人，總要為別人留餘地。

孟子認為，伯夷的性格固然清高，但是有些拒人於千里之外，排除了許多人向他學習的機會，未免顯得格局狹隘。柳下惠則是別人拉他留下來，他就隨和接受，有些來者不拒的意味。這兩人，一個太狹隘，一個不太嚴肅，各有所偏。

孟子要依循的是孔子的方式——中道，無可無不可，該怎麼樣就怎麼樣。這需要保持高度的警覺與明智的判斷。

孟子對伯夷與柳下惠的評價，在〈萬章下〉將有更完整的介紹。

卷四 《公孫丑篇》下

〈4‧1〉

孟子曰：「天時不如地利，地利不如人和。三里之城，七里之郭，環而攻之而不勝。夫環而攻之，必有得天時者矣；然而不勝者，是天時不如地利也。城非不高也，池非不深也，兵革非不堅利也，米粟非不多也；委而去之，是地利不如人和也。故曰：域民不以封疆之界，固國不以山谿之險，威天下不以兵革之利。得道者多助，失道者寡助。寡助之至，親戚畔之；多助之至，天下順之。以天下之所順，攻親戚之所畔；故君子有不戰，戰必勝矣。」

孟子說：「天候時機比不上地理優勢，地理優勢比不上眾人團結。面對三里的內城，七里的外城，包圍起來攻打卻不能獲勝。能夠包圍起來攻打，一定是配合了天候時機，但是卻不能取勝，這就是天候時機比不上地理優勢。城牆不是不高，護城河不是不深，兵器鎧甲不是不銳利堅固，糧食不是不多，然而很快就棄城逃走，這說明地理優勢比不上眾人團結。所以說，限制百姓

治國的最高境界

孟子在本章一開始，先陳述了天時、地利、人和之間的優劣，然後再來證明。

天時是指自然界季節的變化，包括作戰雙方的客觀條件，得到天時，才有辦法把敵人包圍起來。攻打別人的城池，至少要比對方多六、七倍以上的兵力，但是包圍而無法攻占，就說明了「天時不如地利」。

「城非不高也，池非不深也，兵革非不堅利也，米粟非不多也；委而去之。」可能是心理防線瓦解了，被長期包圍覺得害怕了，其實城裡還有許多人，糧食、武器也都沒有問題，還可以再守個一年半載，結果大家不能同心協力，就只好棄城而逃，這說明了「地利不如人和」。

孟子進而引申其理，這三句話，一是限制百姓，二是保護國家，三是威行天下。當國君的當然都希望依序做到這三件事。

但是他們採取的辦法，往往就是孟子所警告所反對的。限制百姓，讓他們出境困難，目的是怕人逃光了；如果是政治清明的國家，還怕百姓不來歸順嗎？要保護國

不必用國家的疆界，保護國家不必靠山川的險阻，威行天下不必藉兵器的銳利。合乎正道的君主，很多人會來幫助；背離正道的君主就很少人幫助了。幫助的人少到最後，連親戚都背叛他；幫助的人多到最後，天下人都歸順他。以天下都歸順的人去攻打親戚都背叛的人，所以君子不用戰爭，若是戰爭則必定勝利。」

家，也不能只靠地理環境的優勢，而是要讓百姓同心同德。然後，威行天下靠的是文化的力量，而不是全憑武力。

這裡所描寫的似乎就是商湯、周文王這些古代聖君，不然說不出「戰必勝矣」四字。正所謂「得道者多助，失道者寡助」，行仁政自然就「得道多助」。而一個人的好名聲，是因為他所做的事合乎人性的要求，自然就形成某種聲望，使百姓心嚮往之。

我們在社會上與人相處，首先要把握「人和」的部分，因為它操之於己，只須尊重別人、多為人設想，即可產生良性的互動。有了人和，再尋求「地利」，亦即根據自己所處的位置，發揮其最大的功用。譬如，同一個官位，換人來做，即有不同的領導風格與實際效益。至於「天時」，則是就大環境而言，經濟不景氣時以保守為主，經濟起飛時則放手一搏。由人和到地利，再配合天時，則人生之如意發展將是可以預期的。

〈4.2.1〉

孟子將朝王，王使人來曰：「寡人如就見者也，有寒疾，不可以風。朝（ㄓㄠ），將視朝，不識可使寡人得見乎？」

對曰：「不幸而有疾，不能造朝。」

明日，出弔於東郭氏。公孫丑曰：「昔者辭以病，今日弔，或者不可乎？」

曰：「昔者疾，今日愈，如之何不弔？」

王使人問疾，醫來。孟仲子對曰：「昔者有王命，有采薪之憂，不能造朝。今病小愈，趨造於朝，我不識能至否乎？」使數人要於路，曰：「請必無歸，而造於朝。」

不得已而之景丑氏宿焉。景子曰：「內則父子，外則君臣，人之大倫也。父子主恩，君臣主敬。丑見王之敬子也，未見所以敬王也。」

曰：「惡！是何言也！齊人無以仁義與王言者，豈以仁義為不美也？其心曰，『是何足與言仁義也』云爾，則不敬莫大乎是。我非堯、舜之道，不敢以陳於王前，故齊人莫如我敬王也。」

景子曰：「否，非此之謂也。禮曰，『父召，無諾；君命召，不俟（ㄙ）駕。』固將朝也，聞王命而遂不果，宜與夫禮若不相似然。」

孟子準備去朝見齊宣王。齊宣王恰好派人來說：「我原想來看望您的，但是著涼了，不能吹風。明天早晨我將臨朝聽政，不知您是否肯來讓我見見？」

孟子回答：「我不幸生病了，不能前往朝廷。」

第二天，孟子出門去東郭氏家裡弔喪。公孫丑就說：「昨天推說有病，今天卻去弔喪，也許不合適吧？」

孟子說：「昨天生病，今天好了，怎麼不能去弔喪呢？」

齊宣王派人來探病，還有醫生同行。孟仲子回答來人說：「昨天接到大王的命令，他正好生病，不能前往朝廷。今天病稍微好些」，就趕快上朝去了，我

不知道現在到了沒有？」孟仲子立刻派了幾個人去路上攔截，告訴孟子說：

「您一定不要回家，趕快前去朝廷。」

孟子沒有辦法，就到景丑氏家裡過夜。景子說：「在家有父子，在外有君臣，這是人與人之間最重要的關係。父子之間以慈愛為主，君臣之間以恭敬為主。我見到大王對您的敬重，卻沒有見到您怎麼尊重大王。」

孟子說：「唉，這是什麼話！齊國人中沒有一個同大王談論仁義的，難道是認為仁義不好嗎？他們的心思是：『這種人哪裡值得同他談論仁義』等等，這才是最大的不恭敬啊。至於我，不是堯舜的正道，不敢在大王面前陳述，所以齊國人當中沒有像我這樣尊敬大王的。」

景子說：「不，我所說的不是這個。《禮經》上說，『父親召喚兒子，不能用『諾』應答；君主宣召，臣子不等馬車駕好就先走。』您本來準備去朝見，聽到大王的命令反而不去了，這恐怕與《禮經》所說的不大符合吧。」

君臣之間依照規矩行事

孟子準備去朝見齊宣王。孟子當時在齊國擔任客卿，是類似顧問的非正式的官，沒有實際的權位，隔一段時間才要去上朝。

孟子本來已經穿好衣服準備上朝，此時齊宣王正好派人來說，因為著涼，不能吹風，所以將今日之約改為明天，不知是否可以。做為一國之君，這樣說其實已經很客氣了。孟子立刻回答說：「我也不幸生病了，不能前往朝廷。」孟子並非撒謊，而是

要表現出他的原則，因爲他主動依規定上朝，與他被召見上朝，是兩回事。

結果第二天孟子出門去東郭氏家裡弔喪。此時齊宣王派人來探病，還有醫生同

行。孟子的一個親戚孟仲子出於好意，不但幫著圓謊，還趕緊叫人去攔截孟子，並傳

話給孟子，要他趕緊前往朝廷。

「采薪之憂」是古代對生病的描述詞，有病不能去山上採薪。這是含蓄而文雅的

說話方式。但是，孟子打定主意之後，誰能動得了他呢？

既然齊宣王派人去家中探視，孟子不方便直接回家，只好到景丑氏家裡過夜。孟

子也眞頑固，就是不去上朝。宣王派人去探病，還帶醫生同行，可見他對孟子的敬

重。孟子呢？表面上看來閃閃躲躲的，好像很不大方。

以尊重之心相互對待

景子引《禮記》來批評孟子：「父召，無諾；君命召，不俟駕。」君主宣召臣

子，臣子不能等馬車駕好再走，而是要立刻出門；讓馬車駕好之後再追上來，這樣做

代表尊重。

古代回答別人的時候有兩個字，一是「唯」，一是「諾」。說一個人唯唯諾諾，就

是說他奉命唯謹，不敢表示任何不同的意見。唯是「好的」，諾也是「好的」，但是

「唯」表示禮貌。譬如，孔子對曾子說「吾道一以貫之」，曾子曰「唯」。說「諾」的

口氣比較驕傲，所以父親召喚兒子時，兒子不能用「諾」應答。

本章最精彩的地方是：孟子認爲對國君尊重，不能只看外在的行爲，而要看自己

是否爲國君陳述「仁義」。別人只知奉承國君，孟子則以言論及行動提醒國君要努力實踐仁義。換言之，肯定國君是有上進心的政治領袖，才是對國君最大的尊重。

我們交朋友也是一樣，如果只是「群居終日，言不及義，好行小慧」，就無異於對朋友不夠尊重。曾子說：「君子以文會友，以友輔仁。」所謂「以友輔仁」，就是要以朋友彼此勉勵的方式，來幫助對方走上人生正途。對朋友如此，對國君亦然。

〈4‧2‧2〉

曰：「豈謂是與？曾子曰：『晉、楚之富，不可及也。彼以其富，我以吾仁；彼以其爵，我以吾義，吾何慊乎哉？』夫豈不義而曾子言之？是或一道也。天下有達尊三：爵一，齒一，德一。朝廷莫如爵，鄉黨莫如齒，輔世長民莫如德。惡得有其一以慢其二哉？故將大有爲之君，必有所不召之臣；欲有謀焉，則就之。其尊德樂道，不如是，不足與有爲也。故湯之於伊尹，學焉而後臣之，故不勞而王；桓公之於管仲，學焉而後臣之，故不勞而霸。今天下地醜德齊，莫能相尚，無他，好臣其所教，而不好臣其所受教。湯之於伊尹，桓公之於管仲，則不敢召。管仲且猶不可召，而況不爲管仲者乎？」

孟子說：「難道我說的是這個嗎？曾子說：『晉國、楚國的財富是無法比得

上的。不過，他憑藉他的財富，我憑藉我的仁德；他憑藉他的爵位，我憑藉我的義行：我還欠缺什麼呢？』這些話難道沒有正當性，而是曾子隨便說說的嗎？大概有另一番道理吧。天下公認為尊貴的有三樣：爵位、年齡、品德。在朝廷上，沒有比爵位更尊貴的；在鄉里中，沒有比年齡更尊貴的；輔佐世道、教育百姓，沒有比品德更尊貴的。他怎能憑著一種就來輕視另外兩種？所以，想要大有作為的君主，必定有他不能召喚的臣子：有什麼事要商量，就親自前去請教。要崇尚德行而喜歡正道，如果不這樣，就不值得同他一起有所作為。因此商湯對於伊尹，先向他學習，然後再任用他為大臣，所以不費力氣就稱王天下。齊桓公對於管仲，先向他學習，然後再任用他為大臣，所以不費力氣就稱霸天下。現在天下大國諸侯，土地大小相同，德行作風相似，誰也不比誰好，這沒有別的緣故，就是因為喜歡任用聽從他們的人，而不喜歡任用教導他們的人。商湯對於伊尹、齊桓公對於管仲，就不敢用召喚的。管仲尚且不可召喚，何況是不願做管仲的人呢？」

仁、義是儒家的法寶

孟子說：「難道我說的是這個嗎？」他這時考慮的不是一般的禮儀或規定，不是表面上誰對誰比較禮貌的問題。

接著孟子引曾子的話：「晉、楚之富，不可及也。彼以其富，我以吾仁；彼以其爵，我以吾義；吾何慊乎哉？」春秋時代，晉、楚兩國的財富超過各國，當然不是曾

子比得上的。不過，彼有財富我有仁，彼有爵位我有義。以仁義來對抗富與爵，這種氣魄真是讓人震撼。仁、義是儒家的法寶，這種法寶不是儒家發明的，而是儒家了解人性，看到人性的真相是向善的，所以仁德、義行合乎人性，這個力量發出來必定可大可久，又怎麼是任何財富與爵位可以比擬的？

天下公認為尊貴的有三種，也就是古代社會的穩定要靠三種秩序的配合。在朝廷上沒有比爵位更尊貴的，鄉里中沒有比年紀更尊貴的，文化及教育方面沒有比品德更有力量的。三足鼎立，國家才有真正的安定。如果全靠爵位，等於「泛政治化」，一切都以官位來決定其價值，那麼社會風氣一定流於偏差及扭曲，許多人也將為達目的而不擇手段了。

也因此，齊宣王怎麼可以憑其爵位，而忽視年紀、德行呢？齊宣王只有一尊（爵位），孟子有兩尊（年紀、德行），所以齊宣王尊敬孟子，是應該的。

虛心求教是真正大氣度

一個國君在他的國家裡，一定有些人是他召喚不來的。有德行、智慧的人，是他要去請教的。如果舉國之中，沒有「不召之臣」，就表示國君找不到可以開導或教誨他的人，那麼國君不是很容易陷於一意孤行、剛愎自用的處境而不自知嗎？國君要有所作為，亦即努力推行仁政，讓天下百姓都可以安居樂業，進而讓天下都上軌道。

「地醜得齊」，醜是類，也就是相似。「莫能相尚」，尚就是超過。各國國君半斤

八兩，都喜歡任用聽話的人，而不喜歡任用那些可以教誨自己的人。

管仲固然立下很大的功勞，孔子稱讚管仲了不起，但是他達到某種成就後就停下來享受，而未能從稱霸到稱王，所以孟子自認為不屑於做管仲。這是第二次孟子明白說出他的抱負遠在管仲之上。

稱霸需要武力、外交手段加上聰明才智，管仲可以做到，但是如果給孟子機會的話，他會進而輔佐國君稱王。稱王要用仁政，就是減輕賦稅、免除勞役、愛民如子，讓大家過安和樂利的生活，不會像管仲一樣，志得意滿之後，就作威作福了。

所以在《論語‧八佾》裡，孔子也批評了管仲：「管氏而知禮，孰不知禮？」如果管仲這個人懂得什麼是禮的話，天下有誰不知道禮的？亦即管仲有了成就之後就奢侈享受，忘記了要更加照顧百姓。當然，他通過外交手段避免了戰爭，功勞很大，但在孟子看來，還可以做得更好。

「大有為之君，必有所不召之臣」，這就是齊宣王召喚而孟子不去的原因。孟子認為自己至少具備伊尹、管仲的本事，如果齊宣王一召喚他就去的話，表示他不是不召之臣，而齊宣王也沒有向他學習的誠意。國君若想做到商湯、齊桓公的成就，就要有那種風度，要尊重「不召之臣」，由此才可往上看齊，不斷地革新進步。

〈4‧3〉

陳臻問曰：「前日於齊，王餽兼金一百而不受；於宋，餽七十鎰而受；

於薛，餽五十鎰而受。前日之不受是，則今日之受非也；今日之受是，則前日之不受非也。夫子必居一於此矣。」

孟子曰：「皆是也。當在宋也，予將有遠行，行者必以贐（ㄐㄧㄣ），辭曰：『餽贐。』予何為不受？當在薛也，予有戒心，辭曰：『聞戒，故為兵餽之。』予何為不受？若於齊，則未有處也。無處而餽之，是貨之也。焉有君子而可以貨取乎？」

陳臻請教說：「以前在齊國，齊王送您一百鎰上等金，您不接受；在宋國，宋君送七十鎰，您接受了；在薛國，薛君送五十鎰，您也接受了。如果以前不接受是對的，後來接受就是錯的；如果後來接受是對的，以前不接受就是錯的。先生一定處於其中一種情況吧。」

孟子說：「都是對的。在宋國的時候，我準備遠行，對遠行的一定要送些路費，宋君說：『送上路費。』我為什麼不接受？在薛國的時候，我聽說路上有危險，需要戒備，薛君說：『聽說需要戒備，送錢給你買兵器。』我為什麼不接受？至於在齊國的時候，就沒有什麼理由。沒有理由而送錢，那是收買我。哪裡有君子可以用錢收買的呢？」

受與不受都合於基本原則

齊國、宋國和薛國的國君，都曾送孟子上等金，孟子拒絕了齊王之贈，卻接受了

宋、薛兩國之贈，他的學生陳臻有所困惑就說：「前日之不受是，則今日之受非也；今日之受是，則前日之不受非也。夫子必居一於此矣。」這是使用邏輯上的兩難法，因為兩種情況必居其一，看來孟子非認錯不可了。古代二十兩為一鎰，但「金」不是指黃金，而是黃銅。兼金是指上等的金，價格比平常的金多一倍。

但是，孟子清楚地回答：「皆是也。」因為孟子是在宋國作客，他離開宋國要遠行時，主人宋君送此一路費是當時的規矩，孟子認為合理，就接受了。

戰國時代，隨時隨地都可能發生戰爭，而孟子離開薛國時，路上不太安寧，有盜賊出沒，所以薛君送錢給孟子買一些兵器，多帶幾個隨從，可以保護安全。

孟子離開齊國時，既不是遠行，路上也很安全，因此沒有理由接受齊宣王的贈金。「焉有君子而可以貨取乎？」這話說得義正辭嚴。這表示孟子不是看錢多錢少，而是要看有沒有收下的正當理由。

孟子做人處事，強調的是理，理上說得通才可以心安。他要遠行，國君送錢當然接受，這是合乎情理的，只要合情合理，把天下給他都可以接受，就像舜接受堯的天下；但是如果沒有什麼道理，則對金錢一介不取。這就是原則，君子愛財，取之有道。

定力的來源──志向

一個人安於平凡的生活，表面看來很容易，事實上要面對各種誘惑與挑戰。平常心就是「道」，能夠維持平常心，不受外界的影響，不隨喜怒哀樂而起伏，更不受一

時衝動的左右。要做到這一步，內心一定要有信念與定力，而定力的來源就是志向。

考驗一個人不是看他平常的處境，而要看他遇到困難時如何去面對。一個人有了

志向，任何時候都是新的開始，每遇狀況就要問自己該怎麼做？不能想別人是不是有

好運，或者自己是不是受委屈，而須就事論事。任何事，該做就做，不該做就不做。

孟子這種氣魄對一般人有如當頭棒喝，「該我得的我就得，不該得的一介不取」，

「介」是指一點點小東西，哪怕是一根迴紋針，不是我該得的我都不拿。

第四章的往後幾節大部分談到孟子在齊國的事。孟子如何決定要不要做官，他離

開的理由又是什麼？這些都牽涉客觀的歷史事實。人生最大的困難就是做選擇，選擇

的時候應該考慮什麼因素？我們可以從孟子的故事裡面，慢慢地歸納出一些心得，做

為自己的參考。

〈4‧4〉

孟子之平陸，謂其大夫曰：「子之持戟（ㄐㄧ）之士，一日而三失伍，則

去之否乎？」

曰：「不待三。」

「然則子之失伍也亦多矣。凶年饑歲，子之民，老羸（ㄌㄟ）轉於溝壑，壯

者散而之四方者，幾（ㄐㄧ）千人矣。」

曰：「此非距心之所得為也。」

曰：「今有受人之牛羊而爲之牧之者，則必爲之求牧與芻矣。求牧與芻而不得，則反諸其人乎？抑亦立而視其死與？」

曰：「此則距心之罪也。」

他日，見於王曰：「王之爲都者，臣知五人焉。知其罪者，唯孔距心。」爲王誦之。

王曰：「此則寡人之罪也。」

孟子到了平陸，對當地的大夫孔距心說：「如果你的衛士一天三次失職，你會開除他嗎？」

孔距心說：「不必等到三次。」

孟子說：「那麼你失職的地方也夠多了。遇到災荒年頭，你的百姓年老體弱的餓死在田溝、山溪裡，年輕力壯的逃散到四方去，大概一千人了。」

孔距心說：「這不是我能夠解決的。」

孟子說：「假使有個人接受別人的牛羊而替他放牧，那麼這個人就一定要爲牛羊找到牧場與草料。如果找不到牧場與草料，那麼他是把牛羊還給主人呢？還是站在那兒看著牛羊餓死呢？」

孔距心就說：「這是我的罪過啊。」

過了幾天，孟子謁見齊宣王說：「大王的地方長官，我認識五位。明白自己罪過的，只有孔距心。」接著就把那番問答敘述一遍。

齊宣王說：「這是我的罪過啊。」

誠懇面對自己的過錯

孟子到了平陸，對當地的大夫孔距心說：「子之持戟之士，一日而三失伍，則去之否乎？」這就是說話的技巧，不直接問他有沒有盡到職責，而是先舉例，讓他自己去回答。孔距心是大夫，就是今日所謂的縣長，大夫也分上、中、下三個層級。

如果一個衛士在值班的時候擅離崗位，去查勤時不見人影，有事找他也沒有下落。「伍」在軍隊是行伍，就是行列。「失伍」是指失職，就是沒有站在該站的位置，沒有做好該做的事。孔距心倒是很有魄力，對於這種人不等三次，立即開除。

孟子接著指出孔距心「失職」之處。孔距心卻認為，自己只是個小小的縣長，能做什麼決定呢？資源很有限，倉庫又不夠，而且是中央在管理，饑荒不是他能夠解決的。

這種回答等於是為自己開脫責任，於是孟子用了比喻的方式，此效果遠遠勝過直接指摘別人。孔距心聽完，立即承認是自己的罪過。他算是很誠懇的，立刻就認錯了。

執政者應有擔待的氣度

幾天之後，孟子在謁見齊宣王時說：「大王的地方長官，我認識五位。認罪過的，只有孔距心。」換句話說，孟子一定同這五位縣長都說過類似的比喻，但其他人都不認為自己有罪，可見這個國家五分之四的官員都不知認錯、改過及努力。

孟子就把那番問答敘述一遍，齊宣王這一次還不錯，馬上認錯。因為縣長能做的

有限，而身為國君，沒有幫助百姓解決困難，當然是國君的罪過最大。孟子的用意就在這裡。一個國家要治理好，責怪縣長沒有用，所以他要指向國君，希望國君知過能改，趕快推行仁政。

人最缺乏自知之明。孔距心原本也像另外四位縣長一樣，認為自己只是小小的地方官，無法為中央的決策負責。但是，孟子提醒他：代別人照管牛羊時，力不從心就該辭職，不能任由牛羊餓死。人須自知與自覺，不然很可能因為自己失職而使百姓受苦。像「笑罵由人，好官我自為之」的心態，不但是失職，更是可恥的。

〈4‧5〉

孟子謂蚔鼃（ㄔㄨ）曰：「子之辭靈丘而請士師，似也，為其可以言也。今既數月矣，未可以言與？」

蚔鼃諫於王而不用，致為臣而去。齊人曰：「所以為蚔鼃則善矣；所以自為，則吾不知也。」

公都子以告。曰：「吾聞之也：有官守者，不得其職則去；有言責者，不得其言則去。我無官守，我無言責也，則吾進退，豈不綽綽然有餘裕哉？」

孟子對蚔鼃說：「你辭去靈丘大夫的職位，請求擔任司法官，似乎是對的，

因為可以向大王進言。現在過了幾個月了，還不可以進言嗎？」

蚔鼃向大王進諫而不被採納，就辭官走了。齊國有人說：「孟子為蚔鼃考慮得倒是很好，但是他怎麼為自己考慮，我就不知道了。」

公都子向孟子報告這番話。孟子說：「我聽說過：有固定官位的，無法行使職權就該離去；有進言責任的，無法以言進諫就該離去。我既沒有固定官位，也沒有進言責任，那麼我的行動要進要退，不是寬綽而大有餘地嗎？」

每個職位都有應盡的基本責任

齊國的蚔鼃，辭去原本靈丘大夫的職位，請求擔任司法官。他之所以轉換職位是為了可以接近國君，勸諫國君做一些該做的事。但是孟子認為已經過了好幾個月，他都沒有動靜，似乎沒有盡到責任。司法官負責有關法律、制度的問題，是中央官員，可以就近向宣王進言。

於是，蚔鼃向齊王進諫而不被採納，就辭官走了。「致為臣」的「致」是指辭掉官位，原意是「還給你」，後來辭官都用「致」字，如「致仕」。

一個官員在國君面前不受重用，甚至被罷官，但可能在百姓中有很高的聲望。民間有所謂的清議，反映了百姓的判斷。所以蚔鼃辭官之後，百姓對他的評價反而很好。

齊國人認為孟子要求蚔鼃有為有守，為什麼自己好像無所作為呢？孟子也在齊國做客卿，怎麼不表現一下呢？如果齊宣王不理他，為何不辭職呢？公孫丑就來向孟子

轉述這種意見。

孟子回答道：「有官守者，不得其職則去。」譬如負責管理鐵路的人，鐵路出狀況就得辭職，不能推卸責任。

其次，「有言責者，不得其言則去。」譬如監察委員就有進言責任，進言而國君不聽，最好辭職。

孟子沒有「官守」也沒有「言責」，那麼他的「進退」，不是綽綽有餘嗎？「綽綽有餘」一詞已成為常用的成語，與莊子的「遊刃有餘」，顯然有異曲同工之處。

孟子強調的是，人的言行要與他的身分、角色配合，尤其是擔任公職為民服務，不能尸位素餐。孟子在齊國並沒有負責任何特定的職務，只是客卿，並無固定的職位，所以不能以「無法盡責就辭職」來要求他。換言之，我們不要用同一個標準來看待所有的人，而要配合他的身分和角色來一併考量。

〈4‧6〉

孟子為卿於齊，出弔於滕，王使蓋（ㄍㄜ）大夫王驩（ㄏㄨㄢ）為輔行。王驩朝暮見，反齊、滕之路，未嘗與之言行事也。

公孫丑曰：「齊卿之位，不為小矣；齊、滕之路，不為近矣，反之而未嘗與言行事，何也？」

曰：「夫既或治之，予何言哉？」

孟子在齊國擔任客卿，奉命前往滕國弔喪。齊王派蓋邑大夫王驩為副使同行。王驩與孟子朝夕相見，來回於齊國、滕國的路途上，孟子卻不曾與他談論過出使的事。

公孫丑說：「齊國卿的官位不算小了，齊國與滕國之間的路途不算近了，來回一趟卻不曾與王驩談過出使的事，為什麼呢？」

孟子說：「他既然事情都辦好了，我還說什麼呢？」

即使意見不合，也不必樹敵

這一章出現的王驩，是孟子很討厭的人。

滕文公原想好好做個國君，詳情參看〈滕文公〉，不料年紀輕輕就過世了。此時孟子在齊國擔任客卿，因為孟子年紀比較大，輩分比較高，而且和滕文公是老朋友，所以齊王派孟子為特使，前往滕國弔喪。

齊王同時派蓋大夫王驩為副使同行，王驩與孟子朝夕相見，來回於齊國、滕國的路途上，孟子卻不曾與他談論出使的事。因為孟子根本不願和他說話，連出使期間要做的事都避而不談。

公孫丑覺得奇怪，不知為何孟子不與王驩商量事情。這個學生很聰明，知道孟子做任何事、說任何話一定有他的道理，也知道孟子一定要被問到，才願意說出緣由。

孟子就說：「夫既或治之，予何言哉？」「夫」是他，本來是匹夫的意思，這句話聽起來有點酸酸的。

王驩是齊王寵信的權臣，雖然擔任副使，卻行事專擅，什麼事都自己做主。因此

孟子與他保持距離，要做什麼也不與他商量，避免發生爭執。

所以，不要輕易樹敵。人可以沒有偉大的朋友，但不能沒有偉大的敵人。人在成

長過程中難免會與別人產生誤會，但沒有必要到處樹敵。所謂「不能沒有偉大的敵

人」，是說如果敵人不夠偉大，不足以與你互相抗衡，那麼你何必把他當成敵人呢？

又何必浪費時間在這樣的人身上呢？反之，如果有個偉大的敵人，彼此勢均力敵，那

麼在互動過程中，正好可以激發生命的一切潛力。

〈4‧7〉

孟子自齊葬於魯，反於齊，止於嬴。充虞請

使虞敦匠事。嚴，虞不敢請。今願竊有請也：木若以美然？」

曰：「古者棺椁無度，中古棺七寸，椁稱之。自天子達於庶人，非直為

觀美也，然後盡於人心。不得，不可以為悦；無財，不可以為悦。得之

為有財，古之人皆用之，吾何為獨不然？且比化者無使土親膚，於人心

獨無恔（ㄒㄧㄠ）乎？吾聞之也：君子不以天下儉其親。」

孟子從齊國到魯國去安葬母親，返回齊國時，在嬴地停留。充虞請教說：

「前些日子，您不知道我沒有才幹，派我監理棺椁的製造，當時事情匆迫，

不敢請教。現在想冒昧問一下：棺木好像太華美了吧？」

孟子說：「上古對棺槨的厚度沒有規定，中古規定棺七寸，槨的厚度與棺相稱。從天子直到百姓，講究棺槨不只是為了美觀，而是要這樣才算盡了孝心。如果受法令限制不能這麼做，就不會稱心；如果沒有錢財可以這麼做，也不會稱心。既合法令又有錢財，古代人都這麼做了，為什麼只有我不可以呢？並且能避免泥土靠近死者的肌膚，在人子心中難道不欣慰嗎？我聽說過：君子不會因為愛惜天下財富而儉約父母的喪事。」

父母的生命大事，不為金錢而妥協

孟子從齊國到魯國去安葬母親，再返回齊國的時候，在嬴地停留。孟子本來是鄒國人，鄒國是魯國的附庸，也算是魯國的一部分。因為他在齊國做官時，母親跟著他住在齊國，母親過世後就要送她回鄉安葬。

學生充虞對棺木過於華美一事，有些疑惑，於是向孟子請教。「不知虞之不肖」，是非常禮貌貌地自謙說：「您不知道我不是一個有能力的人」。「敦」就是監督或治理，「匠」是指做棺材的人，「以」是太的意思。

孟子對此，說了一番深刻的道理：「古者棺槨無度，中古棺七寸，槨稱之。自天子達於庶人，非直為觀美也，然後盡於人心。」棺是內棺，槨是外棺，以前的棺木是兩層。周朝以前稱作上古，周公治理中原之後，稱作中古。按照周公的方式來說，「非直為觀美也」，不是特別為了外表好看，而是為了盡孝心。

孟子認爲既有法令的允許，又有足夠的金錢，那爲什麼不買最好的棺木呢？更何況棺木太薄的話，很快就會被腐蝕。雖然死人是沒有感覺的，到最後開棺揀骨，只剩下灰了，但是讓泥土靠近先人的身體皮膚，做子女的心裡難免會覺得不安。孟子做事合乎分寸，由此可見一斑。

孟子最後以「君子不以天下儉其親」做結，這一點的確如此。稍後也會提到：「養生不足以當大事，唯送死可以當大事。」父母活著的時候，奉養他們不算大事，因爲每天都要奉養，要繼續努力做好，但是人死就只有一次。所以父母過世以後，就要想辦法增加死後哀榮，再多的錢也就花這麼一次。這就是孟子的心意。

對傳統文化了解愈多，生命植根就愈深；生命有源有本，人就會變得厚道，做任何事中規中矩，並且光明坦蕩。

〈4‧8〉

沈同以其私問曰：「燕可伐與？」

孟子曰：「可。子噲（ㄎㄨㄞˋ）不得與人燕，子之不得受燕於子噲。有仕於此，而子悅之，不告於王而私與之吾子之祿爵；夫士也，亦無王命而私受之於子，則可乎？何以異於是？」

齊人伐燕。或問曰：「勸齊伐燕，有諸？」

曰：「未也。沈同問，『燕可伐與？』吾應之曰，『可』，彼然而伐之

也。彼如曰，『孰可以伐之？』則將應之曰，『為天吏，則可以伐之。』今有殺人者，或問之曰，『人可殺與？』則將應之曰，『可。』彼如曰，『孰可以殺之？』則將應之曰，『為士師則可以殺之。』今以燕伐燕，何為勸之哉！」

沈同以個人的身分請教：「請問燕國可以討伐嗎？」

孟子說：「可以，國君子噲不應該把燕國讓給別人，相國子之不應該從子噲手中接受燕國。譬如這裡有個士人，你喜歡他，不去請示大王就私下把你的俸祿與爵位讓給他，而這個人也沒有大王的命令就私下接受了這些，這樣可以嗎？燕國的事情與這個例子有什麼不同呢？」

齊國討伐燕國。有人問說：「您勸說齊國討伐燕國，有這回事嗎？」

孟子說：「沒有。沈同問，『燕國可以討伐嗎？』我答覆他說，『可以』，他以為我說得對，就去討伐了；他如果問，『誰可以去討伐？』我就會答覆他，『奉行天命的官吏才可以去討伐。』譬如有個殺人犯，有人問，『這個人可以殺嗎？』我會答覆說：『可以。』如果他再問，『誰可以殺他？』我會答覆說：『司法官才可以殺他。』現在就像用燕國來討伐燕國，我怎麼會去勸說呢？」

執政者對國家負有基本的責任

燕國在北方，與齊國為鄰。燕國發生內亂，沈同是齊國的大夫，以個人的身分請教孟子燕國是否可以討伐。當時的情況是，燕國發生內亂，子噲是燕國國君，他聽說堯舜禪讓的故事，心生羨慕，想要效法古人，就把國家讓給子之，以為如此一來，自己就變成堯、舜了；相國子之居然也受之無愧。

但是國家政權豈能私相授受？執政者輪替得太突然，難免會發生內亂。把世襲的王位讓給別人，子孫當然受不了。燕國發生內亂，齊國趁機攻打燕國，燕國的百姓打開城門來歡迎，齊國五十天就占有了燕國。這就是當時的背景。

國家的公務需要經過法定的程序，如此才有合法的基礎。在孟子所舉的例子中，大王是權力的最後來源；而在燕國的情況中，國君傳位應以封建制度的規定為最高依據。

遵守分際才不會天下大亂

齊國出兵討伐燕國，這時有人問孟子說：「您勸說齊國討伐燕國，有這回事嗎？」儒家在原則上反對戰爭，可以用外交手段解決的事，為什麼要用戰爭呢？所以如果孟子真的勸齊國討伐燕國，那將是很嚴重的問題。

由本段不難了解，為何當時很多人認為孟子「好辯」。孟子認為燕國應該被討伐，但是沈同沒有進一步請教「誰可以去討伐」，就直接出兵了。齊王與沈同這些人都認為力量決定一切，齊國既然有力量討伐混亂中的燕國，自然先下手為強。

但是孟子不以為然，他認為必須師出有名。「天吏」是奉行天命的官吏，或是來自周天子指示，或是心存仁德的好國君，一心只想幫助燕國百姓。

像齊王者流，在孟子口中實在平庸得很，又憑什麼資格去征服別人？孟子被人說成「好辯」，他當然不會同意。是沈同自己沒有問清楚，孟子難道有責任一開始就把後來所說的話全部說清楚嗎？沈同等人如果要把孟子找來一起負責任，那也太過於缺乏自信了。

「以燕伐燕」四個字是很重的批評，這無異於「以暴易暴」，當然不會得到孟子的贊同。所謂天吏，是指實行仁政的君主，當時周朝尚有天子，只是並無實權，各國諸侯有共同維護秩序的責任，所以才會發生一連串與燕國有關的事件。

〈4‧9〉

燕人畔。王曰：「吾甚慚於孟子。」

陳賈（ㄍㄨ）曰：「王無患焉。王自以為與周公孰仁且智？」

王曰：「惡！是何言也！」

曰：「周公使管叔監殷，管叔以殷畔。知而使之，是不仁也；不知而使之，是不智也。仁智，周公未之盡也，而況於王乎？賈請見而解之。」

見孟子，問曰：「周公，何人也？」

曰：「古聖人也。」

曰：「使管叔監殷，管叔以殷畔也，有諸？」

曰：「然。」

曰：「周公知其將畔而使之與？」

曰：「不知也。」

「然則聖人且有過與？」

曰：「周公，弟也；管叔，兄也。周公之過，不亦宜乎？且古之君子，過則改之；今之君子，過則順之。古之君子，其過也，如日月之食，民皆見之；及其更也，民皆仰之。今之君子，豈徒順之，又從為之辭。」

燕國人起來反抗齊國的占領。齊宣王說：「我對孟子覺得很慚愧。」

陳賈說：「大王不必難過，大王在仁德與明智方面與周公相比，覺得誰比較強？」

齊宣王說：「啊！這是什麼話！」

陳賈說：「周公派管叔監督殷人，管叔卻帶著殷人叛亂。明知道他會反叛而派他去，那是不仁；不知道他會反叛而派他去，那是不智。仁德與明智，周公都沒有完全具備，何況是大王呢？我願意去見孟子向他解釋。」

陳賈見到孟子，問說：「周公是怎樣的人呢？」

孟子說：「古代的聖人。」

陳賈說：「他派管叔監督殷人，而管叔卻帶著殷人叛亂，有這回事嗎？」

孟子說：「有的。」

陳賈說：「周公是知道他會叛亂而派他去的嗎？」

孟子說：「不知道。」

陳賈說：「既然這樣，聖人也會有過錯嗎？」

孟子說：「周公是弟弟，管叔是哥哥。周公的過錯，不也是應該的嗎？並且古代的君子，有了過錯就改正；現在的君子，有了過錯還順著做下去。古代的君子，他的過錯像日蝕月蝕一樣，百姓都看得到；等他改正之後，百姓都仰望他。現在的君子，不但順著過錯做下去，還要找些理由來辯解。」

聖人也有一時之過

齊國佔領燕國之後大肆搜刮，胡作非為。大約過了快兩年，燕國人群起反抗，擁立燕昭王復位。

齊宣王覺得對孟子很慚愧。當初孟子勸過他，要他不可以這麼做，就算占領了燕國也要立刻退回來，但是進言未獲採納。現在果然燕國人起來反叛，要把齊國人趕走。

陳賈勸齊宣王不必覺得難過，因為連周公都會犯錯。他以此為藉口，寬慰齊宣王，這是標準的阿諛之臣。

周武王滅商之後，封商紂之子武庚於其舊都，用於安撫殷商的遺民，並且派管叔、蔡叔、霍叔監督。武王駕崩之後，成王年幼，由周公攝政，管叔等人叛亂未果。

陳賈說周公派管叔監督殷人，如果早就知道管叔會反叛還派他去，豈不是故意讓

他去做壞事嗎？這是不仁；如果不知道管叔會反叛而派他去，這表示缺乏先見之明，也就是不智。

陳賈很大膽，想去見孟子，叫他不要怪齊宣王。佞臣對大王也真是體貼，他所想的也是兩難法：周公或是不仁或是不智，兩者必居其一。

孟子的解釋是：在複雜的人際關係中，有些過錯是難以避免的。譬如《論語‧述而》談到孔子對昭公知禮與否的談話，被陳司敗指出他的過錯。孔子立刻承認自己的過失，但是他的過失是源自當時「不言君親之惡」的習俗。

知錯而不改，才是真正的過錯

孟子說：「周公，弟也；管叔，兄也。周公之過，不亦宜乎？」犯錯也有應該的。既然派哥哥出馬，就不該懷疑他；即使他最後叛亂了，也是無可奈何之事。所以，周公這個過錯是合理的。也許是因為當時管叔聽到謠言，以為周公準備篡位，所以才生叛亂之心。周公輔佐周武王的兒子成王，大權在握，他真要篡位的話並不困難。然而管叔為何對周公缺乏信心呢？兩相對比，才知周公之過是可以諒解的。更何況，有了過錯，改正就好，誰不會犯錯呢？

孔子在《論語‧衛靈公》說：「過而不改，是謂過矣。」有了過錯而不改，那才是真正的過錯。「今之君子，豈徒順之，又從為之辭。」有些人有一點學問，但是學問不用在正途上，而專門用來替國君找藉口，使國君不覺得自己有錯，然後施政江河日下，造成國家的災難。

人可能犯下各種過錯，儒家的建議是有過則改。孟子進而嚴詞批評那些順從國君

的過錯，還要為他找藉口辯解的人。

齊宣王對孟子又愛又恨。孟子給他一個仁政的理想，使他心生嚮往；但是他的左

右近臣既平凡又有私欲，以逢迎附和來討好他，勸他不必在意孟子的言論。孟子後來

以「一暴十寒」來描寫宣王，說自己像陽光，而別人卻總是澆冷水，那麼，再怎麼容

易生長的植物也活不下去。齊宣王再怎麼有心，也很難堅持上進。對這一切，只能徒

呼奈何！

〈4‧10〉

孟子致為臣而歸，王就見孟子曰：「前日願見而不可得，得侍同朝，甚

喜；今又棄寡人而歸，不識可以繼此而得見乎？」

對曰：「不敢請耳，固所願也。」

他日，王謂時子曰：「我欲中國而授孟子室，養弟子以萬鍾，使諸大夫

國人皆有所矜式。子盍為我言之？」

時子因陳子而以告孟子，陳子以時子之言告孟子。

孟子曰：「然，夫時子惡知其不可也？如使予欲富，辭十萬而受萬，是

為欲富乎？季孫曰：『異哉子叔疑！使己為政，不用，則亦已矣，又使

其子弟為卿。人亦孰不欲富貴？而獨於富貴之中有私龍（ㄌㄨㄥˇ）斷焉。」

古之爲市也，以其所有易其所無者，有司者治之耳。有賤丈夫焉，必求龍斷而登之，以左右望，而罔市利。人皆以爲賤，故從而征之，征商自此賤丈夫始矣。」

孟子辭去客卿的職位，準備回鄉。齊宣王親自去見孟子，說：「過去想看到您而不可能，後來能在一個朝廷共事，我很高興。現在又將捨棄我回去了，不知道今後還能再相見嗎？」

孟子回答說：「我不敢請求罷了，這本來就是我所希望的。」

隔了幾天，齊宣王對時子說：「我想在都城裡給孟子一棟房屋，用一萬鍾糧食供養他的弟子，讓大夫與百姓都有個效法的榜樣。你何不去替我說說呢？」

時子託陳子把這話轉達給孟子，陳子就把時子的話告訴了孟子。

孟子說：「是的，時子怎麼知道這件事不能做呢？如果我想發財，辭掉十萬鍾的俸祿而接受這一萬鍾的賞賜，這是想要發財嗎？季孫說：『子叔疑真奇怪。自己想做官，沒被任用也就算了，卻又叫他的子弟去做卿大夫。誰不想要富貴？偏偏在富貴之中，有人想私自壟斷。』古代經商的人，以自己有的去交換自己沒有的，由相關部門的官吏去管理。有個卑鄙的男人，一定要找塊高地站上去，向左右兩邊張望，企圖網羅市場的利益。人人都認爲他卑鄙，於是抽他的稅。對商人抽稅就是從這個卑鄙的男人開始的。」

孟子辭去客卿的職位，準備回鄉。孟子有一定的名望與地位，所以，齊宣王特地親自去見孟子。「得侍同朝」是很謙虛的話，做為國君，高高在上，居然說出「一起共事，一起來侍候百姓」的客氣話。

孟子回答說：「不敢請耳，固所願也。」這八個字也非常文雅，意即：這本來是我想要的，只是不好意思自己開口，因為讀書人總是有一點矜持。

隔了幾天，齊宣王想託時子傳話給孟子。「國」即國都，古代稱首都為國，「中國」即在都城裡面。「養弟子以萬鍾」是古代對老師的客氣話，不能直接說給老師待遇，這樣不太禮貌，而要說這錢是讓他養活弟子的。齊宣王也知道孟子是傑出人物，言行方面皆有過人之處，可以讓國人來效法。

君子不貪求個人富貴

時子又託陳子代為轉達，陳子就把時子的話告訴了孟子。孟子在齊國待了好幾年，大約總有十萬鍾的俸祿，辭官代表他不在乎這個俸祿。現在另外給他一萬鍾，好像是在談條件。孟子不太喜歡別人把待遇說得那麼清楚，好像他是為了錢才留下來的。

他隨即舉了季孫氏談子叔疑的例子。「賤丈夫」一詞，丈夫是男子二十歲以上，賤指卑鄙、卑下。站得高，左右兩邊看一看，就知道這邊有利較多，先取得利再說。做生意的人很辛苦，然後發現那邊還有利，就再去圖利。現實的社會不也是如此嗎？做生意的人很辛苦，什麼地方有利可圖，他就努力去謀取，這是可以理解的，但不宜什麼都要，許多利益

讓給別人去分享，自己就安分做熟悉的本行，這樣可以讓社會的資源分配比較自然。

孟子會這麼說，是因為時子託陳臻轉達意思，好像擔心孟子不會答應。孟子所舉的例子，則表示了自己考量的並非利益而已。齊宣王以為用一些利益就可以留住孟子，完全不了解孟子的儒者性格，亦即孔子所謂之「君子喻於義，小人喻於利」。

〈4‧11〉

孟子去齊，宿於晝。有欲爲王留行者，坐而言。不應，隱几而臥。客不悅曰：「弟子齊（ㄓㄞ）宿而後敢言，夫子臥而不聽，請勿復敢見。」

曰：「坐！我明語子。昔者魯繆（ㄇㄨˋ）公無人乎子思之側，則不能安子思；泄柳、申詳無人乎繆公之側，則不能安其身。子爲長者慮，而不及子思。子絕長者乎？長者絕子乎？」

孟子離開齊國，在晝縣過夜。有個想爲齊宣王挽留孟子的人，恭敬地坐著說話。孟子不加理會，靠著桌子打盹。那個人很不高興，說：「我先齋戒了一整天，然後敢來與您說話，您卻睡覺不聽，以後再也不敢與您相見了。」

孟子說：「坐下來！我明白告訴你。從前，魯繆公沒有好人在子思身邊侍候，就不能讓子思安心留下；泄柳、申詳沒有好人在魯繆公身邊幫忙，就不能讓自己安居。你替我這個長輩考慮，卻沒有想到子思的待遇。這是你棄絕

長輩呢？還是長輩棄絕你？」

真正的尊重不是做表面工夫

孟子真的離開齊國了，齊宣王還是設法想要挽留他。

有個想為宣王挽留孟子的人，恭敬地坐著說話。古代沒有現在的椅子、凳子，坐的時候態度恭敬，叫做跪坐，正襟危坐，腰桿挺直。坐姿有兩種，一種是臀部靠著腳踝，坐起來比較舒服；一種是臀部離開腳踝，要撐著，比較辛苦。這個說客很有禮貌，恭敬地坐著說話。但孟子不領情，靠著桌子打瞌睡。

孟子對他態度冷淡，他受不了。孟子這時才來開導他。子思是孔子的孫子，孔子雖然一生不太得意，但是他的學問與道德受到後人敬仰，最主要還是他的學生們，像子貢等人，表現非常傑出，所以孔子的孫子就很受重視。魯繆公很在乎子思，一定要安排好人在子思那兒侍候，否則不能讓子思安心留下，這是合理也合禮的待遇了。

泄柳、申詳是魯國的大夫，他們要安排好人在魯繆公身邊，他們做大臣的才會安心。其實我們也知道，如果有壞人在國君身邊進讒言，大臣的位置也坐不穩，所以他們希望有好人在魯繆公身邊幫忙。

孟子認為自己學問道德不亞於當時的子思，所以要他留下來，就須派一些優秀人才在他身邊侍候，並且國君也要有心採納他的建言，這樣孟子才願意留在齊國。

最後的結論是：「子絕長者乎？長者絕子乎？」這個問題有畫龍點睛的作用。因為勸說者怪孟子打瞌睡不理他，好像是長輩不理他，但是他並沒有把孟子當成子思，

沒有適當地禮遇孟子，也就是先棄絕長輩了。

國家的混亂往往從失禮開始，如果國家的元老不受尊重，沒有合乎禮制的合理待遇，那麼人與人之間的適當關係就受到挑戰了。孟子如果不計較這些就留在齊國，那麼他又如何可以做為士人與百姓的表率呢？

〈4‧12〉

孟子去齊。尹士語人曰：「不識王之不可以為湯、武，則是不明也；識其不可，然且至，則是干澤也。千里而見王，不遇故去，三宿而後出畫，是何濡滯也？士則茲不悦。」

高子以告。

曰：「夫尹士惡（ㄨ）知予哉？千里而見王，是予所欲也；不遇故去，豈予所欲哉？予不得已也。予三宿而出畫，於予心猶以為速，王庶幾改之！王如改諸，則必反予。夫出畫，而王不予追也，予然後浩然有歸志。予雖然，豈舍王哉？王由足用為善；王如用予，則豈徒齊民安，天下之民舉安。王庶幾改之！予日望之！予豈若是小丈夫然哉？諫於其君而不受，則怒，悻悻然見（ㄒㄧㄢ）於其面，去則窮日之力而後宿哉？」

尹士聞之，曰：「士誠小人也。」

孟子離開齊國，尹士對人說：「不知道齊王不可能成為商湯、周武王，那是不明智；知道齊王不可能做到，卻還是到齊國來，那是求俸祿。跋涉千里來見齊王，意見不合便離去，在晝縣住了三夜才走，為什麼這麼滯留遲緩呢？我對這一點很不滿意。」

高子把這番話轉告孟子。

孟子說：「那個尹士怎能了解我呢？跋涉千里來見齊王，是我所期望的；意見不合便離去，難道也是我所期望的嗎？我是不得已罷了。我住了三夜才離開晝縣，在我心裡還覺得太快了，齊王或許會改變態度，一定會召我回去。我離開了晝縣，齊王沒有派人追我，我這才心意暢快地決定回鄉去。我雖然這麼做，難道是肯捨棄齊王嗎？齊王還是有能力推行善政的，齊王如果任用我，那麼豈止是齊國的百姓得到安定，天下的百姓都可以得到安定。齊王或許會改變態度的！我天天盼望啊！我難道像那種器量狹小的人嗎？向君主進諫不被採納，就立刻發怒，臉上露出忿忿不平的神色，離開時非得整天拚命趕路之後才肯投宿嗎？」

尹士聽人轉告這番話，說：「我真是一個小人啊。」

有志難伸只好當機立斷

孟子離開齊國，尹士批評孟子來到齊國，是自己要來的，以為齊宣王是商湯、周武王之類的明君，那是他自己不明智。「干澤」的「干」是求，「澤」就是恩澤、俸

祿。對孟子離開時還在畫縣住了三夜，也覺得不滿意。由此可見，孟子的言行成為許多人議論的題材，但是天下又有誰能真正明白孟子的心意呢？

尹士並不了解孟子。齊宣王擺出「禮賢下士」的姿態，孟子有理想有學問，當然希望得君行道，可惜齊宣王無法採納孟子的建言。他怎麼知道齊宣王廣招賢士又無法分辨真正的智慧呢？兩人意見不合並不是孟子所期望的。「王庶幾改之」，「庶幾」是表達期許的副詞。

「浩然」代表什麼？就好像一方面是死了心，絕了意，從此與齊王分道揚鑣；另一方面也好像水勢盛大，擋也擋不住——「浩然有歸志」，現在看開了、看破了，從此以後告老還鄉，不問齊國的事。

孟子還是堅持推行仁政，必定可以稱王天下，齊宣王如果請孟子當宰相，對他言聽計從的話，齊國就會變成一個理想的國家，甚至整個天下也可以得到安定。讀書人的偉大就在這裡，孟子希望照顧的是天下百姓，正如孔子的志向是「老者安之，朋友信之，少者懷之」。

他第二次說「王庶幾改之」、「予日望之」，孟子很少說出如此般切期待的話語。

尹士聽人轉告了孟子的這番話，還算懂得反省，承認自己誤會了孟子。

孟子的動機很簡單，齊宣王昭告天下歡迎賢才，孟子就來了。來了之後才知道觀念不合，這不是孟子願意的。離開時在畫地待了三個晚上，是希望齊宣王或許會改變態度。等了三個晚上，齊王並未正式派人請他回去，他這才「浩然有歸志」，如同大江東去不再回頭。

自古以來，讀書人總有一番抱負，一旦發現理想與現實無法妥協，那麼要迎合政治現實呢，還是要堅持原則？孟子在齊國努力嘗試過，最後並未成功。當他說出「浩然有歸志」一語時，也是準備從政治轉向教育了。他後來談到人生三樂時，肯定「得天下英才而教育之」勝過稱王天下的快樂（《孟子・盡心上》），值得我們省思。

〈4・13〉

孟子去齊，充虞路問曰：「夫子若有不豫色然。前日虞聞諸夫子曰：『君子不怨天，不尤人。』」

曰：「彼一時，此一時也。五百年必有王者興，其間必有名世者。由周而來，七百有餘歲矣。以其數，則過矣；以其時考之，則可矣。夫天未欲平治天下也。如欲平治天下，當今之世，舍我其誰也？吾何為不豫哉？」

孟子離開齊國，充虞在路上問說：「先生好像有些不愉快的樣子。以前我聽先生說過：『君子不抱怨天，不責怪人。』」

孟子說：「那是一個時候，這是一個時候。歷史上每隔五百年必定會有聖君興起，其間也必定會有輔佐聖君的賢臣出現。從周朝以來，已經七百多年了，按年數計算，已經超過了；按時勢考察，聖君賢臣可以出現了。天還不

「想讓天下太平吧，如果想讓天下太平，在今天這個時代，除了我還有誰呢？

我為什麼不愉快呢？」

有自知之明，就不會陷於無謂的煩惱

「不怨天，不尤人」原是孔子的話，孟子也以此自許。一個人愉不愉快，很容易

從臉色看出，學生發現老師看起來好像不太愉快，就問他是不是做不到「不怨天、不

尤人」？

經過這一問，孟子才有機會道出心裡的話。那個時代是個亂世，亂世最需要聖

君、賢臣出現。孟子把自己當成賢臣，「當今之世，舍我其誰」，這句話的氣勢，千

載之下猶有餘震，氣魄真大！

孟子不是為了個人的享受，或者個人的權位與名利，而完全是基於一份理想，就

是要為人類創造美好的生活。他出來為百姓服務，是希望天下人人幸福。但是光有好

心善意是不夠的，還需要時機配合。

孟子一方面相信歷史有一定的發展軌道，一盛一衰，五百年必有王者興。另一方

面，他也相信是「天」在主宰一切，而沒有人可以明白天的安排是怎麼回事。由此形

成「盡人事，聽天命」的觀念。天命包括客觀的形勢與條件，也包括個人主觀的志

向，如孔子「五十而知天命」。無論如何，孟子的「當今之世，舍我其誰」，已經為讀

書人樹立了無與倫比的使命感。

〈4‧14〉

孟子去齊，居休。公孫丑問曰：「仕而不受祿，古之道乎？」

曰：「非也；於崇，吾得見王，退而有去志，不欲變，故不受也。繼而有師命，不可以請。久於齊，非我志也。」

孟子離開齊國，住在休地。公孫丑問說：「做官不接受俸祿，這是古代的做法嗎？」

孟子說：「不是的。在崇地，我初次見到齊王，回來後就有離開的念頭。我不想改變心思，所以不接受俸祿。接著齊國有戰事，不可以申請離開。長時間留在齊國，不是我的意願啊。」

道不同不相為謀

孟子在齊國擔任客卿，有一段時間不接受齊王所給的俸祿。他與齊王見面，很快就知道齊王是否願意虛心受教，齊國是否大有可為。孟子因而不接受俸祿。

孟子當時就有離開的念頭。當他第一次見到齊王，就知道沒有什麼可為的了。最後那句「久於齊，非我志也」，說明孟子在齊國待那麼久，並不是他原來的意願。

人生就看如何取捨，該捨就捨，才能堅持自己的原則與理想。兩千多年下來，孟子的思想依然閃耀動人的光彩，而齊宣王呢？當時的國君與權臣呢？他們只是在與孟子互動的過程中留下一些言行紀錄，其中少有可觀之處。他們大概無法想像當初那個

老先生，亦即倡言仁政、批評時局、從不同流合汙，卻總是諄諄勸人的孟子，竟然可以因為一套完整的思想體系，而成為歷代讀書人的典型。如果時光可以倒流，他們不知要如何珍惜孟子以及自己與孟子相處的每一個片刻啊！

卷五 〈滕文公篇〉上

〈5‧1〉

滕文公爲世子，將之楚，過宋而見孟子。孟子道性善，言必稱堯、舜。

世子自楚反，復見孟子。孟子曰：「世子疑吾言乎？夫道一而已矣。

成覵（ㄐㄧㄢ）謂齊景公曰：『彼，丈夫也；我，丈夫也；吾何畏彼哉？』顏淵曰：『舜，何人也？予，何人也？有爲者亦若是。』公明儀曰：『文王，我師也，周公豈欺我哉？』今滕，絕長補短，將五十里也，猶可以爲善國。《書》曰：『若藥不瞑（ㄇㄧㄢ）眩，厥疾不瘳（ㄔㄡ）。』」

滕文公擔任太子的時候，有一次前往楚國，路過宋國時，與孟子會面。孟子談論人性善良的道理，句句都要提到堯、舜。

太子從楚國返回，又來見孟子。孟子說：「太子懷疑我的話嗎？人生的正途只有一條。成覵對齊景公說：『他，是個男子，我，也是個男子，我怕他什麼呢？』顏淵說：『舜，是什麼樣的人？我，是什麼樣的人？有所作爲的人也會像他那樣。』公明儀說：『周文王，是我的老師；周公這話難道會欺騙

我嗎?」現在滕國的土地截長補短,將近縱橫各五十里,仍然可以成為推行善政的國家。《尚書‧說命》上說:「『如果藥物不能使人頭暈眼花,這個病是治不好的。』」

志向愈高,發展的空間愈大

孟子舉了三個例子,來說明人生的正途只有一條。

第一個例子:「彼,丈夫也;我,丈夫也;吾何畏彼哉?」成覸是齊國的勇士,他口中的「彼」是指角力的對手。你是勇士,我也是勇士,我怕你什麼呢?這就是說,在立足點平等的情況下,只要努力就可以同別人一較高下。

第二個例子:「舜,何人也?予,何人也?有為者亦若是。」「取法乎上」,選擇比自己好的人做為學習楷模,難怪表現如此傑出。這句話是孟子轉述顏淵說的,顏淵是孔子最好的學生,原來他以舜為學習楷模,難怪表現如此傑出。

第三個例子,是曾子的弟子公明儀說的:「文王,我師也,周公豈欺我哉?」公明儀以文王為取法的老師,周公是文王之子,說的話自然合乎文王之意,公明儀能夠同時向文王與周公學習,可謂「高尚其志」,令人敬佩。

古人思考年輕人的成長,總是要選擇最好的典型來學習。志向愈高的話,發展的空間也愈大;反之,志向太低卑的話,就乏善可陳了。所以人生要「取法乎上」,別人可以做到,我為什麼做不到呢?

「若藥不瞑眩,厥疾不瘳」,是古代的醫療常識,今天依然適用。譬如吃了感冒

藥，覺得頭昏，有助於睡眠休息，然後病才會痊癒。孟子的意思是：滕國雖小，也可以立志追求國泰民安；但是立志之後要進行改革時，一定會使人頭疼的困擾出現，這時不可灰心，反而要有信心。

本文引用的三段資料，提醒我們：一方面，要相信自己只要努力，一定不會輸給別人；另一方面，要在修德上向古代聖賢學習，並且唯有在修德一事上，人一定有能力達到完美的境地。

本章有「孟子道性善，言必稱堯舜」一語。這句話很明顯是概括之語。事實上，孟子談論人性時，並未「言必稱堯舜」；並且，在此所謂的「性善」，並非一般人望文生義所理解的「人性本善」。以今日的口語來說，「性善」其實是指「人性向善」而言。關於這個問題，在〈告子上〉會再做充分的討論與說明。

〈5‧2〉

滕定公薨（ㄏㄨㄥ），世子謂然友曰：「昔者孟子嘗與我言於宋，於心終不忘。今也不幸至於大故，吾欲使子問於孟子，然後行事。」然友之鄒，問於孟子。孟子曰：「不亦善乎！親喪，固所自盡也，曾子曰：『生，事之以禮；死，葬之以禮，祭之以禮，可謂孝矣。』諸侯之禮，吾未之學也；雖然，吾嘗聞之矣。三年之喪，齊（ㄗ）疏之服，饘（ㄓㄢ）粥之食，自天子達於庶人，三代共之。」

然友反命，定為三年之喪。父兄百官皆不欲也，曰：「吾宗國魯先君莫之行，吾先君亦莫之行也，至於子之身而反之，不可。且志曰：『喪祭從先祖。』曰：『吾有所受之也。』」

謂然友曰：「吾他日未嘗學問，好馳馬試劍。今也父兄百官不我足也，恐其不能盡於大事。子為我問孟子。」

然友復之鄒，問孟子。孟子曰：「然，不可以他求者也。孔子曰：『君薨，聽於冢宰，歠（ㄔㄨㄛˋ）粥，面深墨，即位而哭，百官有司莫敢不哀，先之也。』上有好者，下必有甚焉者矣。君子之德，風也；小人之德，草也。草上之風，必偃（一ㄢˇ）。是在世子。」

然友反命。世子曰：「然，是誠在我。」五月居廬，未有命戒，百官族人可，謂曰知。及至葬，四方來觀之，顏色之戚，哭泣之哀，弔者大悅。

滕定公去世了，太子對然友說：「以前孟子在宋國與我談過話，我心裡一直沒有忘記。現在不幸遭到父喪的大事，我想讓你去請教孟子，然後再舉行喪禮。」

然友就去鄒國請教孟子。孟子說：「這不是很好嗎！父母的喪事，本來就是要竭盡自己的心力去辦的。曾子說過：『父母在世時，依禮的規定來事奉；父母過世後，依禮的規定來安葬，依禮的規定來祭祀，這樣可以說是孝順了。』諸侯的喪禮，我沒有學習過；但是，還是聽說過的。三年的服喪期，

一切依禮的規定

滕定公去世了，太子（滕文公）知道孟子很有學問，對許多事都可以提供意見。

然友又到鄒國請教孟子。孟子說：「是的，這是不能求助於別人的。孔子說：『國君去世，太子把政務交給宰相，喝粥，面色深黑，走到孝子的位置就哭泣。大小官員沒有敢不哀傷的，因為太子帶頭這麼做。』在上位的人愛好什麼，下屬一定更加愛好。『君子的言行表現，像風一樣；百姓的言行表現，像草一樣。風吹在草上，草一定跟著倒下。』這件事就在於太子了。」

然友回去覆命。太子說：「對，這確實在於我自己。」於是太子五個月都住在喪廬，其間沒有發布任何政令與告誡。百官與親族都贊同，認為太子知禮。到了安葬那天，四方各地都有人來觀禮。太子面容悲傷、哭泣哀慟，使來弔喪的人都非常滿意。

穿粗布縫邊的孝服，喝粥，從天子到百姓，夏、商、周三代都是這樣的。」

然友回國覆命，太子決定實行三年之喪。宗室百官都不願意，說：「我們宗國魯國的前代君主並沒有實行這種喪禮，我們滕國的前代君主也沒有實行過，到你這一代卻要違反傳統，這是不應該的。況且有記載說：『喪禮、祭禮要遵從祖宗的規矩。』意思是說：『我們是有所繼承的。』」

太子對然友說：「過去我不曾講求學問，喜歡騎快馬與比劍法。現在宗室百官都不滿意我，擔心我不能竭盡心力辦好喪事，您再替我去請教孟子。」

現在碰到這麼大的事，自然要先聽聽孟子的意見，再決定怎麼做了。於是派然友到鄒國去請教孟子。

孟子說：「不亦善乎！親喪，固所自盡也。」父母過世的時候，子女會由衷地哀傷，平常也許不在意內心的真正情感，有時候好幾年都沒有動過真情，但是碰到父母的喪事，一定會悲從中來。

孟子接著引用曾子的話：「生，事之以禮；死，葬之以禮，祭之以禮，可謂孝矣。」這段話在《論語‧為政》裡面，其實是孔子對樊遲所說的。原文是：

孟懿子問孝。子曰：「無違。」樊遲禦，子告之曰：「孟孫問孝於我，我對曰『無違』。」樊遲曰：「何謂也？」子曰：「生，事之以禮；死，葬之以禮，祭之以禮。」

孟懿子是貴族，公卿大夫階級在實踐孝順的美德時，是以禮為主，相對地要花很多錢，但花錢是另一回事，最主要的是他們的身分有示範的作用。

孟子強調以禮為準，建議「三年之喪」，這也是孔子所贊成的。然友回國覆命後，太子決定實施三年之喪。

對於孟子的建議，滕國內部出現了反對的聲浪。滕國稱魯國為「宗國」，是因為兩國祖先皆為周文王之子，魯國周公年長，所以滕國宗之。現在連魯君都沒有行三年之喪，滕國前代君主也沒有這麼做，所以大臣們反對孟子的建議。

所謂三年之喪，依荀子所說，是二十五個月，亦即抵達第三年的第一個月，就滿期了。只是這種規定早已形同具文，滕文公做得到嗎？

上位者要有做表率的魄力

面對這種情況，太子再度派然友到鄒國向孟子請教。孟子先說，這件事的確是不能求助於別人的。父親過世了，喪事要怎麼辦？完全看你，先守好前面五個月的喪期吧。

古代諸侯過世，要等五個月才能埋葬，這是因為別的諸侯國必須派人代表來，由於路途及資訊傳遞不便，需要五個月的準備期，天子則需準備七個月，大夫就由諸侯往下遞減。古代特別重視喪禮，喪禮如果辦得不隆重，那是子孫的不孝。

孟子引用孔子的話了：「君薨，聽於冢宰，歠粥，面深墨，即位而哭，百官有司莫敢不哀，先之也。」太子帶頭哀傷，百官也一起為先君哀悼。古人在守喪期間，因為痛苦、哀悼、喝粥，營養不良，臉色看起來黑黑的。國君死時設置靈堂，每天都有百官到靈堂輪流守候，孝子有特別的位置，文公一到孝子的位置就哭泣。

「上有好者，下必有甚焉者」，在上位的人喜歡什麼，下屬就一定更加愛好，這是風氣，風氣總是上行下效的。孟子引用孔子的話：「君子之德，風也；小人之德，草也。草上之風，必偃。」來說明這件事取決於太子。

「草尚（上）之風，必偃」，出自《論語·顏淵》。孔子原來是勸季康子說：「子帥以正，孰敢不正？」他以風動草偃來描述善行的感化力。但是孟子引述此語時，並未特別指涉行善，而是就一般的風氣來說的，顯得比較中性。

聽了孟子一席話，然友回去覆命，太子說：「對！這確實在於我自己。」事在人為，自求多福。

於是太子五個月都住在喪廬，其間沒有發布任何政令與告誡。「廬」是指服喪其間所居的簡陋喪宅。古代諸侯去世，同盟各國會派人前來觀禮，孝子不能住在王宮，要住在茅草蓋的房子裡面，代表守喪。守喪期間，不宜發布政令，因為發布政令的話，等於承認太子並未專心思念過世的父親。

「弔者大悅」這四個字，說明賓客肯定子孫的孝順。這並不是要子孫虛與委蛇，而是希望他們把喪父之痛的真實情感表現出來。

〈5・3・1〉

滕文公問為國。孟子曰：「民事不可緩也。《詩》云：『晝爾于茅，宵爾索綯（玄）；亟其乘屋，其始播百穀。』民之為道也，有恆產者有恆心，無恆產者無恆心。苟無恆心，放辟邪侈，無不為已。及陷乎罪，然後從而刑之。是罔民也。焉有仁人在位，罔民而可為也？是故賢君必恭儉禮下，取於民有制。陽虎曰：『為富不仁矣，為仁不富矣。』」

滕文公請教怎樣治理國家。孟子說：「百姓的需求是不可延緩的。《詩經・豳風・七月》上說：『白天割取茅草，晚上攪成繩索，趕緊修繕屋頂，很快又將播種百穀。』百姓走在人生正途上，有固定產業的，才有堅定心志；沒有固定產業的，就沒有堅定心志。如果沒有堅定心志，就會違法亂紀，什麼

事都做得出來。等到他們犯了罪，然後加以處罰，就等於設下羅網來陷害百姓。哪裡有仁德的君主在位卻做出陷害百姓的事呢？所以賢明的君主一定要恭敬節儉，以禮對待臣下，向百姓徵稅要有制度。陽虎說過：『要致富就不能行仁，要行仁就不能致富。』」

滿足百姓的需求，是治國第一順位

滕文公向孟子請教怎麼治理國家。「民事不可緩也」，百姓的需求不能延緩，這一句話很令人感動。收成不好，有錢有資產的富貴人家可以不在乎；但是窮人家一天只有一頓飯，收成不好就挨餓受凍。古代並未實行家庭計畫節育，家裡小孩多了，要養活很不容易。

古代是農業社會，百姓的生活要配合季節，工作很緊湊。所以孟子說「民之為道也，有恆產者有恆心，無恆產者無恆心」。要有恆產才有固定心志。所謂恆產，是指衣食足然後知榮辱，那麼衣食不足怎麼辦呢？為了活下去而為非作歹嗎？窮人還有行善的恆心嗎？

人活在世界上，一定需要一些產業，若是身無分文活不下去，就可能為了活命而誤入歧途。人有了產業，衣食無缺，就可以走上人生正途。孟子很了解這一點，要讓百姓活得下去，先要給他們固定的田地，讓他們可以努力耕耘。工作之後有了收穫，可以自食其力，這樣才符合一個人的生命需求。

換言之，恆產是人生的「必要條件」，所謂必要條件，是說「非有它不可，有它

還不夠」，亦即人生若無恆產就活不下去，但是光有恆產顯然是不夠的，還須由此展現恆心，努力行善。

黑格爾指出，一個人的自由以擁有私產為前提。有私產，才能夠自由處理它；如果什麼都沒有，自由只是一句空話。譬如人有坐火車、坐飛機的自由，但沒有錢買票的話，這個自由只是幻想。

因此，不只是人的生存，人的自由也是以私有財產為前提。有私有財產，才可表現自由意志，對財產加以處分，然後發展自己的各種可能性，選擇喜愛的生活方式。孟子早就注意到這一點，人若沒有恆產，那麼要他有恆心好好待人處事，那是強人所難。

所以孟子接著說：「苟無恆心，放僻邪侈，無不為已。及陷乎罪，然後從而刑之。是罔民也。焉有仁人在位，罔民而可為也？」這段話等於是讓國君想清楚，自己是不是仁君。如果是的話，就應該照顧百姓。

合理的制度是根本的原則

「恭儉禮下」，只要是居上位者、領導者，就要恭敬節儉，以禮對待臣下，如此一來，做下屬的自然樂於奉命負責，努力工作了。

孟子最後畫龍點睛，以一句陽虎的話做為例子。他這是「不以人廢言」。陽虎與孔子是同一個時代的人，孔子年輕時苦讀成名，想參加季氏所舉行的宴會，就是被陽虎擋在門外的。後來孔子四十九歲，學問與德行都受眾人推崇，陽虎擔任季氏家臣，

就主動來找孔子。事見《論語·陽貨》。

陽虎（又名陽貨）打聽了孔子不在家時，先送一隻蒸熟的小豬到孔子家中。陽虎當時是魯國最有權力的大夫季氏的管家，而孔子不在家，這種管家也具有大夫的身分，而孔子的身分只是士。陽虎送小豬給孔子，而孔子不在家，那麼按照禮的規定，孔子應該去陽虎府上拜謝。於是孔子也打聽到陽虎不在家時前往拜謝。

結果，孔子在回家的路上碰到陽虎，陽虎說：「過來，我告訴你，具備卓越才幹卻讓國家陷入困境，這可以算是有仁德嗎？喜歡從政做官卻屢次錯過時機，這可以算是明智嗎？光陰似箭，時間是不會等人的。」這話說得很重。孔子說：「諾，吾將仕矣。」孔子四十九歲時被陽虎用激將法一激，才準備出來做官，從五十一歲到五十五歲，一路都做得很好。但是，做得很好也沒有用，因為魯國內部四分五裂，本身的條件太差了。

孟子不以人廢言。壞人說的話有道理，還是要加以肯定。他引述陽虎的話：「為富不仁矣，為仁不富矣。」亦即為富不仁，為仁不富。陽虎的話是說仁與富無法並存，國君如果想增加財富，就不可能推行仁政。

本章是滕文公向孟子請教治國之法，內容沒有什麼高深的哲理，都是一些對社會現象的觀察，以及對於當時土地制度的說法。

〈5・3・2〉

『夏后氏五十而貢，殷人七十而助，周人百畝而徹，其實皆什一也。徹者，徹也；助者，藉也。龍子曰：『治地莫善於助，莫不善於貢。』貢者，按（ㄐㄩㄠˋ）數歲之中以為常。樂歲，粒米狼戾，多取之而不為虐，則寡取之；凶年，糞其田而不足，則必取盈焉。為民父母，使民盼（ㄒ一ˋ）盼然，將終歲勤動，不得以養其父母，又稱貸而益之，使老稚轉乎溝壑，惡（ㄨˋ）在其為民父母也？夫世祿，滕固行之矣。《詩》云：『雨我公田，遂及我私。』唯助為有公田。由此觀之，雖周亦助也。設為庠序學校以教之。庠者，養也；校者，教也；序者，射也。夏曰校，殷曰序，周曰庠；學則三代共之，皆所以明人倫也。人倫明於上，小民親於下。有王者起，必來取法，是為王者師也。《詩》云：『周雖舊邦，其命維新。』文王之謂也。子力行之，亦以新子之國！』

「夏朝每家五十畝地，實行貢法；殷朝每家七十畝地，實行助法；周朝每家一百畝地，實行徹法，其實稅率都是十分之一。『徹』是通的意思，『助』是借的意思。龍子說：『徵取田稅沒有比助法更好的，沒有比貢法更差的。』貢法是比較幾年的收成得到平均的常數，按此來抽稅。豐年時，穀物堆得滿地，多徵些糧不算暴虐，貢法卻收得少；荒年時，就算施肥，收成也不夠納稅，而貢法卻要收到足數。做為百姓的父母，卻讓百姓目光含恨，整年辛苦勞動，收成只能養活父母，還須借貸來補足稅額，使得老人小孩餓死在田溝

山谿中，這樣哪裡配做百姓的父母呢？做官的世代享受俸祿，滕國本來就實行了。」《詩經·小雅·大田》上說：「雨先下到我們的公田，然後落到我們的私田。」只有助法才有公田。由此看來，就是周朝也是用助法的。接著，要設立庠、序、學、校來教育他們。庠是教養的意思，校是教導的意思，序是陳列的意思。地方的學校，夏朝稱為『校』，商朝稱為『序』，周朝稱為『庠』；國家設立的稱為『學』，三代都一樣。這些機構都是要教人們明白倫理關係的。在上位的人明白了倫理關係，底下的百姓就會互相親愛了。如果有聖王興起，必定會來效法，這樣就成為聖王的老師了。《詩經·大雅·文王》上說：『周家雖是古老的邦國，承受的天命卻是新的。』這是說周文王。您努力實行吧，也來使您的國家氣象一新。」

夏、商、周三代田稅制度的比較

「夏后氏」是指夏禹王朝。夏、商、周三代納稅的方法不同，但是稅率都是十分之一，十分之一的稅率很合理，當時的百姓都覺得沒有什麼壓力。

龍子是誰很難考證，大概是古代的名人。他認為：「治地莫善於助，莫不善於貢。」貢法依照幾年之內的平均數來抽稅，往往很難照顧到實際的狀況。譬如過去五年每年的收入平均起來是一百石米，就照這個來抽十石。收成好時倒無所謂，碰到荒年時，收成只有二十石，抽了十石，只剩下十石怎麼過一年呢？「盼盼然」，意即目光含恨的樣子。

「粒米狼戾」即滿地都是粒米，因為豐收，用也用不完，丟在地上也沒人管，這時多徵一些糧不算暴虐，但是按照貢法的平均數，所收的比例要少很多。所以依孟子的見解，認為貢法不好。

古代人民分兩種，一種是百姓，主要是農夫，以耕田為生；另外一種是公職，就是做官，做官可以領俸祿，不用耕田就有收入，並且有了一個官位之後，世代都給一定的俸祿，就像終身俸一樣。

下雨時，先把公田照顧好，因為收成的時候，如果公田的收成比不上其他八家的話，要追究責任，公田沒有管好是要處罰的。這說明公家的事大家要認真去做。所以孟子接著說：「唯助為有公田。由此觀之，雖周亦助也。」周朝的井田制度有公田，用的是「助法」。

落實教育制度的重要性

百姓生活安定之後，需要教育，政府要設學校。古代的學校，按庠、序、學、校分開來。一般來講，庠、序、校是三種不同的學校制度，其目的都是要學習。「序」本來是指射箭的射，在這裡是陳列之意，就是要把懂得的東西陳列出來，就像博物館一樣。

「學」這個名稱是指國家設立的，當時就有大學，但是只有貴族子弟與少數民間傑出青少年才能夠就讀，一般百姓的小孩沒有機會上大學。孔子十五歲時失學，他才會說：「吾十有五而志於學。」教人們明白倫理關係，這才是教育的重點。

最後，孟子引《詩經》上的：「周雖舊邦，其命維新。」一個國家經常需要提振新的精神，出現新的風氣，這是個挑戰。

這一段是孟子對滕文公的勸誡，提醒他應該讓百姓有好的生活條件和教育。人活在世界上，第一步要吃飽喝足，因為這是生存本能，是必要的。吃飽喝足之後，需要再向上提升，所以要辦教育，讓每一個人懂得做人處事的道理，奉行五倫的規範，促成和諧的社會。如此一來，國家的發展自然欣欣向榮。

〈5‧3‧3〉

使畢戰問井地。

孟子曰：「子之君將行仁政，選擇而使子，子必勉之！夫仁政，必自經界始。經界不正，井地不鈞，穀祿不平，是故暴君汙吏必慢其經界。經界既正，分田制祿可坐而定也。夫滕，壤地褊小，將為君子焉，將為野人焉。無君子，莫治野人；無野人，莫養君子。請野九一而助，國中什一使自賦。卿以下必有圭田，圭田五十畝；餘夫二十五畝。死徙無出鄉，鄉田同井，出入相友，守望相助，疾病相扶持，則百姓親睦。方里而井，井九百畝，其中為公田，八家皆私百畝，同養公田；公事畢，然後敢治私事，所以別野人也。此其大略也；若夫潤澤之，則在君與子矣。」

農業社會理想的經濟制度

滕文公派畢戰向孟子請教井田實施的辦法。孟子說：「仁政必自經界始」，劃分田界是必要條件。要做成任何事，都要先有必要條件做為基礎，不可光說理想。仁政聽起來好像是個口號，但是孟子首先考慮的就是百姓的實際生活需要，要讓百姓都擁

滕文公派畢戰向孟子請教井田實施的辦法。

孟子說：「你的國君準備實行仁政，選派你來問我，你一定要好好努力！實行仁政的，一定要從劃分田界開始。田界劃分不正確，井田的面積就不平均，做為俸祿的田租收入就不公平，因此暴君與貪官汙吏必定要破壞田界。田界劃分正確，那麼分配井田、制定官祿就輕而易舉了。滕國土地狹小，但也有政府的官吏，也有耕田的農夫。沒有官吏，就沒有人來治理農夫；沒有農夫，就沒有人來供養君子。我建議：在郊野用『九分抽一』的助法，城市就『十分抽一』，讓他們自行納稅。卿以下的官吏一定要有供祀的圭田，每家五十畝，家中未成年的男子另給二十五畝。喪葬或搬家都不離開本鄉，共一井田的各家，出入互相結伴，防盜互相幫助，有病互相照顧，那麼百姓之間就會親近和睦。每一方里土地定為一個井田，每一井田九百畝地，中間一塊是公田，八家各有一百畝私田，並且共同耕種公田。公田農事做完，然後才敢做私田的事，這就是區別官吏與農夫的辦法。這是井田制度的大概情況：至於如何調節改善，那就要看國君與您的努力了。」

有恆產。

分配井田、制定官祿，這兩件事是穩定社會的第一步，因為官祿是要取自公田的收入，公田順利生產，政府就可以發薪水給公務員，制定官祿就不成問題。雖然是農夫負責耕田，但也需要官吏來管理，譬如耕田遇到缺水的時候，需要安排水利措施，這要由國家來做整體規畫，並且由官吏來管理。

「將為君子焉，將為野人焉」，「為」是有，古代這兩個字可以通用。

孟子建議，在郊野用「九分抽一」的助法，城市就「十分抽一」。城市裡面也有些是工人、商人，依此比例繳稅。「卿以下必有圭田，圭田五十畝；餘夫二十五畝。」古代未滿二十歲的未成年男丁也分得二十五畝田，可以一併耕種。「圭」為潔，士以上的官員只要潔身自愛、負責盡職的，就可以分到圭田，以便奉行祭祀。

「死徙無出鄉，鄉田同井，出入相友，守望相助，疾病相扶持，則百姓親睦。」這一段說明理想社會的安定情況。「守望相助」一詞至今仍在使用。今日強調的「社區」，也有類似的營造目標，可見一般百姓對安定生活的盼望是相似的。

統治者善用制度來治國

孟子在此所提供的是古代經濟方面的知識。從他描述的過程中，可以發現連國君與大臣都不清楚怎麼制定制度，孟子的好學與博聞強記，由此可見一斑。所以，滕君才要向他請教。

本章所述井田制度，實為孟子的理想國或烏托邦的雛形。事實上，在戰國時代，社會階層的交流日趨活躍，農業社會也逐漸轉型，商人開始出頭，時空條件改變，孟子的想法就更難做到了。

孟子說的這一番話，這些國君可能半信半疑，因為他們不明白孟子思想最深的哲理。不先了解人性是怎麼回事，如何可能治國平天下？對人，就要採用合乎人性的方法，不可把人當作動物之一，用動物的方法來對待，那樣將會以強凌弱，以眾暴寡。

人總有生老病死，若是忽略弱勢族群，那麼自己年老體衰時又該如何自處？

我們學習孟子，不必計較他所說的井田制度是否可行，而須設法了解他對人性的看法，因為這是一切制度規畫的真正基礎。譬如，主張人性向善時，一方面要讓百姓生活不虞匱乏，另一方面需要推行正確的教育，讓百姓知道如何走上人生正途。兩者配合，才有仁政可言。

〈5．4．1〉

有為神農之言者許行，自楚之滕，踵門而告文公曰：「遠方之人，聞君行仁政，願受一廛而為氓。」文公與之處。其徒數十人，皆衣褐，捆屨（ㄐㄩ），織席以為食。

陳良之徒陳相與其弟辛，負耒（ㄌㄟˇ）耜（ㄙˋ）而自宋之滕，曰：「聞君行聖人之政，是亦聖人也，願為聖人氓。」陳相見許行而大悅，盡棄其

學而學焉。

陳相見孟子，道許行之言曰：「滕君，則誠賢君也，雖然，未聞道也。賢者與民並耕而食，饔（ㄩㄥ）飧（ㄙㄨㄣ）而治。今也滕有倉廩府庫，則是厲民而以自養也，惡得賢？」

有一位奉行神農氏學說的人，名叫許行，他從楚國來到滕國，登門謁見滕文公說：「我是從遠方來的，聽說您實行仁政，希望得到一個住所，成為您的百姓。」滕文公給他一個住處。他有弟子數十人，都穿粗麻衣服，以編草鞋、織蓆子為生。

陳良的弟子陳相帶著弟弟陳辛，背著農具從宋國來到滕國，對滕文公說：「聽說您實行聖人的政治，那麼您也是聖人了，我願意做聖人的百姓。」陳相來見許行，非常高興，就完全拋棄以前所學的，改向許行學習。

陳相來見孟子，轉述許行的話說：「滕君確實是個賢明的君主；不過，他還沒有懂得正道。真正賢明的君主應該與百姓一起耕種養活自己，一面燒火做飯，一面治理百姓。現在，滕國有儲存糧食與財貨的倉庫，這是損害百姓來供養自己，怎麼算得上賢明呢？」

這一段談到當時的農家。晚周的思想以儒、道、墨、法、名、陰陽六家為主，其他還有農家、兵家等。農家重視農業，這一段有趣的故事，談的就是農家的立場，有

非常精彩的討論。

生活自給自足，共享田園之樂

奉行神農氏學說的許行，聽說滕文公實行仁政，於是從楚國來到滕國，想成為滕國的百姓。農家是以神農氏當作學派的開山祖師。

在遠古時代，經歷過有巢氏、燧人氏、伏羲氏、神農氏四種生活階段，當時中原地區有許多野獸，所以有巢氏住在樹上才可以保命；燧人氏發明火，由於動物怕火，人類就可以從樹上搬到地上來住；伏羲氏馴服野獸，成為人類豢養的家畜；神農氏開始耕田種稻，食物可以由種植而來，開始了農耕生活。

滕文公給許行一個住處。「氓」字的左邊是「亡」，右邊是「民」，代表從外地流亡來的人，不是現在所說「流氓」的意思。農家典型的生活方式，就是要自給自足，苦，大受感動，於是拋棄以前所學的儒家思想，改向許行學習。

「一日不耕，一日不食」，亦即一天不耕田就一天不吃飯，這也是很踏實的生活方式。陳相見到許行，看到許行的弟子們都自己編草鞋、織蓆子為生，生活儉樸、刻他的老師陳良，原是楚國著名的儒家學者。儒家是知識份子，一心一意想要做官來照顧百姓，如果沒有機會做官的話，就從事教育工作，宣講仁義道德。這樣的儒家看來好像沒有什麼用處，還不如學習許行，老老實實自己耕田，大家共享田園之樂。

陳相來見孟子，轉述許行的話，認為滕君雖是賢明的君主，但還沒有懂得正道，真正賢明的君主應該與百姓一起耕種養活自己。國君一面燒火做飯，一面治理百姓，

這個理想看似不錯，但是一個國家怎麼可能沒有倉庫以備不時之需呢？有倉庫就代表向百姓抽稅，收稅之後國君不必耕田，倉庫裡的米也吃不完。陳相對此不太滿意，孟子聽了之後好好地回敬他一番，且看下文。

〈5‧4‧2〉

孟子曰：「許子必種粟而後食乎？」曰：「然。」

「許子必織布而後衣乎？」曰：「否。許子衣褐。」

「許子冠乎？」曰：「冠。」

曰：「奚冠？」曰：「冠素。」

曰：「自織之與？」曰：「否，以粟易之。」

曰：「許子奚為不自織？」曰：「害於耕。」

曰：「許子以釜甑（ㄗㄥ）爨（ㄘㄨㄢ），以鐵耕乎？」曰：「然。」

「自為之與？」曰：「否，以粟易之。」

「以粟易械器者，不為厲陶冶；陶冶亦以其械器易粟者，豈為厲農夫哉？且許子何不為陶冶，舍皆取諸其宮中而用之？何為紛紛然與百工交易？何許子之不憚煩？」

曰：「百工之事，固不可耕且為也。」

「然則治天下獨可耕且為與？有大人之事，有小人之事。且一人之身，而

百工之所爲備，如必自爲而後用之，是率天下而路也。故曰，或勞心，或勞力；勞心者治人，勞力者治於人；治於人者食人，治人者食於人，天下之通義也。

「當堯之時，天下猶未平，洪水橫流，氾濫於天下，草木暢茂，禽獸繁殖，五穀不登，禽獸偪（ㄅ一）人，獸蹄鳥跡之道交於中國。堯獨憂之，舉舜而敷治焉。舜使益掌火，益烈山澤而焚之，禽獸逃匿。禹疏九河，瀹（ㄩㄝ）濟、漯（ㄊㄚ），而注諸海；決汝、漢，排淮、泗而注之江，然後中國可得而食也。當是時也，禹八年於外，三過其門而不入，雖欲耕，得乎？后稷教民稼穡（ㄙㄜ），樹藝五穀，五穀熟而民人育。人之有道也，飽食煖（ㄋㄨㄢ）衣，逸居而無教，則近於禽獸。聖人有憂之，使契（ㄒ一ㄝ）爲司徒，教以人倫，父子有親，君臣有義，夫婦有別，長幼有序，朋友有信。放勳曰：『勞之來之，匡之直之，輔之翼之，使自得之，又從而振德之。』聖人之憂民如此，而暇耕乎？」

孟子說：「許子一定自己栽種糧食才吃飯嗎？」陳相說：「是的。」

孟子說：「許子一定自己織布才穿衣嗎？」陳相說：「不是，許子穿粗麻衣服。」

孟子問：「許子戴帽子嗎？」陳相說：「戴的。」

孟子說：「戴什麼樣的帽子？」陳相說：「戴白綢帽子。」

孟子說：「是他自己織的嗎？」陳相說：「不，用糧食換來的。」

孟子說：「許子為什麼不自己織呢？」陳相說：「會妨礙農耕。」

孟子說：「許子用鍋甑燒飯，用鐵器耕田嗎？」陳相說：「是的。」

孟子說：「是他自己製的嗎？」陳相說：「不，用糧食換來的。」

孟子說：「用糧食換取鍋甑鐵器，不算是損害瓦匠、鐵匠；瓦匠、鐵匠也用他們製作的鍋甑鐵器換取糧食，難道就是損害了農夫嗎？並且許子為什麼不兼做瓦匠、鐵匠，樣樣東西都從自己屋裡取來用呢？為什麼要忙忙碌碌同各種工匠交換呢？為什麼許子這麼不怕麻煩呢？」

陳相說：「各種工匠的工作，本來就不可能一面耕種一面操作的。」

孟子說：「那麼，難道治理天下就能一面耕種一面操作嗎？有官吏的工作，有小民的工作，並且一個人身上的用品，要靠各種工匠來製作才能齊備。如果一定要自己製作而後使用，那將率領天下人疲於奔命了。所以說：有的人操勞心思，有的人操勞體力；操勞心思的治理別人，操勞體力的被人治理；被人治理的養活別人，治理人的靠別人養活，這是天下共同的法則。

「在堯的時候，天下尚未太平，洪水橫流，到處氾濫，草木叢生茂盛，禽獸大量繁殖，穀物沒有收成，禽獸迫害人類，獸蹄鳥跡的路途遍布中原各地。舜派伯益掌管用火，伯益就用大火把山野沼澤的草木燒掉，使禽獸逃跑躲藏起來。大禹疏通九條河道，引導濟水、漯水流入海中；挖掘汝水、漢水，疏濬淮水、泗水，讓它們流入長江。這樣，中原百姓才能耕種有飯吃。那個時候，大禹八年在外，三次經過自家門口都沒有進去，即使是想親自耕種，能做得到嗎？后稷教導百姓各種農

事，種植五穀；五穀成熟了，才可養育百姓。人類生活的法則是：吃飽穿暖，生活安逸而沒有教育，就和禽獸差不多。聖人又爲此憂慮，於是任命契爲司徒，教導百姓倫理關係：父子有親情，君臣有道義，夫婦有內外之別，長幼有尊卑次序，朋友有誠信。堯說：『勞動及催促他們，匡正及期勉他們，輔導及協助他們，使他們自己走上正路，然後賑濟及加惠他們。』聖人爲百姓憂慮到這種地步，還有空閒耕種嗎？」

每種職業都有正面價值

孟子利用提問法，帶出許子思想的不合理處。他問陳相，許子自己先織布才穿衣嗎？戴帽子嗎？是自己織的嗎？（古代有冠禮，男子二十以上，有士的身分的，就要戴帽子。）燒飯的鍋，耕田的鐵器，也是自己做的嗎？陳相都說是用糧食換來的。孟子的論點很清楚，他爲什麼不自己耕田、自己吃飯，那麼別的東西爲什麼不自己動手做？

孟子接著提出評論：「以粟易械器者，不爲厲陶冶；陶冶亦以其械器易粟者，豈爲厲農夫哉？」農夫種田可以吃飽，但是光吃飽而沒有衣服、帽子、鍋盤碗盞，也沒辦法生活。孟子希望陳相可以了解，每個人的工作都有其價值，也都是不可或缺的。

因此，不可以只認同農夫，而否定別的行業。

所以孟子說：「有大人之事，有小人之事。且一人之身，而百工之所爲備，如必自爲而後用之，是率天下而路也。」這裡的「路」字變成動詞，代表到處奔跑。這就

是需要分工合作最基本的道理。

能力好的人為公共事務獻身

孟子最後說出了他的重點：「勞心者治人，勞力者治於人（國家的管理階層要設法規劃百姓如何分工合作）；治於人者食人，治人者食於人。」

孟子說的道理很簡單，自古以來每個社會都是分工合作。農家不懂這個道理，認為「民以食為天」，耕田最重要，任何事都不能妨礙耕田。真要這樣做的話，就沒有人去製帽子、做衣服及鍋子、鏟子這些東西了。

接著孟子舉了堯派舜全面治理天下、舜派伯益掌管用火、大禹疏通九條河道，以及后稷教導百姓各種農事為例。「中國」是指中原地區，要到沒有洪水氾濫，並且沒有禽獸逼人，百姓才能安心耕種，生產糧食。這裡提及的火與水，也可能因為使用不慎而造成災難。

「八年於外，三過其門而不入」，這是令人讚嘆的服務精神。如果大禹也要耕田的話，就沒有時間治理洪水了。

如果人沒有接受教育，全依本能在生活，每天想的都是吃什麼、喝什麼，別人比自己強就害怕，比自己弱就欺負，根本與動物無異。一句話，弱肉強食而已，人的世界不是太悲慘了嗎？

聖人對此很憂慮，於是派契為司徒，「教以人倫，父子有親，君臣有義，夫婦有別，長幼有序，朋友有信」。父子包含父母與子女，古代農業社會主要靠男性耕田，

形成以男性為中心的制度，所以只稱「父子」。我們耳熟能詳的「五倫」，在此清楚展現出來了。

然後，孟子說了：「『勞之來之，匡之直之，輔之翼之，使自得之，又從而振德之。』聖人之憂民如此，而暇耕乎？」聖人需要為百姓憂慮許多事，根本無空暇從事耕種啊。

古人面對挑戰，首先是如何安全地活下去，亦即要化解洪水猛獸的威脅；其次是如何取得食物的供應，亦即進入農耕階段。取得這些「必要」條件，滿足生活的「需要」之後，才出現真正「重要」的考驗，那就是教育。孟子說得斬釘截鐵：人若無教育，則「近於禽獸」。聽到這樣的說法，我們又怎能盲目地以為孟子主張「人性本善」呢？至於他是否主張我所理解的「人性向善」，則不妨等到〈告子上〉再來討論。

〈5‧4‧3〉

「堯以不得舜為己憂，舜以不得禹、皋陶（ㄧㄠˊ）為己憂。夫以百畝之不易為己憂者，農夫也。分人以財謂之惠，教人以善謂之忠，為天下得人者謂之仁。是故以天下與人易，為天下得人難。孔子曰：『大哉堯之為君！唯天為大，唯堯則之，蕩蕩乎民無能名焉！君哉舜也！巍巍乎有天下而不與焉！』堯、舜之治天下，豈無所用其心哉？亦不用於耕耳。

吾聞用夏變夷者，未聞變於夷者也。陳良，楚產也，悅周公、仲尼之

道，北學於中國。北方之學者，未能或之先也。彼所謂豪傑之士也。子之兄弟，事之數十年，師死，而遂倍之。」

「堯以得不到舜做爲自己的憂慮，舜以得不到禹、皋陶做爲自己的憂慮。把耕不好百畝地做爲自己憂慮的，是農夫。以財物分給別人，叫做恩惠；以善行教導別人，叫做忠心；爲天下找到賢才，叫做仁德。因此，把天下讓給人是容易的，爲天下找到賢才是困難的。孔子說：『偉大啊，像堯這樣的君主！只有天是最偉大的，只有堯是效法天的。他的恩澤廣博啊，百姓沒有辦法去形容。舜眞是個君主啊！多麼崇高啊，擁有天下而不刻意去統治。』我只聽說堯、舜治理天下，難道是無所用心的嗎？只是不用在耕種上罷了。我只聽說用中原文明去改變蠻夷的，沒有聽說反而被蠻夷改變的。陳良原是楚國人，卻喜愛周公、孔子的學說，到北方的中國來學習，北方的學者沒有人超過他的，他眞是所謂的豪傑之士啊。你們兄弟向他學習了幾十年，老師一死就背叛了他。」

一切以人民的福祉爲先

堯想找到一個可以接替他位置的人。偉大的政治領袖一定要提拔人才，培養優秀的接班人。堯找到舜之後，可謂如獲至寶，對他非常好，把兩個女兒（娥皇、女英）都嫁給他，九個兒子都派去服事他。舜的德行完美，與人爲善，學習把所有人的優點

在自己身上實現，最後每個人看到他，都發現其中有自己善行的影子，這樣的人誰能與他抗衡呢？

皋陶是古代的司法官，舜找到皋陶，等於找到一位公平的法官來維持治安；找到禹，更是百姓之福，可以靠他治平洪水。堯、舜時代有不少賢臣，《史記》與此章皆可參考。

事實上，國家的賢才很多，只是沒有被國君發現及重用而已。耶穌說：「人點燈，不放在斗底下，是放在燈台上。」燈放在桌子底下被遮住，即使再亮也沒有用；放在燈台上，才可以照亮整個房間。為政者要能夠選拔人才，給他們機會發揮，以造福百姓。

「百畝之不易」，「易」即治，對農夫來說，田耕不好當然憂愁。至於為人師者，則以學生沒有教好為憂愁。

有錢就可以廣施恩惠。對一個人忠心，就會教他什麼是善，而不是盲目討好他。仁德之人，則指帝王而言，他可以為天下找到賢才，好好治理天下百姓。由此可知，仁德不只是個人的德行修養，而是必須推廣造福天下百姓的。儒家所謂的仁或善，總是考量「人與人之間的適當關係」，亦可由此證之。

人應當效法好的典範

孟子接著引孔子的話來讚美堯舜：「大哉堯之為君！唯天為大，唯堯則之，蕩蕩乎民無能名焉！君哉舜也！巍巍乎有天下而不與焉！」孟子在描述自己的志向時說：

「當今之世，舍我其誰？」意思是：天若要治好天下的話，除了我之外，還有誰能夠

呢？展現一種莊嚴的使命感。換句話說，得不到機會也無所怨尤，如果是天還不要平

治天下，他也就坦然接受了。上述孔子對堯與舜的讚美，可參考《論語・泰伯》。

孟子話鋒一轉：「吾聞用夏變夷者，未聞變於夷者也。陳良，楚產也，悅周公、

仲尼之道，北學於中國。」「楚產」，把陳良說成是楚國的土產，接著又大力讚美他。

人出生於何處並非自己可以選擇，但是要接受何種思想則是自己可以決定的，陳良就

是很好的示範。

孟子並稱周、孔，表示孔子繼承周公的人文精神，孔子也常常夢見周公，希望實

現周公的理想。「北學於中國」而表現卓越，以致北方的學者沒有能超過他的。不料

「子之兄弟，事之數十年，師死，而遂倍之」，這等於指摘陳相和陳辛兩兄弟背叛儒家

去學習農家，有如從中原倒退變成了蠻夷。

孟子說這番話時，著眼於史實上聖君賢相為民服務的偉大情操，指出儒家人文精

神對人類生命的整體關懷，希望藉此喚醒陳相那種格局有限的農家思想。

〈5・4・4〉

「昔者孔子沒，三年之外，門人治任將歸，入揖於子貢，相嚮而哭，皆失

聲，然後歸。子貢反，築室於場，獨居三年，然後歸。他日，子夏、子

張、子游以有若似聖人，欲以所事孔子事之，強曾子。曾子曰：『不

可。江漢以濯之，秋陽以暴（ㄆㄨ）之，皜（ㄍㄠ）皜乎不可尚已。』今也

南蠻鴃（ㄐㄩㄝ）舌之人，非先王之道，子倍子之師而學之，亦異於曾子

矣。吾聞出於幽谷遷於喬木者，未聞下喬木而入於幽谷者。《魯頌》

曰：『戎狄是膺，荊、舒是懲。』周公方且膺之，子是之學，亦為不善

變矣。」

「從許子之道，則市賈（ㄍㄨˇ）不貳，國中無偽，雖使五尺之童適市，莫之

或欺。布帛長短同，則賈相若；麻縷絲絮輕重同，則賈相若；五穀多寡

同，則賈相若；屨大小同，則賈相若。」

曰：「夫物之不齊，物之情也；或相倍蓰（ㄒㄧˇ），或相什百，或相千萬。

子比而同之，是亂天下也。巨屨小屨同賈，人豈為之哉？從許子之道，

相率而為偽者也，惡能治國家？」

「從前，孔子逝世，弟子守喪三年之後，收拾行李準備回家。走進子貢住處

作揖告別，相對痛哭，大家都泣不成聲，然後才離去。子貢又回到墓地重新

築屋，獨居三年，然後才回家。一段時日之後，子夏、子張、子游認為有若

的言行舉止很像孔子，就想用事奉孔子的禮節去事奉他，並且勉強曾子同

意。曾子說：『不行。經過江水、漢水洗滌過，盛夏的太陽曝曬過，潔白明

亮無以復加了！』現在那個說話怪腔怪調的南方蠻人，否定了先王的正道，

你卻背叛了自己的老師去向他學習，這與曾子大不相同啊。我只聽說有從幽

暗山谷飛出來，遷移到高大樹木上的，沒有聽說從高大樹木飛下來，遷移到幽暗山谷中的。《詩經‧魯頌‧閟宮》上說：『打擊戎狄，懲戒荊、舒。』周公尚且要打擊楚國人，你還去向他們學習，也真是不善於改變了。」

陳相說：「如果按照許子的辦法，那麼市場一致，國中就沒有作偽的事，即使叫小孩子上市場，也不會有人欺騙他。布匹絲綢長短相同，價錢就一樣；麻線絲綿輕重相同，價錢就一樣；五穀只要數量相同，價錢就一樣；鞋子只要大小相同，價錢就一樣。」

孟子說：「物品各有差別，這是它們的實際情況。有的相差一倍、五倍，有的相差十倍、百倍，有的相差千倍、萬倍，你把它們放在一起等同看待，只是擾亂天下罷了。粗糙的鞋與精緻的鞋一樣價錢，誰還肯做精緻的鞋呢？依照許子的辦法，大家一個跟著一個都去作偽了，哪裡還能治理國家呢？」

感念前賢，生命才得以提升

古代本來只有對父母才守喪三年，孔子的學生們在孔子的墳墓邊，築室而居，守喪三年，這是他們自動自發的行為，代表他們把孔子當作父母，至少是心靈上的父母，這事確實令人感動。三年之期到了，應該各自回去，因為還須工作，照顧自己的家人。

由於子貢準備再住三年，大家紛紛走進他的住處作揖告別。老師活著的時候，教誨他十幾年；老師走了之後，他就在墳墓邊待了三年又加三年，可見對孔子的深刻懷

念。

子貢在孔子墓邊前後待了六年（或者，兩個二十五個月），再去從政做官，他的口才出眾，為國家做出許多重要的貢獻，是一位傑出的外交官。

《論語·子張》記載，有人奉承子貢說：「子貢啊，你常常說你的老師孔子偉大，我看不會吧，你的老師怎麼會超過你呢？」子貢很嚴肅地說：「譬之宮牆，賜之牆也及肩，窺見室家之好。夫子之牆數仞，不得其門而入，不見宗廟之美，百官之富。得其門者或寡矣。」意思是：我家的牆只有肩膀這麼高，你一眼就看到裡面的裝潢擺設。我們老師家的牆有幾丈高，你不得其門而入，所以看不到裡面宗廟之美，百官之富。

隔了一段時間，又有人說：「不會的，你的老師一定比不上你，你是那麼傑出，那麼卓越。」子貢說：「夫子之不可及也，猶天之不可階而升也。」意思是：我的老師是大家都比不上的，就好像天，沒有台階可以登上去一樣。這就是子貢，老師過世多年，他還是對老師那麼推崇。而孔子也確實了不起，能夠在德行、教育方面有極深的體悟，還教導出像子貢這樣的學生。

孟子以孔門弟子在孔子死後守喪的事蹟，藉此提醒陳相不但沒有為老師守喪，還改投入南方蠻人旗下學習。以前的南蠻是指廣東、福建一帶，楚國是「荊」，「舒」是楚國旁邊的小國。孟子以「南蠻鴃舌」來描寫許行，實在不太合宜。他有些急迫，擔心儒家堂堂正正的人生哲理被人誤會，而農家那種偏狹的主張反而受人肯定。今日已不適用「南蠻鴃舌」這句口語了。

凡事只看表面會失去根本

陳相說，按照許子的辦法，國中就不會有作偽的事，因為布匹絲綢長短相同、麻線絲綿輕重相同、五穀數量相同、鞋子大小相同，價錢就完全一樣。但是，譬如布料，有的精緻，有的則是粗布，如果長短一樣，價錢就一樣，那麼誰還會去製作那些精緻的布料？這種平價措施可以消除作偽的事情嗎？

「巨」是指大，代表粗糙，「小」是指細，代表精緻。如果粗糙、精緻都是一樣的價錢，既不合情也不合理。勉強要求齊頭的平等，反而是更大的不平等。

所以孟子說了：「從許子之道，相率而為偽者也，惡能治國家？」只要心裡開始計較得失，就有「作偽」的可能。這是孟子對農家徹底的批判，也是對古代社會發展的重要看法。

這一章從堯、舜、禹、湯一路申論下來，氣魄非常宏大，可看出孟子除了博學之外，還對人性有獨到的見解，才能看出不同學派的侷限。農家主張人人最好平等，君民一起耕田最公平，但這種公平顯然是表面的；大家一起耕田，沒有人治理洪水，洪水一來一起淹死、餓死。

孟子並不反對人人都要工作，但是具有專業能力的人，就要出來為百姓服務，聰明才智愈大者要為愈多人服務；聰明才智較小的人，就管好自己的事情，不要妨礙別人就好了。

另一方面，人一生下來就不平等，有些人會念書，有些人會下棋，有些人會打

球，這是順著不同的天性，所發展成的專長，本來就不平等。但是在「人性向善」實踐道德方面，則人人平等，沒有例外。行善一定是以自由爲前提，可以行善也可以不行善。忠於自己的良知，眞誠反省內在的要求，行善就十分自然。這是一個配合內在動力去養成的習慣。

反過來說，如果做了一件虧心事，就會不安，疑神疑鬼，因爲傷害了別人；若是從來不做虧心事，心中坦蕩自然，即使窮困一點，做事辛苦一點，也能問心無愧而感到快樂。走在路上很心安，回到家裡更會覺得幸福。

眞正的幸福，如果沒有與道德配合，是不可能實現的。這種道德並不是生下來就具備的，人生下來只有實踐道德的「可能性」，把可能性實現爲一個具體的價值，就會感覺內在愈來愈充實。

〈5·5〉

墨者夷之，因徐辟而求見孟子。孟子曰：「吾固願見，今吾尚病，病癒，我且往見，夷子不來！」

他日，又求見孟子。孟子曰：「吾今則可以見矣。不直，則道不見；我且直之。吾聞夷子墨者，墨之治喪也，以薄爲其道也；夷子思以易天下，豈以爲非是而不貴也；然而夷子葬其親厚，則是以所賤事親也。」

徐子以告夷子。夷子曰：「儒者之道，古之人若保赤子，此言何謂也？

之則以爲愛無差等，施由親始。」

徐子以告孟子。孟子曰：「夫夷子信以爲人之親其兄之子，爲若親其鄰之赤子乎？彼有取爾也。赤子匍匐將入井，非赤子之罪也。且天之生物也，使之一本，而夷子二本故也。他日過之，狐狸食之，蠅蚋（ㄖㄨㄟˋ）姑嘬（ㄔㄨㄞˋ）之。其顙（ㄙㄤˇ）有泚（ㄘˇ），睨而不視。夫泚也，非爲人泚，中心達於面目，蓋歸反虆梩（ㄌㄟˊ ㄌㄧˊ）而掩之。掩之誠是也，則孝子仁人之掩其親，亦必有道矣。」

徐子以告夷子，夷子憮（ㄨˇ）然爲間，曰：「命之矣。」

墨家學者夷之，經由徐辟的介紹求見孟子。孟子說：「我本來願意接見，不過現在有病在身，等病好了，我會去看他，夷子不必來了。」

過了幾天，夷子又來求見孟子。孟子說：「我現在可以接見他了。說話不直爽，正道就無法顯示，我這就直爽說了。我聽說夷子是墨家學者，墨家辦理喪事以薄葬爲原則，夷子想用它來改革天下，是否認爲不薄葬就不可貴呢？然而夷子卻厚葬自己的父母，那就是用他自己所輕視的方式去對待父母了。」

徐子把這番話轉告給夷子。夷子說：「按照儒家的說法，古代的君主愛護百姓就像愛護嬰兒一樣。這句話是什麼意思呢？我認爲它的意思是：對人的愛不分差別等級，不過施行要由對待父母開始。」

徐子把這番話轉達給孟子。孟子說：「夷子真的以為人們愛自己的姪子就像愛鄰居的嬰兒一樣嗎？他只是抓住了一點。嬰兒在地上爬行，快要掉到井裡了，這不是嬰兒的罪過，所以大家都想救他，好像是愛無差等。再說，天生萬物，使它們只有一個本源（自己的父母），而夷子的主張（愛無差等）是因為他認為有兩個本源。大概上古曾有不埋葬父母的人，父母死了就抬去丟在山溝裡。過了幾天經過那裡，看到狐狸在啃他父母的屍體，蒼蠅蚊蟲也在上面吸吮，那人額頭上冒出汗來，斜著眼不敢正視。這些汗不是流給別人看的，而是內心的悔恨表露在臉上，於是他就回家拿了鋤頭畚箕把屍體掩埋了。掩埋屍體確實是對的，那麼孝子仁人掩埋他們過世的父母，就必定有道理了。」

徐子把這番話轉告給夷子。夷子悵惘了一會兒，說：「我領教了。」

違背人心的理想就是空談

墨家學者夷之，經由徐辟的介紹求見孟子。徐辟是孟子的學生。孟子很客氣，以「有病在身」婉拒了。其實孟子是不太願意見他，大概是考慮彼此學派不一樣，道不同不相為謀。談話不但是浪費時間，甚至可能引發仇怨。

墨家主張薄葬，就是安葬父母要簡單節約。「薄」是簡單，要節省。但是夷子的父母親過世時，他卻隆重地安葬了父母，好像有些自相矛盾。

過了幾天，夷子又來求見孟子。他知道孟子是儒家的代表人物，見面面談一談說不定可以在理論上勝過他，不然至少也可以知道自己的毛病在哪裡。這次孟子決定跟他見面，他告訴徐辟：「吾聞夷子墨者，墨之治喪也，以薄為其道也；夷子思以易天下，豈以為非是而不貴也；然而夷子葬其親厚，則是以所賤事親也。」顯然是要他去轉達。如果主張薄葬是可貴的，厚葬是不妥的，那麼他厚葬自己的父母，代表他以不妥的方式對待自己的父母。

徐子把孟子的話轉告夷子，夷子說：「愛無差等，施由親始。」這八個字是當時墨家的主張，但是，不正顯示了情感與行動之間的落差嗎？

儒家主張愛有差等，愛自己的父母要超過愛別人的父母，這是很自然的。因為父母從小照顧我們長大，我們看到別人的父母怎麼可能有一樣的感情呢？墨家主張「愛無差等」，不應該分辨是什麼愛，但是在施行愛時，則須由對待父母開始。

徐辟把這番話轉達給孟子。孟子舉了「赤子匍匐將入井」為例，雖然看到鄰居的小孩，快要掉到水井裡面，會覺得很不忍心，但不要因此就以為可以證明我們對所有的小孩一視同仁。沒有人愛自己哥哥的小孩，會像愛鄰居小孩一樣，這兩者之間還是有差等的。

天生萬物，本源為一

儒家主張「一本」，代表自己的父母最重要，有父母才有自己，孝順也要從自己的父母開始，「老吾老以及人之老」，是有漸進順序的。

「二本」則認為別人的父母與我的父母都同樣重要，也就是愛沒有差等，形成兩個本源。第二個本源是別人的父母，推及天下所有的人。

孟子舉古代原始社會為例，當時沒有喪禮這些文化，父母死了，子女不懂得要埋葬，就將屍體丟在山溝裡。後來經過時看了不忍心，因為那兒躺的畢竟是從小生養照顧自己的人，所以就掩埋了父母。因此，所有的禮儀，都是源自內心情感的需要，再設計出具體的形式，來適當加以表達。

孔子談「三年之喪」時，提到小孩生下來三歲，才能離開父母的懷抱，因此如果沒有好好替父母守喪，心裡就會不安。守喪三年是倫理規範，而其根源是人對父母的感恩之情。所以，人活在社會上，所有的禮儀規定或倫理規範，在最初時都有內心真正的情感做為基礎。

換句話說，夷子那麼隆重地埋葬父母，並不是壞事，連他自己也知道應該厚葬父母，那為什麼還要宣稱「愛沒有差等」呢？

徐子把這番話轉告給夷子，夷子說：「命之矣」，意即：你教的我懂了，我學會了。

墨家的學說，很能吸引人：人人平等，愛任何人都沒有差等，應該一視同仁。孟子的理論很簡單，一個人對於別人的情感一定有親疏遠近的分別，當然只能由自己親近的人開始愛起。這裡說明了儒家的思想更為切合人性的發展，可以由近到遠推廣出去。

卷六 〈滕文公篇〉下

〈6‧1〉

陳代曰：「不見諸侯，宜若小然；今一見之，大則以王，小則以霸。且《志》曰：『枉尺而直尋。』宜若可為也。」

孟子曰：「昔齊景公田，招虞人以旌，不至，將殺之。『志士不忘在溝壑，勇士不忘喪其元。』孔子奚取焉？取非其招不往也。如不待其招而往，何哉？且夫枉尺而直尋者，以利言也。如以利，則枉尋直尺而利，亦可為與？

「昔者趙簡子使王良與嬖奚乘，終日而不獲一禽。嬖奚反命曰：『天下之賤工也。』或以告王良。良曰：『請復之。』強（くこ）而後可，一朝而獲十禽。嬖奚反命曰：『天下之良工也。』簡子曰：『我使掌與女乘。』謂王良。良不可，曰：『吾為之範我馳驅，終日不獲一；為之詭遇，一朝而獲十。《詩》云：「不失其馳，舍矢如破。」我不貫與小人乘，請辭。』御者且羞與射者比；比而得禽獸，雖若丘陵，弗為也。如枉道而從彼，何也？且子過矣，枉己者未有能直人者也。」

陳代說：「不願意謁見諸侯，似乎只是拘泥小節，如果您現在去謁見，往大的方面說，可以稱王天下；往小的方面說，可以稱霸天下。況且《志》上說：『受屈一尺可以伸直八尺。』似乎值得一試。」

孟子說：「從前齊景公打獵，用旌旗召喚獵場小吏，小吏不肯前去，齊景公準備殺他。『有志之士不怕棄屍山溝，勇敢的人不怕丟掉腦袋。』孔子稱讚獵場小吏是取他哪一點呢？取的是，不是他所應該接受的召喚之禮，就不前往。如果我不等諸侯的召聘就主動謁見，那算什麼呢？並且所謂『受屈一尺，可以伸直八尺』，是從利益來說的。如果只講利益，那麼受屈八尺伸直一尺而可以得到利益，也可以去做嗎？

「從前趙簡子派王良替他的寵臣奚駕車去打獵，一整天打不到一隻鳥。奚向趙簡子回報說：『他是天下最拙劣的駕車人。』有人轉告給王良，王良說：『讓我再駕一次。』奚被勉強之後才同意。結果一個上午就打中了十隻鳥。奚回來報告說：『他是天下最能幹的駕車人。』趙簡子說：『叫他專門替你駕車。』於是告訴王良，王良不願意，說：『我為他按規矩駕車，一整天打不到一隻；不按規矩駕車，一上午就打到了十隻。《詩經·小雅·車攻》上說：『不違反駕車規矩，箭一出手就射中。』我不習慣替小人駕車，請讓我辭去這個差事。』駕車的人尚且羞於與射手妥協；妥協所獲得的鳥獸，就算堆積如丘陵，他也不肯做。如果委屈正道而順從諸侯，那算什麼呢？並且你錯了，委屈自己的人，從來沒有能伸直別人的。」

君子不接受不合禮的待遇

孟子的學生陳代希望他能去謁見諸侯。孟子不願意謁見諸侯，是因為不合禮儀。

而他的學生著眼於利益，認為只要對百姓有利，就不妨去做。

「志」，古代的典籍資料可以統稱為志。「枉尺而直尋」，是指受屈一尺可以伸直

八尺，意思是先委屈忍耐諸侯的無禮，只要能被任用，還是可以做很多事。像洪承疇

降清，他的想法是自己委屈一點，但是可以活下去照顧百姓；文天祥則是宋朝滅亡

了，元朝讓他當宰相，他也不要，寧可犧牲也要保全忠孝節義。

孟子說了一段齊景公打獵，用旌旗召喚獵場小吏的史實。「虞」是管理園囿的小

官。古代國君召喚官員有一定的規矩，依據要找的人的身分，使用不同的器具。

第一是以「旌」，用正式的旗幟召喚大夫，取出旗子，大夫就要過來；第二是以

「弓」，君主舉起弓，士就要過來；第三是以「皮冠」，召喚虞人。「皮冠」是皮做的

帽子外罩，可以擋風沙，騎馬奔馳的時候，帽子也不會掉下來。要召喚管理打獵場的

小吏來的時候，把皮冠拿下來一揮，小吏就過來聽從吩咐了。

那個小吏遠遠看到國君召喚他，卻不肯過去聽命，齊景公很生氣，就說要殺他。

接著的一句話是孔子說的：「志士不忘在溝壑，勇士不忘喪其元。」齊景公打獵時大

概意氣風發，所以就不拘小節，但是地位低的人對禮節反倒是非常謹慎。國君用旌旗

召喚，他不敢隨便應命，否則就是違禮；國君動怒，說要殺他，他也無可奈何。在上

位的人可以作威作福，官位低的人就很為難了。事實上，這位小吏若是依命前往，也

可能因為不合禮儀而受責怪，確實左右為難。由此也可看出國君缺乏同理心。

委屈自己的人，不可能得到別人的尊重

「受屈一尺伸直八尺」，這個利益很大，但是倒過來，讓你受屈八尺伸直一尺，也算是有利，那麼，是不是也要做呢？

開始時為了一個大的目的而不擇小的手段，最後就會為了一個小的目的而不擇大的手段，以致完全失去了原則。開始時沒有原則好像是小事，甚至無所謂原則，後來變成了習慣，變成委屈很多事，只是為了得到一點小小的利益，這樣就很不堪了。耶穌說：「人就是賺得全世界而賠上自己的靈魂，有什麼益處呢？」沒有靈魂代表不真誠，變成虛偽的人，就算得到一切又有什麼意義呢？

孟子接著說了趙簡子派王良替他的寵臣奚駕車打獵的故事。「不失其馳，舍矢如破」，「舍」是放開，「舍矢」即放箭，即箭放出去就射中目標。「我不貫與小人乘」，王良很勇敢，居然敢說趙簡子的寵臣是小人。

最後，孟子說：「枉己者未有能直人者也。」他以這個故事，提醒陳代，一旦自己委屈求全，做了一些於禮不合的事，就不可能教導別人走上正途。一個委屈自己的人，又如何可能伸直別人呢？

孟子堅守原則，絕不見利忘義。「枉己」之後能否「直人」尚未可知，但先以「枉己」失去立場，往後也只能計較利害了。毫釐之失，足以造成千里之謬誤。因此，在堅持原則時，不可輕易妥協，不可以利害來考慮。這個道理對現代人來說，也值得深思。

〈6・2〉

景春曰：「公孫衍、張儀豈不誠大丈夫哉？一怒而諸侯懼，安居而天下熄。」

孟子曰：「是焉得爲大丈夫乎？子未學禮乎？丈夫之冠也，父命之；女子之嫁也，母命之，往送之門，戒之曰：『往之女（ㄖㄨˇ）家，必敬必戒，無違夫子！』以順爲正者，妾婦之道也。居天下之廣居，立天下之正位，行天下之大道；得志，與民由之；不得志，獨行其道。富貴不能淫，貧賤不能移，威武不能屈，此之謂大丈夫。」

景春說：「公孫衍、張儀難道不是眞正的大丈夫嗎？他們一發怒，諸侯就害怕；他們安居家中，天下就太平無事。」

孟子說：「這怎能算是大丈夫呢？你沒有學過禮嗎？男子舉行加冠禮時，父親教誨他；女子出嫁時，母親教誨她，送她到門口，告誡她說：『到了夫家，一定要恭敬，一定要謹愼，不要違背丈夫。』把順從當作正途，是婦女遵循的原則啊。居住於天下最寬廣的住宅，站立於天下最正確的位置，行走於天下最開闊的道路。能實現志向，就同百姓一起走上正道；不能實現志向，就獨自走在正道上。富貴不能讓他耽溺，貧賤不能讓他變節，威武不能讓他屈服，這樣才叫做大丈夫。」

行仁必得人心嚮往，處處都是安居之所

景春、公孫衍、張儀都是當時的縱橫家。縱橫家講究「合縱連橫」，以卓越的口才與說辭，使各國或和或戰。有時六國聯合起來對抗秦國，因為秦國國勢愈來愈強；有時大家又聯合起來與秦國議和，這就是合縱連橫。

孟子用女兒嫁到了夫家之後的順從態度，來描寫景春所謂的大丈夫。縱橫家再怎麼了不起，還是要看國君的臉色，投其所好，即使可以把國君唬得團團轉，還是要滿足國君的欲望。

「居天下之廣居，立天下之正位，行天下之大道」，這三句話提醒我們：有哪個人可以住在這樣的地方，站在這樣的位置，走在這樣的路上？

朱熹認為：「廣居，仁也；正位，禮也；大道，義也。」能行仁，必得人心嚮往，無處不可居。這是因為人性向善，所以行仁到處受人支持，在任何地方都可以安居。能守禮，進退從容有節，在任何位置都可以安穩站立。能行義，自然充滿浩然之氣，到處都是大道，任何路都走得通。這三句話指出人生的光明坦途，其基礎全在人性向善，所以只要擇善而行，則在人類世界可以坦坦蕩蕩，彰顯無比的尊嚴。

「富貴不能淫，貧賤不能移，威武不能屈，此之謂大丈夫。」做到這三句話，才有資格稱為大丈夫。這三句「不能」，真是氣象萬千，儒家精神展現無遺，人的精神力量也確實值得我們珍惜、尊重及體現。

「丈夫」一詞，原是指成年男子，加上「大」字，有高人一等、偉大不凡的意味。孟子認為這個「大」字，不由權力、地位、財富、名望來決定，而是由志向、操

守、修養來決定，所以也是人人可以做到的。

關於「順受其正」，還有另一種理解。《孟子・盡心上》說：「莫非命也，順受其正。是故知命者不立乎巖牆之下。盡其道而死者，正命也。桎梏死者，非正命也。」意思是：沒有一樣遭遇不是命運，順著情理去接受它正當的部分；因此了解命運的人不會站在傾斜的危牆底下，盡力行道而死的，是正當的命運；犯罪受刑而死的，不是正當的命運。在此順著情理接受命運，就不會抱怨。反之，如果不順情理或者情理上說不通，就要自己檢討。只要自己的遭遇合乎情理，就接受它而不再抱怨。

「君子不立乎巖牆之下」，牆快倒了，絕對不去逞強。

盡力行道而死，與犯罪受刑而死，兩者都是死，但理由大不相同。像「人生自古誰無死，留取丹心照汗青」這樣的動人句子，也都出於類似的觀點。要清楚分辨「以順為正」與「順受其正」這兩者之間的差別。

〈6・3〉

周霄問曰：「古之君子仕乎？」

孟子曰：「仕。傳曰：『孔子三月無君，則皇皇如也，出疆必載質（卫）。』

公明儀曰：『古之人三月無君，則弔。』

「三月無君則弔，不以急乎？」

曰：「士之失位也，猶諸侯之失國家也。《禮》曰：『諸侯耕助，以供粢盛（ㄗㄥ）；夫人蠶繅（ㄙㄠ），以為衣服。犧牲不成，粢盛不潔，衣服不備，不敢以祭。唯士無田，則亦不祭。』牲殺、器皿、衣服不備，不敢以祭，則不敢以宴，亦不足弔乎？」

「出疆必載質，何也？」

曰：「士之仕也，猶農夫之耕也；農夫豈為出疆舍其耒耜哉？」

曰：「晉國亦仕國也，未嘗聞仕如此其急。仕如此其急也，君子之難仕，何也？」

曰：「丈夫生而願為之有室，女子生而願為之有家。父母之心，人皆有之。不待父母之命、媒妁之言，鑽穴隙相窺，踰牆相從，則父母國人皆賤之。古之人未嘗不欲仕也，又惡不由其道。不由其道而往者，與鑽穴隙之類也。」

周霄問說：「古代的君子做官嗎？」

孟子說：「做官。有記載說：『孔子三個月沒有被君主任用，就著急起來；離開一個國家，必定帶著謁見另一個國家君主的見面禮。』

公明儀說：『古代的人三個月沒有被君主任用，別人就要去慰問他。』」

周霄說：「三個月不被任用就要受別人慰問，不是太急切了嗎？」

孟子說：「士人失去官位，就像諸侯失去國家。《禮經》上說：『諸侯親自耕種，用來供給祭品；夫人養蠶繅絲，用來供給祭服。犧牲不完美，祭品不

潔淨，祭服不齊備，就不敢用來祭祀。士人沒有田地俸祿，也就不能祭祀。』祭祀用的牲畜、器皿、祭服不齊全，不敢用來祭祀，也就不敢舉行宴會，這樣還不該去慰問他嗎？」

周宵說：「離開一個國家，必定帶著謁見另一個國家君主的見面禮，為什麼呢？」

孟子說：「士人做官，就像農夫耕田；農夫難道會因為離開一個國家就丟棄他的農具嗎？」

周宵說：「我們魏國也是有官可做的國家，卻不曾聽說找官位是這麼急切的。找官位這麼急切，君子卻不輕易做官，為什麼呢？」

孟子說：「男孩一出生，就希望替他找個妻室；女孩一出生，就希望替她找個夫家。父母這種心思，是人人都有的。但是，如果不等父母的吩咐、媒人的介紹，就鑽洞找縫互相偷看，甚至翻牆私會，那麼父母與社會大眾都會輕視他們。古代的人不是不想做官，但是厭惡沒有經由正途。沒有經由正途去求官位，與鑽洞找縫是同一類的行徑啊。」

讀書人以得君行道為職志

周霄是魏國人，梁惠王或襄王時人，向孟子請教古代的君子是否做官的問題。這裡的君子是指有德行、有學問而沒有官位的。「君子」有兩個意思，一是有官位者，一是代表某種理想的人格。

孟子回答：「仕。傳曰：『孔子三月無君，則皇皇如也，出疆必載質。』」「皇皇」是坐立不安的樣子。「質」是謁見另外一個國家君主的見面禮。古代一般讀書人以「雉」（野雞）為質，一般百姓就帶鴨子當見面禮。

「三月無君」，是指三個月沒有被君主任用。周宵說：「三月無君則弔，不以急乎？」「以」是「太」的意思，亦即三個月不被任用就要受到別人的慰問，豈不顯得太急切了。

孟子引用《禮經》上的：「諸侯耕助，以供粢盛；夫人蠶繰，以為衣服。犧牲不成，粢盛不潔，衣服不備，不敢以祭。唯士無田，則亦不祭。」直到清朝末年還有這樣的習慣，每年春分時，皇帝帶著大臣去耕田，雖然只是除個草，鋤頭抓一下，做個樣子就走了，但一定要有這個儀式，表示君臣都重視農業。

「牲殺、器皿、衣服不備，不敢以宴，亦不足弔乎？」在祭祀之後才有宴會，宗教上也有類似的禮儀，宴會需要各種條件，如果無法舉辦宴會，不是值得同情安慰嗎？

至於為什麼「出疆必載質」，孟子解釋，士人做官，就像農夫耕田，即使離開一個國家，也不會丟棄他的農具一樣。古代的職業比較固定，即使可以移民到別的國家，也不能輕易更換職業。

諸侯有國家，大夫有土地，農夫有田，讀書人就要靠得君行道，實踐他的理想，以造福百姓。讀書人不管是哪一學派，都有一個立場。許行是農家，雖然受到孟子批判，照樣老老實實地耕田，因為他有自己的原則。

不能為了實現理想而失去原則

周霄說：「晉國亦仕國也，未嘗聞仕如此其急。仕如此其急也，君子之難仕，何也？」周霄所說的晉國，其實是魏國。春秋時代的晉國，到戰國時代被三家所分，初期以魏國最強大，它就以為自己繼承了晉國。

梁惠王也曾說「晉國，天下莫強焉」。孔子只要有一段時間沒有官做，就坐立不安，於是到處奔走，看看有沒有機會。但是真的要做官時，他又東挑西撿不太願意屈就，這正是孟子所說的，不能「枉尺直尋」啊！總之，就是不能為達目的而不擇手段。

由孟子最後做的結論裡，可知從前的男女在結婚之前很難見面，因為女性很少出門。沒有機會出門，就只好鑽牆洞、找牆縫，互相偷看，這樣已經非常不得體了，甚至還要翻牆私會，更是嚴重違反禮儀。一個社會的禮儀毀壞，就好像河堤出現缺口，如果開始時不注意，等到決堤時，就造成整個堤防瓦解，後果不堪設想。

所以，讀書人要堅持原則，即使一輩子都沒有機會發揮抱負，也不能苟且求用。重要的是如何對自己交代，這才是關鍵。

〈6‧4〉

彭更問曰：「後車數十乘，從者數百人，以傳食於諸侯，不以泰乎？」

孟子曰：「非其道，則一簞食不可受於人；如其道，則舜受堯之天下，不以為泰。子以為泰乎？」

曰：「否；士無事而食，不可也。」

曰：「子不通功易事，以羨補不足，則農有餘粟，女有餘布；子如通之，則梓匠輪輿，皆得食於子。於此有人焉，入則孝，出則悌，守先王之道，以待後之學者，而不得食於子；子何尊梓匠輪輿而輕為仁義者哉？」

曰：「梓匠輪輿，其志將以求食也。君子之為道也，其志亦將以求食與？」

曰：「子何以其志為哉？其有功於子，可食而食之矣。且子食志乎？食功乎？」

曰：「食志。」

曰：「有人於此，毀瓦畫墁（ㄇㄢ），其志將以求食也，則子食之乎？」

曰：「否。」

曰：「然則子非食志也，食功也。」

彭更問孟子：「跟隨的車子幾十輛，隨從的人員幾百位，由這一國招待吃喝到那一國，不是太過分了嗎？」

孟子說：「不合乎正道，那麼一竹筐飯也不能接受；合乎正道，那麼舜接受堯的天下，也不以為過分。你認為過分嗎？」

彭更說：「不過分。但是士人不做事就有飯吃，還是不應該的。」

孟子說：「如果你不流通交換各行業的產品，用多餘的彌補不足的，那麼農夫就會有剩餘的糧食，婦女就會有剩餘的布匹；如果你流通交換，那麼木匠、車工都能在你這裡得到飯吃。假設這裡有個人，在家孝順父母，出外尊敬兄長，維護先王的正道，讓後代學者有所遵循，但是他在你這裡卻得不到飯吃；你為什麼看重木匠、車工，卻輕視講求仁義的人呢？」

彭更說：「木匠、車工的動機是要找口飯吃。君子追求理想，動機也是找口飯吃嗎？」

孟子說：「你何必計較他們的動機呢？他們為你做事，可以給飯吃才給他們飯吃，並且，你是根據動機給飯吃？還是根據功績給飯吃？」

彭更說：「根據動機。」

孟子說：「假設有個人在這裡打碎屋瓦，又亂畫牆壁，他的動機是找口飯吃，那麼你會給他飯吃嗎？」

彭更說：「不會。」

孟子說：「既然如此，你就不是根據動機，而是根據功績來給人飯吃了。」

分工合作，創造社會更大價值

由本章所述，可知孟子周遊各國時，聲勢浩大，到處受到禮遇。這時難免受人質疑：讀書人有必要這麼招搖嗎？他們看似沒有具體貢獻，對社會有何價值呢？

所以，當弟子彭更請教時，孟子答說：「非其道，則一簞食不可受於人；如其道，則舜受堯之天下，不以為泰。子以為泰乎？」一個人做任何事情，只須考慮該不該做。「泰」是過分的意思。

「通功易事」，就是用物品來互相交換各自的產品。「羨」是多餘，用多餘的彌補不足的，這是一個社會的存在及發展所需要的。談到通功易事，讀書人對社會的貢獻在於教育。人若不受教育，則「近於禽獸」，因此讀書人的作用不是遠超過一般行業的人嗎？

動機和結果之間不必然相關

在社會上分工合作，各個行業都有應得的酬勞，這時考慮的是經濟學所謂的供需法則，此一法則是只問功績而不問動機的。如果考慮動機，則人人皆可自稱善意，又要如何分辨？並且，讀書人辦教育，也是一種工作，他的收入正如農夫耕田一般，必須勞心勞力才可得到。我們沒理由要求讀書人安於貧困生活。

事實上，做任何事情，可以有兩種態度：一是把賺錢當成「目的」，二是把賺錢當成「結果」。讀書人對於賺錢，與其說是把它當成目的，不如說是把它當成結果。以孟子為例，他做該做的事，受到什麼待遇，只是一種順其自然的結果；他從來不會以實際的金錢做為他工作的目的。

〈6‧5〉

萬章問曰：「宋，小國也；今將行王政，齊、楚惡而伐之，則如之何？」

孟子曰：「湯居亳（ㄅㄛ），與葛爲鄰，葛伯放而不祀。湯使人問之曰：『何爲不祀？』曰：『無以供犧牲也。』湯使遺（ㄨㄟˋ）之牛羊。葛伯食之，又不以祀。湯又使人問之曰：『何爲不祀？』曰：『無以供粢盛也。』湯使亳眾往爲之耕，老弱饋食。葛伯率其民，要其有酒食黍稻者奪之，不授者殺之。有童子以黍肉餉，殺而奪之。《書》曰：『葛伯仇餉。』此之謂也。爲其殺是童子而征之，四海之內皆曰：『非富天下也，爲匹夫匹婦復讎（ㄔㄡˊ）也。』『湯始征，自葛載。』十一征而無敵於天下。東面而征，西夷怨；南面而征，北狄怨，曰：『奚爲後我？』民之望之，若大旱之望雨也。歸市者弗止，芸者不變，誅其君，弔其民，如時雨降，民大悅。《書》曰：『徯我后，后來其無罰！』『有攸不惟臣，東征，綏厥士女，篚厥玄黃，紹我周王見休，唯臣附於大邑周。』其君子實玄黃于篚（ㄈㄟˇ）以迎其君子，其小人簞食壺漿以迎其小人，救民於水火之中，取其殘而已矣。《太誓》曰：『我武維揚，侵于之疆，則取于殘，殺伐用張，于湯有光。』不行王政云爾；苟行王政，四海之內，皆舉首而望之，欲以爲君；齊、楚雖大，何畏焉？」

萬章請教說：「宋國是個小國，現在想實行王道政治，齊國、楚國因此厭惡而出兵攻打，那該怎麼辦？」

孟子說：「商湯住在亳地時，與葛國爲鄰，葛伯胡作非爲，不祭祀先祖。商湯派人問他：『爲什麼不祭祀？』葛伯說：『沒有供祭祀用的犧牲。』商湯派人送給他牛羊。葛伯把牛羊吃了，卻不用來祭祀。商湯又派人問他：『爲什麼不祭祀？』他說：『沒有供祭祀用的穀物。』商湯叫亳的群眾去替他耕田，年老體弱的負責送飯。葛伯卻率領自己的手下，去攔截帶著酒肉飯菜的人進行搶奪，不肯給的就殺掉。有個孩子去送飯與肉，結果被殺了也被搶了。」《尚書》上說：『葛伯仇視送飯的人。』就是在說這件事。因爲葛伯殺了這個孩子，商湯才去征討他，四海之內的人都說：『不是想得天下這個財富，而是要爲平民百姓報仇。』『商湯的征伐，從葛國開始。』征伐十一次，然後天下無敵。他向東方征伐，西邊的夷人就抱怨；他向南方征伐，北邊的狄人就抱怨，說：『爲什麼把我們放在後面？』百姓盼望他，就像久旱時盼望下雨一樣。去市場的不停止，鋤地的照常工作。他殺了那兒的暴君，慰問那兒的百姓，像是及時雨從天而降，百姓非常歡喜。」

「《尚書》上說：『等待我們的君主，他來了我們不再受折磨。』又說：『攸國不臣服，周武王向東征討，安撫那裡的人民。人民用竹筐裝著黑色、黃色的絹帛來迎接，希望事奉周王而受他恩澤，稱臣歸順偉大的周國。』那裡的官員用竹筐裝滿黑色、黃色的絹帛，迎接周王的官員；那裡的百姓用筐裝飯、用壺盛酒，迎接周王的百姓。原因就是周王把百姓從水深火熱中拯救出來，除掉他們的暴君罷了。《尚書·泰誓》上說：『我的威武要發揚，攻到于國疆土上，除去凶殘的暴君，征伐成效受歡迎，比起商湯更輝煌。』」不實

行王道政治就算了，如果實行王道政治，四海之內的人都將抬起頭盼望他，要擁護他來做自己的君主；齊國、楚國雖然強大，有什麼可怕呢？」

溯源敬天是社會安定的力量

萬章是孟子的弟子，他請教孟子：「宋，小國也；今將行王政，齊、楚惡而伐之，則如之何？」齊國、楚國是大國，它們為什麼討厭小國行仁政呢？這是一個假設的命題，並沒有真的發生。雖然萬章問的是假設的問題，但孟子還是要回答。

孟子就說了商湯伐葛伯的故事。

古代非常重視祭祀。國家有兩件大事，一是祭祀，第二才是軍事武力。人若敬畏神明，才會自我約束。一個社會如果沒有祭祀的禮儀，或者類似的民俗風氣，就會只剩下赤裸裸的權力或暴力；反之，有祭祀的禮儀，全體百姓自然而然會產生一種內斂的力量。換言之，一個人如果有信仰，人生就會有一個目標，相信生命的結束不是真正的結局，而是另外一種生命的重新開始。

所以，商湯對葛伯不祭祀先祖一事擔心不已。一個國家不肯祭祀，將會變成天下的禍害。國家定期祭祀，百姓才會收斂，能夠守法、重禮、互相尊重；不能定期祭祀或者根本不舉行祭祀，那就如同土匪強盜一樣，有機會就搶、就殺，葛伯就是一個例子。商湯想盡辦法，要協助葛伯奉行祭祀。但是，葛伯把供犧牲的牛羊吃掉了。

商湯用心良苦，叫壯年人去幫忙耕田，年老體弱的就負責送飯，「有童子以黍肉餉，殺而奪之。」伯來提供。結果葛伯不但搶奪了來送酒肉飯菜的人，「有童子以黍肉餉，殺而奪之。」

《書》曰：『葛伯仇餉。』此之謂也。」連天眞無辜的小孩，他也奪而殺之。葛伯實在罪大惡極。結果他這一殺之後，天下人都動怒了。

於是商湯起來征服各國，最後是爲了要取代夏桀。夏桀雖然是個暴君，但是商湯出來討伐各國，還是需要民意的支持，如果未得民意支持而強行討伐，是不可能成功的。

葛伯是商湯的鄰國，因爲這個鄰居不肯祭祀，給他牛羊當作犧牲，他當大餐吃掉；派人去替他種田，他把送飯的老人和小孩的東西搶走，還殺了一個小孩，這樣一來天下人都知道：商湯起來革命，不是爲了得到天下的財富，而是爲了替百姓報仇。如果是爲了爭奪天下，大家會說這與夏桀不是差不多嗎？現在湯是替小孩報仇，大家就認爲他代表了正義之師，他的征伐也就名正言順了。

仁政就像久旱後的甘雨

商湯從葛國開始征伐，結果「東面而征，西夷怨；南面而征，北狄怨，曰：『奚爲後我？』」那時的天下眞是奇怪，百姓好像樂於被征伐，這反映了他們的國君都不行仁政。商湯仁名遠播，他征伐一國時，別國百姓就會說：爲什麼不先來征討我們這兒的壞國君呢？

去市場買菜的百姓，看到商湯的軍隊來了，照樣去買菜，回家吃飯時說不定還加個菜；在田裡除草的也不會驚慌，照常耕作。眞正的仁義之師就是像這個樣子，讓百姓生活一切如常。

商湯的軍隊來，只做一件事，「誅其君，弔其民」。百姓其實很單純，他們不在乎誰是國君，只要善待他們。百姓耕田做生意過日子，即使改朝換代，子孫還是要繼續發展。

「侯我后」，「后」就是王，古代王與后可以通用。黃色和黑色的卷帛在當時都是比較貴重的。

從本章可知，孟子是個樂觀的人，以為宋國有可能學到商湯之後，各國百姓就不計較是哪一國，就沒有什麼國家情結了，都會前來支持。孟子雖然很樂觀，對王政或仁政的信念堅定不移，但是客觀形勢未必可以配合，宋國雖然想推行王政，結果還是惘然。據說宋王偃早期有意推行仁政，後來發生內亂，最後被齊、楚、魏三國所滅。

〈6‧6〉

孟子謂戴不勝曰：「子欲子之王之善與？我明告子。有楚大夫於此，欲其子之齊語也，則使齊人傅諸？使楚人傅諸？」

曰：「使齊人傅之。」

曰：「一齊人傅之，眾楚人咻之，雖日撻而求其齊也，不可得矣；引而置之莊嶽之間數年，雖日撻而求其楚，亦不可得矣。子謂薛居州善士也，使之居於王所。在於王所者，長幼卑尊皆薛居州也，王誰與為不

善？在王所者，長幼卑尊皆非薛居州也，王誰與爲善？一薛居州，獨如宋王何？」

孟子對戴不勝說：「你希望你的大王走上善途嗎？我明白告訴你辦法。假定有一位楚國大夫想讓他的兒子學習齊國話，那麼是請齊國人來教？還是請楚國人來教呢？」

戴不勝說：「請齊國人來教。」

孟子說：「一個齊國人教他，許多楚國人干擾他，即使天天鞭打來逼他說齊國話，也不可能做到。如果帶他到齊國都城的街坊住上幾年，即使天天鞭打來逼他說楚國話，也不可能做到。你說薛居州是個好人，讓他住在大王宮中。如果大王宮中，不論年紀大小、地位高低，都是薛居州那樣的人，大王能同誰去做壞事呢？如果大王宮中，不論年紀大小、地位高低，都不是薛居州那樣的人，大王能同誰去做好事呢？單靠一個薛居州，能對宋王起什麼作用呢？」

善用環境的正面影響力

如果希望小孩子學好英文，當然是請以英文爲母語的外國老師，而不是請本地的老師來教。現在強調雙語教學的幼稚園，往往以外籍教師爲號召，其實是合理的做法。

語言需要環境，環境扮演關鍵角色。戴不勝希望他的宋國國君能夠成為仁君，孟子就舉學習語言為例，希望他能觸類旁通。

環境包括人群形成的社會風氣，我們做人處事，如果周圍同伴都是好人，怎麼可能去做壞事呢？這叫做「染於蒼則蒼，染於黃則黃」，表示人受群體的影響很大。真正有操守的人還是可以獨立不倚，出汙泥而不染，但這是對少數人的期許。本章最後一句「一薛居州，獨如宋王何？」光靠一個好人，根本無濟於事。若是四周都是好人，就會像「蓬生麻中，不扶自直」，自動走上善途了。

本章顯示孟子對教育的卓見。他以小孩子學習語言為例，說得十分生動，今日讀來依然含有至理。另外，不可忽略群體的力量。一個人不敢做的壞事，在群眾鼓動之下就放手去做了，而群眾無異於面貌模糊的匿名者，根本找不到真正負責的人。

身為宋王，被孟子說成像牙牙學語的小孩子，像缺乏自信、易受別人影響的小人物，實在情何以堪啊！但是，誰能說孟子的說法是無稽之談？

〈6‧7〉

公孫丑問曰：「不見諸侯何義？」

孟子曰：「古者不為臣不見。段干木踰垣（山）而辟之，泄柳閉門而不納，是皆已甚；迫，斯可以見矣。陽貨欲見孔子而惡無禮；大夫有賜於士，不得受於其家，則往拜其門。陽貨瞷（万弓）孔子之亡也，而饋孔子

公孫丑請教說：「不主動謁見諸侯，有什麼道理？」

孟子說：「在古代，不是諸侯的臣屬，不去謁見諸侯。所以段干木跳牆躲開魏文侯，泄柳閉門不接待魯繆公，這麼做都太過分了。如果執意要見，也就可以相見。陽貨希望孔子去見他，又怕被人說成失禮。按禮節規定，大夫賜贈禮物給士，士未能在家接受，就須前往大夫家拜謝。陽貨探聽到孔子不在家時，送去一隻蒸熟的小豬；孔子也探聽到陽貨不在家時，才登門拜謝。在那個時候，陽貨先來拜訪，孔子怎能不去見他呢？曾子說：『聳起雙肩，裝出討好的笑臉，真比夏天在田裡工作更難受。』子路說：『志趣不合還要交談，看他臉色羞慚的樣子，這不是我所能了解的。』由此看來，君子平日如何修養自己，就可以知道了。」

禮的基礎在於真誠

公孫丑向孟子請教：「不主動謁見諸侯，究竟有什麼道理？」學生們都希望老師謁見諸侯之後，有官可做並實現理想，所以提出這樣的問題。

孟子先舉了段干木、泄柳的故事。段干木在家裡，聽說魏文侯來了，就趕緊跳牆

蒸豚；孔子亦矙其亡也，而往拜之。當是時，陽貨先，豈得不見？曾子曰：『脅肩諂笑，病於夏畦（ㄒ一ˊ）。』子路曰：『未同而言，觀其色赧（ㄋㄢˇ）然，非由之所知也。』由是觀之，則君子之所養，可知已矣。」

逃走，因為他知道見面之後，文侯會請他出來做官，而他不願意做官。

不願意的理由至少有兩點：第一，魏文侯可能是一時衝動而請他做官，但未必認同他的想法；第二，條件無法配合，譬如滿朝官員都是壞人，一個好官「動輒得咎」，什麼事情都不能做成，等於是白白犧牲了。但是，泄柳後來出來做官了，魯繆公執意要找他，也就出仕了。

接著孟子又敘述一段孔子的故事。陽貨希望孔子去見他，又怕被人說失禮。所以，他故意探聽到孔子不在家的時候，送去一隻小豬。按照規定，孔子的地位比較低，應該到陽貨家回拜。果真如此，陽貨就可以擺出姿態來，掌握說話的主動優勢。結果孔子也探聽到陽貨不在家時，才登門拜謝。不巧，在回家的路上，遇到了陽貨，這在《論語・陽貨》裡記載得很生動。

陽貨對他說：「懷其寶而迷其邦，可謂仁乎？」意思是說：你裝著寶貝在懷裡，卻旁觀國家陷入混亂，這叫做有愛心嗎？那一年孔子四十九歲，兩年後，孔子五十一歲時正式出來從政。孔子做官總共五年，最後還是無法實現理想，才下定決心周遊列國。

曾子說：「脅肩諂笑，病於夏畦。」子路說：「未同而言，觀其色赧赧然，非由之所知也。」這兩句話是說兩人志趣不合時，話不投機半句多，實在沒有必要太勉強。

用孔子的話說，是「匿怨而友其人，左丘明恥之，丘亦恥之」，對一個人心懷怨恨，表面上還是和他做朋友，寒暄、握手，左丘明認為可恥，孔子也認為可恥。活在

世界上要有自己奉行的原則，不可隨人俯仰，道不同不相為謀。

我在談到儒家「擇善固執」的原則時，總是會強調「擇善」的方法，亦即要考慮

三點：一，內心感受要真誠；二，對方期許要溝通；三，社會規範要遵守。平常與人

來往，至少可以從第三點開始，依社會規範（禮與法）來行動，然後再推及第一點與

第二點。尤其是要秉持真誠的態度，不可為了外在利益而矯揉造作或虛與委蛇。

〈6‧8〉

戴盈之曰：「什一，去關市之征，今茲未能，請輕之，以待來年然後已，何如？」

孟子曰：「今有人日攘（ㄖㄤˇ）其鄰之雞者，或告之曰：『是非君子之道。』曰：『請損之，月攘一雞，以待來年然後已。』如知其非義，斯速已矣，何待來年？」

戴盈之說：「實施十分抽一的稅率，免除關卡和市場上的徵稅，今年還做不到，預備先減輕一些，等到明年，再停止舊的做法，這樣如何？」

孟子說：「譬如一個人每天偷鄰居一隻雞。別人對他說：『這不是君子的作為。』他說：『預備減少一些，每月偷一隻雞，等到明年，再停止偷雞。』如果知道那種事不合道義，就趕快停止算了，為什麼要等到明年呢？」

苟且度日是人生的惡習

宋國大夫戴盈之，請教孟子，今年還無法做到「什一，去關市之征」，可否先減輕一些，等到明年，再停止舊的做法？孟子沒有直接回答，先說一個比喻，讓戴盈之聽了之後，自己去想清楚該怎麼做。

孟子的比喻很生動，知道是錯的事應該立刻就改，「何待來年」？人常有苟且度日的習慣，心裡想慢慢減少一些壞的行為，等到幾年以後再全部改過；但既然知道那是壞事，為何還要慢慢減少呢？要立刻就停止，除惡務盡啊！

孔子說：「人之過也，各於其黨。」一個人所犯的過失，常常來自他的性格類別。「黨」是指性格類別，有如今天所說的八字、星座等。因此，有時問題不在於你是否知道那是過錯，而在於那個過錯與你的性格糾纏不清。

孔子稱讚顏淵，說他「不遷怒，不貳過」，其中「不貳過」是指不再犯重複的過錯。言外之意，是說顏淵不斷改善自己的性格，從根本上化解過錯的源頭。《易傳》如此描寫顏淵：「有不善未嘗不知，知之未嘗復行。」孟子期許人「改過不待來年」，聽起來好像不難，其實絕非易事。但是正因為困難，所以值得努力以赴。

〈6‧9‧1〉

公都子曰：「外人皆稱夫子好辯，敢問何也？」

孟子曰：「予豈好辯哉？予不得已也。天下之生久矣，一治一亂。當堯

之時，水逆行，氾濫於中國，蛇龍居之，民無所定；下者為巢，上者為營窟。《書》曰：『洚（ㄐㄩ）水警余。』洚水者，洪水也。使禹治之，禹掘地而注之海，驅蛇龍而放之菹（ㄐㄩ）；水由地中行，江、淮、河、漢是也。險阻既遠，鳥獸之害人者消，然後人得平土而居之。堯、舜既沒，聖人之道衰，暴君代作，壞宮室以為汙池，民無所安息；棄田以為園囿，使民不得衣食。邪說暴行又作，園囿、汙池、沛澤多而禽獸至。及紂之身，天下又大亂。周公相武王誅紂，伐奄（ㄧㄢ）三年討其君，驅飛廉於海隅而戮之，滅國者五十。驅虎、豹、犀、象而遠之，天下大悅。《書》曰：『丕顯哉，文王謨！丕承哉，武王烈！佑啓我後人，咸以正無缺。』」

公都子說：「外面的人都說先生喜歡辯論，請問這是為什麼呢？」

孟子說：「我難道喜歡辯論嗎？我是出於不得已啊！天下有人類已經很久了，總是安定一時，又動亂一時。在堯的時候，水勢倒流，在中國氾濫，大地成為蛇龍的居所，百姓無處安身；低地的人在樹上搭巢，高地的人就挖出相連的洞穴。《尚書》上說：『大水警惕我們。』大水就是洪水。堯派禹治水，禹疏通河道，讓河水流進大海；驅逐蛇與龍，把牠們趕進草澤中；水順著河床流動，這就是長江、淮河、黃河、漢水。大水的險阻排除了，危害人類的鳥獸消滅了，然後百姓才能夠在平地上居住。堯、舜去世之後，聖人的正道也衰微了，暴君不斷出現。毀壞民宅來做深池，使百姓無處安居；廢棄

農田來做園林，使百姓斷了衣食。荒謬的學說、暴虐的行為紛紛出現，園林、深池、沼澤多了之後，禽獸又聚集了。到了商紂時，天下又大亂了，周公輔佐周武王殺了商紂，再討伐奄國，三年之後除掉奄君，並且把飛廉追逐到海邊殺死。消滅的國家有五十個。把老虎、豹子、犀牛、大象驅趕到遠方去，天下百姓非常高興。《尚書》上說：『大顯光彩啊，文王的謀略！善於繼承啊，武王的功業！幫助啟迪我們後人，都能夠正直而沒有缺失。』」

這一段史實，孟子說得既深刻又痛心，清楚表達了他個人的人道情懷。

聖人以安定天下、造福百姓為己任

孟子的弟子公都子問說：「外人皆稱夫子好辯，敢問何也？」孟子的回答，從敘述堯舜的古代史實開始，將天下大勢整個分析一遍，藉此說明他的好辯不是自己的個性有問題，而是不得不如此。

「蛇龍居之」，「龍」的習性與蛇近似，可能是像鱷魚一樣的猛獸。「為營窟」，後代負責建設屋宇的官員稱為「司空」，就是由此而來，是負責工程建設的主管。孔子在魯國就曾擔任小司空一職。

「堯、舜既沒，聖人之道衰，暴君代作，壞宮室以為汙池，民無所安息；棄田以為園囿，使民不得衣食。」這裡批評到禹的後代了，因為著名的暴君夏桀就是大禹的後代。古代的帝王依然是陷入「權力使人腐化」的羅網，貪圖享受而失政敗德。把農

田當作打獵的園圃，百姓就失去生計。暴君只知享受作樂，百姓的痛苦就無邊無際、無窮無盡了。

奄國是力挺商紂王的，商紂王再怎麼邪惡，也會對某些臣屬很好，這些人就會力挺到底。飛廉是商紂王的得力大臣，直到把他消滅，周朝才真正安定下來。由「滅國者五十」一語，可知古代有許多小部落，規模格局都不大。

根據「驅虎、豹、犀、象而遠之」這句話，可以知道古代中原地區有眾多虎、豹、犀、象，這些猛獸遠非一般百姓可以對付，一定要動用軍隊才能把牠們趕走。

「丕顯哉」，「丕」是大，「謨」是謀略的謀。「丕承哉」即善於繼承。一個是有光彩，一個是能繼承，亦即周文王有光彩，周武王能繼承文王的遺志，幫助啓迪後人，「咸以正無缺」希望大家一起走上正途。

到此為止，孟子都在敘述周初之前的史實，但是他也特別提及「邪說暴行」一詞。「暴行」已有所描寫，「邪說」則未見說明。孟子大概認為：凡是未能正確把握人性真相，以致無法帶領人們走上正途的觀念與說法，都屬於邪說範圍。這一點在下一段會說得更清楚。

〈6‧9‧2〉

「世衰道微，邪說暴行有作。臣弒其君者有之，子弒其父者有之。孔子懼，作《春秋》。《春秋》，天子之事也。是故孔子曰：『知我者其唯春

秋乎！罪我者其唯《春秋》乎！」聖王不作，諸侯放恣，處士橫議，楊朱、墨翟之言盈天下。天下之言，不歸楊則歸墨。楊氏為我，是無君也；墨氏兼愛，是無父也。無父無君，是禽獸也。公明儀曰：『庖有肥肉，廄有肥馬；民有飢色，野有餓莩（ㄆㄧㄠ），此率獸而食人也。』楊、墨之道不息，孔子之道不著，是邪說誣民，充塞仁義也。仁義充塞，則率獸食人，人將相食。吾為此懼，閑先聖之道，距楊、墨，放淫辭，邪說者不得作。作於其心，害於其事；作於其事，害於其政。聖人復起，不易吾言矣。

「昔者禹抑洪水而天下平；周公兼夷狄、驅猛獸而百姓寧；孔子成《春秋》，而亂臣賊子懼。《詩》云：『戎狄是膺，荊、舒是懲，則莫我敢承。』無父無君，是周公所膺也。我亦欲正人心，息邪說，距詖（ㄅㄧˋ）行，放淫辭，以承三聖者；豈好辯哉？予不得已也。能言距楊、墨者，聖人之徒也。」

「到了後來，社會紛亂，正道不明，荒謬的學說、暴虐的言行又紛紛出現了。有大臣殺君主的，有兒子殺父親的。孔子感到憂懼，編寫了《春秋》。《春秋》對歷史人物做評價，原是天子的職權。所以孔子說：『了解我的，大概就在於這部《春秋》吧！怪罪我的，大概就在於這部《春秋》吧！』現在，聖王不再興起，諸侯無所顧忌，士人亂發議論，楊朱、墨翟的說法到處流行。天下的言論，不是歸向楊朱一派，就是歸向墨翟一派。楊朱主張一切

都為自己，這是無視於父母的存在。無視於父母與君主的存在，那就成了禽獸了。公明儀說：『廚房裡有肥肉，馬廄裡有肥馬，可是百姓面帶饑色，野外有餓死的屍體，這等於率領野獸來吃人。』楊朱、墨翟的思想不消除，孔子的思想不發揚，荒謬的學說就會欺騙百姓，阻塞仁德與義行。仁德與義行被阻塞，就會導致率領野獸來吃人，人與人也將互相殘食。我為此感到憂懼，所以要捍衛古代聖人的思想，批駁楊朱、墨翟的說法，排斥荒誕的言論，使那些宣傳邪說的人不能得勢。偏邪的思想從心裡產生，就會誤導他的行事；在行事上表現出來，就會危害他的政治。即使聖人再度出現，也不會改變我的這番話。

「從前大禹治平了洪水而使天下太平，周公驅逐夷狄、趕走猛獸而使百姓安寧，孔子編寫《春秋》而使叛亂之臣和不孝之子感到害怕。《詩經·魯頌·閟宮》上說：『打擊戎狄，懲戒荊舒，就沒有人敢抗拒我。』無視於父母與君主的存在，那是周公要打擊的。我也想端正人心，消滅邪說，批駁偏頗的行為，排斥荒誕的言論，以此來繼承三位聖人的事業；這難道是喜歡辯論嗎？我是不得不如此的。能夠以言論批駁楊朱、墨翟的，才是聖人的追隨者啊。」

聖人為天下的患難而憂心

春秋時代，在禮壞樂崩之後，天下大亂。臣弒君、子弒父之類的行為完全違逆倫

常。眼看人間將要萬劫不復了。孔子作《春秋》，在其中褒貶歷史人物，表達他有關善惡是非的判斷，所以說要了解孔子，就要讀《春秋》。

《春秋》是孔子根據魯國歷史寫成的一系列評論，「一字之褒，榮於華袞；一字之貶，嚴於斧鉞」，批判壞人比用斧頭砍他更加嚴厲。用歷史做為見證，讓人人知道警惕，在活著的時候要好好行善避惡，這是孔子的用心所在。

原本是天子才有權說誰好誰壞，孔子寫《春秋》等於是表示「天子不管，我來管」，所以他說：「知我者其唯《春秋》乎！罪我者其唯《春秋》乎！」因為他沒有名分去做屬於天子職權的事情，但是又不能不做。再不做的話，天下就要毀滅了。

孟子對這兩者批評得如此犀利，實在令人訝異。關於楊朱，由於史料有限，只知他主張「為己」，「拔一毛而利天下，亦不為也」；關於墨翟，則是以兼愛為目標，受到不少人的肯定與支持。

孟子批判這兩者為「無父無君，是禽獸也」，是否有些過當？孟子是哲學家，所注重的是一套學說的推演後果，而不是某些學者是否做了一些好事。從學說理論看來，楊朱無視於君主的存在，墨翟無視於父母的存在，不是違逆了倫常嗎？不是與禽獸相去不遠了嗎？

對人缺少同情心與同理心，就會演變為「牽獸而食人」，最後是「人將相食」，犧牲別人以謀取自己的利益，根本不在乎別人的性命。這樣的世界不是更可怕的洪荒狀態嗎？

孟子的當仁不讓

最後，孟子做了結論：「我亦欲正人心，息邪說，距詖行，放淫辭，以承三聖者；豈好辯哉？予不得已也。能言距楊、墨者，聖人之徒也。」

由這一章可看出孟子的心志。原來他是要繼承大禹、周公、孔子這三位不同時代的偉大聖人，這樣的理想眞是崇高。如果沒有孟子來連貫這些史實，大禹、周公與孔子這些先賢的成就，就無法流傳到後代了，這是孟子的重要貢獻。他不但能夠具體地說出這個理想，並且也努力去實踐類似的理想。

外面的人說孟子好辯，但他並非眞的好辯，而是不得已。他自認爲不得已，而在別人看來也許會覺得他多管閒事。不去力挽狂瀾，好像也不會有什麼差別。但是，當時不覺得有什麼差別，後來可能日益嚴重，等到病入膏肓就來不及了。一個社會在文化上的危機不容易被發現，它是慢慢形成的，就像把青蛙放在熱水裡牠會立刻跳開，但是放在冷水中慢慢加溫，牠就習慣了，最後被煮熟，自然來不及。

在孟子看來，人的思想是一個出發點，叫做起心動念，發展出來表現在行爲上時，已經來不及了。如果推行在政務上，那更是江河日下，大勢已去。所以，在開始的時候就要注意一個學說的細緻差別，譬如射箭，開始時偏了一點點，箭射出去之後，偏離就愈來愈大。人有同樣的人性。但是一旦思想有了偏差，演變出來的言行差別就愈來愈大，最後善惡分途，形成兩個幾乎完全不同的人生。尼采（Nietzsche）說：「哲學家是文化的醫生。」預防勝於治療，孟子苦心孤詣，就是希望人們在思想上不要誤入歧途。

〈6‧10〉

匡章曰：「陳仲子豈不誠廉士哉？居於（ㄨ）陵，三日不食，耳無聞，目無見也；井上有李，螬（ㄠˊ）食實者過半矣，匍匐往，將食之；三咽，然後耳有聞，目有見。」

孟子曰：「於齊國之士，吾必以仲子為巨擘焉。雖然，仲子惡能廉？充仲子之操，則蚓而後可者也。夫蚓，上食槁壤，下飲黃泉。仲子所居之室，伯夷之所築與？抑亦盜跖之所築與？所食之粟，伯夷之所樹與？抑亦盜跖之所樹與？是未可知也。」

曰：「是何傷哉！彼身織屨，妻辟纑（ㄌㄨˊ），以易之也。」

曰：「仲子，齊之世家也；兄戴，蓋（ㄍㄜˇ）祿萬鍾，以兄之祿為不義之祿而不食也，以兄之室為不義之室而不居也，辟兄離母，處於於陵。他日歸，則有饋其兄生鵝者。己頻顣曰：『惡用是鶃（ㄧˋ）鶃者為哉？』他日，其母殺是鵝也，與之食之。其兄自外至，曰：『是鶃鶃之肉也。』出而哇之。以母則不食，以妻則食之；以兄之室則弗居，以於陵則居之，是尚為能充其類也乎？若仲子者，蚓而後充其操者也！」

匡章說：「陳仲子難道不是真正的廉潔之士嗎？他住在於陵，三天沒有吃東西，餓得耳朵聽不見，眼睛看不到。井邊有個李子，已被金龜子啃掉了大半，他爬過去拿來吃，吞了三口，然後耳朵才聽得見，眼睛才看得到。」

孟子說：「在齊國的士人中，我一定推陳仲子為手中的大拇指。但是，他怎

能叫做廉潔呢？要推廣陳仲子的那種操守，只有變成蚯蚓才能辦到。蚯蚓，在地上吃乾土，在地下喝泉水。陳仲子住的房屋，是伯夷建造的？還是盜跖建造的？他吃的糧食，是伯夷種植的？還是盜跖種植的？這些都還不知道呢。」

匡章說：「這有什麼關係呢？他自己編織草鞋，妻子績麻搓線，用這些交換來的。」

孟子說：「陳仲子是齊國的世家，他的哥哥陳戴，每年的蓋邑俸祿有兩萬鍾，他認為哥哥的俸祿是不該得的，他就不吃；認為哥哥的房屋是不該得的，他就不住；於是避開哥哥，離開母親，自己住到於陵去了。有一天他去探望母親，正好有人送給他哥哥一隻活鵝，他皺著眉頭說：『要這種呃呃叫的東西做什麼？』過了幾天，母親殺了這隻鵝同他一起吃，這時他的哥哥從外面回來，說：『這就是那呃呃叫的東西的肉啊。』他就跑到門外把食物吐出來。因為是自己母親的食物就不吃，因為是妻子的食物就吃；因為是哥哥的房屋就不住，因為是於陵的房屋就住了，這還算是能夠推廣他那種廉潔嗎？像陳仲子那樣的人，只有變成蚯蚓才能推廣他的操守。」

匡章是齊國的將軍，曾經帶領齊兵攻打燕國。孟子在齊國時所交的朋友並不多，匡章是其中之一。

別人都說匡章不孝順，但是孟子與他做朋友，並且還很尊敬他。相關資料在〈離

婁下〉將有詳細的介紹。

窮困不等於廉潔

匡章認為陳仲子是真正的廉潔之士，因為他「居於陵，三日不食，耳無聞，目無見」；井上有李，螬食實者過半矣，匍匐往，將食之；三咽，然後耳有聞，目有見」。但這種廉潔不是快要沒命了嗎？儒家主張入世服務社會，若是自命清高到瀕死階段，那麼德行與學問不是無法發揮作用了嗎？孟子以下所做的批評，正是出於儒家立場。

在齊國陳氏是大家族，他的哥哥就是大官，但是陳仲子認為哥哥的錢是不義之財，所以與他撇清關係，寧可靠織草鞋來謀生，這一點與道家的莊子很相似。但草鞋織得太好，別人一穿好幾年；織得不好，自己心裡又過意不去，真是左右為難。所以他窮到這個地步。

孟子認為要推廣陳仲子的那種操守，只有變成蚯蚓才能辦到。蚯蚓不用工作就有東西吃，吃乾土、喝泉水都不要錢，但變成跟蚯蚓一樣，怎麼能叫廉潔呢？真正的廉潔一定是有為有守，該得就得，不該得的一毛錢都不要。光是窮困，未必與廉潔有什麼關係。孟子用蚯蚓來比喻陳仲子的作為，實在有點滑稽，但是又說得頗有道理。

「仲子所居之室，伯夷之所築與？抑亦盜跖之所築與？所食之粟，伯夷之所樹與？抑亦盜跖之所樹與？是未可知也。」伯夷代表善人，盜跖代表壞人。如果真要追求清高，與一切壞人劃清界限，那麼首先就須辨明自己所使用的這些資源，是否與壞

人有關。這根本是分辨不完的事，如果稍微與惡人有關就拒不採用，那就可能什麼都不能用了。孟子在此是故意把陳氏的廉潔推到極端。

匡章就說：「這有什麼關係呢？他自己編織草鞋，他妻子織麻搓線，用這些交換來的。」夫妻兩人這麼辛苦，聽起來令人同情。

矯枉過正就會捨本逐末

從「仲子，齊之世家也……若仲子者，蚓而後充其操者也！」這一大段的敘述裡，可以看得出這種作為實在是廉潔到不近人情的地步，變得跟蚯蚓一樣，這當然是諷刺的話。

我們無從追究所食所用，是善人製造的，還是惡人製造的，因此廉潔之士所重視的，首先應該是堅定自己內心的原則，而不是捨本逐末，在具體事物上斤斤計較。換言之，孟子所肯定的廉潔，是合乎常情常理，在投入社會活動時，分辨該得的與不該得的，要以實現為民服務為目標，其餘外在的條件則不必太過在意。真正的廉潔是修練心志，不為富貴所迷惑。

卷七 《離婁篇》 上

〈7‧1‧1〉

孟子曰：「離婁之明，公輸子之巧，不以規矩，不能成方員；師曠之聰，不以六律，不能正五音；堯、舜之道，不以仁政，不能平治天下。今有仁心仁聞而民不被其澤，不可法於後世者，不行先王之道也。故曰：徒善不足以為政，徒法不能以自行。《詩》云：『不愆不忘，率由舊章。』遵先王之法而過者，未之有也。聖人既竭目力焉，繼之以規矩準繩，以為方員平直，不可勝用也；既竭耳力焉，繼之以六律正五音，不可勝用也；既竭心思焉，繼之以不忍人之政，而仁覆天下矣。故曰，為高必因丘陵，為下必因川澤；為政不因先王之道，可謂智乎？」

孟子說：「即使有離婁的眼力、公輸子的技巧，不靠圓規與矩尺，也畫不出標準的方形與圓形；即使有師曠的聽力，不靠六律，也無法校正五音；即使有堯、舜的理想，不靠仁德的政治制度，也不能使天下太平。現在有些君主雖有仁德的心思與名聲，百姓卻沒有受到他們的恩澤，也不能為後代留下楷

模，那是因爲他們沒有實行先王的制度。所以說：光靠善心不足以辦好政治；光有法度也不會自動運作。《詩經・大雅・假樂》上說：『不要偏差，不要遺忘，一切依循舊的規章。』遵循先王的法度而犯錯，那是從來沒有的事。聖人竭盡了眼力，接著使用圓規、矩尺、水準器、繩墨，來製作方的、圓的、平的、直的東西，這些東西就用不完了；聖人竭盡了心思，接著使用六律來校正五音，五音就應用無窮了；聖人竭盡了耳力，接著實行不忍讓人受苦的政治，仁德就遍布天下了。所以說，築高台一定要憑藉丘陵，挖深池一定要憑藉沼澤；那麼，治理國家而不憑藉先王的制度，可以說是明智嗎？」

實現理想，需要先天和後天條件相互配合

離婁，據說是黃帝時代視力最好的人，在秋天時可以看到野獸新長出來的毛的尖端。公輸子就是公輸班，亦即魯班，是有名的工匠。但即使是像這樣的兩位高手，不靠圓規與矩尺，也畫不出標準的方形與圓形，所以說「工欲善其事，必先利其器」。這說明即使有很好的稟賦與能力，也一定要憑藉有效的工具做爲方法。工具與方法是成事的關鍵。

「堯、舜之道，不以仁政，不能平治天下。今有仁心仁聞而民不被其澤，不可法於後世者，不行先王之道也。」齊宣王「見牛未見羊」，有仁心也有好名聲，但是他救過一頭牛，卻沒有照顧到百姓。孟子的話可謂一針見血。

「徒善不足以爲政，徒法不能以自行」，法令與制度當然不可能自行運作，而是需要有人來推動。有善心不夠，還得有制度。某些國家制度很完備，但沒有善心的領袖，以致制度出現很多漏洞。所以，儒家主張善心與制度並重，正如人的善心不能沒有善行一樣，而善行必須採取合宜的方法。因此，必須同時強調善心、制度，以及善行。

人活在世界上，最好是按照既成的規章來生活。蘇格拉底勸他的友人說：「當一個人還年輕的時候，要記得兩件事：一是遵守城邦的法律，二是信奉祖先的宗教。」遵守法律表示行爲有最後底線，若是違背就會受到法律的制裁。而信奉祖先的宗教，是因爲祖先的宗教代表傳統的信仰，社會能夠繼續存在也是以它爲基礎。

「聖人既竭目力焉，繼之以規矩準繩，……爲政不因先王之道，可謂智乎？」這話說得非常實際，所謂「爲高必因丘陵，爲下必因川澤」，正是此理。總之，就是要兼顧兩方面，一方面是主觀的意願和能力，另一方面還要有客觀的方法或制度，才能達成完美的效果。

有些人認爲儒家傾向於一廂情願的唯心論，尤其孟子更是如此。但是現在扣緊原文來看，卻不是這樣的。孟子立論的目的是：在個人，要修德行善，具體落實於造福百姓的工作中；在群體，則須推行適當的教育，使人人可以達成人生「止於至善」的目標；在國君，則自然是實施仁政、匡濟天下百姓。

以國君爲例，需要的是仁德與先王的制度，再展現爲眞正的仁政。這樣的理論所設定的「善」觀念是：人與人之間適當關係的實現。若是忽略這個觀念，則不僅孟子所

思想不易理解，對整個儒家思想也都難免陷於困惑之中。

〈7‧1‧2〉

「是以唯仁者宜在高位。不仁而在高位，是播其惡於眾也。上無道揆也，下無法守也，朝（秘）不信道，工不信度；君子犯義，小人犯刑，國之所存者幸也。故曰，城郭不完，兵甲不多，非國之災也；田野不辟，貨財不聚，非國之害也。上無禮，下無學，賊民興，喪無日矣。《詩》云：『天之方蹶，無然泄（一）泄。』泄泄，猶沓沓也。事君無義，進退無禮，言則非先王之道者，猶沓沓也。故曰，責難於君謂之恭，陳善閉邪謂之敬，吾君不能謂之賊。』

「因此，只有行仁的人應該居於高位。不行仁的人居高位，就會把他的邪惡傳播給大眾。在上的不用正道來衡量事理，在下的不用法度來約束自己，朝廷不相信正道，官吏不相信制度；有官位的違反義行，一般百姓違反刑律，國家如此還能存在，那是僥倖啊。所以說，城牆不堅固，不是國家的災難；田野沒開闢，財物沒積聚，不是國家的禍害。在上的不守禮儀，在下的沒有教育，作惡的百姓愈來愈多，國家的滅亡也就快了。《詩經‧大雅‧板》上說：『天正在顛覆王朝，不要再喋喋不休。』喋喋不休就是放肆隨便。事奉君主不講義，行動進退不合禮，張口就詆毀先王的制度，

這就是放肆隨便。所以說，要求君主實踐困難的事，叫做恭敬；向君主陳述

善行、堵塞異端，叫做尊重；認為君主不能走上正途，叫做傷害。」

善與法並重的治國之道

「唯仁者宜在高位。不仁而在高位，是播其惡於眾也。」這是上行下效的情況，

古今皆然。

「上無道揆也，下無法守也，朝不信道，工不信度；君子犯義，小人犯刑，國之

所存者幸也。」一般百姓違反刑律，是因為他們沒有接受適當的教育，但是官吏受過

教育，不會因為無知而違反刑律，卻往往鑽法律漏洞，這即是違反義行。所以古代對

君子的要求是義行，對百姓，則只能用法律來管理，這雖是差別待遇，也有其合理

性。

從「上無禮，下無學，賊民興，喪無日矣」看來，這裡所謂的教育顯然是指五

倫，亦即人與人之間的適當關係，而不是以考試升學為目的的那種教育。

孟子對國家危機的分析，直至今日依然有效。奈何在上位者執迷不悟，由於不明

白人性而選擇偏差的人生目標，以致造成個人的惡行與百姓的災難。

「天之方蹶」，「蹶」，是指像走路蹊跤一樣。而「責難於君謂之恭，陳善閉邪謂

之敬，吾君不能謂之賊」這三句話，是所有從政做官者都應該牢牢記得的。換言之，

傷害君主即是認定君主不能走上人生正途，認定君主已被權力腐化，已是一個殘缺之

人。對君主恭敬尊重，則是期許君主成為萬民仰望的偉大領袖，以身作則，帶領百姓

一起走上人生的光明坦途。

譬如，孟子有一次故意逃避齊宣王的召見，朋友說他對齊宣王不夠恭敬。但是孟子認爲整個齊國裡只有他對齊宣王最恭敬，因爲只有他向齊宣王講述堯舜之道。其他大臣心裡一定在想，齊宣王怎麼可能聽得懂堯舜之道呢？這就是輕視，看不起自己的君王，所以孟子自認爲最尊敬齊宣王。尊敬君王絕不是奉命唯謹，他來了快去迎接，或在地上跪久一點，而是向他講述堯舜之道，讓他心生嚮往，願意起而實行。

這一段說明孟子也非常重視行仁的制度，不是只會唱高調、談理想而已，他希望仁心配合制度，把國家帶上正軌。

〈7‧2〉

孟子曰：「規矩，方員之至也；聖人，人倫之至也。欲爲君，盡君道；欲爲臣，盡臣道。二者皆法堯、舜而已矣。不以舜之所以事堯事君，不敬其君者也；不以堯之所以治民治民，賊其民者也。孔子曰：『道二，仁與不仁而已矣。』暴其民甚，則身弒國亡；不甚，則身危國削。名之曰『幽』、『厲』，雖孝子慈孫，百世不能改也。《詩》云：『殷鑒不遠，在夏后之世。』此之謂也。」

孟子說：「圓規與矩尺，是製作方形與圓形的最高標準；聖人，是人類做人

的最高典範。要做君主，就要充分實
踐臣子的理想。這兩方面都效法堯與舜就可以了。不以舜事奉堯的方式去事
奉君主，就是不敬重他的君主；不以堯治理百姓的方式去治理百姓，就是傷
害他的百姓。孔子說：『道路只有兩條，行仁與不行仁罷了。』嚴重虐待百
姓，就會導致自身被殺、國家滅亡；即使不太嚴重，自身也會危險，國力削
弱。死後諡號叫做『幽』、『厲』，即使他們有孝順的子孫，一百代也無法更
改這樣的諡號。所以《詩經・大雅・蕩》說，『殷朝的鏡子不在遠處，就是
前代的夏朝。』說的正是這種情況。」

不行仁是自取滅亡

由「舜事奉堯」，可以想像舜的德行。他對父親恭順，對弟弟忍讓，對岳父堯當
然也敬愛有加。堯治理百姓用心仁厚，尤其是任命了舜這麼好的人。堯、舜是所有君
臣的典型。臣要盡忠職守，完成君所交付的使命；君要愛民如親，為百姓謀福。

孔子說：「道二，仁與不仁而已矣。」仁與不仁是二分法，一條路走向仁，另一
條路走向不仁，這是一個不斷選擇所構成的趨勢。人生本來就是這兩條路，此進則彼
退，互為消長，但是只有行仁走向幸福與榮耀，不行仁則難免於恥辱與滅亡的結果。

周朝末期先有厲王，後有其孫幽王。根據諡法，「厲」就是殺戮無辜。「幽」就
是壅遏不通，動祭亂常，亦即改變祭祀，混亂常法常道。「殷鑑不遠」是夏朝被殷朝
拿來做為鏡子、前車之鑒。

一個人的名聲變壞以後，「雖孝子慈孫，百世不能改也」。孟子在此提醒我們：身為子孫，固然有責任光宗耀祖；但是身為後代子孫的祖先，是否也該為子孫著想，不要讓他們受人恥笑。問題是：人生之途只有行仁與不行仁兩條，那麼為何許多人依然不行仁？這裡牽涉了兩個可能：一是「不知」行仁是合乎人性的光明坦途；二是雖然知道，但又無法免於世俗的誘惑，以致不能「擇善固執」。《中庸》談及「人之道」（人生正途）時，就直接肯定：「人之道，擇善而固執之者也。」擇善是一回事，固執則必須有殺身成仁、捨生取義的決心。若無平日修養功夫，誰能達成此一目標？

〈7‧3〉

孟子曰：「三代之得天下也以仁，其失天下也以不仁。國之所以廢興存亡者亦然。天子不仁，不保四海；諸侯不仁，不保社稷；卿大夫不仁，不保宗廟；士庶人不仁，不保四體。今惡（ㄨ）死亡而樂不仁，是猶惡醉而強酒。」

孟子說：「夏、商、周三代取得天下，是由於行仁；他們失去天下，是由於不行仁。國家衰頹、興盛、生存、滅亡的原因也是如此。天子不行仁，不能保住天下；諸侯不行仁，不能保住國家；卿大夫不行仁，不能保住祖廟；士人與百姓不行仁，不能保住自身。如果害怕死亡卻又以不行仁為樂，那就像

害怕喝醉卻偏要喝酒一樣。」

行為與內心矛盾就是枉然

孟子這段話是「一言以蔽之」，極盡概括之能事。由此可知，他對人性的看法一清二楚，毫不含糊。行仁是合乎「人性向善」的要求，所以必定昌盛而榮耀；不行仁則是違反了人性，結局自然是恥辱與毀滅。

「社」是土神，「稷」是穀神，古代諸侯的國都，皆立社稷之神，因此社稷為國家的支撐。卿大夫的采邑為「家」，可立祖廟，是為宗廟。「四體」即指自身的生命。古代砍手砍腳的刑罰很多，《莊子》裡就提到好幾位獨腳人，他們並非生下來就是獨腳，而是受刑被砍去一隻腳；有的是鼻子被割掉，甚至也有臉上烙印的，別人一看這些殘缺者，就知道是犯罪被罰的。行仁者是不會受刑的，這是孟子的想法。在亂世中是否顛倒錯亂，以致好人受苦，那就要請教莊子的意見了。

最後孟子的結論是：「今惡死亡而樂不仁，是猶惡醉而強酒。」這段話指出了行為與內心的予盾。所以我們在做任何事時，都要先問自己的行為與願望是否構成矛盾。

個人想要掌握自己生命的趨勢，就需要立定志向。孔、孟教人，總是先談志向，志向有如焦點，讓你念茲在茲，朝一個方向前進，慢慢就會在自己身上體現所定的志向；如果沒有志向而只是留在原地打轉，很容易受到物質欲望的誘惑。所有墮落的人都是沒有志向的，久而久之就逐漸沉淪而不自覺。

〈7・4〉

孟子曰：「愛人不親，反其仁；治人不治，反其智；禮人不答，反其敬。行有不得者皆反求諸己；其身正而天下歸之。《詩》云：『永言配命，自求多福。』」

孟子說：「愛護別人，別人卻不來親近，就要反問自己仁德夠不夠；治理別人，別人卻不上軌道，就要反問自己明智夠不夠；禮貌待人，別人卻沒有回應，就要反問自己恭敬夠不夠。行為沒有得到預期效果的，就要反過來要求自己，自身端正了，天下的人就會來歸附。《詩經・大雅・文王》上說：『永遠配合天命，自己求得更多的幸福』。」

反求諸己，精益求精

孟子說：「愛人不親，反其仁；治人不治，反其智；禮人不答，反其敬。」有時候做老師的愛護學生，學生卻不來親近，老師就要反省自己的仁德夠不夠。國君看見政治不上軌道，百姓也不肯安分，先要問自己的明智夠不夠。如果自以為對別人很有禮貌，別人卻不理會時，就要反省自己恭敬的程度夠不夠。

在仁、智、禮三方面，都涉及人與人之間的適當關係，這時首先要反省自己，而不要責怪別人。

「反求諸己」一語所強調的，一方面是肯定自己是行為的主體，隨時可以改過自

新，或是精益求精；另一方面則是了解自己不能離開群體，必須學習如何與別人好好相處。重點顯然仍在前者，所以要以周文王為典型，努力自求多福。

〈7‧5〉

孟子曰：「人有恆言，皆曰：『天下國家。』天下之本在國，國之本在家，家之本在身。」

孟子說：「人們有句常說的話，就是：『天下國家。』天下的基礎是國，國的基礎是家，家的基礎是每個人自身。」

成就大事，從個人根本處著手

《大學》上說：「身修而後家齊，家齊而後國治，國治而後天下平。」然後肯定：「自天子以至於庶人，壹是皆以修身為本。」可見從《孟子》一直到《大學》，這是儒家一貫的主張。

「皆以修身為本」，意思是：一定要從自己的修養開始，不管人間多大的事業，都是由人與人之間的適當關係不斷地推廣出去；自己本身如果沒有合宜的修養，其他一切難免事倍功半。人在世間能做多大的事，承擔多大的責任，往往取決於自己有多大的定力。

所謂修養，就是能夠自我約束，勉強自己去做該做的事，或者勉強自己不去做不該做的事。在此，「勉強」所代表的是自主性。

西方有人說：「自由有兩種：一種是為所欲為，想做什麼就做什麼；第二種，想做什麼就偏不做什麼。」真正的自由顯然不是任意妄行，而是可以自己做主控制欲望。本來要發脾氣，偏不發脾氣，本來要與別人吵架，偏不吵架，這才代表自由，因為是自己的理性在主導自己的行為。

如果想發脾氣就發脾氣，反而是不自由，因為被情緒所控制。EQ（情緒智商）談的就是這一點，生氣也要恰到好處，而不是一生氣就不可收拾，甚至遷怒於別人。

所以孔子稱讚顏淵「不遷怒，不貳過」。

〈7‧6〉

孟子曰：「為政不難，不得罪於巨室。巨室之所慕，一國慕之；一國之所慕，天下慕之。故沛然德教溢乎四海。」

孟子說：「辦好政治並不難，不得罪於賢明的卿大夫就行了。他們所嚮往的，一國的人都會嚮往；一國的人所嚮往的，天下的人都會嚮往。於是道德教化浩浩蕩蕩洋溢於天下。」

善用社會上具有影響力的人

「巨室」是指特別重要的家族。做為一國之君，代表有權力，權力帶來相對的責任，但是要推動政治，沒有人呼應也動彈不得，所以大家族就舉足輕重了。一旦形成社會風氣，「沛然莫之能禦」，浩浩蕩蕩，擋也擋不住。

孟子在此所說偏重德行方面。因為巨室會影響社會風氣，「巨室之所慕，一國之所慕」，那些顯赫的家族，會影響社會的各個領域；然後，一國人所嚮往的，最後天下人都會嚮往。若不是側重在德行方面，最後就不能說到「德教」了。只有德行可以形成德教的風潮，原因很簡單，其基礎還是我們常說的「人性向善」。

〈7‧7〉

孟子曰：「天下有道，小德役大德，小賢役大賢；天下無道，小役大，弱役強。斯二者，天也。順天者存，逆天者亡。齊景公曰：『既不能令，又不受命，是絕物也。』涕出而女於吳。今也小國師大國而恥受命焉，是猶弟子而恥受命於先師也。如恥之，莫若師文王。師文王，大國五年，小國七年，必為政於天下矣。《詩》云：『商之孫子，其麗不億。上帝既命，侯于周服。侯服于周，天命靡常。殷士膚敏，祼（ㄍㄨㄢˋ）將於京。』孔子曰：『仁不可為眾也。』夫國君好仁，天下無敵。今也欲無敵於天下而不以仁，是猶執熱而不以濯也。《詩》云：『誰能執

熱，逝不以濯。』」

孟子說：「天下上軌道的時候，德行低的接受德行高的安排，才智少的接受才智多的安排；天下不上軌道的時候，力量小的被力量大的支配，勢力弱的被勢力強的支配。這兩種情況，是天意所定的。順從天意的可以生存，違背天意的將會滅亡。齊景公說：『既然不能命令別人，如果又不聽從別人的命令，那就走上絕路了。』因此流著眼淚把女兒嫁到吳國去。現在，小國效法大國，卻又恥於接受大國的命令，這就如同學生恥於接受老師的教誨一樣。如果真的感覺羞恥，最好效法周文王。效法周文王之後，大國只需要五年，小國只需要七年，一定可以得到天下的政權。《詩經・大雅・文王》上說：『商朝的子孫，數目何止十萬。上帝既有命令，都向周朝歸順，可見天命沒有一定。殷朝的官員，不論俊美的聰明的，都要執行灌酒的禮節，在周朝京城助祭。』孔子說：『仁德的力量，不在於人多。國君愛好仁德，就能天下無敵。』如果想要天下無敵，卻又不行仁政，就好像熱得難受卻又不肯洗澡一樣。《詩經・大雅・桑柔》上說：『誰能熱得難受，不去洗個澡呢？』」

大勢所趨就無法抗拒

「天下有道，小德役大德，小賢役大賢；天下無道，小役大，弱役強。」德行高

的居上位，才智高的居上位，一是德行，一是才智。人與人相比，本來就有天生資質的不同，加上後天的教育，高下就分出來了。分高下的時候有幾種方法，這一章講了四種，分別是：德行、才智、力量與勢力。

德行與才智是比較正面的。一個人不可能生下來就有德行，需要不斷地修養才有所成。才智也一樣，需要長期的學習與訓練，才能夠超過別人，否則天生的才智所能應付的範圍很有限。在天下上軌道的情況之下，經過某種修練或教育，就凸顯出誰可以當領袖。但是，天下不上軌道的時候，往往是個人的力量及成幫結派的勢力占了優勢。

這四種情況又分成兩組，在天下上軌道時，要培養才智及修練德行；天下不上軌道時，就培養力量及增強勢力，這是天意。順天者存，逆天者亡。

「既不能令，又不受命，是絕物也」，這句話說得很對，如果自己沒有能力出主意，就聽從別人出的主意；但如果自己沒有能力出主意，又不肯聽從別人的主意，那就會走投無路。

人在思考自身問題時，往往「當局者迷」，別人一眼就看清楚了，是謂「旁觀者清」。如果自己在「當局者迷」的時候，又不聽從別人的意見，那就成了「絕物」，自絕於人、自取滅亡。

「涕出而女於吳」，齊景公為了與吳王闔閭結盟，忍痛嫁出自己的女兒，因為他需要吳國的協助。沒有這種聯盟，各個小國很可能被其他國家分別擊破；通過聯姻才能構成聯合勢力。而古代的女子有時就被用來做為外交手段。

仁德的力量，不在於人多

「今也小國師大國而恥受命焉，是猶弟子而恥受命於先師也。」在孟子那個時代，大概出現學生跟隨老師，卻又覺得老師沒什麼了不起的情況。這種情況不僅矛盾而且無聊，只能說是在浪費生命。

「師文王，大國五年，小國七年，必為政於天下矣。」五年與七年只是大概的說法，依國之大小而定，意思是需要一段時間以修明政治，養成氣候。周文王的例子再三出現，但是誰能修養成周文王的智慧與德行呢？

「其麗不億」是指何止十萬，是用否定詞來表達肯定之意。「祼」是古代宗廟祭祀中的儀式，指的是以酒澆在地上來迎接鬼神，到現在還保存了這個儀式。

古代的字，左邊是示部的，都與祭祀有關，因為「示」上面兩橫代表上天，底下三條線代表日、月、星三光，代表祭祀時上界和下界溝通。「祼將於京」表示祖先再怎麼好也沒用，子孫自己亡國敗家，都要替別人服務，從在朝淪為在野了。

從天命看來，賞善罰惡叫做有常；從人的角度看來，就會說天命無常。因為人沒有察覺自己本身由好變壞，以前得到天命，卻不見得可以永保天命，將來可能會被別人取代。

「孔子曰：『仁不可為眾也。』夫國君好仁，天下無敵。」我們耳熟能詳的「仁者無敵」，又再度出現了。所謂「仁德的力量，不在於人多」，是說只要有仁德，那麼就不必在乎是否人多勢眾，因為天下百姓都會自動來支持。《詩經》上的「誰能執熱，逝不以濯」，非常通俗地反映了民間生活。若是無路可走，何不改弦更張，致力

於行仁呢？

在此可以看到孟子對於天下有道、無道的區分。若是有道，就須推行德行與才智；若是無道，就須訴諸力量與勢力。大的原則是：「順天者存，逆天者亡」。行仁即是順天，也即是應人，亦即《易傳》所說的「湯武革命，順乎天而應乎人」。把握了「仁」這個關鍵，天下大事定矣。這是孟子的想法。

〈7‧8〉

孟子曰：「不仁者可與言哉？安其危而利其菑（ㄗㄞ），樂其所以亡者。不仁而可與言，則何亡國敗家之有？有孺子歌曰：『滄浪之水清兮，可以濯我纓；滄浪之水濁兮，可以濯我足。』孔子曰：『小子聽之！清斯濯纓，濁斯濯足矣。自取之也。』夫（ㄈㄨ）人必自侮，然後人侮之；家必自毀，而後人毀之；國必自伐，而後人伐之。《太甲》曰：『天作孽，猶可違；自作孽，不可活。』此之謂也。」

孟子說：「不行仁的人，還能同他商議嗎？他把危險當作安全，把災禍當作有利，把導致滅亡的事情當作快樂。不行仁的人如果還能同他商議，那怎麼會發生亡國敗家的事呢？從前有個小孩唱歌，內容是：『滄浪的水清呀，可以洗我的帽纓；滄浪的水混濁啊，可以洗我的腳。』孔子說：『同學們聽

著！水清澈就洗帽纓，水混濁就洗腳。這是由水自己招來的。』所以，人一定是先侮辱自己，別人才來侮辱他；家一定是先毀壞自己，別人才來毀壞它。國一定是先征伐自己，別人才來征伐它。《尚書・太甲》上說：『天降下的禍害，還可以逃開；自己造作罪孽，就無法活命了。』說的就是這種情況。」

人的處境取決於自己的言行與心態

孟子不願意和不走在人生正路上的人商議，孔子則是「道不同不相為謀」。人生理想不同，就不必互相商量事情，即使商量也不會有結論，因為雙方的原則不一樣，目的也不同。孟子的話表示他自己是行仁的人，並且只有行仁的人可以做理性的溝通，因為大家都是走在人生正途上。

很多人在行動過程中，不知道將招致什麼可怕的結果，因為他沒有遠見，既不明白人性，也不能從歷史中得到教訓。所以他在胡作非為的時候，覺得很得意，但是之後就會有災難。

尚未亡國敗家的時候，不行仁的人根本聽不進善意的建言，剛愎自用，夜郎自大，以為做的事一定是對的。人對水的態度，誠如孔子所言，取決於水本身的清濁；人在面對不幸遭遇時，又怎能忽略自我反省呢？

所以，並不是每一個人都有偉大的遠見；只是在做任何事的時候，會累積形成內心的一種狀態，一種趨勢，就在其中埋下了種子，最後出現禍福因果。一個人行善的

話，福雖未至，禍已遠離；反之，做壞事雖然沒有立即的災禍，但是福已經因此離開。心態慢慢趨向黑暗的領域而不自知，等到造成後果就來不及了。

所謂的國家征伐自己，是指內亂。物不腐，則蟲不生；內不失志，則外患不來。

《尚書》提到：「天作孽，猶可違；自作孽，不可活。」天在這裡代表自然界，像狂風暴雨、山崩海嘯之類的天災，都還可以預先防備。但是「自作孽」的話，病根在自己身上，不易察覺，等於帶著不定時炸彈在身上，誰能救得了你呢？

本章有許多大家耳熟能詳的經典引文，與值得口頌心維的名句。立論焦點在於肯定人在道德上的自主性。人只要願意，就一定可以行仁；並且，人只要行仁，就一定會受人尊重。個人如此，負責治國的國君更是如此。

〈7‧9〉

孟子曰：「桀、紂之失天下也，失其民也；失其民者，失其心也。得天下有道：得其民，斯得天下矣。得其民有道：得其心，斯得民矣。得其心有道：所欲與之聚之，所惡勿施，爾也。民之歸仁也，猶水之就下、獸之走壙（ㄎㄨㄤ）也。故為淵敺（ㄑㄩ）魚者，獺（ㄊㄚˇ）也；為叢敺爵（ㄑㄩㄝˋ）者，鸇（ㄓㄢ）也；為湯、武敺民者，桀與紂也。今天下之君有好仁者，則諸侯皆為之敺矣。雖欲無王，不可得已。今之欲王者，猶七年之病求三年之艾也。苟為不畜，終身不得。苟不志於仁，終身憂辱，以陷於死

亡。《詩》云：『其何能淑？載胥及溺。』此之謂也。」

孟子說：「夏桀與商紂失去天下，是由於失去百姓；失去百姓，是由於失去了民心。因此，得到天下有方法：得到百姓，就得到天下了。得到百姓有方法：得到民心，就得到百姓了。得到民心有方法：他們想要的，替他們聚集起來；他們厭惡的，不加在他們身上，如此而已。百姓歸向仁德，就像水往下流、野獸奔向曠野一樣。所以，替深水趕來魚的，是水獺；替樹叢趕來鳥雀的，是鶹鷹；替商湯、周武王趕來百姓的，是夏桀與商紂。如果現在天下的君主有愛好仁德的，那麼其他諸侯就會替他趕來百姓。即使他不想稱王天下，也是不可能的。現在想要稱王天下的人，就像患了七年的病要用存放三年的艾草來醫治。如果不開始積存就終身都得不到。如果不立志行仁，就終身憂愁受辱，以至於死亡。《詩經‧大雅‧桑柔》上說：『他們怎麼做得好？只有一起溺水了。』說的就是這種情況。」

為善需要長期的努力

孟子所言「桀、紂之失天下也，失其民也……得其心有道：所欲與之聚之，所惡勿施，爾也」，這是很簡單的邏輯推論。所謂「民為邦本，本固邦寧」，若要得民，首在收服人心，而人心總是歸向善待百姓的領袖。

「民之歸仁也，猶水之就下、獸之走壙也。」這句話顯示孟子對人性的看法——

人性向善。君主有仁德，自然善待百姓；百姓依人性的趨向而支持這樣的君主，不是十分合理嗎？換言之，對百姓有利的，百姓當然歡迎；若要引導百姓也能一起行善，則須憑藉教育。在自然狀態下，人會以利己為善，受過良好教育之後，就會明白「人與人之間的適當關係」是善，然後百姓也會願意行善，如此國家就會上軌道，人人可以安居樂業。

孟子由自然界的魚和鳥雀開始聯想：如果天下的君主有愛好仁德的，那麼其他諸侯就會替他趕來百姓，因為其他諸侯無異於可怕的水獺與老鷹，這個比喻很生動。

孟子在〈盡心上〉說過：「堯舜性之也，湯武身之也，五霸假之也。」堯、舜做好事是出於本性自然，商湯與周武王是靠修身努力，因為他們知道行善百姓才會歡迎。

五霸行善的時候是以此為手段，好像暫且借用一般，但是「久假而不歸，惡知其非有也？」借用久了而不歸還，怎麼知道他們本來是沒有仁義的呢？所以假裝去做好事，本身無可厚非，但要一路走來始終如一才行。

艾草可以治病，但它的特色是，要存放很久才有藥效。假設患了七年的病，要用存放三年的艾草才能治，現在再來設法，不是永遠等不及了嗎？所以「三年之艾」的說法也提醒我們：為善不能只靠「一念之仁」，而是需要長期努力，亦即《中庸》所謂「擇善而固執之」。

孟子的意思是要說明一個道理：只要現在願意行仁，生命就會立即轉向。所以孔子說：「朝聞道，夕死可矣。」生命的重要關鍵是一個轉向，只要轉向光明，就會充

滿希望。

〈7‧10〉

孟子曰：「自暴者，不可與有言也；自棄者，不可與有爲也。言非禮義，謂之自暴也；吾身不能居仁由義，謂之自棄也。仁，人之安宅也；義，人之正路也。曠安宅而弗居，舍正路而不由，哀哉！」

孟子說：「殘害自己的人，不可能同他商議事情；放棄自己的人，不可能同他有所作爲。說話詆毀禮制與義行，就叫做殘害自己；認爲自己不能以仁居心、由義而行，就叫做放棄自己。仁德，是人類安穩的住宅；義行，是人類正當的道路。空著安穩的住宅不去住，捨棄正當的道路不去走，真是可悲啊！」

仁德是人類安穩的住宅

孟子說：「自暴者，不可與有言也；自棄者，不可與有爲也。」前面是商議，後面是作爲，代表人的言與行。遇到自暴自棄的人，你說什麼話都沒用，他聽不懂也做不到。一個人如果傷害自己又放棄自己，沒有人能幫得了他。孟子是傑出的老師，但是面對自暴自棄的人，也束手無策。

殘害自己不是指身體上的自殘，而是指詆毀禮制與義行，譬如批評禮制是虛偽，義行是造作，存有這樣心態的人就是自暴者。自暴者既然「言非禮義」，當然不會去實踐禮與義，那麼依「人性向善」的觀點，他不是殘害了自己的人性嗎？自棄者放棄了仁義，這不是背離了人性的正確途徑，放棄自己做為一個人最可貴的資源嗎？

孟子不教「自暴自棄者」。而至聖先師孔子，也有一種學生不教，那就是「鄉愿」。因為「鄉愿」沒有誠意，見人說人話，見鬼說鬼話，和每個人都保持良好的關係。這種人孔子不教，因為他不真誠。

住宅、道路都是比喻，表示一個人心裡存著仁德，在任何地方都可以安頓；他只要實踐義行，走到哪裡都可以通達順暢。

一個人如果隨時想著行善，隨時注意該不該做的事，到處都可以安居。心裡面存著仁德，那就是「安宅」。道路代表行善，隨時注意該走的路，就是各種與別人互動的行為。什麼樣的行為才是義行？由義而行，義即是正路。只有仁德才能安定人心，因為人心永遠嚮往著它；義行是人的正路，是正確的抉擇與行動；仁與義都是由人心發其端，再表現為具體的善的作為。

〈7‧11〉

孟子曰：「道在邇而求諸遠，事在易而求諸難。人人親其親、長其長，而天下平。」

孟子說：「道路就在眼前，卻向遠處去尋找；事情本來容易，卻往難處去設法。只要人人親愛自己的父母，尊敬自己的長輩，天下就會太平。」

困難事從簡單處著手

孔子說：「仁遠乎哉？我欲仁，斯仁至矣！」孟子也有同樣的看法，因為人只要真誠，就會覺察自己內心有向善的力量，順此而行即可為善。我們怎能「捨近求遠」呢？天下最容易的事就是自己決定去做該做的事，因為那完全操之於己。

如果每個人都認真改善自己兄弟姊妹、父母子女的關係，再推廣到社會上，不就天下太平了嗎？

著名學者胡適之對他的兒子只有一個期望——不要危害社會。這是人類自我要求的底線，由此出發，再去期望他走上正途。與其希望子女光宗耀祖，最後無法成功淪於自暴自棄，還不如從小提醒他不要危害社會，無論如何都不要成為別人的負擔。

所以，孟子的理想並非空想。人人修身齊家，以此為基礎，再去照顧社會上需要幫助的人。《禮記·禮運·大同》提到的「鰥寡孤獨廢疾者皆有所養」也是此義，人民繳了稅，政府就有能力去照顧這些人。孟子的說法不是幻想，稍加思考推理之後就會發現：任何事情本來就是操之於己，從自己開始做起，修身齊家治國就沒有什麼問題了。

〈7・12〉

孟子曰：「居下位而不獲於上，民不可得而治也。獲於上有道，不信於友，弗獲於上矣。信於友有道，事親弗悅，弗信於友矣。悅親有道，反身不誠，不悅於親矣。誠身有道，不明乎善，不誠其身矣。是故誠者，天之道也；思誠者，人之道也。至誠而不動者，未之有也；不誠，未有能動者也。」

孟子說：「身居下位而得不到長官的支持，是不可能治理好百姓的。要得到長官的支持有方法，如果不被朋友信任，就得不到長官的支持。要被朋友信任有方法，如果事奉父母未能讓父母高興，就不會被朋友信任。要讓父母高興有方法，如果反省自己卻不夠真誠，就無法讓父母高興。要真誠反省自己有方法，如果不明白什麼是善，就不能真誠反省自己。因此，真誠是天的運作模式，追求真誠是人的正確途徑。極端真誠而不能使人感動，是不曾有過的事；如果沒有真誠，是絕不能感動別人的。」

追求真誠是人生的正確途徑

「居下位而不獲於上，民不可得而治也。獲於上有道，不信於友，弗獲於上矣。」這說明一切要從家庭出發，假設有個人對父母不孝順，父母對他也不滿意，朋友怎麼敢信任他呢？人若孝順，則不忍心讓父母失

望或受辱，那麼他在社會上與人交往，自然潔身自愛，也自然會受朋友信任。

所謂「反身而誠」，指的是真誠反省自己，就會讓父母高興，因為真誠的人絕不會忘記父母的養育之恩，自然表現孝順的言行而使父母開心。

反省自己，需要先明白什麼是善。因為人不是生下來就明白善是什麼，往往要靠「先知覺後知，先覺覺後覺」。換句話說，要老師教誨才知道什麼是善。內心本有的「善端」與具體的善的表現相互印證，就明白什麼是善，然後才能夠真誠體察內心向善的力量。《易傳》說：「閑邪存其誠。」意思是：防範邪惡以保存內在的真誠。由此可見，真誠與邪惡勢不兩立。人若不明善，不能只是說說而已。譬如對父母孝順，對善的表現要表現在具體行為上，又如何肯定自己的真誠呢？

而且，人的真誠要表現在具體的善來對真誠反省與要求自己。

朋友講信用，這些都是針對客觀的善來對真誠反省與要求自己。

「是故誠者，天之道也；思誠者，人之道也。」「天」是包括天及天所產生的一切。而宇宙萬物之中，只有人有「可能」不真誠，所以人就要「思誠」，追求真誠。

換句話說，動物世界沒有真不真誠的問題，因為牠們不可能不真誠。

宇宙萬物除了人之外，其他生物都沒有真不真誠的問題。「誠者，天之道也」，是可以預測的。但是人不一樣，因為人「可能」不真誠，所以孟子才會說，追求真誠是人的正確途徑，如果不追求真誠就不是人生正途，就不是「人之道」。

天就代表宇宙萬物的來源與宇宙萬物本身，它是真誠的，亦即它只有一套運作模式，

「至誠而不動者，未之有也；不誠，未有能動者也。」就如同「精誠所至，金石為開」，真心對一個人很好，一再表達善意，對方終究會受到感動。

本章呈現了孟子的人生哲學。一個人從政之後自然想要治理有成，努力的方向是依序上推：獲於上、信於友、事親悅、反身誠、明乎善。在此孟子並未針對最基礎的「明乎善」去發揮，理由大概有二。其一，「明乎善」涉及良好的教育，而這不是個人所能決定的。有些人沒有機會受教育，「人不學不知道」，不學習就不懂得人生的正路。

其二，「明乎善」總是與「反身誠」連結在一起。一個人真誠反省自己，就會體驗到內在有向善的動力。《中庸》上說：「誠則明」，真誠反省自己，將會體悟到自己內在有向善的動力；同樣，「明則誠」，一個人明白了什麼是善，就會真誠反省自己。

《中庸》上說：「自誠明，謂之性；自明誠，謂之教，誠則明矣，明則誠矣。」「自誠明，謂之性」，意思是：從真誠出發而能夠覺悟，這叫做性。只要真誠就會發現人性是向善的。以真誠為出發點，譬如搭車時，自己有座位，卻看見老太太沒有座位，心裡會很不安，這就是「自誠明」。「自明誠，謂之教」，意思是：從明到誠叫做教育，受教育明白道理之後，內心就會真誠體察到向善的力量。

「誠則明矣，明則誠矣」，意即：如果真誠就會覺悟什麼是善，覺悟什麼是善就會真誠。這是《中庸》的話。孟子的「誠者，天之道也；思誠者，人之道也」與《中庸》的「誠者，天之道也，誠之者，人之道也」對照比較，可見《中庸》比《孟子》更進一步，用「誠之」等於是要求自己去做到誠，這顯然比追求誠要更進一步，在文法上說來更為精要。

古人的「天」是一個複雜而重要的概念，原始的角色有五點：主宰之天、造生之天、載行之天、啟示之天、審判之天，在春秋時代變成三種。「主宰之天」還是維持原意，但作用大降，並且常常被當作戰爭的藉口。譬如攻打某個國家，就說是上天要我攻打的。像齊國伐燕國，說「不取必有天殃」，顯然就是藉口。

「自然之天」，是由「造生」和「載行」兩種功能所合成的。「造生」和「載行」代表自然界的出現與自然界的維持，這兩者到後來已經喪失了超越的意義，就變成純粹的大自然，上有天下有地，就像是春夏秋冬的運轉。

「啟示」和「審判」兩個功能演變出來的。「啟示」者，昭告世人行善避惡；「審判」者，有善必賞、有惡必罰。把行善避惡和賞善罰惡合在一起就變成命運。這兩者本來是說善惡的報應，後來變成沒有適當報應，全靠命運，好命不是由於做好事，而是天生命好。如此，到孟子的時代只剩下三種天：主宰、自然、命運。孟子說天的時候，往往三個含義都具備。

以「人之道」與「天之道」對比，一方面顯示人的地位在宇宙萬物中最為獨特，另一方面也提醒我們，人是唯一可以「誠」也可以「不誠」的生物。誠是人生的正確途徑，人若不誠，只是虛偽、做戲，根本是一場空，還奢談什麼人生？這一生沒有做真正的自己，有什麼意義呢？但是有時候，人不見得可以自由選擇。譬如，有人生下來就具有某種角色、某種身分，從來不可能以平凡人身分與其他人進行平等的互動。這樣的人完全被社會化，在社會上變成一個階級的成員、特定的工具。他自己也無可

奈何。當然也許他很喜歡，但是注定一輩子都活在一種空洞的人際關係裡。

由此可知，我們身為一個平凡人，就要享受平凡人的樂趣，做到真誠。如果覺得這樣太單調，可以開發潛能，而潛能的空間是無限的。「誠者，天之道；思誠者，人之道」，孟子兩千多年以前說的話，今天看來還是很有啟發性。

〈7‧13〉

孟子曰：「伯夷辟紂，居北海之濱，聞文王作，興曰：『盍歸乎來！吾聞西伯善養老者。』太公辟紂，居東海之濱；聞文王作，興曰：『盍歸乎來！吾聞西伯善養老者。』二老者，天下之大老也，而歸之，是天下之父歸之也。天下之父歸之，其子焉往？諸侯有行文王之政者，七年之內，必為政於天下矣。」

孟子說：「伯夷避開商紂，住在北海的海邊，聽說周文王奮發有為，就振作起來說：『何不去投奔西伯！我聽說他善於奉養老人。』姜太公避開商紂，住在東海的海邊，聽說周文王奮發有為，就振作起來說：『何不去投奔西伯！我聽說他善於奉養老人。』這兩位是天下最有聲望的老人，他們投奔周文王，就等於天下做父親的都去投奔了。天下做父親的都去投奔，他們的兒子還能往哪裡去呢？諸侯中如果有實行周文王政治的，不出七年，一定可

以得到天下的政權。」

德高望重的賢人，對社會有正面示範作用

「西伯」是指西方的大諸侯，亦即當時的周文王。周文王對老人家照顧得很好，使老有所養，讓大家都生活安定，所以伯夷就去投奔他。

第二位投奔周文王的老者是姜太公，亦即姜子牙。老年人見多識廣，只希望安心養老，他們的要求很單純，就是社會應該長幼有序、敬老尊賢，讓人人安居樂業。姜太公遷往周朝，後代封於齊國。老年人來了，他們的兒子還能往哪裡去呢？國之「大老」自然能夠影響年輕的百姓。老者德高望重，他們支持的人，年輕人也會支持。至於「七年之內，必為政於天下矣」，這在文王可以為例，但是別的國君就很難以實驗去證明了。

周文王善於奉養老人，因為老人不但閱歷豐富，並且對社會已經奉獻了心力。在感情上，子女自然會追隨父母，也歸向周朝；在道理上，人都會老，在老了之後不再具有經濟上的效益，那麼，周朝養老，不是回應了人人心中最深的渴望嗎？而周文王從不追求自身的享受，所以可以把資源用在百姓身上。現在想要學習周文王的人，首先就須推行仁政，亦即由減少享樂、關懷人群著手做起。這一步就是極大的挑戰了。

〈7‧14〉

孟子曰：「求也為季氏宰，無能改於其德，而賦粟倍他日。孔子曰：『求非我徒也，小子鳴鼓而攻之可也。』由此觀之，君不行仁政而富之，皆棄於孔子者也，況於為之強戰？爭地以戰，殺人盈野；爭城以戰，殺人盈城，此所謂率土地而食人肉，罪不容於死。故善戰者服上刑，連諸侯者次之，辟草萊、任土地者次之。」

孟子說：「冉求擔任季氏家臣時，不能改變季氏的作風，反而把田賦增加一倍。孔子說：『冉求不是我的同道，同學們可以敲著大鼓去批判他。』由此看來，君主不實行仁政，卻還去幫他聚斂財富的人，都是孔子所唾棄的，更何況是為他賣力作戰的人呢？為爭奪一塊土地而戰，殺死的人遍野都是；為爭奪一座城池而戰，殺死的人滿城都是，這叫做帶領土地來吃人肉，罪惡之大，連死刑都不夠罰。所以善於打仗的人應該受到最重的刑罰；連結諸侯、掀起戰端的，該受次一等的刑罰；開墾荒野、增加收成來備戰的，該受再次一等的刑罰。」

儒家的反戰立場

冉求是孔子的學生，多才多藝。孔子有此二學生列名於四科：德行、言語、政事、文學。在政事科，第一名是冉求，第二名才是子路。冉求在做官方面比子路更有成

就，但是孔子對他的表現非常不滿。因為他不能改變季氏這位魯國當權的大夫，反而把田賦增加一倍，讓他的老闆發大財。

於是孔子說冉求「非我徒也」，「徒」是一起走在路上，同道之意。孔子可能為了自己教學失敗而十分痛心。

「爭地以戰，殺人盈野；爭城以戰，殺人盈城。」君主應該是為了照顧人群而去蓋城，為了養育人口而有土地的。但卻本末倒置，為了爭城爭地殺死很多人，為了擴張土地而去侵略別的國家，結果死傷慘重。孟子認為這等於是「率土地而食人肉」，連死刑都不夠罰啊！

是誰連結起諸侯掀起戰爭的？就是那些縱橫家。國君府庫充足之後，就會增加軍備，等於開發土地是為了備戰。在此可以看出孟子的反戰思想。

孟子說「善戰者服上刑」，老子說「戰勝以喪禮處之」（三十一章），兩者相當接近，道家與儒家都是人文主義，都肯定生命的可貴。不過，儒家主張「人性向善」，所以它的可貴在於要人「行善避惡」，擇善固執，一輩子努力修德；道家嚮往其自然，無為而治，要以智慧覺悟做為整體的「道」。儒家不探討這種類型的智慧。雖然儒家強調修行，道家強調智慧，但是兩者的出發點都是來自人性的潛能。

由此可見，道家、儒家對反戰採取相同的立場。他們都屬於人文主義，肯定人類生命的價值，絕不能把人當作手段或工具來使用，而戰爭正是把人的生命當作手段。

〈7・15〉

孟子曰：「存乎人者，莫良於眸子。眸子不能掩其惡。胸中正，則眸子瞭焉；胸中不正，則眸子眊（ㄇㄠˋ）焉。聽其言也，觀其眸子，人焉廋（ㄙㄡ）哉！」

孟子說：「觀察一個人，沒有比觀察他的眼睛更好的了。眼睛不能遮掩他的邪惡。心思正直，眼睛就明亮；心思不正直，眼睛就濁暗。聽一個人說話，同時觀察他的眼睛，這個人的善惡還能隱藏到哪裡去呢？」

身體是配合內心狀態而運作

孟子主張「身心合一論」。內心高興就會笑，就會手舞足蹈；內心難過，就會皺起眉頭，疾首蹙額。所以孟子認為，觀察一個人最好的方法，就是觀察他的眼睛。

人也有可能內心憤怒而表面裝作高興，但是眼神卻不能騙人。一個人撒謊的時候，目光難免閃爍，不敢正眼看人。由此可見孟子的「身心合一論」有一定的道理。

百姓看到國君欣賞音樂、打獵作樂時，都疾首蹙額，那是因為百姓生活困苦，無法強顏歡笑。當然，如果有人患了眼疾，或者肝膽有毛病，也可能出現眼珠昏黃的症狀。孟子說法的重點，不在合乎醫學常識，而在強調身心的自然協調狀態。「言為心聲」是個原則，若是說出違心之論，則眼神會洩漏內心的祕密。西方也有「眼睛是靈魂之窗」的說法，可以對照參考。

〈7‧16〉

孟子曰：「恭者不侮人，儉者不奪人。侮奪人之君，唯恐不順焉，惡得為恭儉？恭儉豈可以聲音笑貌為哉？」

孟子說：「謙恭的人不會侮辱別人，節儉的人不會掠奪別人。唯恐別人不順從他，怎麼算得上謙恭與節儉呢？謙恭與節儉，難道可以靠好聽的聲音與微笑的臉孔來偽裝嗎？」

行動勝於巧言令色

做什麼比說什麼更重要。口中宣稱要謙恭、要節儉，實際的行動卻是侮辱人又掠奪人。會如此表現的，大概總是擁有權力的政治領袖。他眼見別人不敢抗議，就以為自己可以任意妄為。然後，利用「聲音笑貌」來表現自己的親和力，以為這樣就可以取信於人。欺侮別人，還要別人感恩戴德，這在古代社會也許行得通，到了現代必定受人唾棄。

〈7‧17〉

淳于髡（ㄎㄨㄣ）曰：「男女授受不親，禮與？」

孟子曰：「禮也。」

曰：「嫂溺，則援之以手乎？」

曰：「嫂溺不援，是豺狼也。男女授受不親，禮也；嫂溺，援之以手者，權也。」

曰：「今天下溺矣，夫子之不援，何也？」

曰：「天下溺，援之以道；嫂溺，援之以手。子欲手援天下乎？」

淳于髡說：「男女之間不親手遞接東西，這是禮制的規定嗎？」

孟子說：「是禮制的規定。」

淳于髡說：「如果嫂嫂掉進水裡，要用手去拉她嗎？」

孟子說：「嫂嫂掉進水裡而不去拉她，就是豺狼了。男女之間不親手遞接東西，這是禮制的規定；嫂嫂掉進水裡用手去拉她，這是變通的辦法。」

淳于髡說：「現在天下的人都掉進水裡了，先生卻不肯伸手，為什麼呢？」

孟子說：「天下的人掉進水裡，要用正道去救；嫂嫂掉進水裡，要用手去救。你難道想用手去救天下的人嗎？」

培養智慧，才能權衡現實處境的特殊性

淳于髡是齊國一位善於辯論的人，他故意出難題問孟子，用的是「道德兩難法」：「嫂溺，則援之以手乎？」嫂嫂掉到水裡的時候，做弟弟的要不要救呢？「兩難」在於：一邊是「授受不親」，另一邊是「要不要救人」。

所謂的「男女授受不親」，第一個「授」是給與，第二個「受」是接受。以前男女的區隔非常嚴格，所以規定「男女授受不親」。

此外，古代對於叔嫂之間的關係又特別嚴格規範，「叔嫂不通問」，平常連互相問候都要避免，以免引起不必要的誤會與嫌疑。那麼，如果嫂嫂掉到水裡，小叔要不要伸手去救呢？這是讓人爲難的問題。

即使一個不認識的女子掉到水裡都該伸出援手，何況是自己的嫂嫂？所以孟子說：當然要救。一個人在生活中要有原則，但是在特殊情況下要知道變通。在這些地方，孟子的智慧就很清楚了。孔子也說過，最難找到的朋友是可以一起商量變通辦法的（與權）。如果不知變通，就成了死守制度條文的形式主義了。

「今天下溺矣，夫子之不援，何也？」「天下溺，援之以道；嫂溺，援之以手。子欲手援天下乎？」這是一段精彩的辯論。天下的人掉到水裡要等人去救，意思是要孟子出來做官幫助百姓；孟子則直接指出，做官需要靠國君的正道才有用，否則一個人做好官有什麼用呢？「一薛居州，獨如宋王何？」就是同樣的道理。

「守經」與「達權」配合，就是在遵守固定規範時，也須權衡輕重，採取變通的做法。任何禮制規定都是固定的條文，可以維繫社會整體的秩序，但是人的現實處境卻各個不同，因此要培養判斷的智慧，既能守經，又能達權。「經」就是常規，「權」就是變通。

世間的變化很快，而且每個人情況不同，所以要保持高度的警覺。人的情感總是在變化之中，所以儒家強調明智，要分辨什麼時候該怎麼做，就是對人與人之間的互

動關係要非常敏感。至於採取何種具體措施，則需考慮效益。秉持真誠之心，依循固定規範，再以有效的方法完成初衷。如果拘泥於禮儀條文，以致於錯過了救人的時機，那不是近似「禮教吃人」嗎？仔細省思本章，可知孟子絕無助成「禮教吃人」的嫌疑。

〈7‧18〉

公孫丑曰：「君子之不教子，何也？」

孟子曰：「勢不行也。教者必以正；以正不行，繼之以怒。繼之以怒，則反夷矣。『夫子教我以正，夫子未出於正也。』則是父子相夷也。父子相夷，則惡矣。古者易子而教之，父子之間不責善。責善則離，離則不祥莫大焉。」

公孫丑說：「君子不親自教育兒子，這是為什麼呢？」

孟子說：「就形勢看，是做不到的。教育的人，一定要講求正確的道理；用正確的道理行不通，接著就會生氣；一生氣反而傷感情。兒子會說：『您用正確的道理教育我，但您自己的作為未必合乎正確的道理。』這樣，父子之間就傷了感情。父子之間傷了感情，就太糟了。古代的人是與別人交換兒子來教育的，父子之間不會因為要求行善而互相責備。要求行善而互相責備，

就會彼此疏遠；父子變得疏遠，沒有比這更不幸的了。」

避免親情與教育之間的衝突

這一章與教育子女有關，就是主張所謂的「易子而教」。

教育孩子，一定要告誡他怎麼做才是對的，此謂「教者必以正」。愛之深，責之切，有時候孩子是性格使然，會一再犯類似的過錯，這時父親的反應呢？「繼之以怒，則反夷矣。」「反夷」就是反過來傷感情。《易經》有「明夷卦」，是描寫光明受到傷害。

「夫子教我以正，夫子未出於正也。」做父母的教育子女，當然希望子女循規蹈矩，但是父母自己不一定能做得到所教的一切。

「相夷」是互相傷害、責怪之意。孟子說的很合乎人情，「易子而教」，教別人小孩很有效率，因為不用混、不用賴，一板一眼；但是教自己的子女就沒辦法這麼客觀，而較容易受到情緒的干擾。

〈7‧19〉

孟子曰：「事，孰為大？事親為大；守，孰為大？守身為大。不失其身而能事其親者，吾聞之矣；失其身而能事其親者，吾未之聞也。孰不為事？事親，事之本也；孰不為守？守身，守之本也。曾子養曾晳，必有

酒肉；將徹，必請所與；問有餘，必曰：『有。』曾晳死，曾元養曾子，必有酒肉；將徹，不請所與；問有餘，曰：『亡矣。』將以復進也。此所謂養口體者也。若曾子，則可謂養志也。事親若曾子者，可也。」

孟子說：「哪一種事奉最重要？事奉父母最重要；哪一種守護最重要，守護自身最重要。不喪失自己的節操而能事奉父母的，我聽說過；喪失自己的節操還能事奉父母的，我沒有聽說過。誰能不事奉別人？事奉父母是一切事奉的根本；誰能不守護別人？守護自身是一切守護的根本。曾子奉養他的父親曾晳時，每餐一定有酒有肉。撤除食物時，一定要請示剩下的給誰；父親問有沒有多餘的，他一定說『有』。曾晳死後，曾元奉養他的父親曾子，每餐也必定有酒有肉。但是撤除食物時，不再請示剩餘的給誰；父親問有沒有多餘的，他就說『沒有了』，準備留到下一頓再給父親吃。這叫做奉養父親的口腹。像曾子那樣，才可稱為奉養父親的心意。事奉父母做到像曾子那樣，就可以了。」

事親和守身是做人最根本的原則

生命得自於父母，事奉父母自然很重要。一個人要守住自己的節操，然後才能事奉父母。無節操則內心愧疚，又怎能以真誠態度面對父母？

其實人活在世界上，要堅持的就是——做人處事有原則，有原則可以放諸四海而皆準。譬如一個人如果不講信用，不能夠守住自己的諾言，則其他的優點都會大打折扣。

曾皙吩咐把剩下的酒肉給別人，這是要行善，而曾子（即曾參）遵循父親的意志去行善，才算合乎「養志」的要求。

人到老年，心地較為柔軟，悟理較為透澈，自己有能力也希望可以幫助別人。曾子體諒父親的心情，伺候父親吃完飯就問剩下的給誰，讓父親可以行善。

但是，曾子的父親死了以後，換他的兒子曾元來奉養他，每餐也必定有酒有肉，但是撤除食物時不再請示剩餘的給誰，曾子就算有善心也沒有機會實現。

有一個故事，說一個老人吃飯時手會發抖，一發抖就把碗摔破。做媳婦的想，每天摔破一個碗太浪費了，就買木頭碗給他用。有一天媳婦回家時，看到兒子坐在門口，拿著一把刀削木頭，做媽媽的就問兒子在幹什麼。兒子說要削兩個木頭碗，將來一個給父親，一個給母親。這就說明，事奉父母光是養活他們是不夠的，還要尊敬他們。人與人來往，本來就須考慮「內心感受、對方期許、社會規範」三點，這是儒家在實踐方面的主張。

〈7．20〉

孟子曰：「人不足與適（ㄉㄧˊ）也，政不足閒（ㄐㄧㄢˋ）也；唯大人為能格君

心之非。君仁，莫不仁；君義，莫不義；君正，莫不正。一正君而國定

矣。」

孟子說：「國君的用人，不值得多加譴責，施政也不值得加以非議；只有德

行完備的人，才能夠改正君主的偏差心思。君主行仁，沒有人不行仁；君主

行義，沒有人不行義；君主端正，沒有人不端正。只要使君主端正，國家就

安定了。」

行為偏差是因為心的偏差

「唯大人爲能格君心之非」，「大人」是指德行完備的人，亦即能夠長期擇善固

執，以致抵達「充實而有光輝之謂大」的境界。「格」是正，「君心之非」代表國君

的偏差心態。君主的心思有問題，用人方面會有層出不窮的錯誤，施政也將陷於混亂

與難局中。

心是一個樞機，是一個關鍵。國君心思正確的話，用人、做事就能正確。如果沒

有糾正，只是去指摘他用人或施政錯誤，就是只注意到末節，沒有掌握根本。

在朱熹的注解中，引用程頤的話：「天下之治亂，繫乎人君之仁與不仁耳。心之

非即害於政，不待乎發之與外也。昔者孟子三見齊王而不言事，門人疑之。孟子曰：

『我先攻其邪心，心既正，而後天下之事可從而理也。』」

孟子見了齊宣王三次，卻沒有和他談特定、具體的事情。學生覺得奇怪，孟子爲

何錯過這些機會呢？孟子說：「我先去改變他邪惡的心思，他的心端正的話，做任何事都能上軌道。」心不正的話，還有很多錯誤會一一出現。

本章開頭所謂的人與政，皆是指國君的偏差作為而言，為什麼不必譴責與非議呢？因為根本的問題在於「君心之非」，國君的心有邪惡的意念。只要本源清澈了，流水自然乾淨。

以整個社會來說，政治領袖自身行仁、行義、端正，天下人自然聞風景從。孟子對天下人的反應，習慣用集合名詞來描寫，這不是由於他粗心大意，而是他對「人性」有深刻信念。人性無不向善，所以君主行善，天下人自然樂於共襄盛舉。

〈7・21〉

孟子曰：「有不虞之譽，有求全之毀。」

孟子說：「有意料不到的讚譽，也有過於苛求的詆毀。」

為人謙虛，才有成長的空間

「有不虞之譽，有求全之毀。」所謂的「求全之毀」，可以舉例說明。譬如，有個政治人物，人們常說：他的缺點就是沒有任何缺點。換個角度來說，他可能是比較懦弱、溫和，沒有什麼行動魄力。這樣說他，就是「求全之毀」。

至於「不虞之譽」，余英時先生就曾說自己有「不虞之譽」。二十多年前，台灣幾家報紙對他都非常推崇。有一次他寫了一篇文章，談中國人的價值觀，在《中國時報》一天兩萬字登完，整版攤開來，都是他的文章，好像是傳世傑作一般，報紙很少這樣刊文章的，真是榮耀之至。而他親口對我說，這是名過其實。

〈7‧22〉

孟子說：「一個人說話輕易出口，那就不值得責備他了。」

孟子曰：「人之易其言也，無責耳矣。」

謹言慎行，才能受敬重

孟子會這麼說，是因為「輕諾者必寡信」，這句是老子的話。輕易就答應別人的要求，往往很少能守信做到，所以在答應別人時要多多考慮。唯有謹言慎行，才能受人敬重。

〈7‧23〉

孟子曰：「人之患在好為人師。」

孟子說：「人應該擔心的毛病，就是喜歡充當別人的老師。」

好為人師者無法進步

孟子認為，人應該擔心的事，在於「好為人師」。

好為人師的最大問題，在於自己心滿意足，不再進步，最後成為井底之蛙。孔子

說：「三人行必有我師焉，擇其善者而從之，其不善者而改之。」像孔子這樣的人，

還到處向人學習，何況是一般人？

〈7‧24〉

樂正子從於子敖之齊。樂正子見孟子。孟子曰：「子亦來見我乎？」

曰：「先生何為出此言也？」

曰：「子來幾日矣？」

曰：「昔者。」

曰：「昔者，則我出此言也，不亦宜乎？」

曰：「舍館未定。」

曰：「子聞之也，舍館定，然後求見長者乎？」

曰：「克有罪。」

樂正子跟隨王子敖到了齊國。樂正子去見孟子。孟子說：「你也來看我嗎？」

樂正子說：「先生為什麼說這樣的話呢？」

孟子說：「你來了幾天了？」

樂正子說：「昨天到的。」

孟子說：「昨天，那麼我說這樣的話，不也是應該的嗎？」

樂正子說：「因為住所沒有找好。」

孟子說：「你聽人說過，要住所找好了才去求見長輩的嗎？」

樂正子說：「我做錯了。」

期望愈高，要求愈嚴格

從今天的角度來看這一章，感覺孟子似乎有些苛求。這是因為古代師生關係比較親密，孟子這樣說，自然有他的理由。樂正子在魯國做官時，孟子一聽說就高興得睡不著覺。所以，樂正子回齊國，第二天才去拜訪孟子，孟子當然會覺得難過，因為他對樂正子的期許很高。

由此可見，孟子對學生的要求很高。古人跟隨一位老師，往往一跟隨就是一輩子，一輩子只有一位老師。心中懷念老師，自然迫不及待，怎麼會在乎是否找到館舍呢？

〈7‧25〉

孟子謂樂正子曰：「子之從於子敖來，徒餔啜（ㄅㄨ ㄔㄨㄛ）也。我不意子學古之道，而以哺啜也。」

孟子對樂正子說：「你跟隨王子敖來到齊國，只是為了飲食而已。我沒想到你學習古人的理想，竟然是為了飲食。」

跟隨能讓自己發揮抱負的長官

孟子期許學生「得君行道」，可以發揮抱負，為民服務。像王子敖（王驩）這樣的人，孟子是不屑與他交談的，樂正子跟著他，還有什麼希望呢？

有官做，是一回事；如何把官做好，才是要謹慎考慮的。樂正子在官場上，追隨了像王子敖這樣的佞臣，好像只是圖個官位，談不上什麼理想與抱負。選擇長官與選擇朋友一樣，也須考慮志趣是否相近，注意「道不同，不相為謀」的原則。

〈7‧26〉

孟子曰：「不孝有三，無後為大。舜不告而娶，為無後也。君子以為猶告也。」

孟子說：「不孝的事有三件，沒有子孫是最大的不孝。舜沒有稟告父母就娶妻，就是擔心沒有後代，所以君子認為他如同稟告了一樣。」

兩害相權取其輕

依照趙岐所注：「於禮有不孝者三者」，第一，「阿意屈從，陷親不義」，任由父母愛怎麼樣就怎麼樣，就是阿意屈從，結果父母做了壞事而沒有提醒他們，這是不孝順；第二，「家貧親老，不為祿仕」，家裡很窮，父母老了，還不肯去做官賺錢，不能奉養父母，這是不孝順；第三，「不娶無子，絕先祖祀」，不肯結婚，沒有生子，以至於先祖的祭祀被斷絕了，這是不孝順。

古代因為講究祭祀，祭拜祖先最重要，而沒有兒子就不能祭祖，所以無後被認為是不孝的行為。

至於舜的故事，他的考量是：若是順從父母之意不結婚，將來他與父母必定會因為自己無子而互相責怪。若是不理會父母的想法，不告而娶，先有了子嗣再說，將來也可能誤會冰釋。兩害相權取其輕，舜的做法依然受到大家肯定。有關舜的特殊處境，在〈萬章上〉將有說明。

〈7・27〉

孟子曰：「仁之實，事親是也；義之實，從兄是也；智之實，知斯二者

弗去是也；禮之實，節文斯二者是也；樂（ㄩㄝˋ）之實，樂斯二者，樂則生矣；生則惡可已也，惡可已，則不知足之蹈之手之舞之。」

孟子說：「仁德的實質，是事奉父母；義行的實質，是順從兄長；明智的實質，是知道這兩者是人不能離開的；守禮的實質，是對這兩者加以調節與文飾；音樂的實質，是由這兩者得到快樂，快樂就這樣產生了；快樂一產生就抑制不住，抑制不住就會不知不覺地手舞足蹈起來。」

實踐仁與義，人生就會轉苦為樂

任何禮儀都要從孝順、尊敬開始。如果父母生活無虞，兄弟姊妹相處和樂，那一定是禮儀的實效，接著，聽音樂才有快樂可言，這種說法是很有道理的。

「生則惡可已也，惡可已」，則不知足之蹈之手之舞之」，這就是身心合一論的另一種描述。內心快樂，手腳就會不聽使喚，自動跳起舞來，這種身心協調是很自然的。一個人如果真正快樂，外在一定會有所表現。我們現在常說的手舞足蹈，在原文是先「足蹈」再「手舞」的。

值得注意的是，孟子的身心合一論，並不是主張身與心二元分立或雙方對等，而是「身小心大」，以心為主，以身為從。只有心的命令完全左右了身，才會有「行善」的事實出現。也只有心先快樂，身才會自動反映出這樣的快樂。

〈7‧28〉

孟子曰：「天下大悅而將歸己，視天下悅而歸己，猶草芥也，唯舜為然。不得乎親，不可以為人；不順乎親，不可以為子。舜盡事親之道，而瞽瞍厎豫（ㄍㄨˇㄩˋ）；瞽瞍厎豫而天下化，瞽瞍厎豫而天下之為父子者定，此之謂大孝。」

孟子說：「天下的人都十分高興，要來歸順自己，但是把這一切看成像草芥一樣的，只有舜。不能得到父母的歡心，沒有辦法做人；不能順從父母的心意，沒有辦法做兒子。舜竭盡全力孝順父母，終於使他的父親瞽瞍高興；瞽瞍高興了，天下的人也受到了感化；瞽瞍高興了，天下父子之間的倫常也就確定了，這叫做大孝。」

舜的至孝是天下人的楷模

「天下大悅而將歸己」，視天下悅而歸己，猶草芥也，唯舜為然。」天下人都來歸順，舜並不覺得有什麼了不起，居然看作像草芥一樣。因為天下再怎麼大，依然是外在的一切，並未觸動舜內心真正的願望。舜內心的願望很單純，就是希望生養他的父母可以快樂。

「厎」就是致，「豫」就是樂，「厎豫」就是到了高興的地步。久而久之，舜終於使父親高興，不得不承認這個兒子實在是太孝順了。舜身為天子，也像一般百姓一

樣，無論父母是好是壞，做子女的都要盡心盡力使他們快樂。

大家都知道瞽瞍的惡形惡狀。瞽瞍配合去殺舜，舜依然全心孝順，如此天下人當

然都被感化，父子之間的倫常也清楚得到了界定。

舜是天子，言行是天下人的表率。他的德行在艱苦的考驗中，臻於完美之境。我

們要效法的是舜的精神，就是只要知道自己的角色與職責，就要全力以赴，做得盡善

盡美。在如此努力的過程中，德行也會淬鍊得更加美好。重要的是，除了真正使父母

快樂之外，也可以使自己向善的人性得以實現，經由擇善固執而走向「止於至善」的

境界。

卷八 《離婁篇》下

〈8・1〉

孟子曰：「舜生於諸馮，遷於負夏，卒於鳴條，東夷之人也。文王生於岐周，卒於畢郢（二）西夷之人也。地之相去也，千有餘里；世之相後也，千有餘歲。得志行乎中國，若合符節，先聖後聖，其揆一也。」

孟子說：「舜出生在諸馮，遷居到負夏，最後死於鳴條，是個東方邊遠地區的人。周文王出生在岐周，後來死於畢郢，是個西方邊遠地區的人。兩地相隔一千多里，時代相距一千多年。他們得志時在中國的所作所為，幾乎一模一樣，古代的聖人與後代的聖人，他們所遵循的法度是相同的。」

好漢不問出身，行善順應天命

孟子的文筆與他的思想是一致的，非常合乎邏輯，他第一句先談舜，接著再說周文王，用的是歸納法。諸馮、負夏、鳴條這些地名，現在已經很難找到它們究竟位於何方，但這裡我們要了解孟子所強調的是「東夷」與「西夷」的區分。

古時候的「中國」，主要是指中原地區，「中」這個字的形狀像一面旗子，原本代表「旗」字。在古代的部落社會裡，每個部落都有自己的專屬圖騰，如龍、龜、鷹等，並以有此標誌的旗幟做為號召。當首領把旗子一插，號角一吹，部下就會以插旗之地為中心，從四面八方集合過來。所以「中」字代表部落社會的首領所在之地，而所謂的「四面八方」就是東、南、西、北等方位。相較於「中」，東夷、西夷都算是邊遠地區，而舜與周文王卻分別來自兩地，有「好漢不問出身」的意思。

舜之後的夏朝歷經四百多年，商朝是六百多年，到周文王在位時正好一千多年。時代相距雖遠，但舜與周文王都是理想的國君，處處替百姓設想，又能夠具體實踐孝、悌、忠、信、禮、義、廉、恥等美德，其所作所為「若合符節」，意即幾乎一模一樣。「若合符節」的由來，是因為古代以符、節為信物，可以用玉、角、銅、竹製作，形狀有虎、龍、人等。一般是破為兩半，各執其一，相合就可取信。這也表示兩位賢君的善行是一種合乎應然要求的做法，因為他們所秉持的法度來自人性的自然願望，換句話說，就是「行善」。

「行善」在遠古時代，指的就是政治領袖必須努力得到天命，然後表現德行照顧百姓，這時還沒有進行哲學上的反省。到了春秋時代，諸子百家各自探討宇宙與人生的真相時，才開始出現所謂的哲學。

真理放諸四海皆準

那麼，孟子所說的「其揆一也」，其意涵又是什麼？

宋朝有所謂「朱陸之爭」，說的是屬於理學的朱熹與屬於心學的陸象山，曾經在鵝湖聚會，討論儒家問題，而有「心」與「理」的不同主張。

所謂「理」，是指用理性的思考去掌握萬物的原理，因此要好好念書、認知，所以理學比較偏重學習和思考；「心」則代表一種道德的覺悟，比較偏重內省。陸象山曾說過：「東海有聖人，此心同，此理同；西海有聖人，此心同，此理同，」就如同現在常用的俗語「人同此心、心同此理」。其實，這是從孟子的「先聖後聖，其揆一也」發展出來的，指的就是不管任何地方，只要有聖人，一定是心同理同。

有一次，我在馬來西亞接受一名馬來人的訪問，對方問及孔子思想的特色，我先說了「己所不欲，勿施於人」。他回說，這個道理他所信奉的伊斯蘭教也有，其他各教派如猶太教等，也都曾提到。的確，像孔子所說的「有教無類」、「因材施教」等觀念，也可以從《聖經》裡發現，耶穌收的學生當中，有漁夫、工人、稅吏等，他也沒有區分職業階層，教學生的方法也不固定用一套答案；釋迦牟尼回答學生的疑惑時，每次的說法也都不一樣。這代表只要我們好好去思考，將可發現真理都是大同小異，這正是「其揆一也」的道理。

在這一章裡，孟子強調人的心都是一樣的，問題是怎麼把那個「一樣」的部分掌握住。

〈8·2〉

子產聽鄭國之政，以其乘輿濟人於溱（ㄓㄣ）、洧（ㄨㄟˇ）。孟子曰：「惠而不知爲政。歲十一月，徒杠（ㄍㄤ）成；十二月，輿梁成，民未病涉也。君子平其政，行辟人可也，焉得人人而濟之？故爲政者，每人而悅之，日亦不足矣。」

子產主持鄭國的政治時，用自己乘坐的車輛幫助別人渡過溱水與洧水。孟子說：「他給人恩惠，但是不懂得處理政治。如果十一月修好行人的橋，十二月再修好通車的橋，百姓就不會爲渡河發愁了。君子把政治辦好，出行時讓人迴避都可以，怎能一個個地幫人渡河呢？所以負責政治的人，如果要討好每一個人，時間就太不夠用了。」

子產主持鄭國的政治時，有一次河水高漲，百姓過河很不方便，因爲子產的車輛比較高，他就用他的車輛幫助一些百姓過河。孟子聽了這則歷史故事之後，卻認爲子產雖然給人恩惠，但是不懂得處理政治。

這裡所說的「杠」是指獨木，也就是獨木橋的意思；「徒」代表行人，是讓行人可以走路；「病」是指發愁，因爲橋沒造好，百姓過不了河而傷透腦筋。接著，孟子對此一事件，發表了自己的評論。其中，「君子平其政」的「平」代表處理得不錯，使他可以做得很穩當。

給恩惠不如懂治國

孔子認為子產「有君子之道，四焉」（見《論語・公冶長》，下同），也就是說子產有四方面合乎君子的做法──「其行己也恭」，就是要求自己做到恭謹；「其事上也敬」，事奉君主非常恭敬；「其使民也義」，讓百姓在適當的時候服勞役，譬如築城牆、挖壕溝等。孔子對子產的作為十分肯定，但是孟子卻不一樣。

孟子為什麼要批評子產，說他「惠而不知為政」、「每人而悅之，日亦不足矣」？因為他認為子產並未把握為政的要領。的確，政治人物如果忙著討好一個個百姓，又怎能善盡職責？

由此，我們可知孟子的智慧，他不會因為前人的讚美而不去質疑子產的作為。因為事實是：一國之君治理國家的首要之務，就是把政務做好，如果分不出輕重緩急，就難免左支右絀。

〈8・3〉

孟子告齊宣王曰：「君之視臣如手足，則臣視君如腹心；君之視臣如犬馬，則臣視君如國人；君之視臣如土芥，則臣視君如寇讎。」

王曰：「禮，為舊君有服，何如斯可為服矣？」

曰：「諫行言聽，膏澤下於民；有故而去，則君使人導之出疆，又先於

其所往；去三年不反，然後收其田里。此之謂三有禮焉。如此，則爲之服矣。今也爲臣，諫則不行，言則不聽，膏澤不下於民；有故而去，則君搏執之，又極之於其所往；去之日，遂收其田里。此之謂寇讎。寇讎，何服之有？」

孟子告訴齊宣王說：「君主看待臣下如同自己的手足，臣下看待君主就會如同自己的腹心；君主看待臣下如同狗與馬，臣下看待君主就會如同路邊人；君主看待臣下如同泥土草芥，臣下看待君主就會如同仇敵。」

齊宣王說：「禮制規定，離職的臣子要爲過去的君主穿孝服；君主怎麼做，臣子就能爲他服孝呢？」

孟子說：「臣子的勸諫被聽從，建議被採納，使君主的恩澤照顧到百姓身上；臣子有事故要離職，君主就派人引導他離開國境，並且派人先到他要去的地方做好安排；臣子離開了三年還不回來，這才收回他的封地房屋。這叫做三次有禮。現在做臣子的，勸諫不被聽從，建議不被採納，以致君主的恩澤無法照顧到百姓；有事故要離職時，君主就要捉拿他，還設法使他在要去的地方陷入困境；離開的當天，就沒收他的封地房屋。這樣的人叫做仇敵。對於仇敵，還服什麼孝呢？」

這一章講到君臣之間的「相對倫理」。倫理是指人與人相處的原則與規範，古代

所有的倫理關係中，只有「父母與子女」這一倫是不可逆的，也就是說，無論父母如何對待子女，子女都不可還手而只能避開，不使父母因為虐待自己而陷於不義，因為子女的生命來自父母，所以沒有還手或惡言相向的餘地。

古代國君的權力很大，君要臣死，臣不得不死，有如父母與子女的關係。但是孟子卻有不同的想法，我們從以下的回答可以看出，他認為君臣之間的倫理關係應該是相互對待的。

君臣關係是相對的

孟子告訴齊宣王的話裡，用了很多比喻，例如手足與腹心、犬馬與國人，土芥與寇讎，都是要闡明君臣關係的相對性。

譬如，一個人從樓上摔下來，一定會用手足保護腹心，絕不會認為手腳很可貴，而讓腹部、心臟去撞地板。但是如果手腳受傷而不去妥善治療，以後它們如何保護你？如果國君把大臣當作手腳般珍惜，有困難時加以照顧，將來大臣才會全力保護國君；如果國君把臣子當成狗、馬來使喚，臣子就會把他當成一般人，不談感情，公事公辦。

依此類推，如果君主看待臣下如同泥土、草芥而任意踐踏，那麼臣下看待君主也會如同強盜與仇敵一般，隨時防範而心存怨恨。這就是相對倫理。孔子也有類似的觀念，《論語・八佾》說：「君使臣以禮，臣事君以忠。」意即：若國君使喚大臣時按照禮儀，那麼大臣事奉國君就會忠心耿耿，這兩者是相對的；反之，如果國君忽略禮

儀與禮節，大臣如何對他忠心呢？

附帶一提，這三句話背後的思想，讓後代許多中央集權的帝王相當「感冒」，例如明太祖朱元璋，就把孟子的言論視為反動，於是想把孟子的牌位從孔廟撤走。結果臨到撤走當日，雷電大作又下暴雨，大臣稟告天意示警，不能隨便撤除孟子，朱元璋只好打消此意；但是沒過幾天，他就派大臣把書裡的這幾句話刪掉。所以，據說明朝有一個版本的《孟子》，裡頭把所有對帝王不敬或反動的言論都刪掉了。

齊宣王聽到孟子的回答後，心裡也不太舒服，便問道：「國君怎麼做，臣子就能為他服孝呢？」「服」是指替某人穿孝服。古代封建社會在國君崩殂時，對於幾等的卿大夫，要服多久的喪、穿什麼孝服都有規定。齊宣王大概是想到自己身為君王，將來過世，當然希望許多人為他悲傷悼念，而不希望大臣翻臉無情。當時孟子正好要離開齊國，宣王可能因此故意提起此問。

賢君先講求三禮

孟子對齊宣王的回答，談到「三有禮」，就是國君在三方面做到合乎禮的要求，才會得到臣子的尊敬與服喪。

第一種是「諫行言聽，膏澤下於民」。就是臣子的進諫，國君能夠聽從採納，由此使國君的恩澤可以照顧到百姓，百姓所感謝的還是國君。

第二種是「有故而去，則君使人導之出疆，又先於其所往」。如此做法，讓臣子覺得既體貼又很有面子，當然會心存感激了。

然後，「去三年不反，然後收其田里。」能這麼做的國君，對臣子可謂仁至義盡。

人性具有同等價值與尊嚴

最後，孟子話鋒一轉，提到當時的情況：「現在做臣子的勸諫不被聽從，建議不被採納，以至君主的恩澤無法照顧到百姓。有事故要離開時，君主就捉拿他，還設法使他在要去的地方陷入困境，走投無路。然後離開的當天就沒收他的封地房屋，這樣的人簡直就是仇敵。對於仇敵還服什麼孝呢？」其中，「極之與其所往」，「極」就是窮，亦即讓你走投無路的意思。

依此觀察現代社會，經常可以看到這種情況：當一個人要離開某個單位或組織時，做為上司者想方設法讓下屬走投無路，完全抹殺了下屬以往的貢獻，這樣的上司有如仇人，又怎能贏得別人的尊敬？

由此可見孟子的浩然正氣。他強調人性的尊嚴與平等，絕不認為對方是帝王或在上位者，就應該永遠高高在上。如果沒有適當對待別人，別人為了維護自我的尊嚴，當然不可能以敬重回報。

君臣間的倫理關係是相對的，「君要臣死，臣不得不死」的觀念是荒謬的。孟子的這種想法在當時極為難得，而其基礎則是人有共同的人性，具有同等的價值與尊嚴。

〈8・4〉

孟子曰：「無罪而殺士，則大夫可以去；無罪而戮民，則士可以徙。」

孟子說：「士人沒有犯罪而被殺，大夫就可以辭職不幹；百姓沒有犯罪而被殺，士人就可以遷往他處。」

孟子為什麼說這句話呢？這是因為他有危機意識，常會考慮到下一步的危險。任何危險都是漸進的。在古代社會，最易受委屈的是百姓，往上是士人，然後是大夫。官位愈低的，愈容易受到虐待。如果百姓無緣無故被殺，讀書人也得趕快逃走，以免遭到殺身之禍；如果士人沒有犯罪而被殺，下一步就可能是大夫要遭殃了。換句話說，在上位者若是從地位卑微、愈沒有能力保護自己的人開始殘害，那麼地位高的人也要開始戒懼，否則事到臨頭，要走就太遲了。對於無道暴虐的國君，還是避開為妙。正如《論語・衛靈公》所說：「人無遠慮，必有近憂。」

〈8・5〉

孟子曰：「君仁，莫不仁；君義，莫不義。」

孟子說：「君主行仁，沒有人不行仁；君主行義，沒有人不行義。」

這句話在〈7‧20〉也提過，重申所謂「上行下效」的現象。

孟子所說的，泛指一般情況，我們可以忽略例外，但不宜採用二分法，譬如這裡的仁或不仁、義或不義，是趨勢問題，就是自問「人生正在往哪裡走」的意思。

譬如《論語》裡說，人只有兩種，一個叫君子，一個叫小人。所謂「君子喻於義，小人喻於利」（《論語‧里仁》），不懂這個道理的人讀了之後，會覺得很難過，因為一看之下，自己就被歸類為小人，怎麼辦？這就要問「趨勢」了：小人如果一直只看到自己的利益與好處而不知立志，就永遠是個小人；反之，如果立志，就會成為君子。所以「君子」是一個動名詞——正在成為君子的人，這樣的理解才是對的。否則，君子與小人成了二分法，不僅不合情理，對一般人也不公平。

「上行下效」在某個程度上還是有效的——在上位者行得正，百姓都會仿效，天下當然容易上軌道。社會上有身分地位的人，因為站在一個凸顯的地方，好像聚光燈都照在身上，他們的一言一行，很快就會產生示範作用，因此要謹言慎行，這也是同樣的道理。孟子說的「君仁，莫不仁」，可以就趨勢與風氣來理解，而不能就字面來認定。因為要判斷君是否行仁，已屬困難重重；至於百姓是否行仁，則要靠自己努力。

孟子也說過：「若夫豪傑之士，雖無文王猶興。」（〈盡心上〉）

〈8‧6〉

孟子曰：「非禮之禮，非義之義，大人弗為。」

孟子說：「似是而非的禮，似是而非的義，德行完備的人是不會去做的。」

《孟子》裡的「大人」是很特別的詞，意思是德行完備的人。

什麼是「非禮之禮」、「非義之義」呢？古代社會以大家族為主，有的人輩分雖低但年齡已老，若以尊老為名義而向晚輩行禮，就是「非禮之禮」。譬如，我有一個遠房姪子，年紀略長，如果我因為他的年紀大就向他行禮，就是「非禮之禮」。

倘若一個人想幫朋友報仇，表面上講求朋友有信，應該得到肯定，怎能受到嚴重的懲罰？其實，如果我們把儒家思想讀通的話，就可以立刻判斷許多事情的是非。例如《論語‧學而》裡，孔子的學生有子說：「信近於義，言可復也。」意即：與人有約應該守信，但所約定的事必須合乎義理，方能實踐遵守。這句話就解決了最根本的問題。

當一個人在約定時，首先要想到這個「約」合不合乎正當性。譬如，與他人約定，如果打賭輸了，就不穿衣服跑操場一圈。但這個賭法基本上不合乎正當性，也就是不義，那麼到底還要不要遵守約定呢？

這時候老師或長輩就可以教導年輕人，以後與別人打賭或約定時，內容要合乎正當性。往這方面來思考的話，可以從《孟子》裡得到啟發，重要的是如何建立正確的觀念，以及是否守信實踐，而不只是著重於處罰的輕重。

此外，孟子在〈8‧11〉進一步說明這個道理的重要性。這也是儒家思想裡面，

一以貫之的精闢觀念。

〈8‧7〉

孟子曰：「中也養不中，才也養不才，故人樂有賢父兄也。如中也棄不中，才也棄不才，則賢不肖之相去，其間不能以寸。」

孟子說：「言行適中的人要陶冶言行偏差的人，才幹卓越的人要教導才幹低劣的人，所以人們都樂於有賢能的父兄。如果言行適中的人鄙棄言行偏差的人，才幹卓越的人不理才幹低劣的人，那麼賢能的人與差勁的人之間的距離，就近得不能用寸來量了。」

「中也養不中」的「中」，是指「中行」，也就是行為適中──該怎麼樣就怎麼樣，恰到好處。這是最難得的。

孔子曾在《論語‧子路》說，交朋友要考慮的就是「不得中行而與之，必也狂狷乎。」意即：找不到行為適中的人來交往，就一定要找到志向高遠或潔身自愛的人。志向高遠的人奮發上進，潔身自愛的人有所不為。

隨著年齡漸長，愈來愈能夠了解人的行為與說話，確實有「適不適中」的問題。年輕時往往容易信口開河，有什麼想法或情緒，立刻就說出來或表現出來，超過標準

與不及標準同樣是不好的，唯有「中」才是最合宜的表現。這是高度修養的結果。

此外，孟子還強調「才幹卓越的人要教導才幹低劣的人」，這才是眞正有「才」。人們都樂於有賢能的父兄，因爲長輩可以在「中」與「才」方面提供明確的幫助。

最後一句，點出了孟子心中何者爲「賢」的眞義。

「賢」代表傑出。孟子認爲人的傑出應有三個層面：賢能、賢明，以及賢良。賢能代表能幹，賢明代表明智，賢良則代表善良，也就是能力傑出、智慧傑出、德行傑出。賢能的人如果不具備這三點，對別人沒有任何幫助，那麼，與差勁的人又有什麼分別？

孟子要強調的是，沒有人生來就言行適中、才幹卓越，因此抵達這種境界的人，應該樂於幫助別人，使整個社會日益改善。如果這樣的人只顧自己而忽略社會責任，也算不上「賢」了。孔子在《論語‧泰伯》說：「如有周公之才之美，使驕且吝，其餘不足觀也已。」意即：即使一個人才華卓越有如周公，如果他既驕傲又吝嗇，其他部分也就不值得欣賞了。

〈8‧8〉
孟子曰：「人有不爲也，而後可以有爲。」

孟子說：「一個人有所不爲，然後才可以有所作爲。」

人生貴在善於取捨

這一句話簡短扼要，說的是人生貴在善於取捨，要考慮的是自己的興趣與責任，如果什麼都要，最後可能一無所獲。這就是人在生活上如何選擇的問題。

經常有人問我：平常要教書，一年大約有兩百場演講，還不斷寫書出版，怎麼會有那麼多的時間？我的回答是，因為我努力做到「四不、一沒有」：不碰政治、不上電視、不應酬、不用電腦，以及沒有手機。因為我「有所不為，才可以有所為」，把這些時間省下來，才可以專心從事教學、研究、寫作，以及演講。

的確，一個人如果什麼都要的話，結果不是過度勞累，就是一事無成。人在社會上分工合作，要把力量放在最適合自己的地方。能在某方面有所作為，才會有真正的貢獻。

〈8‧9〉

孟子說：「言人之不善，當如後患何？」

孟子曰：「言人之不善，當如後患何？」

孟子說：「談論別人的缺點，招來了後患要怎麼辦？」

我們都曾在背後批評別人；想當然耳，別人也會在背後批評我們。孔子最討厭述說別人缺點的人，在《論語‧陽貨》中，子貢曾請教孔子：「君子亦有惡乎？」孔子

說：「有惡。惡稱人之惡者，惡居下流而訕上者，惡勇而無禮者，惡果敢而窒者。」

意即：厭惡述說別人缺點的人，厭惡在下位而毀謗長官的人，厭惡勇敢而不守禮儀的人，厭惡一意孤行卻到處行不通的人。

孟子所說的「後患」，是指被我們談論的人可能會挾怨報復，既然他的缺點已經被談論了，又何必替我們保留情面？

練習述說別人的優點

我們要練習述說別人的長處，幫別人說幾句好話，別人一定會非常感激。同樣的，當我們被人誤會的時候，有人能在背後說上幾句好話，我們也會心存感激，甚至引為知己。這是人之常情。

孔子在《論語・季氏》說：「益者三樂……樂節禮樂，樂道人之善，樂多賢友，益矣。」也就是說：有三種快樂是有益的。第一種是用禮樂調節日常生活，以此為樂；第二種是以讚美別人的優點為樂；第三種是以結交許多傑出的朋友為樂。

孔子說得真好！我們平常讚美別人的優點時，多少有些心不甘情不願，好像這麼稱讚之後，自己就被比下去了。其實何必想那麼多呢？把別人的優點傳揚出去，不但自己感到快樂，別人也會發覺我們所擁有的優點。當然，這一切都應該基於事實，是對客觀事實加以陳述，而不單單是「說好話」的願望而已。

〈8‧10〉

孟子曰：「仲尼不爲已甚者。」

孟子說：「孔子是做什麼事都不過分的人。」

能夠在言行上適可而止，確實需要高度的修養。希臘戴爾菲神殿上，有兩句話可以拿來對照：第一句是「認識自己」，第二句是「凡事皆勿過度」。

「不爲已甚」就是做什麼事都不過分，凡事皆勿過度，做任何事都不超過分寸，這是非常難能可貴的。

子貢推崇孔子時，說他「溫、良、恭、儉、讓」（《論語‧學而》），亦即溫和、善良、恭敬、自制、謙退，這正是「不爲已甚」的表現。孔子教導宰予時，也說「成事不說，逐事不諫，既往不咎。」（《論語‧八佾》）意即：已成的事不能再解釋，過去的事不能再勸阻，以前的種種也不能再責怪了。

如果遇到理想不同的人，由於人各有志，不必互相商議，也就是「道不同，不相爲謀」（《論語‧衛靈公》）。對於立場不同的人，孔子說：「攻乎異端，斯害也已。」（《論語‧爲政》），意即：批判其他不同立場的說法，難免帶來後遺症。以上都是孔子「不爲已甚」的例子。

〈8‧11〉

孟子曰：「大人者，言不必信，行不必果，唯義所在。」

孟子說：「德行完備的人，說話不一定都兌現，做事不一定有結果，但是全部以道義為依歸。」

「唯義所在」的「義」是「宜」的意思，亦即配合適當的情況做出正確的抉擇，找出「應該」的所在。人間事物一直在變遷發展之中，如果沒有通權達變的能力，言行都可能陷入困境。

這種例子很多。譬如，我擁有一把槍，某個朋友曾向我提過借槍的事，當時我認為沒問題而答應了。後來他患了憂鬱症再來找我借槍，他有可能拿去自殺，這時怎麼辦呢？如果我對他撒謊說，槍正好被別的朋友借走。這樣可以怪我說話不守信用嗎？

在特殊情況下，有特殊的對待方式，也就是說話不一定要實踐，如果我為了守信而把槍借他，而他真的開槍自殺了，我豈不是成了間接的殺人兇手？

由此讓我們知道說話與守信之間，該如何靈活處理。儒家的特色就在於表現人生的這種智慧。智慧是靈活的，但靈活絕不是狡詐、見風轉舵，或毫無原則，而是懂得如何去判斷。做人處事都依照道理，此理可以公諸天下，並非依自己的利益來考量，這才是過著真正有智慧的生活。必須留意的是，在奉行孟子的話時，要先反省自己的修養是否抵達「大人」或正在走向「大人」的境界。

〈8．12〉

孟子曰：「大人者，不失其赤子之心者也。」

孟子說：「德行完備的人，不會失去他嬰兒般純真的心思。」

這一句話可說是千古名言。不但孟子有此洞見，有些偉大的思想家也提出類似的說法。尼采在《查拉圖斯特拉如是說》一書中，強調精神有三種變化：一變成為駱駝，二變成為獅子，三變成為嬰兒。耶穌宣稱：讓小孩到我跟前來，因為天國是他們的。老子也說：要復歸於嬰兒。這些哲人口中的小孩，代表人類原始的純真心態。

保持赤子之心

我們長大進入社會之後，要遵守禮儀、禮節、禮貌，於是說話很客套，對人很客氣，其實很多時候都未必真誠，以致到後來累積了各種複雜的猜測、恩怨等。所以我們要向小孩學習，向自己過去的純真學習。西方有句諺語說「兒童是人類的老師」，意在提醒人不要忘記幼年時純真的善良與簡單的快樂。

我記得女兒念幼稚園時，有一天回家告訴我，因為螞蟻跑到教室裡面，她與同學就比賽踩螞蟻，看誰踩死比較多隻。也許是因為錯誤的觀念，才會讓這些小孩認為螞蟻是害蟲，其實他們並不了解這樣做到底好不好。依孟子所說，我們所要恢復的是小孩般的純真，而不是無知，這才是最困難的。

所以，「赤子之心」是純樸、真誠、易感的，對人信賴關懷，並且充滿希望、永不沮喪的。這樣的大人總是想要幫助群體、改善社會，只問耕耘不問收穫。除此之外，大人還有高明的智慧與傑出的才幹，不會真的像無知的小孩一般，輕易上當受騙。

孟子說：「奉養父母還算不上大事，只有為他們送終才是真正的大事。」

〈8‧13〉

孟子曰：「養生者不足以當大事，唯送死可以當大事。」

這句話在今天看來需要解釋，這也是兩相比較的說法。為什麼孟子說「唯送死可以當大事」？因為死亡只有一次，人死不能復生，所以為父母辦喪事要克盡孝道，千萬不能馬虎，以免將來遺憾。至於平日奉養父母自然也很重要。孟子在〈8‧30〉談到世俗所說的五種不孝時，其中三種都涉及不顧父母養。可見「養生者」是子女的重責大任。但相較於「送死」，「養生」仍有不斷改善的空間，重要性自然不同。關於送死的重大意義，可參考曾子在《論語‧學而》所說：「慎終追遠，民德歸厚矣。」

古人所謂的「大事」，是指重要之事，往往用於比較的情況下。譬如，父母都在時，奉養父母當然重要。孟子在〈8‧30〉

〈8‧14〉

孟子曰：「君子深造之以道，欲其自得之也。自得之，則居之安；居之安，則資之深；資之深，則取之左右逢其原，故君子欲其自得之也。」

孟子說：「君子依循正確方法深入研究，就是希望可以自己領悟道理。自己領悟的道理，就會安穩地守住它；安穩地守住它，所受的啓發就會深刻；所受的啓發深刻，那麼應用在任何地方都可以回溯本源，所以君子希望可以自己領悟道理。」

這一章是孟子談及學習的方法與效果，關鍵是「自得之」。只要是自己領悟的道理，在應用時自然左右逢源，不但毫無勉強，並且信心日增。

成語「左右逢源」就是從「取之左右逢其原」這句話而來的，「取之左右」是指用在任何地方，可見孟子對文字的掌握很獨到。

所謂學習，不是僅僅得到一些基本的觀念就夠了，一定要靠學習者自己去領悟道理，在「自得之」後才能「居之安」，然後「資之深」，然後「取之左右逢其原」。學習一門知識，一定要到可以隨處舉例說明及應用，才代表自己學會了。不到這個地步的話，知識只不過是一些名詞而已。比如「人性向善」，在開始時可能只是一個名詞，但是當你應用在生活上，到處都能舉例印證時，才代表你眞的懂了。孔子在《論語‧雍也》說：「知之者不如好之者，好之者不如樂之者。」意即：了解做人處事的

道理，比不上進一步去喜愛這個道理；喜愛這個道理，比不上更進一步樂在其中。只有抵達知行合一，並且以此為樂時，才能算是真正的學習有成。

〈8‧15〉

孟子曰：「博學而詳說之，將以反說約也。」

孟子說：「廣博地學習，詳細地闡述，是要由此回到扼要說明的地步。」

本章談的是學習方法，先要博學，進而詳說，最後則須「說約」——把握重點介紹，也就是扼要說明。

《哈佛經驗：如何讀大學》（Making the Most of College）裡說到，哈佛大學的老師上完一節課後，會讓學生利用一分鐘的時間，簡單交代自己的心得，超過一秒都不行，這些學生因此都練就了能扼要說明的好本事。

扼要說明就是看一個人能不能把握重點，光靠背誦與記憶還不夠，一定要練習以自己的話做扼要的敘述。能做到這一點，將來聽別人說話時，也能立刻把握住重點。

但是，在此不可忽略前面兩個步驟：一是博學，二是詳說。博學可以參考子夏所說的：「日知其所亡（ㄨˊ），月無忘其所能。」（《論語‧子張》）意即：每天知道自己所未知的，每月不要忘記自己所已知的。至於詳說，可以參考本書的寫作方式，對每一

句話從各方面反覆推敲，做完整而深入的理解。

〈8‧16〉

孟子曰：「以善服人者，未有能服人者也；以善養人，然後能服天下。天下不心服而王者，未之有也。」

孟子說：「用善行來讓人佩服，沒有能夠讓人佩服的；用善行來陶冶別人，然後才能使天下的人佩服。天下的人心中不服而能稱王，那是不曾有過的事。」

為什麼孟子認為「以善服人者，未有能服人者也」？因為其中存著比較的心態。如果一個人行善是為了比較誰行的善多，誰給慈善團體的錢多，他是不會受到別人佩服的。怎樣才能讓人服氣？就是要「以善養人」。

「以善服人」，仍有互相比較之意；「以善養人」，則是願意同別人一起行善。道德行為的大敵是驕傲或自我中心，如果存著傲慢之心，以為自己比別人更善，光是這一點就是道德上的缺陷。因為一旦有了自我，在心中立即形成我執、我慢，這時就會引發別人來與你競爭了。

「天下不心服而王者，未之有也」，特別針對當國君的人。以舜為例，孟子認為他

的過人之處在於「善與人同，舍己從人，樂取於人以為善」〈3‧8〉，意即：善行與人分享，捨棄自己而追隨別人，樂於吸取別人的優點來自己行善。這種做法稱為「與人為善」，就是偕同別人一起行善。這正是「以善養人」的例子。

〈8‧17〉

孟子曰：「言無實不祥。不祥之實，蔽賢者當之。」

孟子說：「說話沒有根據是不好的。這種不好的後果，要由那些阻礙進用賢者的人來承擔。」

言語造成的困擾很多。「言無實」是指說話沒有根據，這是不好的，因為隨便批評別人，可能導致對方不被重用。尤其是在國君身邊的人，如果這麼做，很可能就會擋住了賢者做官的機會，這對國家、社會都不公平。孟子似乎是有感而發。

以孔子為例，他在《論語‧衛靈公》說：「臧文仲其竊位者與！知柳下惠之賢而不與立也。」意即：臧文仲是個做官不負責的人吧！他歷任魯國國君（莊公、閔公、僖公、文公）的大臣，明知柳下惠有卓越的才幹，卻不給與適當的官位。再以孟子自身為例，在〈2‧16〉本來魯平公由於樂正子的建議，準備去見孟子，但是臧倉以「後喪踰前喪」這種不實之言來阻止，使孟子十分感慨。

〈8‧18〉

徐子曰：「仲尼亟（ㄑㄧˋ）稱於水，曰：『水哉，水哉！』何取於水也？」

孟子曰：「源泉混混，不舍晝夜，盈科而後進，放乎四海。有本者如是，是之取爾。苟為無本，七八月之間雨集，溝澮（ㄎㄨㄞˋ）皆盈；其涸（ㄏㄜˊ）也，可立而待也。故聲聞（ㄨㄣˋ）過情，君子恥之。」

徐子說：「孔子多次稱讚水，說：『水啊！水啊！』他是肯定水的哪一點呢？」

孟子說：「有源頭的泉水滾滾湧出，日夜不停，注滿坑洞之後繼續前進，最後流入大海。有本源的就像這樣，孔子肯定它這一點罷了。如果沒有本源，像七、八月間的雨水，下得很集中，大小溝渠都漲滿了；但是它們的乾涸，你可以站在旁邊等著看到。因此，聲望超過了實際情況，君子認為是可恥的。」

台北市在一場午後大雷雨之後，常有這樣的畫面：馬路上形成到處流動的積水，行人完全無法通行，但因為這樣的水沒有源頭，而是從天上落下的雨水所形成的，往往半小時後就會散了乾了。如果是河流，從山上發源，一路慢慢匯集各種溪流而下，就能細水長流。做學問也是一樣，要基於長期的用功與親身的驗證，否則很快就陷於茫然的困境。

「聲聞過情」這句成語，提醒我們：一個人的名聲應該以實力為其源頭活水。社會上所傳揚的名聲，未必是當事人可以控制及負責的，因此上策是努力充實自己，使自己可以名副其實；中策是以此為恥，並且向大家推薦真正的高手；下策則是認清自己成名的途徑不在於此，然後改弦更張。

孔子說得好：「古之學者為己，今之學者為人。」（《論語‧憲問》）意即：古代的人真正學習的是修養自己，學習是為了改變自己的生命，使自己的生命得到安頓；現在的學者有很多是為了競爭，比較誰的書暢銷，誰的名氣比較大。在孔子那個時代，雖然許多人求學是為了向別人炫耀，為了同別人競爭，但真正的學者依然是為了自己，讓自己在學習後能有所體會，進而努力進德修業，做到與眾不同──這是自然產生的結果，而不是學習的目的。

〈8‧19〉

孟子曰：「人之所以異於禽獸者幾希，庶民去之，君子存之。舜明於庶物，察於人倫，由仁義行，非行仁義也。」

孟子說：「人與禽獸不同的地方，只有很少一點點，一般人丟棄了它，君子保存了它。舜了解事物的常態，明辨人倫的道理，因此順著仁與義的要求去行動，而不是刻意要去實踐仁與義。」

細想人與動物的需求十分類似，同樣要吃飯、睡覺，相差少到有時候甚至分不出來。而這一點點的差別，又有很多人把它去掉了，以致於多少年下來，活得與動物無異，動物吃他也吃，動物睡他也睡，動物做的事他也做，最後竟分不清他到底是人還是動物？

人與禽獸的差別只有「幾希」，君子與庶民的差別在於：前者「存之」而後者「去之」。問題是庶民一旦「去之」，還有恢復的希望嗎？如果沒有希望，則庶民如何異於禽獸？教育又如何可能進行？如果一旦去掉就是永遠去除，那麼一般人不是永遠沒希望，一輩子做禽獸了？

當然不是如此。人性的特質不是一個固定的本質，而是一種「力量」，能夠不斷地生發出來，即使昨天丟棄了人性，今天早上覺悟了，還是有機會重新做人。如果有希望恢復的話，那麼所謂的「去之」，所去的就不是一個固定稱為「善」的人性了。換言之，人性可以去也可以存，顯然它是一種動態的力量，亦即只要人活著並且給自己機會，這個力量又會重新開始運作。

試問這樣的人性究竟是「本善」還是「向善」？只有「向善」一詞，才可以清楚地說明人性的力量狀態。如果是「本善」的話，一旦「去之」，就永遠沒有找回來的可能了。

孟子說過一個「牛山」的比喻（〈11‧8〉）：一座山本來綠油油的，若因為人們每天去砍伐，最後變成禿山。它原來並不是光禿禿的，所以一旦有機會，新芽還是能夠再發出來，這就是描述「人性向善」的狀態。如果孟子心裡想的不是「向善」，怎

麼能說「庶民去掉它，君子保存它」？正因為去掉之後還有希望，代表了它是一種力量的狀態。

「舜由仁義行」，就是因為他體察了人性內在的力量，所以由內而發去行善。一個人只要真誠，就會體認仁義是源於內心的，然後行善就不必刻意，也毫無勉強。唯有這種由內而發的力量，才讓人可以堅持下去。有關孟子的人性論，在〈告子篇〉的第一到第八小節，將有集中的討論。

〈8・20〉

孟子曰：「禹惡旨酒而好善言。湯執中，立賢無方。文王視民如傷，望道而未之見。武王不泄邇，不忘遠。周公思兼三王以施四事；其有不合者，仰而思之，夜以繼日；幸而得之，坐以待旦。」

孟子說：「大禹討厭美酒而喜歡合理的言論。商湯把握公正原則，選拔賢人沒有固定的方法。周文王看待百姓有如他們受了傷，總是撫慰；望著正道卻像沒有看見，總是上進。周武王不輕慢身邊的臣子，也不遺忘遠方的臣子。周公想要融合三代聖王表現，實踐上述四方面的美德。如果有不合當時情況的，就仰起頭思考，夜以繼日；僥倖想通了，就坐著等候天亮，立即去實踐。」

孔子在《論語‧述而》說：「甚矣吾衰也，久矣吾不復夢見周公。」意即：孔子認為自己最近的身體都衰老了，因為好久都沒有夢到周公。由此可知孔子對周公的崇拜。這樣的志向當然也影響了孟子。

孟子「言必稱堯舜」，又經常讚美禹、湯、文王、武王、周公，加上他最崇拜的孔子，如此逐漸形成儒家學派所肯定的道統。重要的不是誰能列名其上，而是他們的德行如何、目標何在。簡而言之，他們的所作所為可以用孔子的志向來概括，就是希望做到《論語‧公冶長》所說的：「老者安之，朋友信之，少者懷之。」

這些古代帝王所有美好的德行與理想，目標都是世界大同、天下太平、止於至善。明白了這些道理之後，也不宜好高騖遠，而要從自己做起：對父母孝順，對兄弟友愛，對朋友講信用等。任何偉大的理想都是從身邊開始實踐，所以只要平常對人友善，一有機會就伸出援手，久而久之會發現，這種理想會指引自己方向、目標與動力，配合自身真誠的心意，就能夠持久下去，而不會只有三分鐘的熱度而已。

今天的政治領袖對於周公的作為，應該「雖不能至，心嚮往之」。周公姓姬名旦，在本文中孟子用「坐以待旦」，可謂親切有味，生動之至。

〈8‧21〉

孟子曰：「王者之跡熄而《詩》亡，《詩》亡然後《春秋》作。晉之《乘》，楚之《檮杌》（ㄊㄠ　ㄨˋ），魯之《春秋》，一也：其事則齊桓、晉

孟子說：「周朝東遷以後，天子採集歌謠的做法廢止，《詩經》也就告終了：《詩經》告終之後，《春秋》這部史書就出現了。晉國的《乘》、楚國的《檮杌》、魯國的《春秋》，都是這一類；所記載的是齊桓公、晉文公等人的事蹟，文字則是出於史官之手。孔子說：『《詩經》中褒貶善惡的原則，我私自借過來使用了。』」

這段話表明了孟子對《詩經》、《春秋》的承啓關係的看法，以及他對孔子的肯定與理解。

古代有採集歌謠的官吏，稱爲「遒人」。《詩經》就是記載各地的民謠及歌詞，最後匯集成三千多首。裡面對當政者有褒有貶，反映了民意，有如「天視自我民視，天聽自我民聽」，讓百姓抒發不平之鳴，也讓在位者有所警惕。

《春秋》也是如此。孟子說：「孔子成《春秋》，而亂臣賊子懼。」（〈6‧9〉）意即孔子寫歷史人物，「一字之褒，榮於華袞；一字之貶，嚴於斧鉞」。華袞是指禮服、禮帽；斧鉞就是古代的斧頭兵器。也就是說，如果一個人被寫爲奸臣，一輩子都洗刷不掉了，不管後代有孝子賢孫都沒有用。這代表了古代中國人對歷史的重視。

不過，周平王東遷之後，天子勢衰，無力進行歷史撰寫，而是由各國的史官記錄重要事件，基本精神仍是勸善戒惡，使當權者知所警惕。由於儒家並非宗教，不談死

後世界，所以就以現實世界的歷史來評價人物的善惡。歷史是時間的積聚，在某種程度上也代表了「永恆」，因而歷史的評價也有一定的獎懲效果，《易經‧坤卦‧文言傳》說：「積善之家必有餘慶；積不善之家必有餘殃。」這是以家族的綿延（也是時間的積聚）做為賞罰的驗證。在不談宗教的情況下，這大概是唯一合乎理性的辦法了。

〈8‧22〉

孟子曰：「君子之澤五世而斬，小人之澤五世而斬。予未得爲孔子徒也，予私淑諸人也。」

孟子說：「君子言行的影響，五代以後也就斷絕了；百姓言行的影響，五代以後也就斷絕了。我沒有能夠做孔子的弟子，我是私下從別人那裡學習的。」

三十年爲一世，父子相繼也是一世，師生相傳也算一世。孟子「受業子思之門人」，而子思是孔子的孫子。所以從孔子到孟子，正好是第五世。這是將絕未絕的時候，孟子繼承孔子理想的心志，十分明顯。他說：「乃所願，則學孔子也。」（3‧2‧5）

司馬遷寫孟子，先說他「道既通」，在周遊列國不得志後，「退而與萬章之徒序

詩書，述仲尼之意，作孟子七篇。」（《史記・孟子荀卿列傳》）由此可知，孟子所通的道，是孔子之道，是孔子的志願與抱負。他在全書最後一章特別強調：從孔子到今天，不過一百多年，離開聖人的年代像這樣的不遠，距離聖人的家鄉像這樣的接近，但是已經沒有繼承的人了，那麼也就真的沒有繼承的人了！這段話中的感慨，讓人低迴不已！

〈8・23〉

孟子曰：「可以取，可以無取，取傷廉；可以與，可以無與，與傷惠；可以死，可以無死，死傷勇。」

孟子說：「處在可以拿也可以不拿的情況下，拿了就對廉潔有所損害；處在可以給也可以不給的情況下，給了就對恩惠有所損害；處在可以死也可以不死的情況下，死了就對勇敢有所損害。」

這段話顯示了人生的深刻智慧。人生充滿抉擇，所以需要判斷的智慧與行動的勇氣。孟子所說的「廉、惠、勇」涉及對物、對人與對己，值得我們深思。

我們與別人相處，常需要衡量拿與給，施與受的分寸。拿了不該拿的，是否代表自己不夠廉潔？不該給的給人家，是否代表想要收買人家，希望對方將來感恩圖報？

也許有些人會疑惑，為什麼孟子說死了對勇敢有所損害？《禮記·檀弓》有一段故事可以參考：

戰國時代發生大饑荒，有一個叫做黔敖的人在路邊煮粥，讓許多餓得快死的人來吃。有一個人用袖子蒙著臉，怕人家看到他，代表他很有自尊心。這時，黔敖說「嗟，來食」（喂，來吃），那個人說他過去就是因為不吃嗟來之食，才會餓到今天這種地步。黔敖立刻向他道歉，但那人還是不吃，結果因此餓死了。這種情況就是「傷勇」。既然黔敖已經道歉了，那人沒有必要不吃，因為留得青山在，將來可能會有一番作為。但是從另一方面來看，他就是因為寧死也不肯受辱，才會被人記錄下來，流傳後世。在〈告子篇〉（11·10）我們會就人的尊嚴來探討這個個案。

總之，為與不為，拿捏之間，端視人的智慧來判斷了。

〈8·24〉

逢（ㄆ）蒙學射於羿（一），盡羿之道，思天下唯羿為愈己，於是殺羿。孟子曰：「是亦羿有罪焉。」

公明儀曰：「宜若無罪焉。」

曰：「薄乎云爾，惡（ㄨ）得無罪？鄭人使子濯孺子侵衛，衛使庾公之斯追之。子濯孺子曰：『今日我疾作，不可以執弓，吾死矣夫！』問其僕曰：『追我者誰也？』其僕曰：『庾公之斯也。』曰：『吾生矣。』

其僕曰：『庾公之斯，衛之善射者也。夫子曰吾生，何謂也？』曰：『庾公之斯學射於尹公之他，尹公之他學射於我。夫尹公之他，端人也，其取友必端矣。』

庾公之斯至，曰：『夫子何不爲執弓？』曰：『今日我疾作，不可以執弓。』曰：『小人學射於尹公之他，尹公之他學射於夫子。我不忍以夫子之道反害夫子。雖然，今日之事，君事也，我不敢廢。』抽矢，扣輪，去其金，發乘矢而後反。」

逄蒙向后羿學習射箭，完全學會了后羿的技術，他想到天下只有后羿比自己強，於是謀害了后羿。

孟子說：「這件事，后羿也有過錯。」

公明儀說：「好像沒有什麼過錯吧。」

孟子說：「過錯不大而已，怎麼會沒有過錯呢？鄭國派子濯孺子侵犯衛國，衛國派庾公之斯追擊他。子濯孺子說：『今天我舊病發作，不能拿弓，我活不成了。』接著問駕車的人：『追趕我的是誰？』駕車的人說：『是庾公之斯。』子濯孺子說：『我可以活命了。』駕車的人說：『庾公之斯是衛國善於射箭的人，您反而說可以活命，這是什麼意思？』子濯孺子說：『庾公之斯向尹公之他學習射箭，尹公之他又向我學習射箭。尹公之他是個正派的人，他選擇朋友一定也是正派的人。』

庾公之斯追來了，說：『先生爲什麼不拿弓？』子濯孺子說：『今天我舊

疾發作，不能拿弓。』庾公之斯說：『我向尹公之他學習射箭，尹公之他向您學習射箭，我不忍心用您傳授的技術反過來傷害您。但是，今天的事是國君交代的，我不敢不辦。』說完就抽出箭來，往車輪上敲，去掉箭頭之後，發射四箭就返身回去了。」

同類的人會聚合在一起，因此一個人受到朋友或學生的連累，自己也有部分責任。

蘇格拉底認為，惡人沒有朋友，因為朋友以道義互相期許，而惡人豈有道義可言？事實上，壞人也有所謂的朋友，只是他們不講道義，交了朋友也靠不住。

因此，后羿收錯了學生，教了一個品性不好的人，反受其害。而子濯孺子收對了學生，教了一個正派的人，由此保住了性命。

這裡的重點在於「取友必端」。這個世界上不可能每一個人都是好人，所以自己要努力行善、端正自己，並且設法物以類聚。不過，最大的難題是：人與人初次見面，開始交往時，如何判斷對方是否端正？孔子談到交友時，固然強調「益者三友：友直，友諒，友多聞」，但是他也承認另外有所謂的「損者三友：友便辟，友善柔，友便佞。」損友是指：裝腔作勢的人，刻意討好的人，巧言善辯的人。

由此可見，交朋友在於自己的選擇，就是明知這個朋友屬於哪一類，還要不要與他繼續交往下去呢？這時要考慮「適可而止」的原則，並且愈早下定決心愈好。交友貴在志趣相近，謹記曾子在《論語‧顏淵》所說的：「君子以文會友，以友輔仁。」依此而行，則自然「取友必端」了。

〈8・25〉

孟子曰：「西子蒙不潔，則人皆掩鼻而過之；雖有惡人，齊戒沐浴，則可以祀上帝。」

孟子說：「如果西施身上沾染了汙垢，人們就會掩著鼻子走過她跟前；即使是面貌醜陋的人，只要齊戒沐浴，也可以祀上帝。」

美醜是天生的，但是乾淨與汙穢將影響人們的好惡。不僅如此，如果內心保持純淨（例如經由齋戒沐浴），連上帝都會欣賞。的確，當我們照鏡子的時候，看到的自己都只是表面的形貌而已，重要的是思考自己是正人君子嗎？在思考「自己是怎麼樣的人」時，可以把自己的人生稍微整理一下，然後活出自己的生命。為什麼一定要在形貌上與別人比較？

孟子使用「上帝」一詞，說明孟子當時還是繼承傳統的觀念，這個名稱顯然是指古代的至高神明，其角色有如主宰之天，受人祭祀。不過也許有人會問：在當時，不是身為帝王的一般人，怎麼可能祭祀上帝呢？

懂得宗教，就懂得生命有更高的層次

其實，儒家從來沒有懷疑或否定宗教信仰的重要性。我為方東美老師校訂他的著作，最感動的一句話，就是：一個哲學家如果沒有同時具備宗教的眼光或宗教家的精

神，就不可能是好的哲學家。一個人如果懂得宗教，就會知道人的生命有更高的層次，對這個層次也不會排斥。如果不了解宗教裡的象徵與符號，以及它所表現出來的超越界，就不可能眞正了解生命。因爲在宗教的世界裡，死亡根本不是問題，人的生命必定還有繼續開展的可能性。

孟子身爲哲學家，表現這樣的理解層次，其實不足爲奇。但是在整部《孟子》之中，只有本章提到了「上帝」，所以我們也很難做更多的推測，只能說他仍然接受傳統的《尚書》與《詩經》裡提到的「上帝」觀念。孟子在類似的說法中，所談的是「天」而不是「上帝」，這一點在〈萬章上〉（〈9‧5〉）再做詳細討論。

〈8‧26〉

孟子曰：「天下之言性也，則故而已矣。故者，以利爲本。所惡於智者，爲其鑿也。如智者若禹之行水也，則無惡於智矣。禹之行水也，行其所無事也。如智者亦行其所無事，則智亦大矣。天之高也，星辰之遠也，苟求其故，千歲之日至，可坐而致也。」

孟子說：「天下的人談論本性，都是就既成事實來說的。既成事實是以順從自然爲基礎的。我們討厭聰明的緣故，是因爲它穿鑿附會。如果聰明的人像大禹使水運行一樣，我們就不會討厭聰明了。大禹使水運行，是順其自然，

好像沒做任何事。如果聰明的人也能順其自然，好像沒做任何事，那麼他的聰明也就了不起了。天是那麼高，星辰是那麼遠，如果能推究既成事實，那麼一千年以後的冬至，也是可以坐著推算出來的。」

「天下之言性也」的「性」，是指萬物的本性，並不是指人的本性；「則故而已矣」的「故」，是指表現出來的既成事實，代表經驗界可供人去觀察及研究的事實。像研究社會科學，就是把經驗界的事實設法收集、歸納、整理、綜合來做統計；「故者以利爲本」的「利」，是順的意思，就是要順從每一事物的自然狀況。從科學的角度看來，孟子就經驗界的現象所言是可以成立的，所以最後談到推算千年之後的冬至。大禹治水是因爲了解水性，順而行之，可以事半功倍。

如果專就人性來說，也須考慮「故」與「利」，亦即認清人類社會的既成事實，再順著人性的自然要求去省思。換言之，如果自作聰明，也就是孟子特別提到的「爲其鑿也」，「鑿」就是穿鑿附會，想出一些奇特的人性理論，然後解釋起來玄之又玄，甚至要借用西方學者如康德的理論來說明，那就不是孟子所能認可的了。

東西思想無須穿鑿附會

康德（I. Kant）在西方思想界最大的特色，要由宗教與道德的關係說起。西方社會向來是以宗教做爲道德的基礎，由於相信上帝無所不知、無所不在，一個人做好事是因爲上帝全知全能，因此使宗教信仰變成道德的基礎。康德則認爲，因爲人有理

性，可以明白做好人是應該的道理，由此使道德自行奠基，即使是宗教也不能偏離道德原則。這使得大家都認為他很有中國儒家思想的味道，甚至給他一個「科尼斯堡的中國人」的綽號。

很多人說康德與孔子、孟子差不多，肯定道德的自律性，就是一個人行善，不可以另有目的，應該為行善而行善。有自我內在的基礎。但康德的哲學哪裡有這麼簡單呢？舉一個常見的例子：假設朋友生病，你要到醫院探視他，如果你是康德思想的信徒，會認為去探視朋友完全是因為他是你的「朋友」，而不是因為你喜歡他。「朋友」這個名稱本身就帶給人一種道德要求。這樣的想法的確偉大高尚，但是不近人情。所以康德的哲學在西方引起很多批判，說這種思想只能叫做形式主義。

也有很多人強調康德所謂的自律道德。自律就是理性給自己立法。譬如，我今天幫助一個人，不是因為想得到別人的稱讚，也不是因為要讓他喜歡我，而是我的理性給自己立法說應該幫忙，這是不是很像「今人乍見孺子將入於井，皆有怵惕惻隱之心」這一段的說法〈3‧6‧1〉？問題是，哪一個人做事是完全自律或完全他律的呢？譬如，我現在孝順父母，別人說我是為了父母會給我零用錢而孝順，這是完全的他律。但事實上，我內心裡也覺得孝順父母是應該的。所以，自律和他律不可能完全分開。

孔、孟與康德最大的差別在於：孔、孟是「為善最樂」，康德是「為善不樂」。康德認為行善不能考慮快樂，否則就可能是為了快樂而行善。只要覺得快樂，就表示注意到效果，表示道德不夠純粹，快樂與道德兩者是不能相容的。而儒家是行善本來就

快樂——「與民偕樂」，我同大家一起快樂。

總而言之，如果我們講解《孟子》的時候，能夠說得清楚明白，就不必特別借用

西方的哲學來勉強印證了。

〈8‧27〉

公行子有子之喪，右師往弔。

入門，有進而與右師言者，有就右師之位而與右師言者。孟子不與右

言，右師不悅曰：「諸君子皆與驩言，孟子獨不與驩言，是簡驩也。」

孟子聞之，曰：「禮，朝廷不歷位而相與言，不踰階而相揖也。我欲行

禮，子敖以我爲簡，不亦異乎？」

齊國大夫公行子爲兒子辦理喪事，右師前去弔唁。

他一進門，就有人上前同他說話：他坐定了，又有人走近座位同他說話。孟

子不同他說話，他不高興地說：「大夫們都來同我說話，只有孟子不同我說

話，這是怠慢我呀。」

孟子聽到這話，就說：「按禮制的規定，在朝廷上不能越過位置相互交談，

不能越過台階相互作揖，我想遵循禮制，子敖卻認爲我怠慢了他，不也奇怪

嗎？」

由這一章可以看到孟子個性比較孤傲之處。

這位右師就是王驩（王子敖）孟子對他並無好感，但仍依禮行事。禮制所說的是「朝廷」，而喪禮是民間的正式禮儀，並且前往弔喪的多是朝廷官員，所以孟子就取法乎上，故意以朝廷的禮儀來比附。

我在參加親友的喪禮時，也曾遇到類似的情況。大人物一來，好多人趁機過去說話，興奮之情溢於言表，讓人搞不清楚這些人是來辦喪事還是辦喜事。在那種場合看到類似的情況，難免覺得不太適合，孟子大概也有這個意思。孟子對王驩的不滿並非祕密，可參看〈4‧6〉。

〈8‧28〉

孟子曰：「君子所以異於人者，以其存心也。君子以仁存心，以禮存心。仁者愛人，有禮者敬人。愛人者，人恆愛之；敬人者，人恆敬之。有人於此，其待我以橫逆，則君子必自反也：我必不仁也，必無禮也，此物奚宜至哉？其自反而仁矣，自反而有禮矣，其橫逆由是也，君子必自反也：我必不忠。自反而忠矣，其橫逆由是也，君子曰：『此亦妄人也已矣。如此則與禽獸奚擇哉？於禽獸又何難焉？』是故君子有終身之憂，無一朝之患也。乃若所憂則有之：舜，人也；我，亦人也。舜為法於天下，可傳於後世，我由未免為鄉人也，是則可

憂也。憂之如何？如舜而已矣。若夫君子所患則亡矣。非仁無爲也，非禮無行也。如有一朝之患，則君子不患矣。」

孟子說：「君子與一般人的不同之處，在於他考察心思的方式。君子用仁德來考察心思，用守禮來考察心思。仁德者愛護別人，守禮者尊敬別人。愛護別人的，別人也總是愛護他；尊敬別人的，別人也總是尊敬他。假定這裡有個人，他以粗暴蠻橫的態度對待我，那麼君子必定反省自己：我一定沒有仁德，我一定不守禮，不然這種態度怎麼會衝著我來呢？反省之後也肯定自己合乎仁德，而那人的粗暴蠻橫還是一樣，君子必定反省自己：我一定沒有盡心竭力。反省之後肯定自己盡心竭力了，而那人的粗暴蠻橫還是一樣。君子就會說：『這不過是個狂妄的人罷了。像他這樣，同禽獸有什麼區別呢？對於禽獸又有什麼好責怪的呢？』

「因此，君子有終身的憂慮，而沒有一時的煩惱。至於要憂慮的則有：舜是個人，我也是個人；舜爲天下人樹立典範，影響流傳到後代，我卻仍然不免是個平凡的人，這是值得憂慮的。憂慮了又怎麼辦呢？像舜那樣去做罷了。至於君子一時的煩惱，那是沒有的。不是仁德的事不去做，不是守禮的事不去做。即使有一時的煩惱，君子也不認爲那是值得煩惱的。」

「愛人者，人恆愛之；敬人者，人恆敬之」，就是日本小公主取名「愛子，號敬宮」

的來源，當時我看了日本發布的新聞，頗為感動。美國總統雷根也曾經提及老子的「治大國，若烹小鮮」的名言。古書裡蘊藏多少智慧，現在卻很少聽到政治人物在演講裡提到孔、孟、老、莊偉大的思想，實在很可惜。

君子用仁德與守禮來考察心思

在這一章，「存心」一詞值得深究。首先，它可以指居心、用心或動機。其次，接著說到「以仁存心，以禮存心」，就清楚表示：仁與禮並不等於心；尤其是稍後的「我必不仁也」，必無禮也」，更顯示「存」是反省、考察的態度。它與主觀上個人的動機或用心、居心是否純正，是否具有善意，其實是兩回事。其次，「存」的意思是在或察，因此，存心是指省察其心，遇到狀況就要「自反」，以免過於主觀或是自以為是。

的確，君子與一般人不同的地方，在於考察心思的方式。一般人的存心往往是考慮有利還是有害；君子則是用仁德、用守禮來考察心思，要先問自己有沒有合乎仁德、守禮的要求。

康德的哲學也被稱作「存心倫理學」，因為他說過：真正的善，只有一種，叫做善意──善的意志。這就是動機論，一個人做事時，善意最重要，有善意代表有好的動機，即是真正的善，這與康德的自律倫理學是配合在一起的。許多人就把康德所謂「真正的善就是善意」，講成存心。即使如此，也不代表孟子所說的「存心」與康德的「存心」意義相同。

孟子這段話裡一直在反省「我是不是不合乎仁德，我是不是不合乎守禮」，如果

用仁、用禮來考察自己，才會問：我不合乎仁、不合乎禮嗎？這樣說明就很清楚了。反之，

存心一旦出現，等於是肯定「我要仁、我要禮」，那麼後面怎麼可以說自己可能不合

乎仁、不合乎禮呢？換言之，既然存心如此，一直都沒有離開仁與禮，還要反省什

麼？所以在閱讀時要避免斷章取義，不能看到「存心」二字，就將它附會於康德的

「存心倫理學」上，把孟子與康德硬拉在一起。

如果自己本身只靠動機就有仁、有禮，又何必拿這些來反省自己？

君子的終身之憂：止於至善

孟子駕馭語文的能力十分高明，才能寫出「君子有終身之憂，無一朝之患」如此

美妙又有力的句子。

終身之憂來自於：人性只是向善的，所以終身都要努力擇善固執，以求止於至

善。舜則是代表「止於至善」的典型。

在《論語‧雍也》裡，子貢問孔子：「如有博施於民，而能濟眾，何如？可謂仁

乎？」孔子回答說：「何事於仁，必也聖乎，堯舜其猶病諸。」另外，孔子在《論

語‧憲問》也曾說：「修己以安百姓，堯舜其猶病諸。」意即：連堯舜都覺得很難做

到，表現出儒家的「終身之憂」是不可能鬆懈的。因為人性向善的「善」，是指自己

與別人之間適當關係的實現，所以天下只要有一個人尚未安頓，就會覺得自己的責任

還沒完成。堯舜就是如此，孔子也是如此，這叫做終身之憂。

至於「一朝之患」，指的是生活中各種突發的困境。對君子而言，這些只是考驗與挑戰，根本不構成煩惱，因為他知道什麼叫做「常道」——永恆的道，亦即人生應該走的正路。因此，對變數也能了然於心。一般百姓，就可能想著「一朝之患」，而忘了「終身之憂」。

所以，一個人要分辨清楚，什麼事情是自己在乎的、憂慮的，什麼事情是不需煩惱的。真能做到「有終身之憂，無一朝之患」，每天的生活就能步上軌道，不斷成長。

〈8‧29〉

禹、稷當平世，三過其門而不入，孔子賢之。顏子當亂世，居於陋巷，一簞食，一瓢飲，人不堪其憂，顏子不改其樂，孔子賢之。

孟子曰：「禹、稷、顏回同道。禹思天下有溺者，由己溺之也；稷思天下有飢者，由己飢之也，是以如是其急也。禹、稷、顏子易地則皆然。今有同室之人鬥者，救之，雖被（ㄆㄧ）髮纓冠而救之，可也；鄉鄰有鬥者，被髮纓冠而往救之，則惑也；雖閉戶可也。」

大禹、后稷處在政治清明的時代，三次路過家門都沒有進去，孔子稱讚他

們。顏回處在政治昏亂的時代，住在破舊的巷子裡，靠著一竹筐飯、一瓜瓢水活下去，別人都受不了這樣的困苦，顏回卻不改變他的快樂，孔子也稱讚他。

孟子說：「大禹、后稷、顏回所取的原則是相同的。大禹想到天下的人有溺水的，就好像是自己讓他們溺水的一樣；后稷想到天下的人有挨餓的，就好像是自己讓他們挨餓的一樣，所以才會那麼急迫要去拯救。大禹、后稷、顏回如果互相交換處境，所做的事也會一樣的。假定現在有同住一屋的人打架，為了阻止他們，即使披散著頭髮戴上帽子而未繫帽帶，也是可以的。如果是同鄉的鄰人打架，也披散著頭髮戴上帽子而未繫帽帶就趕去阻止，那就是糊塗了；這時即使關上門不管，也是可以的。」

「人飢己飢，人溺己溺」的典故就來自於此。事實上，三次路過家門而不入的只有大禹，他與后稷並論時，只說「三過其門而不入」，這是古代的修辭法，表示同樣是在急民之苦。顏回之事，見《論語‧雍也》，最難得的是「不改其樂」。孟子認為這三人「易地則皆然」，因為人不能選擇時代，只能對自己的理想負責。儒家的「同道」，是把自我實現與人群福祉連在一起，因為「善」不能脫離自我與群體之間的關係網絡。

大禹與后稷所處的是堯天舜日的好時代，這時遇到「同室之人鬥者」，所以要救人第一，並且確實成效卓著。這好比同住一屋的人打架，如果不去救的話，電視砸毀

了，桌子踢翻了，門窗也弄壞了，連住都住不下去了，這個時候就要去救助。顏回的時代則是「鄉鄰有鬥者」，就像隔壁村的人在打架，你衣衫不整就跑去勸架，說不定你去的時候架打完了，連結果也出來了，這是比喻幾乎無從救起之意。孟子的意思是：在治世，要兼濟天下；在亂世，要明哲保身，至少不必做無謂的犧牲。這也是「窮則獨善其身，達則兼善天下」的觀念。

〈8‧30〉

公都子曰：「匡章，通國皆稱不孝焉，夫子與之遊，又從而禮貌之，敢問何也？」

孟子曰：「世俗所謂不孝者五：惰其四支，不顧父母之養，一不孝也；博弈好飲酒，不顧父母之養，二不孝也；好貨財，私妻子，不顧父母之養，三不孝也；從（アメム）耳目之欲，以為父母戮，四不孝也；好勇鬥狠，以危父母，五不孝也。章子有一於是乎？夫章子，子父責善而不相遇也。責善，朋友之道也；父子責善，賊恩之大者。夫章子，子父責善，不得近，出妻屏（ㄅㄧㄥ）子，終身不養焉。其設心以為不若是，是則罪之大者，是則章子已矣。」

公都子說：「齊國的匡章，全國的人都說他不孝，先生卻同他交往，並且對

他頗為敬重，請問這是什麼緣故？」

孟子說：「世俗所說的不孝，有五種情況：手腳懶惰，不管父母的生活，這是一不孝；喜歡賭博喝酒，不管父母的生活，這是二不孝；貪圖錢財，偏愛妻小，不管父母的生活，這是三不孝；放縱耳目欲望，使父母蒙受羞辱，這是四不孝；喜歡逞勇打鬥，使父母陷於危險，這是五不孝。章子犯過哪一種呢？章子是因為父子之間要求行善而無法相處。要求行善是朋友相處的原則；父子之間要求行善，是最傷親情的。章子難道不想有夫妻相處及母子陪伴嗎？只是因為得罪了父親，不能親近他，就把自己的妻子兒女趕出了門，終身不要他們照顧。他在心裡設想，不這麼做，罪過就更大了。這就是章子的為人啊。」

匡章的家庭背景在〈6‧10〉裡已經詳述過，這裡從略。孟子為什麼欣賞匡章？倒不是基於「清官難斷家務事」，而是因為他知道匡章已經盡了心。匡章很真誠地為自己設想，然後採取他認為合宜的行動。

在此，孟子提到了五種不孝，前三種「不孝」都是不能奉養父母。

小時候看過一位長輩，他的兒女每次給他錢的時候，一定雙手奉上，恭敬地放在桌上，再讓父親自己去拿。兒女絕不會在給父親錢的時候直接授受，好像父親在要錢一般，這是對父母尊重的表現。

反之，對父母不尊重，給錢時好像是施捨、救濟一般，或是嫌父母「老了」、

「衛生習慣與我們不太一樣」等等。其實，小時候吃的東西，大多是母親用嘴巴含過了，才餵給我們吃的，那時候我們反而覺得特別幸福。所以回饋父母，不能不管他們的生活，這是孝最必要也最基本的要求。至於後兩種不孝，則是讓父母感到羞恥，或者使他們陷於危險。

接著，孟子總結說，其實匡章並沒犯過任何一種不孝的罪，只因為「子父責善而不相遇也」。「責善」就是要求行善，這是最傷親情的。孟子所要表達的是，世俗所謂的孝或不孝，可以代表一種評價，但是人終究還是要對自己負責。匡章的做法在今日看來，未必很恰當，像「出妻屏子」，對家人並不公平。

〈8‧31〉

曾子居武城，有越寇。或曰：「寇至，盍去諸？」

曰：「無寓人於我室，毀傷其薪木。」

寇退，則曰：「修我牆屋，我將反。」

寇退，曾子反。左右曰：「待先生如此其忠且敬也，寇至則先去以為民望；寇退，則反，殆於不可。」

沈猶行曰：「是非汝所知也。昔沈猶有負芻之禍，從先生者七十人，未有與焉。」

子思居於衛，有齊寇。或曰：「寇至，盍去諸？」

子思曰：「如伋（ㄐ一）去，君誰與守？」

孟子曰：「曾子、子思同道。曾子，師也，父兄也；子思，臣也，微也。曾子、子思易地則皆然。」

曾子住在武城時，越國軍隊來侵犯。有人說：「敵兵要來了，何不離開這裡？」

曾子說：「不要讓人住到我家來，破壞了裡面的樹木。」

等到敵兵退走，曾子說：「修好我的門牆房屋，我要回來了。」他身邊的人說：「武城人對待先生這樣忠誠而恭敬，敵兵來了他卻先離開，讓百姓都看到了；敵兵一退，他就回來，這樣恐怕不可以吧？」

沈猶行說：「這不是你們所能了解的。從前沈猶家遇到負芻作亂，跟隨先生的七十個弟子都沒有被波及。」

子思住在衛國時，齊國軍隊來侵犯。有人說：「敵兵要來了，何不離開這裡？」

子思說：「如果我也離開，國君同誰來守城？」

孟子說：「曾子與子思所取的原則是相同的。當時，曾子是老師，是長輩的身分；而子思是臣子，處於卑微的地位。曾子與子思互相交換處境，所做的事也會一樣的。」

曾子是老師，也是客人，沒有理由與武城共存亡。子思當時是個小官，所以要盡忠職守。他們的作為是出於相同的原則（同道），但是要通權達變。人貴自知，遇事須先明辨是非、決定行止，不能完全順從一般人的意見。

這也說明儒家的哲學沒有非怎麼樣不可，很多事情都要看適當的時機，至於該怎麼做，則需要智慧的判斷。孔子自認為是「無可無不可」（《論語・微子》），意思是沒有一定要怎麼做，也沒有一定不要怎麼做。他也強調「知者樂水」（《論語・雍也》），因為水碰到山就會繞過去，碰到低地就把它填平，能夠隨順各種情況而調整，但這絕不是沒有原則。

孟子的過人之處，就在於他對這一類事情的判斷。

〈8・32〉

儲子曰：「王使人瞷（ㄐㄧㄢˋ）夫子，果有以異於人乎？」

孟子曰：「何以異於人哉？堯舜與人同耳。」

儲子說：「齊王派人來窺探先生，是不是真有與別人不同的地方？」

孟子說：「有什麼與別人不同的地方呢？堯、舜也與一般人一樣啊。」

齊王知道孟子很有學問，也聽人描述孟子說話辯才無礙、很有道理，於是派人去

偷看孟子的長相與一般人有什麼不同。其實孟子的外表自然與平常人一樣，齊王派人去看孟子，應該是要看他日常的家居生活是不是也道貌岸然，一開口就是仁義禮智之類的話。

孟子以堯、舜為例，一方面充滿了自信，因為至少他本人相信「堯舜與人同」；另一方面則提醒我們，即使人的外表長相都差不多，內心的志向與德行的修養卻可以有天壤之別。現代人講究名牌服飾，喜歡從外表來判斷一個人的價值，但是「金玉其外，敗絮其中」的情況比比皆是。蘇格拉底的時代，雅典人爭相討論誰是美男子。而蘇氏最常用來勸勉美男子的話是：「如果你的內心也像外表一樣美麗，那有多好！」而聖人的外表也許平凡無奇，智慧與德行卻出類拔萃，我們要學習效法的是什麼？

〈8‧33〉

齊人有一妻一妾而處室者，其良人出，則必饜（一ㄢˋ）酒肉而後反。其妻問所與飲食者，則盡富貴也。其妻告其妾曰：「良人出，則必饜酒肉而後反；問其與飲食者，盡富貴也，而未嘗有顯者來，吾將瞯（ㄐㄧㄢˋ）良人之所之也。」

蚤起，施（一ˊ）從良人之所之，遍國中無與立談者。卒之東郭墦（ㄈㄢˊ）間，之祭者，乞其餘；不足，又顧而之他，此其為饜足之道也。

其妻歸，告其妾曰：「良人者，所仰望而終身也，今若此！」與其妾訕

其良人，而相泣於中庭，而良人未之知也，施施從外來，驕其妻妾。由
君子觀之，則人之所以求富貴利達者，其妻妾不羞也，而不相泣者，幾
希矣。

齊國有個人，家裡有一妻一妾；這個做丈夫的每次出門，一定吃飽了酒肉才
回來。妻子問他一起吃喝的是些什麼人，他就說都是有錢有勢的人。妻子就
對妾說：「丈夫每次出去，一定吃飽了酒肉才回來；問他同誰一起吃喝，他
就說都是有錢有勢的人，可是從來沒有顯貴的人來過我們家，我打算暗中察
看他去什麼地方。」

第二天一早起來，她就偷偷跟著丈夫後面走，走遍全城，沒有一個人停下來
同她丈夫說話。最後走到東門城外的墓地，見他走近祭掃墳墓的人那裡，討
些剩餘的酒菜吃；沒吃飽，又四處張望再去別處乞討，這就是他吃飽喝足的
辦法。

妻子回到家裡，把情況告訴了妾，並且說：「丈夫是我們仰望而終身依靠的
人，現在他竟是這樣！」說完就同妾一起嘲罵丈夫，在庭院中相對而泣，做
丈夫的還不知道這一切，仍然得意洋洋地從外面回來，以驕傲的神色對待妻
妾。由君子看來，人們用來追求升官發財的方法，能使他的妻妾不感覺羞
恥，不相對而泣的，實在是太少了啊。

從古代的寓言故事可知，人活在世間最難的就是得到身邊的人認同。西方有句名言：「僕人眼中沒有偉人」，就是這個意思。僕人看到老闆私底下做了什麼事，自然不會認為他是偉人。其他的人只看到表面，譬如，在上位者每次出場都冠冕堂皇，事實上只有他身邊的人才知道他的真面目。孟子也有這樣的意思。

古代女子沒有受教育的機會，十六歲「及笄」以後就可以嫁人了，她們所走的路線同自己的母親是一樣的，就是結婚生子、養育孩子，照顧家庭。沒有機會開發自我的潛能，當然沒有辦法具備謀生的能力；經濟上不能獨立的話，人格上很少可以挺立的。如此一來，「良人」這個做先生的角色，責任就特別重大了。這是古代的普遍情況，也是無可奈何的事情，在各個社會都有類似的故事。孟子寫這篇故事時，一定也覺得無可奈何。

在此，我特別把朱熹的註解引出來：「言今之求富貴者，皆以枉屈之道，昏夜乞哀以求之，而以驕人於白日，與斯人何以異哉！」意即：求富貴的人在黃昏、晚上偷偷摸摸到大官家裡去哀求，那種醜態反正外面也看不到；但是到了白天就在別人面前驕傲得意。這句話描寫得非常生動，這種現象從來不會根絕，所以君子貴乎自重。

卷九　〈萬章篇〉上

〈9·1〉

萬章問曰：「舜往於田，號泣於旻（ㄇㄧㄣ）天。何爲其號泣也？」

孟子曰：「怨慕也。」

萬章曰：「『父母愛之，喜而不忘；父母惡之，勞而不怨。』然則舜怨乎？」

曰：「長息問於公明高曰：『舜往於田，則吾既得聞命矣；號泣於旻天，於父母，則吾不知也。』公明高曰：『是非爾所知也。』夫公明高以孝子之心，爲不若是恝（ㄐㄧㄚ），我竭力耕田，共爲子職而已矣，父母之不我愛，於我何哉？帝使其子九男二女，百官牛羊倉廩備，以事舜於畎畝之中；天下之士多就之者，帝將胥天下而遷之焉。爲不順於父母，如窮人無所歸。天下之士悅之，人之所欲也，而不足以解憂；好色，人之所欲，妻帝之二女，而不足以解憂；富，人之所欲，富有天下，而不足以解憂；貴，人之所欲，貴爲天子，而不足以解憂。人悅之、好色、富貴，無足以解憂者，唯順於父母可以解憂。人少，則慕父

母；知好色，則慕少艾；有妻子，則慕妻子；仕則慕君，不得於君則熱中。大孝終身慕父母。五十而慕者，予於大舜見之矣。」

萬章請教說：「舜去田裡工作時，對著蒼天訴苦哭泣

呢？」

孟子說：「因為他對父母既抱怨又思慕。」

萬章說：「『父母喜歡自己，雖然高興卻不因此懈怠；父母討厭自己，雖然

憂愁卻不因此抱怨。』那麼舜抱怨父母嗎？」

孟子說：「長息請教公明高說：『舜去田裡工作這件事，我聽先生解釋過

了；但是他對著蒼天訴苦哭泣，並且涉及父母，這一點我就不明白了。』公

明高說：『這不是你所能了解的。』公明高認為，孝子的心思不能像這樣無

憂無慮，就是：我盡力耕田，恭敬地做好兒子的職責就是了，父母不疼愛

我，我有什麼辦法呢？帝堯派遣九個兒子、兩個女兒，帶著大小官員、牛

羊、糧食等等，到田野中事奉舜；天下的士人也大都投奔他，帝堯還準備把

整個天下讓給他。舜卻因為不能使父母順心，而像一個窮人走投無路一樣。

天下的士人喜歡他，這是人人想要的，卻不足以消除他的憂愁；美麗的女子

是人人想要的，他娶了帝堯的兩個女兒，卻不足以消除他的憂愁；財富是人

人想要的，他有了天下的財富，卻不足以消除他的憂愁；尊貴是人人想要

的，他尊貴到當了天子，卻不足以消除他的憂愁。士人的喜歡、美麗的女

子、財富與尊貴，沒有一樣足以消除憂愁的，只有順了父母的心意才可以消

除憂愁。人在幼小時，會思慕父母；知道漂亮的異性了，就思慕年輕貌美的女子；有了妻子，就思慕妻子；做了官，就思慕君主，得不到君主的信任，就內心焦急得發熱。只有最孝順的人才會終身思慕父母。到了五十歲還思慕父母的，我在大舜身上看到了。」

在閱讀〈萬章篇〉時，應該先大略了解其背景。萬章是孟子的學生，非常喜歡發問，他的問題很有挑戰性。對於不明白的、覺得不合理的，他都提出來請教，而孟子也都能夠容忍、接受、肯定、欣賞這樣的學生，這讓我們看到孟子循循善誘的一面。

在其他章節中的孟子，往往是理直氣壯、辯才無礙的，但在這裡，可以見到他對學生的諄諄教誨、有問必答，一定會把他了解的道理，比較複雜、深刻的部分說清楚。經過孟子的解說，古代聖賢的形象才更清晰地展現出來。

孟子與舜的時代差了將近二千年，但因為他能用同理心去了解，才能分析出舜有所為與有所不為的理由。他不會因為聖賢的名聲就盲目崇拜，而是深入了解其言行的動機與考慮，把握事件表象背後的原因，這正是孟子傑出之處。

怨慕父母不為過

「號泣」的「號」是訴苦，「泣」是哭泣，就是一邊說話，一邊掉眼淚；「旻」是仁的意思。古人相信天會主持公道，也相信天是有仁德的，才會向天哭求。

孟子的回答很有趣，他認為舜是因為「怨慕」父母，才會對天哭訴。通常我們對

人有所期待時才會抱怨，而子女對父母親，也就是經常會想到父母親，為什麼孟子會用「怨」字呢？好像在說舜的心裡還有一些不滿。

萬章很聰明，他一聽到老師這樣的回答，立刻產生疑問：「像舜這樣的聖賢，也會抱怨父母嗎？」

關於這一點，我的老師方東美在上課時特別強調：國家需要大臣向君主建議，如果政策有問題就要改；家庭也是如此，需要子女向父母建議，有錯就要改。中國人的孝順並非盲目地百依百順，在《論語・里仁》裡提到「事父母，幾諫」，意思是事奉父母的原則是「幾諫」，父母將犯錯誤，做子女的要進諫，只是要委婉，不至於翻臉。譬如，父母假公濟私或做了違法的事情，子女長大懂事後知道父母錯了，就該委婉地勸阻，希望父母不要繼續犯錯，這才是孝順的真正精神。

《孝經》裡提到的孝順，同樣不是百依百順，不是父母做壞事還幫忙把風；真正的孝順是父母有錯要委婉地勸阻，讓父母也對得起他自己的祖先。畢竟祖先與我們的生命是深深相連且慢慢演進的，一個人也許不能成就什麼偉大的事業，但隨著一代一代都以「善」做為目標來發展，才是千秋萬世的大業，也才是孝的真正精神。

接著，孟子就條理清晰地回答萬章的問題。

文中提到的公明高是曾子的學生，而曾子是《孝經》的作者，所以公明高可以了解得比較透澈。公明高說「以孝子之心，為不若是恝」，「恝」是指無憂無慮的模樣。他認為真正孝順的人，如果父母不喜歡自己，就不能夠無憂無慮，而要去思考怎麼樣讓父母喜歡。這份孝心著實不容易。

其實，舜的父親是個老糊塗，母親是後母，極度偏愛弟弟象。舜羨慕弟弟，但無可奈何。他弟弟的作為幾乎一無可取，但父母的愛卻不是靠理性可以解釋的，如果這種情感可以用理性解釋的話，人生就不會有問題了。

類似的新聞經常出現。譬如，年輕的學生自殺，老師和父母不約而同地說：他很乖，很懂事，也很用功。但沒有問題反而是個問題，最後就因為找不到出路而採取激烈的手段結束了自己的生命。

人會思考又有自由，本來就是有問題的，如果一個人覺得自己沒有任何問題，那反而要小心了，說不定是自己過於大意，等到發現狀況時就來不及了。因為覺得有問題，人才繼續上進、奮鬥；反之，如果覺得沒有問題，就會鬆懈下來，最後這一生也沒什麼太大的發展了。

順於父母可以解憂

舜認為「唯順於父母可以解憂」──父母不喜歡他，即使他擁有一切，仍然好像無家可歸一樣。士人的喜歡、美麗的女子、財富、尊貴都不足以消除他的憂愁，只有順了父母的心意才可以。這實在是令人感動。

最後，孟子下了結論：「只有最孝順的人，才會終身思慕父母。到了五十歲還思慕父母的，我在偉大的舜身上看到了。」注意「終身」一詞，這是從《論語‧子罕》開始使用的。「子曰：『衣敝縕袍，與衣狐貉者立，而不恥者，其由也與？不忮不求，何用不臧？』子路終身誦之。子曰：『是道也，何足以臧？』」意即：孔子說：

「穿著破舊的棉袍同穿著漂亮的名牌皮草的人站在一起，絲毫不覺得慚愧的，大概就是子路吧，不嫉妒也不貪求，怎麼會不好呢？」子路整天念著這句話。孔子又說：「這固然是不錯，但這樣還不夠好。」孔子希望子路在整天念著「不忮不求」之外，還要積極地做一些事。

人生的修德方法有兩種：一是消極無為，不做不該做的事；第二種，是積極進取，做該做的事，奮發向上提升，發展潛能。所以說，「終身」原指整天如此，日日如此；在《孟子》此章則推演為「一生」如此了。

舜對父母的思慕，不是常人所能做到的，他對世人所求的一切成就與快樂都不太在意，卻特別感激生養自己的父母。一個人能夠如此不忘本，無怪乎成為聖人。「唯順於父母可以解憂」，可謂含義深刻。

關於舜在家中所受的待遇，在本篇還會反覆提及，在全盤了解情況之後，才能明白舜的偉大遠遠超出一般人的想像。

〈9‧2〉

萬章問曰：《詩》云：『娶妻如之何？必告父母。』信斯言也，宜莫如舜。舜之不告而娶，何也？」

孟子曰：「告則不得娶。男女居室，人之大倫也。如告，則廢人之大倫，以懟（ㄉㄨㄟˋ）父母，是以不告也。」

萬章曰：「舜之不告而娶，則吾既得聞命矣；帝之妻舜而不告，何也？」

曰：「帝亦知告焉則不得妻也。」

萬章曰：「父母使舜完廩，捐階，瞽瞍焚廩。使浚

揜（一ㄢˇ）之。象曰：『謨蓋都君咸我績，牛羊父母，倉廩父母，干戈

朕，琴朕，弤（ㄉ一ˇ）朕，二嫂使治朕棲。』象往入舜宮，舜在床琴。象

曰：『鬱陶思君爾！』忸怩。舜曰：『唯茲臣庶，汝其於予治。』不識

舜不知象之將殺己與？」

曰：「奚而不知也？象憂亦憂，象喜亦喜。」

曰：「然則舜偽喜者與？」

曰：「否。昔者有饋生魚於鄭子產，子產使校人畜之池。校人烹之，反

命曰：『始舍之，圉（ㄩˇ）圉焉；少則洋洋焉，攸然而逝。』子產曰：

『得其所哉！得其所哉！』校人出，曰：『孰謂子產智，予既烹而食之，

曰，得其所哉！得其所哉！』故君子可欺以其方，難罔以非其道。彼以

愛兄之道來，故誠信而喜之，奚偽焉？」

萬章請教說：「《詩經‧齊風‧南山》上說：『娶妻該怎麼辦？一定要先稟

告父母。』相信這句話的，應該沒有人比得上舜。可是舜卻沒有先向父母稟

告就娶了妻，這是什麼緣故呢？」

孟子說：「稟告就娶不成了。男女結婚是人類重大的倫理關係，如果事先稟

告而未獲准，就會廢止這種重大的倫理關係，結果將會怨恨父母，所以就不

稟告了。」

萬章說：「舜沒有稟告父母就娶妻，這一點我聽先生解釋過了……帝堯把女兒嫁給舜，也不告訴舜的父母，又是什麼緣故呢？」

孟子說：「帝堯也知道，告訴他們就嫁不了。」

萬章說：「父母叫舜修理穀倉，等他上了屋頂就抽掉梯子，父親瞽瞍還放火燒穀倉。他們又叫舜去疏通水井，等他下了井口蓋起來，卻不知舜從旁邊挖洞出來了。舜的弟弟象說：『謀害舜都是我的功勞，牛羊分給父母，糧食分給父母，干戈歸我，琴歸我，弓歸我，讓兩個嫂嫂替我整理床鋪。』象走進舜的屋子，舜坐在床邊彈琴。象說：『我真是想念你呀！』神情頗為尷尬。舜說：『我惦念著這些臣下和百姓，你替我去管理吧。』我不清楚舜是真的不知道象要殺害他嗎？」

孟子說：「怎麼會不知道呢？不過，看到象憂愁，他也憂愁；看到象高興，他也高興。」

萬章說：「那麼，舜是假裝高興的嗎？」

孟子說：「不。從前有人送條活魚給鄭國的子產，子產叫主管池塘的人把魚養在池子裡，這人卻把魚烹煮吃了，回來報告說：『剛放進池子裡，牠還不太活動，一會兒就搖擺著尾巴游開了，一轉眼就游到遠處不見了。』子產說：『找到了好去處啊！找到了好去處啊！』這人出來後就說：『誰說子產聰明？我把魚烹煮吃了，他還說找到了好去處啊！找到了好去處啊！』所以，對於君子，可以用合乎情理的事欺騙他，卻很難用違背他的原則的事來

曠騙他。象裝著敬愛兄長的樣子來了，舜就真心相信而喜歡他，有什麼假裝的地方呢？」

這一章說的就是舜的遭遇了。其中，「謨蓋都君咸我績」的「謨蓋」是謀害；「都君」指舜，因為《史記》裡記載：「一年而所居成聚，二年成邑，三年成都。」他因而有「都君」之名。

舜的父親、後母與弟弟（後母所生）三人聯手要加害舜。舜的處境十分危險，但是仍然相信真誠可以感動家人，最後居然也有了一些成效。

關於舜的婚姻大事，萬章問了兩個問題：第一，舜沒有先向父母稟告就娶妻。第二，帝堯把女兒嫁給舜，也不告訴舜的父母。孟子的回答可以說是替舜曲意維護，拚命替他設想。事實上，舜知道如果稟告父母的話，父母一定不答應，而堯一定要把女兒嫁給舜，因為舜的德行很好，他認為只有舜才可以真正造福百姓。

很多人會對舜的態度有所疑問，弟弟明明想殺他，他不但百般容忍，還要弟弟幫忙治理百姓，這不是害了百姓嗎？實則舜沒有給弟弟實權，只讓他吃喝玩樂，這是因為他當帝王而讓弟弟坐牢。父母一定不高興。所以，他讓弟弟做個小國的國君，卻不給與權力，讓他不能迫害百姓。舜所能做的也只有如此了，讓父母高興就好。

而且，舜怎麼會不知道弟弟想殺他呢？只不過他是「象憂亦憂，象喜亦喜」。這句話深富理趣，有兄弟姊妹的人就能了解。譬如，兄弟姊妹做生意失敗了，甚至連累全家人，你一看到他就生氣；但當他一憂愁起來，你就心軟了，又不忍心了。平常即

使有所爭執，看到他高興，你也會替他高興。這真是非常貼合真實生活的一句感慨。

所以說，舜的高興並不是虛假的，也許他在理智上應該很生氣，但是他對弟弟完

全以情感為主──只要你開心，我就相信你是真心真意的。這才是難能可貴之處。我

們做不到舜的高標準，但至少可以了解他的德行受人推崇的緣故。

〈9‧3〉

萬章問曰：「象日以殺舜為事，立為天子則放之，何也？」

孟子曰：「封之也；或曰，放焉。」

萬章曰：「舜流共工於幽州，放驩（ㄏㄨㄢ）兜於崇山，殺三苗於三危，殛

鯀（ㄍㄨㄣ）於羽山，四罪而天下咸服，誅不仁也。象至不仁，封之有庳

（ㄅㄧˊ）。有庳之人奚罪焉？仁人固如是乎？在他人則誅之，在弟則封之？」

曰：「仁人之於弟也，不藏怒焉，不宿怨焉，親愛之而已矣。親之，欲

其貴也；愛之，欲其富也。封之有庳，富貴之也。身為天子，弟為匹

夫，可謂親愛之乎？」

「敢問或曰放者，何謂也？」

曰：「象不得有為於其國，天子使吏治其國而納其貢稅焉，故謂之放。

豈得暴彼民哉？雖然，欲常常而見之，故源源而來，『不及貢，以政接

於有庳。』此之謂也。」

萬章請教說：「象每天都把謀殺舜當成自己要做的事，舜成為天子之後卻只是放逐他去外地，這是什麼緣故？」

孟子說：「是封象為諸侯，有人說是放逐罷了。」

萬章說：「舜把共工流放到幽州，把驩兜放逐到崇山，在三危殺死了三苗的君主，在羽山處決了鯀；將這四人治了罪，天下便都歸服，因為懲罰的是沒有仁德的人。象是最沒有仁德的，卻封給他有庳，有庳的百姓有什麼罪過呢？有仁德的君主竟然可以這麼做嗎？對別人就嚴加懲罰，對弟弟就封給他國土？有仁德的人。」

孟子說：「有仁德的人對待自己的弟弟，既不存著怨氣，也不留著怨恨，只是想要親近他、愛護他而已。親近他，就要讓他尊貴；愛護他，就要讓他富有。把有庳封給他，就是要使他既富有又尊貴。自己當了天子，弟弟卻是一個百姓，這樣能說是親近他、愛護他嗎？」

萬章說：「請問，有人說是放逐，這話怎麼說呢？」

孟子說：「象不能在他的國土上任意行事，天子派遣官吏治理他的國家並且收取貢稅，所以會說他是被放逐。象怎能虐待他的百姓呢？雖然如此，舜還是想常常看到象，所以象也不斷地來和舜相見。所謂：『不必等到朝貢的日子，平常也以政事為名接見有庳的國君。』就是在說這件事啊。」

共工（以官名為人名）與驩兜，是堯、舜時的大臣。三苗為國名，在此指其國

君。鯀是禹的父親，因為他治水失敗造成很大的災難，所以有罪而受死。

萬章的問題深具挑戰性！孟子之所以要替舜回答，是因為他有一套對整個歷史發展的看法。孟子認為，有仁德的人對於自己的弟弟是「不藏怒焉，不宿怨焉」，這表現了他最關鍵的思考——待人要真誠。「藏怒」與「宿怨」，就是一個人明明很生氣，但是他把怒氣藏起來；明明很怨恨，但是他把怨氣留下來，好像過夜一樣，心中存著怨。這樣的待人方式不但很累，也不真誠。

儒家整個思想的關鍵就在真誠。如果一有怒氣就發洩，這樣代表真誠嗎？說不定會冤枉別人。所以，發脾氣之前，要先問自己：這樣是否適當？會抱怨代表對別人有所期待，希望他改善；反之，對方的抱怨也是相同的情況。人生任何事情都會打結，但經由彼此光明坦蕩的溝通，看看彼此能不能改善，才是最好的解決之道。如果讓怒、怨藏在心裡，累積到最後爆發出來，反而演變成更大的問題。

潛心提升自我，就能受人提拔

那麼，孟子怎麼回答萬章的問題呢？他認為，舜之所以封象於有庳，只是為了要親近弟弟、愛護弟弟。

常有人說：「一人得道，雞犬升天。」有點嘲諷的意味，好像只要是帝王身邊的人，即使是阿貓、阿狗也都能當上大官。事實上，在上位者不可能認識所有的賢人，他在所知的範圍內提拔人才，也是理所當然的事。孔子的學生仲弓問，「焉知賢才而舉之？」孔子說：「舉爾所知；爾所不知，人其舍諸。」意思是：提拔你所認識的

人。你不認識的，你以為別人會錯過他們嗎？《《論語・子路》》

的確，如果一個人眞有本事，卻無人認識，也無人提拔，那是不太可能的。劉備三顧茅廬才請出賢才諸葛亮，所謂「錐處囊中，其鋒必現」，眞有才華的人，自然會傳出名聲而受人重用。換個角度來看，如果提拔人才一定要求公平，到最後可能變成用科舉制度來選才。但事實證明，會考試的學生，不見得在各方面都是傑出的。儒家在這方面，很能夠考量人生的實際情況。如果在上位者，提攜一個他不認識的人，可能反而成為其他人的政敵，一切就亂掉了。另一方面，即使是提拔自己認識的人，他做得好不好，百姓也自有公論。

人生面臨許多挑戰，一個人想要改變外在的一切是很困難的，只能要求改變自己，如果在改變中可以把自身的潛能開發出來，才是傑出的表現。由舜的種種表現，可以看出他一定是在靈性層次有所提升，才能達到一種無私的境界，言行取捨可以超越自我中心的階段。

舜的智慧

萬章對於舜放逐象一說，心裡還有疑問。由孟子的回答中，可以看出舜的智慧。他讓弟弟當諸侯，卻不給他任何權力，讓他不能做什麼壞事，所以也不可能虐待百姓。而且，舜還是希望常常看到象，唯有這種安排，才能不斷地和象相見。「源源不絕」一詞，就是出自這裡。

舜為什麼喜歡看到象呢？舜的父母過世以後，全天下只有一個有血緣關係的弟

弟，當然希望能常常見面，這也是人之常情。如果舜只是個偉大的君主，很有正義感卻沒有情感的話，好像也太不近人情。孟子能夠理解舜到這種程度，令人佩服。

綜上所述，本章文意清楚，顯示了舜珍惜兄弟親情，又顧及百姓的福祉。如果質疑舜的做法，他未必會眷戀天子之位。天下的人需要舜，也只得容忍一個「極其不仁但已無力為惡」的象了。

〈9‧4〉

咸丘蒙問曰：「語云：『盛德之士，君不得而臣，父不得而子。』舜南面而立，堯帥諸侯北面而朝之，瞽瞍亦北面而朝之；舜見瞽瞍，其容有蹙（ㄘㄨˋ）。孔子曰：『於斯時也，天下殆哉，岌岌乎！』不識此語誠然乎哉？」

孟子曰：「否。此非君子之言，齊東野人之語也。堯老而舜攝也。《堯典》曰：『二十有八載，放勳乃徂（ㄘㄨˊ）落，百姓如喪考妣，三年，四海遏密八音。』孔子曰：『天無二日，民無二王。』舜既為天子矣，又帥天下諸侯以為堯三年喪，是二天子矣。」

咸丘蒙曰：「舜之不臣堯，則吾既得聞命矣。《詩》云：『普天之下，莫非王土；率（ㄕㄨㄞˋ）土之濱，莫非王臣。』而舜既為天子矣，敢問瞽瞍之非臣，如何？」

曰：「是詩也，非是之謂也；勞於王事而不得養父母也。曰：『此莫非王事，我獨賢勞也。』故說詩者，不以文害辭，不以辭害志。以意逆志，是為得之。如以辭而已矣，〈雲漢〉之詩曰：『周餘黎民，靡有孑遺。』信斯言也，是周無遺民也。孝子之至，莫大乎以天下養。為天子父，尊之至也；以天下養，養之至也。《詩》曰：『永言孝思，孝思維則。』此之謂也。《書》曰：『祗（ㄓ）載見瞽瞍，夔（ㄎㄨㄟˊ）夔齊（ㄓㄞ）栗，瞽瞍亦允若。』是為父不得而子也（ㄝˋ）？」

咸丘蒙請教說：「俗話說：『德行圓滿的人，君主不能把他當作臣子，父親不能把他當作兒子。』舜站在天子的位置上，堯率領諸侯朝見他，他的父親瞽瞍也來朝見他。舜看見瞽瞍時，神色侷促不安。孔子說：『在這個時候，天下真是岌岌可危啊！』不知道這些話真的是這樣的嗎？」

孟子說：「不，這不是君子說的話，而是齊國鄉野農夫說的話。堯年紀大了，由舜代行天子職權。《尚書·堯典》上說：『二十八年以後，堯才去世，百姓如同死了父母一樣，三年之內，天下聽不到任何音樂。』孔子說：『天上沒有兩個太陽，人間沒有兩個帝王。』如果舜當時已經做了天子，卻又率領天下諸侯為堯服喪三年，那就同時有兩個天子了。」

咸丘蒙繼續問：「舜沒有把堯當作臣子，這一點我聽先生解釋過了。《詩經·小雅·北山》上說：『普天之下，沒有一寸土不是天子的土地；四海之

內，沒有一個人不是天子的臣民。」舜已經做了天子，如果瞽瞍不是他的臣

民，又是什麼呢？」

孟子說：「這首詩不是你說的那個意思，作者感嘆自己忙碌公事以致不能奉

養父母。他說：『這些沒有一件不是公事，卻只有我最勞苦啊。』所以，解

說詩的人，不能只看字面而誤解詞句，也不能只看詞句而誤解原意。要用自

己的體會去推測作者的原意，這樣才對。如果只看詞句，那麼《詩經·大

雅·雲漢》上說：『周朝剩下的百姓，沒有一個存留。』相信這句話，就成

了周朝沒有一個人存留了。孝子的最高表現，莫過於使父母尊貴；使父母尊

貴的最高表現，莫過於用天下奉養父母。成為天子的父親，這是最高的尊貴

了；以天下奉養父母，這是最高的奉養了。《詩經·大雅·下武》上說：

『永遠保持孝心，孝心是天下人的榜樣。』就是這個意思。《尚書》上說：

『舜恭恭敬敬地去見瞽瞍，態度謹慎而恐懼，瞽瞍也就真的順心了。這是父

親不能把他當作兒子嗎？』

咸丘本是地名，咸丘蒙是以地名為姓氏，他是孟子的學生，也是齊國人，所以聽

過「齊東野人之語」。在此的「東野人」一詞，是指在田間工作的農夫。

孟子第一段回答的主旨是說，德行圓滿的人，君主不能把他當部下來使喚，而要

尊重他的德行，那麼，天下百姓也都會尊重有德行的人，社會就會太平。今天整個社

會裡沒有典範，青少年心目中的偶像，多是一些當紅明星，他們不見得有德行。同樣

的，在社會上，一般人很難找出有哪些人具備德行讓人仿效，譬如，學校裡要選拔模範老師，選出來的往往都是些「麻辣老師」。謹守分寸、老老實實、認真教書的人反而不受到尊敬。

至於孔子說「天下殆哉」，意思是擔心君臣、父子人倫失序。但孟子並不認為這是孔子所說的話。

善用自己的體會解讀

舜在堯活著的時候，只是攝政而已，並不是當真正的天子。當然在堯過世以後，他就繼任為天子了。於是咸丘蒙問到：「舜已經做了天子，如果瞽瞍不是他的臣民，又是什麼呢？」這個問題很好，很合乎邏輯，如果瞽瞍算是臣民，那麼依大臣之禮尊敬舜也是理所當然，舜何必神色侷促不安？

事實上，舜並未真正成為天子，所以不以父親為臣民；並且，即使舜做了天子，他在面對父親時，依然表現兒子對待父親的心意。這些討論並無真正的根據，但孟子的回答很有意思。他認為解說詩的人，不能只看字面而誤解詞句，也不能只看詞句而誤解原意。要「以意逆志」，用自己的體會去推測作者的原意，這樣才對。

一個人的人生經驗愈豐富，他的理解就可能愈接近事實，愈能夠放下主觀的成見。尤其是當他去設想別人的職業、背景、身分、角色，也就愈能體會出箇中三昧。譬如，我喜歡看電影，這是因為我的生活經驗非常貧乏，就只是讀書、教書而已，有時候連自己都覺得單調乏味。從電影裡面，發現很多事情不用親自經驗，也可以了解

別人在想什麼，這就是一種「以意逆志」。

讀書也是如此，孟子就是箇中翹楚。當他讀到古代的歷史，就可以猜測當時的人在想什麼、為什麼這樣想，還可以用更多過去的資料和事實來做為對照，來推敲他的猜測是否正確。譬如，孟子這樣推測舜的心意，一定是配合了舜做為對象，為他的猜測找到根據。如果我們現在換個方式來猜測，說舜這個人很深沉陰險，故意裝出高興的模樣，這種猜測可能與舜在其他方面的表現無法配合。所以，若想達到「以意逆志」的境界，一定要先增加自己的生命經驗。

大孝之人，始終如一

最後，孟子做了結論：既然孝子的最高表現莫過於使父母尊貴，那麼舜做為天子，對父親瞽瞍應該是做到以天下奉養及尊貴的大孝了。的確，孝順須從感激父母開始。父母的好壞姑且不論。現在社會比古代社會看似複雜許多，譬如，許多人有精神官能症方面的問題，也許有人會擔心，萬一自己的父母出現這方面的問題，該怎麼孝順？其實，父母變成病人，需要治療，為人子女就要想辦法治療他們，原則就是這麼簡單。

我們可以看到舜「去見瞽瞍，態度謹慎而恐懼，瞽瞍最後也就順心了」。舜還是會恐懼，擔心他父親不高興，他雖然貴為天子，還是謹慎規矩，終於讓父親感到順心了。在這裡，我們可以看到孟子對舜的同情理解，可謂深入而周全。

〈9‧5〉

萬章曰：「堯以天下與舜，有諸？」

孟子曰：「否。天子不能以天下與人。」

「然則舜有天下也，孰與之？」

曰：「天與之。」

「天與之者，諄（ㄓㄨㄣ）諄然命之乎？」

曰：「否。天不言，以行與事示之而已矣。」

曰：「以行與事示之者，如之何？」

曰：「天子能薦人於天，不能使天與之天下；諸侯能薦人於天子，不能使天子與之諸侯；大夫能薦人於諸侯，不能使諸侯與之大夫。昔者，堯薦舜於天而天受之；暴（ㄆㄨ）之於民而民受之。故曰：『天不言，以行與事示之而已矣。』」

曰：「敢問薦之於天，而天受之；暴之於民，而民受之，如何？」

曰：「使之主祭，而百神享之，是天受之；使之主事，而事治，百姓安之，是民受之也。天與之，人與之。故曰：『天子不能以天下與人。』舜相堯二十有八載，非人之所能為也，天也。堯崩，三年之喪畢，舜避堯之子於南河之南。天子諸侯朝覲者，不之堯之子而之舜；訟獄者，不之堯之子而之舜；謳歌者，不謳歌堯之子而謳歌舜，故曰，天也。夫然後之中國，踐天子位焉。而居堯之宮，逼堯之子，是篡也，非天與也。

《泰誓》曰：『天視自我民視，天聽自我民聽。』此之謂也。」

萬章請教說：「堯把天下授與舜，有這回事嗎？」

孟子說：「沒有。天子不能把天下授與人。」

萬章說：「那麼，舜擁有天下，是誰授與的呢？」

孟子說：「天授與的。」

孟子說：「天授與他，是認認真真告訴他的嗎？」

孟子說：「不是。天不說話，只是用行動與事件來表示意思罷了。」

萬章說：「用行動與事件來表示，又是怎麼做的呢？」

孟子說：「天子可以把人推薦給天，但不能讓天把天下給這個人；諸侯可以把人推薦給天子，但不能讓天子把諸侯的職位給這個人；大夫可以把人推薦給諸侯，但不能讓諸侯把大夫的職位給這個人。從前，堯把舜推薦給天，天接受了；把舜介紹給百姓，百姓接受了。所以說，天不說話，只是用行動與事件來表示意思罷了。」

萬章說：「請問，把舜推薦給天，天接受了；把舜介紹給百姓，百姓接受了，這又是怎麼做的？」

孟子說：「派舜主持祭祀，百神都來享受祭品，這就是天接受了他；派舜主持政事，政事辦得很好，百姓也滿意他，這就是百姓接受了他。天授與他，百姓授與他，所以說，天子不能把天下授與人。舜輔佐堯治理天下二十八年，這不是人的意願所能決定的，而是天意。堯去世後，三年之喪結束，舜避開堯的兒子，前往南河的南邊去。可是天下諸侯朝見天子的，不去堯的兒子那裡，而去舜那裡；訴訟的，不去堯的兒子那裡，而去舜那裡；歌頌的

人，不歌頌堯的兒子，而歌頌舜，所以說，這是天意。舜這才回到國都，登上天子的寶座。如果他自己住進堯的宮中，逼迫堯的兒子離開，那就是篡奪，而不是天授與他了。《尚書‧泰誓》上說：『天所看見的，就是我們百姓所看見的；天所聽到的，就是我們百姓所聽到的。』所說的就是這種情況。」

孟子認爲堯讓位給舜，不是禪讓，而是「天與之」。帝王稱作天與人之間的中介。那不是單純的「禪讓」而已，只不過天不說話，而用行動與事件來表示意思。這也是孟子對天的看法。

所謂「薦舜於天，暴之於民」，表示有兩個條件：第一，把舜推薦給天，天接受了；第二，把他介紹給百姓，百姓也接受了。古代沒有民意測驗，所以古代當帝王者要考慮兩點，一是天，一是人。

那麼，如何表示天接受了？這段歷史故事比較神祕。孟子說：「使之主祭，而百神享之，是天受之」。太陽神、月亮神、山神、海神、河神……都是百神。百神享受祭品、順利祭祀完畢……。天是屬於靈性的層次，本來就沒有具體的形體可以掌握，更無法了解它「滿不滿意」？由此可知，「百神享受祭品」，在當時一定有其徵兆及驗證的方法，不是可以隨便說的。

接著，如何證明百姓也接受了？

堯到底活了多少歲，沒有人知道。但堯把天下讓給舜治理的時候，一定是覺得自

己照顧百姓心有餘而力不足，所以委託年輕的舜，也就是他的女婿來繼續治理國家。那時候堯不知道自己可以再活幾年，所以堯做爲天子在背後支持舜，總共二十八年，百姓習慣了，才有後續發展的故事。

堯去世時，舜想讓堯的兒子丹朱繼位，所以他選擇避開。但天下百姓、大臣都不這樣想，無論朝見、訴訟或歌頌，仍然還是找舜，這就是天意與民意之所歸了。

其中，「訟獄」就是「訴訟」，代表古代天子爲最高的法官，負責執行至高的正義。當然，國家還有各級低階的檢察官、法官，但是重大的案件還是由天子來負責裁決，因爲事關正義，疏忽不得。

治國首要仁愛與公平

人活在世間只有兩個願望，一是仁愛，一是公平。仁愛的具體表現就是讓百姓活得下去，可以吃飽喝足，安居樂業。天子照顧百姓，要使他們「養生送死無憾」，這就是仁愛的目標。

第二點是公平，誰做事誰負責，充分實現善惡報應。一個國家要上軌道，就須注意仁愛與公平。如果沒有仁愛，人民活不下去；如果沒有公平，又怎麼安居樂業呢？古代社會正是如此，這是有關「訴訟」的衍生含義。

這一章還有另一句重要的話：「天不言，以行與事示之而已矣。」其中「以行與事」有兩種解釋法。一是指「以舜的行與事」，亦即舜的德行與處事可以證明天肯定了他。二是泛指世間的行動與事件，因爲每個天子的處境不同，如果都扣緊像舜那麼

高標準的行與事，恐怕天意的表現太過有彈性了。

事實上，根據下一章談到的禹、啟等人的事蹟，以及後代的得天下的帝王作為，可知「以行與事」的意思比較像是：要由大勢所趨（行）與客觀事件（事）來決定天意。這種觀點可以配合「天視自我民視，天聽自我民聽」的說法，也不違背今日的民主運作模式。

〈9‧6〉

萬章問曰：「人有言：『至於禹而德衰，不傳於賢而傳於子。』有諸？」

孟子曰：「否，不然也。天與賢，則與賢；天與子，則與子。昔者，舜薦禹於天，十有七年；舜崩，三年之喪畢，禹避舜之子於陽城，天下之民從之，若堯崩之後不從堯之子而從舜也。禹薦益於天，七年，禹崩，三年之喪畢，益避禹之子於箕山之陰。朝覲訟獄者不之益而之啟，曰：『吾君之子也。』謳歌者，不謳歌益而謳歌啟，曰：『吾君之子也。』丹朱之不肖，舜之子亦不肖。舜之相堯，禹之相舜也，歷年多，施澤於民久。啟賢，能敬承繼禹之道。益之相禹也，歷年少，施澤於民未久。舜、禹、益相去久遠，其子之賢不肖，皆天也，非人之所能為也。莫之為而為者，天也；莫之致而至者，命也。

「匹夫而有天下者，德必若舜、禹，而又有天子薦之者，故仲尼不有天

下。繼世以有天下，天之所廢，必若桀、紂者也，故益、伊尹、周公不有天下。伊尹相湯以王於天下，湯崩，太丁未立，外丙二年，仲壬四年，太甲顛覆湯之典刑，伊尹放之於桐，三年，太甲悔過，自怨自艾，於桐處仁遷義，三年，以聽伊尹之訓己也，復歸於亳。周公之不有天下，猶益之於夏，伊尹之於殷也。孔子曰：『唐、虞禪，夏后、殷、周繼，其義一也。』」

萬章請教說：「有人這樣說：『到禹的時候，德行就衰微了，天下沒有傳給賢良的人，卻傳給自己的兒子。』有這樣的事嗎？」

孟子說：「不，不是這樣的。天要授與賢良的人，就授與賢良的人；天要授與君主的兒子，就授與君主的兒子。從前，舜把禹推薦給天，十七年之後，舜過世了，三年之喪結束後，禹避開舜的兒子，自己前往陽城，天下百姓都跟隨他，就像堯去世後，百姓不跟隨堯的兒子卻跟隨舜一樣。禹把益推薦給天，七年之後，禹去世了，三年之喪結束後，益避開禹的兒子，前往箕山的北邊。來朝見的諸侯以及要訴訟的人都不去益那裡，而去啟那邊，大家都說：『他是我們君主的兒子啊。』歌頌的人不歌頌益，而歌頌啟，說：「他是我們君主的兒子啊。」堯的兒子丹朱不夠賢明，舜的兒子商均也不夠賢明，能夠認真地繼承禹的做法。益輔佐禹的年數少，照顧百姓的時間也短。啟很賢明，舜輔佐堯，禹輔佐舜，經歷了很多年，照顧百姓的時間也長。益輔佐禹的時間也短。啟很賢明，能夠認真地繼承禹的做法。舜、禹、益輔佐的時間差距很大，他們的兒子有賢明有不賢明，這都出於天。

意，不是人的意願可以決定的。沒有人去做的，居然成功了，那是天意；沒有人去找的，居然來到了，那是命運。

「一個普通百姓卻能得到天下，他的德行一定要像舜、禹那樣，並且還要有天子推薦他，所以孔子無法得到天下。繼承上代而得到天下，天意卻要廢棄的，一定是像桀、紂那樣的君主，所以益、伊尹、周公無法得到天下。伊尹輔佐商湯稱王天下，商湯過世之後，大丁沒有繼位就死了，外丙在位兩年，仲壬在位四年，太甲破壞了商湯的典章法度，伊尹將他放逐到桐邑。三年後，太甲悔過，怨恨自己、改正自己，在桐邑修養仁德、努力行義；再過三年，已能聽從伊尹對自己的教訓了，然後再回到亳都做天子。周公不能得到天下，就像益處在夏朝、伊尹處在商朝一樣。孔子說：『唐堯、虞舜讓位給賢人，夏、商、周三代由子孫繼位，其中的道理是一樣的。』」

禹的功勞太大了，他治理洪水不知救了多少人，保障了百姓最需要的、生存上的憑藉，於是繼舜之後當上天子。但後來他把王位傳給自己的兒子，主要是因為益只輔佐國政七年，時間太短了，百姓承受益的恩澤太少，以致於禹去世以後，來朝見的諸侯以及要訴訟的人都不去益那邊，而去啓那邊，所以禹的兒子啓就順理成章地繼承了王位。

「莫之為而為者，天也；莫之致而至者，命也。」這是孟子對天命最簡短的一個定義，這兩句話值得多加推敲。譬如，某地可能因為地震導致地殼變動，忽然多了一

座山，這就是所謂的天意。衍生來說，很多時候做一個人努力做一件事不見得做得成，此時就要看天意是否能配合；反之，有很多事也許碰不上，偏偏就碰上了，這叫做命運。命運是無奈的、消極的；天意是積極的，它會使事情在不經意間成功。因此，人必須根據既定的條件（此即命）再做最大的努力，並且對於結果不必執著，因為天意仍有難測之處。

不因權威而盲目

由本章可見孟子的辯才無礙。他對於歷史的詮釋說得如此有趣，講「天與賢，則與賢；天與子，則與子」，好像許多事都是天在決定，但後代很多惡劣的帝王，天怎麼不管？自啓開始，夏朝就成了「家天下」，老天就不再管了，豈非莫名其妙？後面不管，前面為什麼要管；後面既然沒有管，又怎麼證明以前管過？「天不言，以行與事示之而已矣」，但是誰怕「行」與「事」？孟子的邏輯有沒有問題？值得我們深思。

孟子的確是用心良苦，他喜歡把社會光明的一面儘量說出來，讓後人效法。讀《孟子》還是要有批判的眼光，我們可以發現孟子的學生很有批判性，勇於挑戰權威，孟子的回答有其時代的限制，有他一定的見解與立場。如果我們今天有所疑問，不一定要受他所限，可以往下一直追問。

本章所謂天意「以行與事示之」的「行」，應該以大勢所趨來解釋，較接近天與命，而「事」較接近人的努力，正如太甲後來「自怨自艾」，就是說他雖然一直在抱

怨，一直在懊惱，但另一方面他也在改正，最後終能改過遷善，因而保住了王位。

〈9‧7〉

萬章問曰：「人有言，伊尹以割烹要湯，有諸？」

孟子曰：「否，不然。伊尹耕於有莘之野，而樂堯、舜之道焉。非其義也，非其道也，祿之以天下，弗顧也；繫馬千駟，弗視也。非其義也，非其道也，一介不以與人，一介不以取諸人。湯使人以幣聘之，囂囂然曰：『我何以湯之聘幣爲哉？我豈若處畎畝之中，由是以樂堯、舜之道哉？』湯三使往聘之，既而幡（ㄈㄢ）然改曰：『與我處畎畝之中，由是以樂堯、舜之道，吾豈若使是君爲堯、舜之君哉？吾豈若使是民爲堯、舜之民哉？吾豈若於吾身親見之哉？天之生此民也，使先知覺後知，使先覺覺後覺也。予，天民之先覺者也；予將以斯道覺斯民也。非予覺之，而誰也？』

「思天下之民，匹夫匹婦有不被堯、舜之澤者，若己推而內（ㄋㄚ）之溝中。其自任天下之重如此，故就湯而說（ㄕㄨㄟ）之，以伐夏救民。吾未聞枉己而正人者也，況辱己以正天下者乎？聖人之行不同也，或遠，或近，或去，或不去，歸潔其身而已矣。吾聞其以堯、舜之道要湯，未聞以割烹也。《伊訓》曰：『天誅造攻自牧宮，朕載自亳。』」

萬章請教說：「有人這樣說：『伊尹是靠當廚子來求得商湯的任用。』有這樣的事嗎？」

孟子說：「不，不是這樣的。伊尹在有莘國的郊野耕種，喜愛堯、舜的理想。如果不符合義行，不符合正道，即使有四千匹馬拴在那裡，他也不會望一眼。如果不符合義行，不符合正道，就不給別人一點東西，也不拿別人一點東西。商湯派人帶了禮物去聘請他，他無動於衷地說：『我要商湯的聘禮做什麼呢？那怎麼比得上生活在田野中，並且以堯、舜的理想為樂呢？』商湯又多次派人去聘請，不久他完全改變了態度，說：『與其生活在田野中，並且以堯、舜的理想為樂，那怎麼比得上使這個君主成為像堯、舜一樣的君主呢？怎麼比得上使這個百姓成為像堯、舜時代一樣的百姓呢？怎麼比得上親眼見到像堯、舜那樣的盛世呢？天生育了這些百姓，就是要使先知道的去開導後知道的，使先覺悟的去啓發後覺悟的。我是天生育的百姓中，先覺悟的人，我將用堯、舜的這種理想來使百姓覺悟。不是我去使他們覺悟，又有誰去呢？』

「他覺得天下的百姓中，如果有一個男子或一個婦女沒有享受到堯、舜的恩澤的，就像是自己把他們推進山溝裡一樣。他就如此把天下的重任擔在自己肩上，所以去湯那裡勸說他討伐夏桀，拯救百姓。我沒有聽說自己不端正卻能匡正別人的，何況是用侮辱自己來匡正天下的？聖人的行為各有不同，有的疏遠君主，有的接近君主，有的離開朝廷，有的不離開朝廷，但都歸結於保持自身潔淨罷了。我只聽說他是用堯、舜的理想去求商湯，沒有聽說他是

靠當廚子去求商湯任用的。《尚書·伊訓》上說：『天要誅滅夏桀，原因來自他自己的宮中，我只是從亳邑開始謀劃罷了。』」

萬章確實很喜歡收集資訊，各方面的意見都了解之後，就去請教孟子，而孟子也不會避免去談，他很樂於把道理說清楚。

孟子認為，伊尹是喜愛堯、舜理想的人。這個理想就是天子與百姓都過得快樂。堯、舜沒有私心，照顧百姓，推行仁政，比如盡量減低賦稅，讓大家都安居樂業，堪作表率。像舜的孝順、友愛，老百姓一看就跟著學習，社會風氣自然改善。

快樂分層次，應往上提升

一個社會的挑戰往往不在混亂時期，而在於平靜時期如何維持發展。因為社會一旦穩定，問題就更多元化了。例如台灣經濟繁榮以後，各種娛樂很快就開始變質、變調；大陸沿海地區開始經濟發展、繁榮後，也有類似的問題。此時我們要問，如果人民基本生活所需的條件都有了，接著需要什麼？人民當然希望過得快樂，只不過快樂有分許多層次，其目之娛或其他身體方面的享受是沒完沒了的，又如何讓百姓往上提升？

以文化活動的發展為例。一個社會要有穩定的經濟基礎，才有辦法發展文化活動，但是在發展的同時，要設法讓每個人身、心、靈方面都有往上提升的空間，如果在理解上沒有完整的架構，也沒有致力於人性潛能的開發，以致忽略靈性的發展，那

就不能超越自我的執著，反而會讓人凡事只想到自己，變得更加自私了。

如果人生沒有架構，就沒有高尚的目標，而人的成敗往往取決於一念之間。譬如，在從事休閒娛樂的時候，一念之差，很容易就被有形可見的享受所誘惑；又如，大家相約去吃美食，吃完之後還要去洗三溫暖，然後就一步步下去，都是一些非常具體的快樂。但這種生理層面的快樂有一個特色，就是很容易使人彈性疲乏，接著就需要更大的刺激。所有的人都如此，社會哪有可能往上提升？

也許有些人會認為，好不容易能讓社會經濟繁榮，如果還過著「清教徒」的生活，有錢不能享受，理由何在？其實，向上提升，亦即追求心與靈的成長，也是挑戰。在教育過程中，大多數老師並沒有讓學生了解人的生命是個往上開展的過程。譬如，有多少人體驗到讀書的快樂？許多人一看到書就頭昏，當成是最好的催眠劑。做為教育工作者，就要讓學生知道讀書、聽音樂或是參加有益心靈層次的社團活動，也是屬於快樂的一種，而且這種追求身心靈合一的快樂，才能夠真正維持長久。

伊尹安於現狀，沒有什麼欲望，活得非常自在。美國有個年輕人，發生船難，在海上漂流了二十一天才獲救。他獲救之後，說了一句話：「這一生，我只要有白開水和麵包，就毫無所求了。」正是因為他有這種劫後餘生的體驗，了解到身體的欲望其實很容易滿足，如果從此可以不執著，那將是多麼自在的人生。

一般人亦然，如果沒有開發心與靈的層次，人生到最後將會無路可走。如果總是追求及時行樂，最後整個人生沒有什麼充實的內涵，那是很可惜的事。對一個人來說，重要的不是年歲的增加，而是全方位的成長，如此才算領悟了真正的智慧。

儒家的原則是義與道

伊尹答應出仕時的說法，點出了儒家一貫的理想：

第一，知識份子的使命感，亦即所謂「先知覺後知，先覺覺後覺」。國家好比車輛，當行進間出問題時，誰應該出面解決問題、負起責任呢？當然是了解怎麼開車的人。

第二，責任感。伊尹說「思天下之民，匹夫匹婦有不被堯、舜之澤者，若己推而內之溝中」，就如同「禹思天下有溺者，由己溺之也」、「稷思天下有饑者，由己饑之也」（〈8‧29〉）等偉大的表現一般。

問題是，如何才算是先知先覺之士？所知者與所覺者又是什麼？這正是孟子立言的宗旨。此外，另一個重點是內文前後一再重申的，何謂義與道，這也涉及儒家的原則。

義是指個別情況中的「應該」，要判斷並不容易。伊尹開始時樂於隱居，後來才改變心意，是因為商湯一而再、再而三地來找他時，條件就成熟了。就像是劉備三顧茅廬，諸葛亮覺得時機成熟了，願意把所學貢獻出來，為人民鞠躬盡瘁，死而後已，也寫下了精彩的歷史事蹟。

道是指人生正途的光明大道，側重於理想，所以前文一再強調堯、舜之道。每個人都有自己的「道」，怎麼樣才叫正確的「道」呢？那就是堯、舜所展示的人生的理想，也是大家必須去追隨的。

〈9‧8〉

萬章問曰：「或謂孔子於衛主癰（ㄩㄥ）疽（ㄐㄩ），於齊主侍人瘠環，有諸乎？」

孟子曰：「否，不然也；好事者為之也。於衛主顏讎由。彌子之妻，與子路之妻，兄弟也。彌子謂子路曰：『孔子主我，衛卿可得也。』子路以告。孔子曰：『有命。』孔子進以禮，退以義，得之不得曰『有命』。而主癰疽與侍人瘠環，是無義無命也。孔子不悅於魯、衛，遭宋桓司馬將要而殺之，微服而過宋。是時孔子當阨，主司城貞子，為陳侯周臣。吾聞觀近臣，以其所為主；觀遠臣，以其所主。若孔子主癰疽與侍人瘠環，何以為孔子？」

萬章請教說：「有人說，孔子在衛國時住在衛靈公所寵信的宦官癰疽家裡；在齊國時住在齊景公所寵信的宦官瘠環家裡，有這樣的事嗎？」

孟子說：「不，不是這樣的；這是好事的人編造出來的。孔子在衛國時，住在顏讎由家中。彌子瑕的妻子與子路的妻子是姊妹。彌子瑕對子路說：『孔子住在我家，就可以得到衛國的卿相職位。』子路向孔子報告此事。孔子說：『由命運決定。』孔子做官時要遵守禮儀，辭官時要合乎義行，能不能得到職位，就說『由命運決定』。如果他住在癰疽與宦官瘠環家中，那就是不合乎義行，無視於命運了。孔子在魯國與衛國很不得意，又遇到宋國的司

馬桓魋（ㄊㄨㄟˊ）企圖攔截及殺害他，他只得改變服裝悄悄通過宋國。這時孔子正處於困境，就住在司城貞子家中，做了陳侯周的臣子。我聽說過，觀察在朝的臣子，要看他所接待的客人；觀察外來的臣子，要看他所寄住的主人。如果孔子寄住在癰疽與宦官瘠環家裡，還怎麼能算是孔子呢？」

癰疽、瘠環這兩個人皆為宦官，「侍人瘠環」的「侍人」就是古代的宦官，往往被當作是受寵溺的小人。與他關係好的話，或許可以謀得一官半職，卻會被人看不起，因為並非走正道，而是走後門，那就不合乎義行，也無視於命運了。

孔子當時周遊列國，可謂國際知名之士，如果借住某人家，代表他支持那個人，那人就可以增加勢力。萬章似乎聽到不少傳言，幸好孟子一化解他的質疑。

孔子在衛國時，彌子瑕與王孫賈這一派人想要拉攏他。在《論語‧八佾》裡有這麼一段：

王孫賈問曰：「『與其媚於奧，寧媚於灶』，何謂也？」子曰：「不然，獲罪於天，無所禱也。」意即：王孫賈請教：「『與其討好尊貴的奧神，不如討好那個當令的灶神』，這句話是什麼意思？」孔子說：「不是這樣的。一個人得罪了天，就沒有地方可以獻上禱告了。」尊貴的奧神高高在上，但沒有實權。當時這批人很希望拉攏孔子參加他們的集團，就能在政治鬥爭時取得利益。

「孔子不悅於魯、衛，遭宋桓司馬將要而殺之，微服而過宋。」這一段在《論語‧述而》裡也出現過：「天生德於予，桓魋其如予何。」意即：孔子說：「天是我這一

生德行的來源，桓魋又能對我怎麼樣呢？」

桓魋是宋國的司馬，他想殺害孔子。孔子帶著學生經過宋國時情況很危險。他們還在一棵大樹下面講學，結果桓魋帶兵追來，孔子與弟子趕緊逃掉。因為離開了邊境，桓魋追不到，一氣之下回來就把那棵大樹砍掉了。

儒家對於「命」的基本態度是：「死生有命，富貴在天。」（《論語‧顏淵》）不過，「進以禮，退以義」仍是自己要負責的。

〈9‧9〉

萬章問曰：「或曰：『百里奚自鬻（ㄩ）於秦養牲者五羊之皮，食（ㄙ）牛以要秦穆公。』信乎？」

孟子曰：「否，不然；好事者為之也。百里奚，虞人也。晉人以垂棘之璧，與屈產之乘，假道於虞以伐虢（ㄍㄨㄛ）：宮之奇諫，百里奚不諫。知虞公之不可諫而去之秦，年已七十矣；曾不知以食牛干秦穆公之為汙也，可謂智乎？不可諫而不諫，可謂不智乎？知虞公之將亡而先去之，不可謂不智。時舉於秦，知穆公之可與有行也而相之，可謂不智乎？相秦而顯其君於天下，可傳於後世，不賢而能之乎？自鬻以成其君，鄉黨自好者不為，而謂賢者為之乎？」

萬章請教說：「有人說：『百里奚用五張羊皮的代價，把自己賣給秦國一個養牲口的人，替他飼養牛，借此找機會求得秦穆公的任用。』這是真的嗎？」

孟子說：「不，不是這樣；這是好事的人編造出來的。百里奚是虞國人，當時晉國用垂棘所出的美玉與屈地所產的良馬，向虞國借路去攻打虢國。宮之奇勸阻虞公，百里奚不勸阻。他知道虞公不會聽從勸告，就離開前往秦國，當時已經七十歲了。他竟不知道用替人飼養牛的辦法去求得秦穆公任用是一件汙濁的事，可以說是明智嗎？他知道虞公不會聽從勸告就不去勸告，可以說是不明智嗎？他知道虞公即將亡國就先離開，不可以說是不明智嗎？擔任秦國卿相而使秦穆公在天下有顯赫的名望，可以一起有所作為的君主就輔佐他，可以說是不明智嗎？賣掉自己去成全君主，鄉里中自愛的人都不願意做，難道說賢能的人會這麼做嗎？」

這一章提到了百里奚。

百里奚這個人很特別，他直到七十歲以後才發達起來。關於他的故事，在《史記》有不同的說法，可參考〈商君列傳〉與〈秦本紀〉。不過他被稱為「五羖大夫」，則應該與「五羊之皮」有關。

成語「唇亡齒寒」，與以下這段歷史故事有關：當時晉國用垂棘所出的美玉與屈

地所產的良馬，向虞國借路去攻打虢國，宮之奇勸阻虞公，百里奚不勸阻。他知道虞公不會聽從勸告，就離開前往秦國，當時已經七十歲了。

「唇亡齒寒」在此所指的就是虞國和虢國之間的相依關係。結果虞國國君沒有聽從勸告，晉國在滅了虢國後，順便也滅了虞國。

秦穆公是春秋五霸之一，他非常依賴百里奚的協助，所以，百里奚怎麼可能不明智呢？百里奚早就知道虞國一定會滅亡，因為晉國消滅了虢國之後，回頭就會消滅虞國。這說明他知道整個形勢，但他知道虞公不會聽從勸告，因此無可奈何。

最後，孟子反問：「自鬻以成其君，鄉黨自好者不為，而謂賢者為之乎。」我們常說「委屈求全」，究竟要委屈哪一方面呢？是否要「為達目的而不擇手段」？

類似這樣的情況，在西方哲學上來說，就是「目的能不能使手段合理」的問題。譬如，現在犧牲一百個人，就可以救一千萬人，如果我的目的是要救一千萬人，那麼犧牲誰呢？有些人認為如果目的是好的，就可以不擇手段。問題是，沒有人有把握一定可以達成好的目的。所以，任何人在採取任何一種手段時，如果手段本身有問題、不夠正當，目的是不能夠使它變得正當的。

百里奚所要的是「得君行道」，至於這個「道」是否合乎堯、舜的理想，則是另一個問題。

卷十　〈萬章篇〉下

〈10・1〉

孟子曰：「伯夷，目不視惡色，耳不聽惡聲。非其君不事，非其民不使。治則進，亂則退。橫政之所出，橫民之所止，不忍居也。思與鄉人處，如以朝衣朝冠坐於塗炭也。當紂之時，居北海之濱，以待天下之清也。故聞伯夷之風者，頑夫廉，懦夫有立志。

「伊尹曰：『何事非君？何使非民？』治亦進，亂亦進。曰：『天之生斯民也，使先知覺後知，使先覺覺後覺。予，天民之先覺者也，予將以此道覺此民也。』思天下之民，匹夫匹婦有不與被堯、舜之澤者，若己推而內之溝中。其自任以天下之重也。

「柳下惠不羞汙君，不辭小官。進不隱賢，必以其道。遺佚而不怨，阨窮而不憫。與鄉人處，由由然不忍去也。『爾為爾，我為我，雖袒裼（ㄒㄧ）裸裎（ㄔㄥ）於我側，爾焉能浼（ㄇㄟˇ）我哉？』故聞柳下惠之風者，鄙夫寬，薄夫敦。

「孔子之去齊，接淅而行；去魯，曰：『遲遲吾行也，去父母國之道也。』

孟子曰：「伯夷，聖之清者也；伊尹，聖之任者也；柳下惠，聖之和者也；孔子，聖之時者也。孔子之謂集大成。集大成也者，金聲而玉振之也。金聲也者，始條理也。玉振之也者，終條理也。始條理者，智之事也；終條理者，聖之事也。智，譬則巧也；聖，譬則力也。由射於百步之外也，其至，爾力也；其中，非爾力也。」

孟子說：「伯夷，眼睛不看邪惡的事物，耳朵不聽邪惡的話語。不是理想的君主，不去服事；不是理想的百姓，不去使喚。天下安定就出來做官，天下動亂就退而隱居。施行暴政的國家，住有暴民的地方，他都不願去居住。他覺得與沒教養的鄉下人相處，就像穿戴禮服禮帽坐在泥土炭灰上一樣。在商紂當政時，他住在北海的海邊，等待天下的清明。因此，聽說了伯夷作風的人，貪婪的變得廉潔了，懦弱的立定志向了。

「伊尹說：『對任何君主都可以服事，對任何百姓都可以使喚。』天下安定出來做官，天下動亂也出來做官，並且說：『天生育了這些百姓，就是要使先知道的去開導後知道的，使先覺悟的去啟發後覺悟的。我是天生育的百姓中先覺悟的人，我將用堯、舜的這種理想來使百姓覺悟。』他覺得天下的百姓中，如果有一個男子或一個婦女沒有享受到堯、舜的恩澤的，就像是自己把他們推進山溝裡一樣。他就如此把天下的重任擔在自己肩上。

「柳下惠不以壞君主為羞恥，也不以官職低為卑下。入朝做官不隱藏才幹，

但一定遵循自己的原則。丟官去職而不抱怨，倒楣窮困而不憂愁。與沒教養的鄉下人相處，他態度隨和不忍心離開。『你是你，我是我，你即使在我旁邊赤身裸體，又怎能玷汙我呢？』所以，聽說了柳下惠作風的人，狹隘的變得開朗了，刻薄的變得敦厚了。

「孔子離開齊國時，撈起正在淘洗的米就上路；離開魯國時，卻說：『我們慢慢走吧』，這是離開祖國的態度。」應該速去就速去，應該久留就久留，應該閒居就閒居，應該做官就做官，這是孔子的作風。」

孟子又說：「伯夷是聖人中清高的，伊尹是聖人中負責的，柳下惠是聖人中隨和的，孔子則是聖人中最合時宜的。孔子可以說是集聖人的大成。所謂集大成就像奏樂時先敲鎛鐘，最後擊玉磬來結束。鎛鐘的聲音，是旋律節奏的開始；玉磬的聲音，是旋律節奏的結束。開始奏出旋律節奏，要靠智慧；最後奏出旋律節奏，要靠聖德。智慧有如技巧，聖德有如力氣。就像在百步以外射箭，射到目標區那一帶，是靠你的力氣；射中目標，就不是靠你的力氣了。」

本章說明孟子對聖人的看法。他以伯夷、伊尹、柳下惠、孔子四個人為例，分別代表聖人之中的清者、任者、和者、時者，並且以孔子為集大成。「時者」為何特別困難？因為一方面有始有終，另一方面能以智慧配合聖德，使生命猶如一首完美的樂章。

聖之清者──伯夷

伯夷非常潔身自好。他和弟弟叔齊投靠西伯侯，即準備起來革命的周文王、周武王。他們知道周武王要為父王報仇討伐商紂，認為這是一場革命，是造反的行動，於是極力勸阻，卻終究擋不住。後來周武王成功了，天下從商朝變成周朝，他們兩兄弟就此絕食，不再吃周朝的食物，最後餓死在首陽山。

正是因為這樣的名聲與操守，許多聽聞伯夷的人都起而學習他的風範。的確，如果不曾聽聞偉大的行為表現，如何學習呢？在思考為什麼自己做不到時，就表示學習有了動機。

這也是教育上的問題。我們受教育的目的之一，就是希望人生能夠找到學習的典範。馬斯洛（A. Maslow）的人本主義心理學和行為主義心理學不同。行為主義者專依動物的行為來思考人的情況，把人當作生物之一，這叫做向下看齊，認定人受環境條件所限制，很難有什麼突破。但馬斯洛則不同，他特別強調要向優秀的人看齊，所以他的心理學是向上看齊的，他確實也找了很多優秀的人來做典範。孔子、佛陀以及中國古代許多傑出的人士，都是我們向上看齊的榜樣。

聖之任者──伊尹

歷史上有一種說法，是伊尹「五就湯、五就桀」，就是五次去湯那邊，五次去桀那邊做官；另有一說是，伊尹想改善天下，商湯就推薦他去夏桀那邊做官，但夏桀實在暴虐無道，伊尹後來還是回到商湯的身邊。因此，前面才會出現「何事非君？何使

非民？」這句話。

伊尹很有自信，因為他能夠「先知先覺」，亦即懂得並且欣賞堯、舜的理想，並以此為樂。這就好像有一本書在書店裡，別人尚未發現卻只有你買了，因為你知道它是好書，其中的「道」是可以肯定、學習的，這就形成了自信的來源。

從本節最後一句話，可以看出古代聖者的責任感。現在的政治人物很少有這種心態，經常是互相競爭，落井下石，流於口水戰了。

「和者」柳下惠與「時者」孔子

孟子提出的第三位是柳下惠。他與伯夷正好相反，與沒教養的鄉下人相處時，伯夷覺得好像坐在泥土炭灰上一樣，柳下惠則是態度隨和。

許多人為了不受他人影響，採取的是躲避原則，沒看到就眼不見為淨，修養能到像柳下惠那樣，可以共處而安之，確實不簡單。一個抱持堅定原則的人，即使別人貪汙、舞弊，做各種違法亂紀的事，他也絲毫不受影響。

第四位當然是孔子了。在這裡，孟子藉由短短幾句話，就點出了孔子言行表現的特色。

人生最困難的挑戰，在於用智慧判斷行止。一個人如何判斷自己的出處進退？判斷正確，則言行一致，內心的理想很容易實現出來；判斷出了差錯，則犯下的錯誤要花時間與力量來補救，到最後恐怕是功過參半。而孔子就是最能夠判斷「適當的時機」的時者了。

真正的智慧可以因時制宜

最後，是孟子所做的評價。孟子對於聖人的定義，與孔子的不一樣。孔子所謂的聖人，只有少數幾個聖王夠資格，如堯、舜、禹、湯，到文王、武王、周公；孟子所謂的聖人，則包括孔子，也包括孔子不一定認為是聖人者。

對孟子來說，孔子的「時」是最高境界了。前面三位聖人有「清」，有「任」，有「和」，但是他們都沒有辦法隨著實際情況做調整。像伯夷最後餓死了，很可能是浪費了寶貴的生命，因為周武王至少比商紂王好太多了，所以說，伯夷不能變通。伊尹有責任感，幸好碰到好君王，如果碰到壞國君，責任感豈不是弄巧反拙？至於柳下惠，他雖然隨和，幸好碰到好君王，如果碰到壞國君，責任感豈不是弄巧反拙？至於柳下惠，他雖然隨和，但容易顯得沒有原則。這三個人都是力求自己修養達到完美，卻不見得有真正的智慧，可以因時制宜。

孔子的智慧，則如同射箭時射中目標。射到目標一帶要靠力氣，力量累積足夠，就可以射到目標區附近，但想要射中目標的話，就要靠智慧了。每一次的行動都恰到好處，這就十分困難了。社會上有許多傑出之人，他們往往在某一方面有優異的表現，卻未必可以適應時機和環境的挑戰，換一種情況恐怕就無所適從了。孔子具有卓越的智慧，才能做到合乎時宜。

智慧一半是天生的，另一半則來自後天的靈活變通。譬如，孔子曾說：智者樂水，意思是說智者的表現像水一樣，能夠了解一個時代的過去、現在、未來的變化，了解人性在社會裡的發展脈絡，然後選擇適當的作為。孔子在《論語‧微子》裡曾說自己「無可無不可」，這是指「該進就進，該退就退」。在別人看來，或許覺得這種做法

好像沒有原則。這就面臨判斷的問題——人如何看待原則?有時候內心的原則並沒有明說,但外在的作為都是恰到好處。就好比《中庸》所說:「喜怒哀樂之未發謂之中,發而皆中節謂之和。」最難的就是「發而皆中節」,也就是無論喜怒哀樂,都表現得恰到好處,這就要靠智慧的判斷了。

〈10.2〉

北宮錡問曰:「周室班爵祿也,如之何?」

孟子曰:「其詳不可得聞也。諸侯惡其害己也,而皆去其籍;然而軻也嘗聞其略也。天子一位,公一位,侯一位,伯一位,子、男同一位,凡五等也。君一位,卿一位,大夫一位,上士一位,中士一位,下士一位,凡六等。天子之制,地方千里;公、侯皆方百里,伯七十里,子、男五十里,凡四等。不能五十里,不達於天子,附於諸侯,曰附庸。天子之卿受地視侯,大夫受地視伯,元士受地視子、男。大國地方百里,君十卿祿,卿祿四大夫,大夫倍上士,上士倍中士,中士倍下士,下士與庶人在官者同祿,祿足以代其耕也。次國地方七十里,君十卿祿,卿祿三大夫,大夫倍上士,上士倍中士,中士倍下士,下士與庶人在官者同祿,祿足以代其耕也。小國地方五十里,君十卿祿,卿祿二大夫,大夫倍上士,上士倍中士,中士倍下士,下士與庶人在官者同祿,祿足以

代其耕也。耕者之所獲，一夫百畝；百畝之糞，上農夫食九人，上次食八人，中食七人，中次食六人，下食五人。庶人在官者，其祿以是為差。」

北宮錡請教說：「周朝制定的官爵及俸祿的等級，是怎麼樣的？」

孟子說：「詳細的情況已經無法得知了。諸侯討厭它妨礙自己，都把相關文獻毀掉了，不過，我曾聽說過大致的情況。天子一級，公爵一級，侯爵一級，伯爵一級，子爵與男爵同一級，共有五個等級。在諸侯國中，國君一級，卿一級，大夫一級，上士一級，中士一級，下士一級，共有六個等級。

天子的土地規模是縱橫各一千里，公與侯縱橫各一百里，伯縱橫各七十里，子與男縱橫各五十里，共有四等。土地不是縱橫各五十里的國家，不能與天子直接聯繫，而是附屬於諸侯，叫做附庸。天子的卿所受的封地與侯爵相同，大夫所受的封地與伯爵相同，元士受封的土地與子爵、男爵相同。大國的土地縱橫各一百里，國君的俸祿是卿的十倍，卿的俸祿是大夫的四倍，大夫是上士的一倍，上士是中士的一倍，中士是下士的一倍，下士的俸祿與在官府上班的百姓相同，數量足以代替他種田的收入。中等國家的土地縱橫各七十里，國君的俸祿是卿的十倍，卿的俸祿是大夫的三倍，大夫是上士的一倍，上士是中士的一倍，中士是下士的一倍，下士的俸祿與在官府上班的百姓相同，數量足以代替他種田的收入。小國土地縱橫各五十里，國君的俸祿是卿的十倍，卿的俸祿是大夫的二倍，大夫是上士的一倍，上士是中士的一倍

倍，中士是下士的一倍，下士的俸祿與在官府上班的百姓相同，俸祿足以代替他種田的收入。種田的收入：一個農夫分到一百畝地，一百畝地施肥耕種，上等的農夫可以養活九個人，其次的養活八個人，中等的養活七個人，其次六個人，下等的五個人。在官府上班的百姓，俸祿也是比照這樣的等級。」

這章講的是古代周室的「班爵祿」，即周朝制定的官爵及俸祿的等級。

由俸祿看來，一般百姓僅足溫飽。以大國為例，百姓在官府上班的，如果月入一萬元，以台幣計算，國君的俸祿是三百二十萬元。國君並未因此而滿足，還要以苛捐雜稅來剝削百姓，難怪最後變得民不聊生，天下大亂。

國君俸祿高是可以理解的。有能力、有德行的人，既富且貴，只要用心照顧百姓就沒有什麼問題了。但如果以權謀私，用非法的手段牟利，作威作福，那就會讓人憎惡了。譬如新加坡的官員，就是以高薪聞名於世，而實際上新加坡的官員也很少有貪汙的。這是俸祿足以養廉的例子。公職人員領取合理的待遇，就應該戮力從公；但是關於怎樣才算合理，當然可以公開討論。

〈10‧3〉

萬章問曰：「敢問友。」

孟子曰：「不挾（ㄒㄧㄝˊ）長，不挾貴，不挾兄弟而友。友也者，友其德也，不可以有挾也。孟獻子，百乘之家也，有友五人焉：樂正裘、牧仲，其三人則予忘之矣。獻子之與此五人者友也，無獻子之家者也。此五人者，亦有獻子之家，則不與之友矣。非唯百乘之家爲然也，雖小國之君亦有之。費惠公曰：『吾於子思，則師之矣；吾於顏般，則友之矣。王順、長息，則事我者也。』非唯小國之君爲然也，雖大國之君亦有之。晉平公之於亥唐也，入云則入，坐云則坐，食云則食；雖蔬食菜羹，未嘗不飽，蓋不敢不飽也。然終於此而已矣。弗與共天位也，弗與治天職也，弗與食天祿也，士之尊賢者也，非王公之尊賢也。舜尚見帝，帝館甥於貳室，亦饗舜，迭爲賓主，是天子而友匹夫也。用下敬上，謂之貴貴；用上敬下，謂之尊賢。貴貴尊賢，其義一也。」

萬章請教說：「請問交朋友的原則。」

孟子說：「不倚仗自己年紀大，不倚仗自己地位高，不倚仗自己兄弟的成就。所謂交朋友，是要結交他的品德，所以不可以有所倚仗。孟獻子是擁有一百輛車馬的大夫，他有五個朋友，就是樂正裘與牧仲，另外三人我忘記了。孟獻子與這五人交往，心裡沒有自己是大夫的想法；這五人如果心裡有孟獻子是大夫的想法，也就不與他交往了。不僅是擁有百輛車馬的大夫是如此，就是小國的君主也有如此的。費惠公說：『我對於子思，把他當作老

師；我對於顏般，把他當作朋友；至於王順與長息，他們只是服事我的人罷了。』不僅小國的君主是如此，就是大國的君主也有如此的。晉平公去拜訪亥唐時，亥唐叫他進去他就進去，叫他坐他就坐，叫他吃他就吃；即使粗飯菜湯，也沒有不吃飽的，因為不敢不吃飽。但是晉平公也只能做到這樣而已。沒有同他一起共有官位，沒有同他一起治理政事，沒有同他一起享受俸祿，這只是一般士人尊敬賢者的態度，而不是王公尊敬賢者的態度。舜去謁見帝堯，帝堯安排他這位女婿住在副宮，並且款待他，兩人輪流擔任賓主，這是天子與平民交朋友啊。地位低的敬重地位高的，叫做尊重貴人；地位高的敬重地位低的，叫做尊敬賢人。尊重貴人與尊敬賢人，其中的道理是一樣的。

這一章孟子談到交朋友的原則。

孟獻子是魯國大夫仲孫蔑。亥唐是晉平公所尊敬的賢人，但並未出仕。

孟子說：「不挾長，不挾貴，不挾兄弟而友。友也者，友其德也，不可以有挾也。」所謂「不挾長」，是指交朋友不要經常想著誰年紀比較大，誰是長輩或前輩。

朋友之間一定要平等、互惠，要能夠互相糾正錯誤，也就是「友直、友諒、友多聞」；「不挾貴」則是不要在意社會地位的差別，必須放下身段，譬如，你有個兄弟在做大官，如果常在別人面前提及「我哥哥如何如何」，別人就會備感壓力，交往也就不自在了。

交友貴在品德

孟子強調交朋友要考慮的是品德。的確，朋友是以道義為主，壞人怎麼會有道義呢？因此，蘇格拉底就認為壞人沒有朋友。

晉平公是國君，對亥唐非常尊敬，亥唐很有德行，但是孟子認為晉平公的做法還不夠好，因為，他沒有同亥唐一起共有官位、治理政事、享受俸祿，只能算是一般士人尊敬賢者的態度，而不是王公尊敬賢者的態度。王公真正尊敬賢者的話，當然是讓他做大官，像商湯提拔伊尹去做大官一樣，否則王公的權力有什麼用處呢？所以，在孟子的理想中，最好的典範依然在於堯舜。

「其義一也」，是指以「友其德」為基礎，再尋求實現共同的理想。交朋友要在品德方面互相有所期許，不必考慮年齡、出身、地位，主要以品德來交往。

品德的特色，在於一個人覺得自己一直需要上進，因此我們所要求的品德，並不只是品德的現況如何而已，而是是否把品德當成最重要的事情。朋友交往，要看彼此間談話的內容，是不是雙方皆以品德做為共同的目標與要求。如果是，就代表還有努力的空間，這樣才可以叫做志同道合。如果一個人的理想不是重視品德，而是重視外在成就的話，就很難同他做朋友了。

〈10‧4〉

萬章問曰：「敢問交際何心也？」

孟子曰：「恭也。」

曰：「『卻之卻之為不恭』，何哉？」

曰：「尊者賜之，曰：『其所取之者義乎，不義乎？』而後受之，以是為不恭，故弗卻也。」

曰：「請無以辭卻之，以心卻之，曰：『其取諸民之不義也』，而以他辭無受，不可乎？」

曰：「其交也以道，其接也以禮，斯孔子受之矣。」

萬章曰：「今有禦人於國門之外者，其交也以道，其餽也以禮，斯可受禦與？」

曰：「不可。《康誥》曰：『殺越人於貨，閔不畏死，凡民罔不譈（ㄔㄨㄟˊ）。』是不待教而誅者也。殷受夏，周受殷，所不辭也；於今為烈，如之何其受之！」

曰：「今之諸侯取之於民也，猶禦也。苟善其禮際矣，斯君子受之，敢問何說也？」

曰：「子以為有王者作，將比今之諸侯而誅之乎？其教之不改而後誅之乎？夫謂非其有而取之者盜也，充類至義之盡也。孔子之仕於魯也，魯人獵較，孔子亦獵較。獵較猶可，而況受其賜乎？」

曰：「然則孔子之仕也，非事道與？」

曰：「事道也。」

「事道奚獵較也？」

日：「孔子先簿正祭器，不以四方之食供簿正。」

日：「奚不去也？」

日：「為之兆也。兆足以行矣而不行，而後去。是以未嘗有所終三年淹也。孔子有見行可之仕，有際可之仕，有公養之仕。於季桓子，見行可之仕也；於衛靈公，際可之仕也；於衛孝公，公養之仕也。」

萬章請教說：「請問交往時互贈禮物，是什麼心思？」

孟子回答：「表示恭敬。」

萬章說：「俗話說：『一再拒絕別人的禮物，是不恭敬的』，為什麼呢？」

孟子說：「位高權重的人賜贈禮物時，你在心裡想：『他取得這些東西是正當的，還是不正當的？』然後才接受。人們認為這樣是不恭敬的，所以才不拒絕。」

萬章說：「先不直接以言詞拒絕，而在心裡拒絕，暗自想：『他從百姓那裡取得這些東西，是不正當的』，然後以別的藉口來拒絕接受，這樣不行嗎？」

孟子說：「他依規矩與我交往，也依禮節送我禮物，這樣，就是孔子也會接受的。」

萬章說：「如果有個人在城外攔路搶劫，他依規矩與我交往，也依禮節贈送禮物，這樣也可以接受他搶來的東西嗎？」

孟子說：「不可以，《尚書‧康誥》上說：『殺了人，搶奪他的財物，還蠻橫不怕死的人，百姓沒有不痛恨的。』這種人是不必等候規勸就可以處死

的。殷朝接受了夏朝的這種法律，周朝也接受了殷朝的這種法律，沒有什麼

好說的；到了現在情況更爲嚴重，又怎麼能夠接受這樣的禮物呢？」

萬章說：「現在的諸侯從百姓那裡掠取財物，就像攔路搶劫一樣。如果他們

好好按照禮節交往，這樣君子就可以接受他們的禮物，請問這又怎麼說

呢？」

孟子說：「你認爲如果有聖王出現，他將會把現在的諸侯全部殺掉呢？還是

把規勸之後仍不悔改的諸侯殺掉呢？如果把不是他應有而去取得的，都稱作

搶劫，那是把『搶劫』的含義擴大到盡頭了。孔子在魯國做官時，魯國人有

爭奪獵物的習俗，孔子也爭奪獵物。爭奪獵物尚且可以，何況接受別人贈送

的禮物呢？」

萬章說：「那麼，孔子出來做官，不是爲了推行正道嗎？」

孟子說：「是爲了推行正道。」

萬章說：「推行正道，又何必去爭奪獵物呢？」

孟子說：「孔子先用文書規定該用的祭器，不再採用四方珍奇的獵物當作祭

品。這樣就可以逐漸廢除爭奪獵物的習俗了。」

萬章說：「孔子爲什麼不辭官離去呢？」

孟子說：「爲了試行自己的主張。試行的結果可以行得通，而君主卻不推

行，他這才離開。所以孔子不曾在一個朝廷停留整整三年的。孔子或者看到

有行道的可能而去做官，或者由於君主對他以禮相待而去做官，或者因爲君

主可以供養賢者而去做官。對於魯國的季桓子，孔子是看到可以行道而去做

官；對於衛靈公，他是由於國君以禮相待而去做官；對於衛孝公，他是因為國君供養賢者而去做官。」

我們現在常常說「卻之不恭，受之有愧」。的確，有時候拒絕別人的禮物，會感覺不太禮貌，接受的話又覺得有些慚愧，因為接受之後總要幫他做一點事。孟子認為，若拒絕位高權重者賜贈的禮物，代表心裡對他有所懷疑，好像認為他的錢來路不明，因而不願意接受。為了避免懷疑別人、委屈別人，所以就不拒絕。

孟子說了一個原則：「其交也以道，其接也以禮，斯孔子受之矣。」當我們不知道該如何判斷或行動時，最好的方法就是設想自己效法的對象會怎麼做，這就是類似角色扮演的方法，想想：「如果是孔子，會不會這麼做？他會不會同意我這麼做？」這樣一來，行為自然就能取法於最高標準，行事也就有分寸了。

孔子為官，以推行正道為目標

萬章接下來的問題相當好，而孟子也一一回覆。

其中，《尚書‧康誥》的「殺越人於貨」與現在用的「殺人越貨」意思相同。殺人搶奪財物，蠻橫不怕死，這種人是不必等候規勸的，用古代的話來說，可以就地正法。孟子也承認，如果他真的是搶奪別人的財物來贈禮的話，無論如何都不能接受。但是為官者做壞事，也是慢慢演變而成的，不能一有罪立刻就殺。一個人變好變壞，都有些條件在背後影響他，我們要給他改過向善的機會。所以孟子會主張「規勸

之後仍不悔改的諸侯」才要殺掉。孔子也知道風俗習慣不可能下一道命令就立刻改變，一定要給別人一個機會，行不通之後才放棄。

孟子的歸納方法，顯示他不但了解許多具體的事實，也能夠進行理性的反省。他認爲孔子做官的三項原則是：見行可、際可、公養。第一，看到有行道的可能而做官；第二，由於君主對他以禮相待而做官；第三，因爲君主可以供養賢者而做官。歸結到最後，還是要以推行正道爲目標。

在此所謂的「獵較」，趙歧注：「獵較者，田獵相較奪禽獸，得之以祭，時俗所尙，以爲吉祥。」意即：得到什麼樣的珍禽異獸，比較之後拿來祭祀，一般人認爲比較吉祥。由此可知，「獵較」是當時流行的風俗。

〈10・5〉

孟子曰：「仕非爲貧也，而有時乎爲貧；娶妻非爲養也，而有時乎爲養。爲貧者，辭尊居卑，辭富居貧。辭尊居卑，辭富居貧，惡乎宜乎？抱關擊柝（云），孔子嘗爲委吏矣，曰：『會（云ゔ）計當而已矣。』嘗爲乘田矣，曰：『牛羊茁壯長而已矣。』位卑而言高，罪也；立乎人之本朝而道不行，恥也。」

孟子說：「做官不是因爲貧窮，但有時候也是因爲貧窮；娶妻不是爲了奉養

父母，但有時候也是為了奉養父母。因為貧窮而做官的，就該不做大官而做小官，拒絕厚祿只取薄俸。不做大官而做小官，拒絕厚祿只取薄俸，那麼做什麼才合宜呢？守門打更都可以。孔子曾經做過管理牲畜的小吏，他說：『牛羊長得肥壯就行了。』又曾經做過管理倉庫的小吏，他說：『帳目核對無誤就行了。』地位低下而議論朝廷大事，是罪過；在君主的朝廷上做官而正道無法推行，是恥辱。」

這一章談及孔子年輕時做過委史、乘田。這是十分寶貴的資料，使我們對孔子所謂的「吾少也賤，故多能鄙事」（《論語·子罕》）以及「吾不試，故藝」（同前），得到更清楚的了解。唯其在年幼時多受考驗，才可磨練出卓越不凡的性格與抱負。

類似的智慧，在前幾年很熱門的韓國戲劇「大長今」裡也看得到。此時，長今說個謎語給太后猜，太后猜不出來就必須吃藥。她問太后：有一個人從古以來就是食醫——既負責食物，又負責醫藥的；在家裡與奴婢一樣，什麼事都做，連最粗重的工作也做，累得要命，但又是家裡所有人的老師；他如果活著的時候，天下任何事情都很安定，萬一死了的話，天下人都要痛哭流涕。這個人是誰？

謎語一出，大家都猜不到，還有人故意告訴太后答案，希望借此把長今驅逐出去。但太后知道答案之後，還是願意吃藥，因為這個謎底的答案就是「母親」。長今利用這個謎語讓太后發現自己的母性，意思是希望她不要為難自己的兒子，也就是皇

長今原是宮廷裡的廚娘之一，某次太后不肯吃藥，因而牽扯到宮廷內部的鬥爭。此時，長今說個謎

帝。之後，太后與皇帝的感情就恢復了。小小的一個宮女能有如此的智慧，她的表現實在是令人驚訝。

社會再怎麼黑暗，人們再怎麼勾心鬥角，仍然有人能夠表現出人性正面的力量。這是怎麼出現的呢？我們從別人的故事、歷史、戲劇可以發現，有些是天生稟賦的條件，有些是經由後天的教育培養出來的。重要的是，與其要求別人、寄望於別人，還不如要求自我、寄望於自己，堅持內心正確的選擇，才可以從平凡中走出不凡的人生。

〈10‧6〉

萬章曰：「士之不託諸侯，何也？」

孟子曰：「不敢也。諸侯失國，而後託於諸侯，禮也；士之託於諸侯，非禮也。」

萬章曰：「君饋之粟，則受之乎？」

曰：「受之。」

「受之，何義也？」

曰：「君之於氓也，固周之。」

曰：「周之則受，賜之則不受，何也？」

曰：「不敢也。」

曰：「敢問其不敢何也？」

曰：「抱關擊柝者皆有常職以食於上。無常職而賜於上者，以為不恭也。」

曰：「君饋之，則受之，不識可常繼乎？」

曰：「繆公之於子思也，亟問，亟饋鼎肉。子思不悅。於卒也，摽（ㄅㄠ）使者出諸大門之外，北面稽首再拜而不受，曰：『今而後知君之犬馬畜伋。』蓋自是台無饋也。悅賢不能舉，又不能養也，可謂悅賢乎？」

曰：「敢問國君養君子，悅賢不能舉，又不能養也，可謂悅賢乎？」

曰：「以君命將之，再拜稽首而受。其後廩人繼粟，庖人繼肉，不以君命將之。子思以為鼎肉使己僕僕爾亟拜也，非養君子之道也。堯之於舜也，使其子九男事之，二女女（ㄋㄩ）焉，百官牛羊倉廩備，以養舜於畎畝之中，後舉而加諸上位，故曰，王公之尊賢者也。」

曰：「敢問國君欲養君子，如何斯可謂養矣？」

萬章請教說：「士人不能寄居在諸侯那裡生活，為什麼呢？」

孟子說：「因為不敢這麼做。諸侯失去自己的國家，寄居在別國諸侯那裡生活，是合乎禮的。」

萬章說：「是合乎禮的；士人寄居在諸侯那裡生活，是合乎禮的。」

萬章說：「如果是國君送給他穀米，那麼可以接受嗎？」

孟子說：「可以接受。」

萬章說：「這又是什麼道理呢？」

孟子說：「國君對於別國邊居來的人，本來就應該周濟。」

萬章說：「周濟他，就接受；賞賜他，就不接受，為什麼？」

孟子說：「因為不敢這麼做。」

萬章說：「請問不敢的理由是什麼？」

孟子說：「守門打更的人都有固定的職務，因此接受上面給的待遇。沒有固定職務而接受上面給的賞賜，這是被認為不恭敬的。」

萬章說：「國君送來的就接受，不知道是否可以經常如此？」

孟子說：「魯繆公對於子思，屢次問候，屢次贈送肉食。子思很不高興。最後，他把魯繆公派來的人趕出大門，然後朝著北面跪下磕頭拱手再拜而拒絕接受，說：『今天才知道君主是把我當作狗與馬來畜養的。』魯繆公從這次事件之後，才不再給子思送東西了。喜愛賢者，既不能提拔任用他，也不能適當供養他，這樣能說是喜愛賢者嗎？」

萬章說：「請問國君想要供養君子，怎麼做才算是適當供養呢？」

孟子說：「最初以國君名義送東西去時，他會拱手再拜，跪下磕頭接受。以後就派廩倉小吏不斷送去穀米，廚師不斷送去肉食，而不必再以國君的名義送去，免掉繁瑣的禮節。子思認為自己為了一鍋肉而屢次跪拜行禮，這實在不是供養君子的適當辦法。堯對於舜，派自己的九個兒子去服事他，把兩個女兒嫁給他，百官、牛羊、糧食都齊備，在田野中供養他，然後提拔他登上高位。所以說，這才是王公尊敬賢者的適當方式。」

承認自己有所「不敢」

孟子在上述對話裡面兩次提到「不敢也」。人活在世間，很多事情不是不能做、不想做或不願意做，而是不敢做。為什麼不敢？

一個人可能害怕的是社會規範瓦解之後的崩潰，害怕的是內心的不安，甚至害怕的是神明。所以，人活在世界上，不應該逞強好勇。像孟子這麼聰明，有學問、有魄力，又有浩然之氣的人，照樣在很多地方說「不敢」。

承認自己不敢做什麼事，一點都不丟臉。不敢做，不代表不會或不願意，而是自己給自己設限，這就是修養，就是勉強自己去做不想做而應該做的事。譬如，尊敬長輩、言而有信等等。人可能不想守信，因為壓力很大、守信也很辛苦，但他還是應該勉強自己去做該做的事。如果每一個人都是心想事成或是隨心所欲，社會秩序是不可能維持穩定的。

尊敬賢者的適當方式

在春秋時代，有一些貴族喜歡養士，像最有名的孟嘗君，就供養了許多讀書人，希望將來他們能夠有所報答。孟子想得到好的生活條件其實很容易，以他飽讀詩書的本事，隨時為君主回答問題就行了；而這些君主也很喜歡拉攏孟子在身邊，因為他是讀書人的領袖，代表一種力量，他在哪一國的朝廷，就好像多了一位高級國策顧問，當然有加分的作用，而那個君主也因此可以得到好的名聲。但孟子不願意隨便寄居在諸侯那裡，他認為「士之託於諸侯，非禮也。」

如果一個諸侯失去國家，寄居在別的諸侯國，等將來東山再起時還是諸侯；但是士人沒有土地，一旦寄居就可能一直寄居下去，甚至沒完沒了，讓別人供養一輩子。這等於白白承受別人的恩惠，將來別人很可能要你去做一些事，而報答時也很難考慮是不是合乎道義了。

接著，孟子以子思的故事做為例子。其中，所謂「悅賢不能舉，又不能養也」，提到了兩點，對於賢者的態度：一是提拔任用他，他如果是個有才幹的人，可以好好照顧百姓，當然要大力提拔任用；第二，適當供養他，給他適當的名分，當顧問或當資政都可以。

但是，魯繆公的做法，「可謂悅賢乎」？想想看，子思的年紀比魯繆公大，德行、學問又好，還是孔子的孫子，每天為了一鍋肉，要出門去叩謝，實在太辛苦。所以，賢者所考慮的主要不是生活需求，而是得君行道。這個故事可謂發人深省。

〈10‧7〉

萬章曰：「敢問不見諸侯，何義也？」

孟子曰：「在國曰市井之臣，在野曰草莽之臣，皆謂庶人。庶人不傳質（坐）為臣，不敢見於諸侯，禮也。」

萬章曰：「庶人，召之役，則往役；君欲見之，召之，則不往見之，何也？」

曰：「往役，義也；往見，不義也。且君之欲見之也，何爲也哉？」

曰：「爲其多聞也，爲其賢也。」

曰：「爲其多聞也，則天子不召師，而況諸侯乎？爲其賢也，則吾未聞欲見賢而召之也。繆公亟見於子思，曰：『古千乘之國以友士，何如？』子思不悦，曰：『古之人有言，曰事之云乎，豈曰友之云乎？』子思之不悦也，豈不曰：『以位，則子，君也；我，臣也；何敢與君友也？以德，則子事我者也，奚可以與我友？』千乘之君求與之友而不可得也，而況可召與？齊景公田，招虞人以旌（ㄐㄧㄥ），不至，將殺之。『志士不忘在溝壑，勇士不忘喪其元。』孔子奚取焉？取非其招不往也。」

曰：「敢問招虞人何以？」

曰：「以皮冠，庶人以旃（ㄓㄢ），士以旂（ㄑㄧ），大夫以旌。以大夫之招招虞人，虞人死不敢往；以士之招招庶人，庶人豈敢往哉？況乎以不賢人之招招賢人乎？欲見賢人而不以其道，猶欲其入而閉之門也。夫義，路也；禮，門也。唯君子能由是路，出入是門也。《詩》云：『周道如底，其直如矢；君子所履，小人所視。』」

萬章曰：「孔子，君命召，不俟駕而行；然則孔子非與？」

曰：「孔子當仕有官職，而以其官召之也。」

萬章請教說：「請問士人不去謁見諸侯，有什麼道理嗎？」

孟子說：「不在職的士人，住在都城的叫做市井之臣，住在鄉村的叫做草莽

之臣，都算是百姓。百姓沒向諸侯傳送見面禮而成為臣子，就不敢謁見諸侯，這是禮的規定。」

萬章說：「做為百姓，召他服役，就去服役；國君要見他，召喚他，卻不去謁見，為什麼呢？」

孟子說：「去服役，是正當的；去謁見，是不正當的。再說國君要召見他，為的是什麼呢？」

萬章說：「因為他見聞廣博，因為他賢能。」

孟子說：「如果是因為他見聞廣博，那麼天子尚且不能召見老師，何況諸侯呢？如果是因為他賢能，那麼我不曾聽說過，要見賢能的人竟可以召喚他來的。魯繆公屢次去拜訪子思，說，『古代擁有千輛兵車的國君去與士人交朋友，是什麼情況呢？』子思很不高興，說：『古人有句話，是說國君以士人為師而事奉他，怎能說是與他交朋友呢？』子思所以不高興，難道不是說：『論地位，你是國君，我是臣下，我怎麼敢與你交朋友呢？論德行，那麼你應該把我當老師來事奉，怎麼可以與我交朋友呢？』擁有千輛兵車的國君，要求與他交朋友尚且辦不到，何況召他來見呢？從前齊景公打獵，用旌旗召喚獵場小吏，小吏不肯去，齊景公準備殺他。『有志之士不怕棄屍山溝，勇敢的人不怕丟掉腦袋。』孔子稱讚獵場小吏，是取他哪一點呢？取的是，不是他所應該接受的召喚之禮，就不前往。」

萬章說：「請問，召喚獵場小吏，要用什麼東西呢？」

孟子說：「用皮帽子。召喚百姓用大紅綢做的曲柄旗，召喚士人用有鈴鐺的

旗，召喚大夫用飾有羽毛的旌旗。用召喚大夫的旌旗去召喚獵場小吏，小吏是死也不敢去的；用召喚士人的旗子去召喚百姓，百姓難道敢去嗎？何況是用召喚不賢者的禮節去召喚賢者呢？想要見到賢者而不用適當的方式，就像要請人進來卻又關上大門一樣。義行，有如大路；守禮，有如大門。只有君子能夠走在大路上，並且由大門進出。《詩經・小雅・大東》上說：『大路平得像磨刀石，直得像箭；君子所走的道路，百姓也會效法的。』」

萬章說：「孔子，一聽說國君召見，不等車馬駕好就先走。那麼，孔子做錯了嗎？」

孟子說：「那是因為孔子正在做官，有職務在身，而國君是按他的官職召見他的。」

本章顯示古代對「禮」的重視，這也是安定社會的重要條件。齊景公與虞人這一段故事，可參考本書〈6・1〉。

子思對魯繆公的態度，肯定了德行的優越性。有無官位也許要靠繼承或機會，但是有無德行則全在於自己。其中，「奚可以與我友」類似於孔子在《論語・學而》說的：「無友不如己者。」論地位太不平等，除非魯繆公忘記自己是諸侯，完全不擺諸侯的架子。但是這些做大官的人，要他們忘記自己的身分很難，因為他們腦袋裡所想的不外乎是在送往迎來的大場面上，顯示自己如何的位高權重。

現在社會上有一種風氣，大家在聊天時，若五分鐘之內不談到流行的八卦就很難

得。有多少人能夠完全就事論事，談些對社會有益的事？如果每次見面都談這麼嚴肅的事，別人見了面也不敢說話了。以現代人的眼光看來，古人有時候也是滿嚴肅與緊張的。

萬章在最後敢於質疑孔子，展現了求知的熱忱。「不俟駕而行」，是孔子很典型的做法，代表他心裡對國君的尊敬。比如，同時有兩個人要去謁見國君，一個人一聽到召喚馬上就出發，另外一個則是慢慢準備才出門，最後兩人同時抵達國君的朝廷，那麼誰比較有恭敬的心呢？當然是立刻走出門的那一人。孔子正是這樣的做法。

〈10‧8〉

孟子謂萬章曰：「一鄉之善士斯友一鄉之善士，一國之善士斯友一國之善士，天下之善士斯友天下之善士。以友天下之善士為未足，又尚論古之人。頌其詩，讀其書，不知其人，可乎？是以論其世也。是尚友也。」

孟子對萬章說：「一鄉中的優秀士人，與這一鄉的優秀士人交朋友；一國中的優秀士人，與這一國的優秀士人交朋友；天下的優秀士人，與天下的優秀士人交朋友。認為與天下的優秀士人交朋友還不夠，就再上溯歷史，評論古代人物。吟詠他們的詩，閱讀他們的書，但不了解他們的為人，可以嗎？所以要討論他們在當時的所作所為。這就是與古人交朋友。」

一個人隨著年齡增長，德行與學問不斷增加，逐漸會發現原來的世界變小了。譬如，小學畢業之後，不能老是想著小學考第幾名，因為接著還有中學，中學之後還有大學，匯聚了來自各個鄉鎮、縣市的人。我在耶魯念書時，同班同學裡有愛爾蘭人、加拿大人、澳洲人，我是班上唯一從亞洲來的。遇到的人愈多，自己的心態也要隨之調整。

這一章說的，是與天下的優秀士人交朋友，如果這樣還不夠，再上溯歷史，評論古代人物，吟詠他們的詩、閱讀他們的書，進而討論他們在當時的所作所為，這就是與古人交朋友。

孟子對於傑出的古人，就是想要「尚友」。「尚友」一詞所指，其實是受過教育的人都在做的事，只是成效大小而已。依孟子的言論看來，可以證明他做得很好。

〈10‧9〉

齊宣王問卿。

孟子曰：「王何卿之問也？」

王曰：「卿不同乎？」

曰：「不同。有貴戚之卿，有異姓之卿。」

王曰：「請問貴戚之卿。」

曰：「君有大過則諫；反覆之而不聽，則易位。」

王勃然變乎色。

曰：「王勿異也。王問臣，臣不敢不以正對。」

王色定，然後請問異姓之卿。

曰：「君有過則諫；反覆之而不聽，則去。」

齊宣王詢問有關公卿的問題。

孟子說：「大王要問哪一種公卿呢？」

齊宣王說：「公卿還有不同的嗎？」

孟子說：「有不同的。一種是王室宗族的公卿，一種是非王族的公卿。」

齊宣王說：「請問王室宗族的公卿應該如何？」

孟子說：「國君若有重大過錯，他們就要勸諫；反覆勸諫還不聽，就另立國君。」

齊宣王突然變了臉色。

孟子說：「大王不要見怪。大王問我，我不敢不實話回答。」

齊宣王臉色恢復正常，然後問非王族的公卿應該如何。

孟子說：「國君有過錯，他們就要勸諫；反覆勸諫還不聽，就自己辭職離開。」

由本章可見孟子與國君談話時，態度不卑不亢，有話直說，以理服人。既不投其

所好，也不委屈自己的學識與理想。讀書人的風格，可謂躍然紙上。事實上，當時的公卿並無具體運作的規則，否則齊宣王也不會提出這個問題了。

孟子的重點在於提醒國君：要認真看待大臣的勸諫。孔子對於「一言足以喪邦」曾說：國君如果只想聽順耳的話，希望大臣都不要違逆他的旨意，那麼國家就難免於滅亡了。（《論語‧子路》）

卷十一 〈告子篇〉上

〈11‧1〉

告子曰：「性猶杞（く一）柳也，義猶桮棬（ㄅㄟ ㄑㄩㄢ）也；以人性爲仁義，猶以杞柳爲桮棬。」

孟子曰：「子能順杞柳之性而以爲桮棬乎？將戕（く一ㄤ）賊杞柳而後以爲桮棬也？如將戕賊杞柳而以爲桮棬，則亦將戕賊人以爲仁義與？率天下之人而禍仁義者，必子之言夫！」

告子說：「人性就像杞柳，義行就像桮盤；以人性去做到仁德義行，就像以杞柳去做成桮盤。」

孟子說：「你能順著杞柳的本性去做成桮盤呢？還是要傷害它的本性去做成桮盤？如果要傷害杞柳的本性去做成桮盤，那麼也要傷害人性去做到仁德義行嗎？帶領天下人去毀損仁德義行的，一定是你這種說法啊！」

有人認爲告子是孟子的學生，但一般認爲應該是朋友，因爲做學生的在理論上不

可能與老師針鋒相對到這種程度。關於告子，我們所知有限，他在思想史的重要性全

在《孟子》這幾章的討論中。前此談過的是他「不動心」的作為。（〈3‧2〉）

告子說話很有技巧，尤其是善用比喻。他運用個人的理解，把人性比喻成杞柳

樹，義行則像是拿它的枝條來做成杯盤。古代沒有像現代這麼高明的工藝水平，由於

杞柳的枝條柔韌，可以編成杯盤之形，再以漆加工，就能製成可用的杯盤。這種比喻

容易引起誤解。因為用樹枝來做成杯盤，本來就很彆扭，既要燒又要烤才能繞成固定

形狀，確實十分勉強。如果一個人做好事像把樹枝編成杯盤那麼勉強，又何必去做好

事呢？

因此，孟子的詰問關鍵是「順」這個字。如果是順著杞柳之性而製成杯盤，也不

妨說是順著人性而做到仁義；但是告子的比喻顯然側重於「戕賊」（傷害），或者全靠

外力來勉強，用人的力量來改變枝條使它變成杯盤，如此一來，仁義也是戕賊人性而

做到的，那麼又何必倡導仁義呢？譬如，年輕人行善，固然是父母期許與老師教導的

結果，但是父母與老師如此教導，是順應人性還是傷害人性呢？答案很清楚，是順著

人性。若非如此，則離開了父母與老師的視線時，年輕人就不再行善了嗎？或者，一

個人若是從小失去父母，也沒有受教育的機會，他就一定不會行善了嗎？

〈11‧2〉

告子曰：「性猶湍（ㄊㄨㄢ）水也，決諸東方則東流，決諸西方則西流。人

其性亦猶是也。」

孟子曰：「水信無分於東西，無分於上下乎？人性之善也，猶水之就下也。人無有不善，水無有不下。今夫水，搏而躍之，可使過顙（ㄙㄤˇ）；激而行之，可使在山。是豈水之性哉？其勢則然也。人之可使為不善，其性亦猶是也。」

告子說：「人性就像湍急的水，在東邊開個缺口就向東流，在西邊開個缺口就向西流。人性沒有善與不善的區分，就像水沒有向東與向西的區分。」

孟子說：「水確實沒有向東與向西的區分，難道也沒有向上與向下的區分嗎？人性對於善，就像水對於向下流。人性沒有不善的，水沒有不向下流的。現在，用手潑水讓它飛濺起來，可以高過人的額頭；阻擋住水讓它倒流，可以引上高山。這難道是水的本性嗎？這是形勢造成的。人，可以讓他去做不善的事，這時他人性的狀況也是像這樣的。」

告子以水來做比喻，認為人性的善或不善全看環境，亦即後天的影響。換句話說，人性並沒有所謂內在善的力量或是善的本性可言。

從孟子的回答「人性之善也，猶水之就下也」。人無有不善，水無有不下」一語中，可以清楚地看出儒家的「人性向善論」。許多人只看到「人無有不善」這句話，就說「人性本善」，而忽視了這是一個比喻，必須對照所比的事物來說明人性的狀

況。

古人說話比較扼要，試問「水無有不下」的「下」是在描寫水的性還是水的流向？當然是後者。同理，人沒有不「向善」，可以直接說成「人沒有不善」，就好像水沒有不向下流的一樣。

如果人性是向善的，為什麼有人做壞事呢？這就好像水的本性是向下流的，但用手去潑或用竹管去引導，就可以使它向上逆流。換句話說，社會上各種外在的力量，或者說形勢，會影響一個人去做不善的事，於是就會有人做壞事。「為不善」並不是變成不善的人，而是去做不善的事。人性是向善的，但是由於外在的勢力、外在的影響，人就會做出不善的事。

由此可知，順著人性，人可以行善也應該行善；正如水如果順著水性，可以向下流、也應該向下流。這個比喻清楚肯定了「人性向善」。人去做不善的事，主要是「勢」所造成的，亦即受到外在條件的影響。換言之，在正常情況下，人順著本性即可行善。而人若行不善，則是因為情況不正常的緣故。由此可知，善是行動，而非本質，所以不宜說「人性本善」。

本章很重要。孟子認為，如果讓水自然發展，一定是向下流的，而讓人自然發展，一定是向善走的，所以說「人無有不善，水無有不下」，「下」是指水的向，而不是水的性。從這裡還不能體會到「人性向善」的話，那麼要如何才能體會呢？

〈11‧3〉

告子曰：「生之謂性。」

孟子曰：「生之謂性也，猶白之謂白與？」曰：「然。」

「白羽之白也，猶白雪之白；白雪之白猶白玉之白與？」曰：「然。」

「然則犬之性猶牛之性，牛之性猶人之性與？」

孟子說：「那麼，狗的本性就像牛的本性，牛的本性就像人的本性嗎？」

子說：「是的。」

孟子說：「白羽毛的白，就像白雪的白；白雪的白，就像白玉的白嗎？」告

「是的。」

孟子說：「生來具有的叫做本性，就像白的東西都叫做白的嗎？」告子說：

告子說：「生來具有的，叫做本性。」

只就「生之謂性」來說，接近同語反覆，亦即什麼都沒說。所以孟子緊接著會

問：「猶白之謂白與？」但是如此一來，凡物皆有本性，我們又何必多此一舉，去討

論人性的問題呢？孟子最後的反詰，是提醒告子，要他想一想：難道人與其他動物之

間，沒有任何差別嗎？

同語反覆在哲學上有一個特別的詞，叫做套套邏輯（tautology），套套邏輯就是A

等於A，白的就是白的，主詞即是述詞，A就是A，B就是B，這等於什麼都沒說。

告子說「生來具有的就是本性」，這句話固然是對的，但是並未告訴我們狗與牛有何差異，也無法說明牛與人有何差異。

「人有本性」與「人有什麼本性」，這是兩個不一樣的問題。本章孟子質疑的重點，不在於一樣東西生下來有沒有本性，而在於人的本性到底是什麼？

〈11‧4〉

告子曰：「食色，性也。仁，內也，非外也；義，外也，非內也。」

孟子曰：「何以謂仁內義外也？」

曰：「彼長（坐ˇ）而我長之，非有長於我也；猶彼白而我白之，從其白於外也，故謂之外也。」

曰：「異於白馬之白也，無以異於白人之白也。不識長馬之長也，無以異於長人之長與？且謂長者義乎？長之者義乎？」

曰：「吾弟則愛之，秦人之弟則不愛也，是以我為悅者也，故謂之內。長楚人之長，亦長吾之長，是以長為悅者也，故謂之外也。」

曰：「耆（ㄕ）秦人之炙，無以異於耆吾炙，夫物則亦有然者也，然則耆炙亦有外與？」

告子說：「食欲與性欲是人的本性。仁德是發自內在的，不是外因引起的；

義行是外因引起的，不是發自內在的。」

孟子說：「憑什麼說仁德是發自內在，而義行是外因引起的？」

告子說：「他年長我便尊敬他，不是我預先就有尊敬他的念頭；就如一樣東西是白的，我就認為它白，這是由於它的白顯露在外，所以說是外因引起的。」

孟子說：「白馬的白，與白人的白沒有區別；但不知道對老馬的尊敬，與對長者的尊敬也沒有區別嗎？再說，所謂義行，是在於長者呢？還是在於尊敬長者的人呢？」

告子說：「是我的弟弟，我就愛他；是秦國人的弟弟，我就不愛他，可見這是由我來決定的，所以說仁德是發自內在的。尊敬楚國人中的長者，也尊敬我自己的長者，可見這是由長者的關係來決定的，所以說義行是外因引起的。」

孟子說：「愛吃秦國人做的燒肉，與愛吃自己做的燒肉，是沒有什麼區別的，其他事物也有這種情況，那麼，愛吃燒肉也是外因引起的嗎？」

很多人認為「食色性也」是孔子講的，其實是出於告子之口。這句話本來沒有什麼錯，所有的生物都有食色之性，但是把它說成人性就不適合了。

「食色性也」，這句話其實是常識，突顯了一切生物共有的特色，人類當然也不例外。《禮記‧禮運》上說：「飲食男女，人之大欲存焉。」重點在於：食色是欲，是

生物的本能需求，它不足以說明人性相對於其他生物的特別之處。因此，孟子並不就這一點來質疑告子。有趣的是，最後孟子說：「耆炙亦有外與？」意思是：難道這種「食欲」也是外來的嗎？如果承認它是外來的，就與告子「食色性也」的立場無法相容了。

告子與孟子的仁義論

至於「仁內義外」，則是告子著名的主張；而孟子的主張是「仁義皆內」，像惻隱之心、羞惡之心、辭讓之心、是非之心，四心皆內（3．6）。意思是：由心的這四端，推廣實踐為仁、義、禮、智，這四善皆是由內而發的。

告子主張「仁內義外」。仁是由內而發的，仁代表愛心，我喜歡別人，我就對別人好，所以這是我自己內心發出來的；但是「義」，一個人該怎麼做，則須判斷外在的情況，所以義是由外而來的。

孟子的「義內」則是認為，不管外在的情況如何變化，義的力量依然是由內而發的，人因而具有道德上的價值，否則，善的行動很可能變成做秀。譬如，如果某個人當著大家的面去攙扶一位老太太，他心裡想的卻是：「我要讓大眾看到我的善行，讓報紙介紹、電視播出，將來我就有機會從政……。」如此一來，就變成幫助別人是另有目的、考慮外在效果的，不一定是由內而發的，這樣的行為就沒有道德價值可言。

什麼是道德價值呢？就是在實踐的時候，改變的不是別人，而是自己；道德由內而發，才能使自己的生命產生變化。

對儒家來說，內心是關鍵，自己的內心主動發出來的力量，久而久之就會改變自己，使自己成為行善的人。反之，如果一向考慮的是外在的效果，那麼即使幫助的人很多，自己內在卻無動於衷，終究還是沒有任何改變。如果人總是考慮有沒有人注意到自己的言行，他就等於與自己脫離了，也疏忽了自己內心的真正要求。

仁義皆發自內心

接著，孟子反問告子：「不識長馬之長也，無以異於長人之長與？」馬與人當然不同，孟子這樣質疑告子，有一點開玩笑的意思。這就像蘇格拉底同很多人談話一樣，他明明知道自己的智慧比別人高，有時候會故意裝傻，開開別人的玩笑。至於後面這句：「且謂長者義乎？長之者義乎？」才是最重要的。義行不在於長者，而在於尊敬長者的人。孟子強調的是尊敬之心由內而發，而告子只注意到外在的因素，這就是兩者的差別。

最後，孟子為什麼反問：「耆炙亦有外與」？告子前面說「食色性也」，接著再說「仁內義外」，兩者其實是很難聯成一氣的。告子的人性有三種內涵：食、色與仁，但他卻把義說成是外在的。細讀之下，會覺得告子沒辦法去正確分類、掌握重點，思想上顯得不夠縝密。

一個人吃飽的時候，即使給他山珍海味、滿漢全席，也未必能引發其食欲；如果他肚子餓了半天，隨便給點饅頭、稀飯，都會讓他吃得津津有味。可見，一個人要不要吃東西，不是由外在的食物好壞決定的，而是由他吃東西的欲望是由內而發的。

本身「是否饑餓」來決定。同樣的，一個人尊敬長者，是因為他有尊敬長者的心做為基礎，當他發現別人是長者時，自然就由這個心表現出尊敬的行為。

孟子認為義行與仁德一樣，都是由內而發的。如果沒有內在的情感，則外在的言行只是偽裝而已。我們又怎麼會把偽裝與做秀的人看成行義的人？反之，以內在為基礎，再表現於外，才是適當的義行。這是讀《孟子》時，必須清楚了解的關鍵——仁是由內而發的，義也是由內而發的。

〈11‧5〉

孟季子問公都子曰：「何以謂義內也？」

曰：「行吾敬，故謂之內也。」

「鄉人長於伯兄一歲，則誰敬？」曰：「敬兄。」「酌則誰先？」曰：「先酌鄉人。」「所敬在此，所長在彼，果在外，非由內也。」

公都子不能答，以告孟子。孟子曰：「敬叔父乎？敬弟乎？彼將曰：『敬叔父。』曰：『弟為尸（ㄕ），則誰敬？』彼將曰：『敬弟。』子曰：『惡在其敬叔父也？』彼將曰：『在位故也。』子亦曰：『在位故也。庸敬在兄，斯須之敬在鄉人。』」

季子聞之，曰：「敬叔父則敬，敬弟則敬，果在外，非由內也。」公都子曰：「冬日則飲湯，夏日則飲水。然則飲食亦在外也？」

孟季子問公都子：「為什麼說義行是發自內在的？」

公都子說：「表達我的敬意，所以說是發自內在的。」

孟季子說：「有個同鄉人比你大哥年長一歲，那麼要尊敬誰？」公都子說：「尊敬大哥。」孟季子說：「如果在一起喝酒，要先為誰斟酒？」公都子說：「先為同鄉長者斟酒。」孟季子說：「內心尊敬的是大哥，實際尊敬的卻是年長的同鄉人，可見義行果然是外因引起的，而不是發自內在的。」

公都子無法回答，就把這番話轉告孟子。孟子說：「你可以問：『尊敬叔父，還是尊敬弟弟？』他會說：『尊敬叔父。』你再問：『弟弟擔任受祭的代理人時，要尊敬誰？』他會說：『尊敬弟弟。』你就再問：『那麼，尊敬叔父表現在哪裡？』他會說：『因為那時弟弟處在受祭代理人的地位啊。』你也就說：『因為那個同鄉人也處在該受尊敬的地位啊。平常的尊敬在於大哥，暫時的尊敬在於同鄉長者。』」

孟季子聽了這番話，就說：「該尊敬叔父時就尊敬叔父，該尊敬弟弟時就尊敬弟弟，可見義行果然是外因引起的，不是發自內在的。」公都子說：「冬天要喝熱水，夏天要喝冷水，那麼飲食也是外因引起的嗎？」

「尸」字就是我們現在所說的祖先牌位。以前的祭祀往往是以小男孩或小女孩，做為受祭代理人，也就是說，大家以他代替祖先來接受祭拜。因為祖先的血脈代代相傳，而古代祭祀的時候，總希望有一個真正的人受祭，讓大家有祖先親臨的感受，所

以就有「尸」這樣的禮儀衍生出來。有一句成語就叫「尸位素餐」，意即坐在位置上吃白飯，什麼事也不做，這才讓「尸」字成了貶義。

孟季子其人不詳，而公都子是孟子的學生，與孟子所持的理論是一樣的。這一章主要說的就是他們對於「義」的行為，到底是內發還是外發的爭論，兩者互相爭鋒，相當精彩。

儒家的思想談及人性時，覺察人是所有動物裡唯一有可能不真誠的，所以人的真不真誠是關鍵。譬如，一個人天生聰明，但不真誠，見人說人話，見鬼說鬼話，一輩子都在做戲，最後就忘記自己內心真實的情感，連自己是誰都搞不清楚了。

其實，人生的各種行為表現或各種遭遇，往往有如滾滾洪流，自己多半不能做主。為什麼有些人可以稱為「中流砥柱」？為什麼有些人可以做到「眾人皆醉我獨醒」？就是因為這些人可以保持真誠。人要不真誠實在太容易了，有時一不小心就被利益所迷惑，有時忽然念頭轉不過來，就忘記真誠了；不然就是大家說怎麼做，我就跟著去做，或是同流合汙，或是變成鄉愿。所以，儒家思想的重點或第一個立足點，就在於「真誠」。

義行是要付諸行動的，因此必須考量相關條件，比如社會上通行的禮制規定。然而，這種外在的考量並不表示義行就是外因引起的，就像一個人若無食欲，則對任何食物皆無胃口。義行若非由內而發，則它將如無源之水，也就沒有集義、養氣的可能性了。孟子不得不認真辯論，其故在此。

的確，一個人沒有食欲的話，對任何食物都沒有胃口。我自己的生活經驗也是如

此：再美味的食物，如果沒有食慾或合適的親友一起享用，就會食而不知其味。大家聚在一起，目的不在吃飯，而在於有什麼生活經驗與個人心得可以分享，這才是重要的。所以，孟子這番話很有道理，食慾以及人的行為都是由內而發的，不然只是虛應故事。

〈11・6〉

公都子曰：「告子曰：『性無善無不善也。』或曰：『性可以為善，可以為不善。是故，文、武興，則民好善；幽、厲興，則民好暴。』或曰：『有性善，有性不善。是故以堯為君而有象；以瞽瞍為父而有舜；以紂為兄之子，且以為君，而有微子啟、王子比干。』今曰：『性善』，然則彼皆非與？」

孟子曰：「乃若其情，則可以為善矣，乃所謂善也。若夫為不善，非才之罪也。惻隱之心，人皆有之；羞惡之心，人皆有之；恭敬之心，人皆有之；是非之心，人皆有之。惻隱之心，仁也；羞惡之心，義也；恭敬之心，禮也；是非之心，智也。仁義禮智，非由外鑠（ㄕㄨㄛˋ）我也，我固有之也，弗思耳矣。故曰：『求則得之，舍則失之。』或相倍蓰（ㄒㄧˇ）而無算者，不能盡其才者也。《詩》曰：『天生烝民，有物有則。民之秉彝（ㄧˊ），好是懿德。』孔子曰：『為此詩者，其知道乎！故有物必

則，民之秉彝也，故好是懿德。」

公都子說：「告子說：『人性沒有善，也沒有不善。』有人說：『人性可以變得善，也可以變得不善。所以，周文王、周武王統治天下，百姓就喜歡善行；周幽王、周厲王統治天下，百姓就喜歡暴行。』還有人說：『有些人生性是善的，有些人生性是不善的。所以，以堯為君主，卻有象這樣的百姓；以瞽瞍為父親，卻有舜這樣的兒子；以商紂為侄兒，並且以他為君主，卻有微子啓、王子比干這樣的賢人。』現在您說『性善』，那麼，這些說法都錯了嗎？」

孟子說：「順著人性的真實狀態，就可以做到善，這便是我所謂的性善。至於有人做出不善的事，那不是天生資質的過錯。憐憫心，每個人都有；羞恥心，每個人都有；恭敬心，每個人都有；是非心，每個人都有。憐憫心屬於仁德，羞恥心屬於義行，恭敬心屬於守禮，是非心屬於明智。仁德、義行、守禮、明智，不是由外界加給我的，而是我本來就具備的，只是沒有去省思罷了。所以說：『尋求就會獲得它們，放棄就會失去它們。』人與人相比，有相差一倍、五倍甚至無數倍的，就是因為差的人不能充分實現天生資質啊。《詩經·大雅·烝民》上說：『天生育眾多百姓，有事物就有法則。百姓保持常性，所以愛好美德。』孔子說：『這篇詩的作者懂得人生正途啊！有事物就一定有法則；百姓保持了常性，所以就會愛好美德了。』」

公都子大概聽了孟子一些教導，就把各種說法一次提出來，請孟子一一解答。公都子提出了三種主張：第一就是告子說的，「人性沒有善，也沒有不善」；第二：人性可以變得善，也可以變得不善；第三：有些人生性是善的，有些人生性是不善的。

在孟子的回答中，「爲善」、「爲不善」這兩個「爲」字，意思很清楚，代表善、不善是做到或做出來的。所以我一直強調，善、不善不是人本來具有的性質，而是人「做到與否」的善行或惡行，這是非常重要的關鍵，也是我無法同意「人性本善」的原因。人性的善是指要做出來的才叫做善，而做出來的善是順著本性，不善是逆著本性，如此就稱爲「人性向善」。

孟子接著說，「惻隱之心，人皆有之；羞惡之心，人皆有之……是非之心，智也」，這句話沒有本書〈3‧6〉中講得那麼完整，這可能是在辯解的緣故，因此孟子說得比較急切。我在翻譯時，把「惻隱之心，仁也」譯成「憐憫心屬於仁德」，因爲古人說是仁也、義也，直接說是不是時，意思也包括屬不屬於。

我這種理解是從「白馬非馬」的論證得來的。白馬、黃馬、黑馬都是「馬」；但說「白馬」時，只有白馬才可以算是；因此可以說白馬不是馬。「白馬不是馬」是對的，因爲白馬「不等於」馬，但是白馬「屬於」馬，這是一個簡單的反駁。如果有人說「白馬非馬」，那是詭辯。古人所謂的「是與非」有兩種用法：一是等於與不等於，二是屬於與不屬於。說白馬「不等於」馬，是對的；但是，說白馬「不屬於」馬，那就錯了。在此，當然也涉及對一個概念的定義問題。

一個概念有內含也有外延；內含是它的基本要件，外延是它的應用範圍。馬的外

延包括白馬、黃馬、黑馬等等；馬的內含則必須在每一匹馬身上出現；因此，我們可以說「白馬是馬」，但不能說「馬是白馬」；可以說「白馬屬於馬」，而不能說「白馬等於馬」。

同理，說「惻隱之心，仁也」，是說惻隱之心「屬於」仁德，而不是說惻隱之心「等於」仁德。孟子在〈3‧6〉清楚指出「惻隱之心，仁之端也」，則是把惻隱之心等同於「仁之端」。若不如此理解，我們就須面對另一個問題：難道「仁之端」等於「仁」嗎？難道心中出現憐憫的情緒，就代表做到仁德的要求了嗎？情況顯然並非如此。

再說，心的四端是指這四者的根源是人心與生俱有的，一般人為何沒有察覺呢？也因此孟子最後要加一句「弗思耳矣」。向內反省自己，覺悟自身的道德主體性，人的行為才有原則可言。

什麼是道德主體性呢？亦即這個道德是要自己決定的，一個人做好事，不是考慮到別人的命令或外在的環境，而是因為自己要自己這麼做的，如此才有道德主體性可言。不能肯定道德主體性，行為沒有原則，就只能隨人俯仰了。

人性是一種力量

仁德、義行、守禮、明智，不是由外界加給我的，而是「我固有之也」，只是沒有去省思罷了。許多人以為孟子談「性本善」，但為什麼一定要加上「本」字呢？孟子從頭到尾都沒有注意到「本」這個字，他所強調的是善行的開端、萌芽，一定要由

內而發，這是一種動態的觀點，亦即人性是一種力量，只要真誠就會發現這種力量是由內而發的。只要掌握由內而發這一點，行動起來就有原有本，不會做了一半之後就放棄了。

由內而發，將使自己心甘情願，堅持做下去，這叫做「集義」，該做的事一直做下去，最後就會養成浩然之氣。很多時候，我們做該做的事覺得很累，但是做久了之後，會覺得內心有一種深刻的快樂，感覺到自己問心無愧，心中非常坦然。

如果講「人性本善」的話，人與人應該相等或相同，那麼為什麼表現出來竟有巨大的差別呢？這實在不易解釋，也不合乎實情。講「人性向善」的話，因為有些人沒有注意到內在的要求，只是做著外在的行為，做久了之後，離自己的本性也愈來愈遠，最後出現相差多少倍的情況。很多人之所以會做壞事，就是因為他沒有保持常性，等於是忘記了自己的內在要求，最後就變成「東邊開口朝東流」的情況。

孟子接著引述孔子所說的：「故有物必則，民之秉彝也，故好是懿德。」人即使沒有受過教育，只要他保持自己平常而正常的性格，譬如做事全憑良心，自然就會愛好美德。這種說法也有助於闡明「人性向善」的觀點。

人性論的關鍵

「乃若其情，則可以為善矣，乃所謂善也」，這是整本《孟子》裡談人性論的關鍵。首先，孟子所謂的善是指「可以為善」，可以做到善而不是本來就善。其次，行善的能力，不是由外而來的，而是「乃若其情」所展現出來的。第三，「乃若其情」

究竟何意？有的學者認為「乃若」是發語詞或轉語，亦即把「乃若」兩字變成一個詞，並無特別含義，接近白話文中的「至於」。「情」則是指人的真實而言。

如此一來，這句話就被翻譯成：至於人的實質就可以去行善了。這種詮釋雖然不排斥人性向善，但是忽略了孟子一直強調的「順」、「充擴」，也沒有針對本章前半段的質疑，亦即何以人性難以避免環境（或「勢」）的影響？換言之，只有把握了「若，順也」的觀點，才可以避開上述問題。所以，人可能會做壞事，那是外在的影響，而不是本來的問題。

那些堅持人性本善，甚至至善、純善的學者，其理由是：因為天生了人，而天是善的，所以人也是善的；但秋冬一到，萬物也會蕭條。所以，我們不要只看事物的一面，整個大地有生有死，風和日麗的時候當然完美；一日看過颱風之後的景象，就知道天地多麼殘酷了。

古人是希望提倡善的一面，想藉此讓整個社會風氣改善。但我們今天則認為，光有好的願望是不夠的，必須根據生活經驗的累積，進而融會貫通，把握人性的真實狀況，再去勇敢實踐，擇善固執。

〈11‧7〉

孟子曰：「富歲，子弟多賴；凶歲，子弟多暴，非天之降才爾殊也，其所以陷溺其心者然也。今夫麰（ㄇㄡ）麥，播種而耰（ㄧㄡ）之，其地同，其

樹之時又同，浡然而生，至於日至之時，皆熟矣。雖有不同，則地有肥磽（く幺），雨露之養、人事之不齊也。故凡同類者，舉相似也，何獨至於人而疑之？聖人，與我同類者。故龍子曰：『不知足而為屨（屮）』，我知其不為蕢（丂人）也。』屨之相似，天下之足同也。

「口之於味，有同耆也：易牙先得我口之所耆者也。如使口之於味也，其性與人殊，若犬馬之與我不同類也，則天下何耆皆從易牙之於味也？至於味，天下期於易牙，是天下之口相似也。唯耳亦然。至於聲，天下期於師曠，是天下之耳相似也。唯目亦然。至於子都，天下莫不知其姣（4幺）也；不知子都之姣者，無目者也。

「故曰，口之於味也，有同耆焉；耳之於聲也，有同聽焉；目之於色也，有同美焉。至於心，獨無所同然乎？心之所同然者何也？謂理也，義也。聖人先得我心之所同然耳。故理義之悅我心，猶芻豢之悅我口。」

孟子說：「豐年時，青少年大多懶惰；荒年時，青少年大多凶暴，這不是天生資質有如此的不同，而是由於環境深深影響心思的緣故。以大麥為例，播種耙地之後，同一塊土地上，同一個時間種的，都在蓬勃地生長，到了夏至都成熟了。如果收穫有所不同，則是因為土地有肥沃有貧瘠的差異，雨露的滋養以及人工的管理不一樣的緣故。所以，凡是同類的東西，全都是相似的，為什麼一說到人，偏偏要懷疑這一點呢？聖人也是我們的同類。所以，

龍子說：『不清楚腳的樣子而去編草鞋，我知道他不會編成草筐的。』草鞋

的相似，是因為天下人的腳形是相同的。

「口對於味道，有相同的嗜好；易牙最先掌握了我們口味上的嗜好。如果口對於味道，人人不同，就像狗、馬與人不同類那樣，那麼天下人為什麼都追隨易牙的口味呢？說到口味，天下人都期望嚐到易牙的手藝，可見天下人的口味是相似的。耳朵也是如此，說到聲音，天下人都期望聽到師曠的演奏，可見天下人的聽覺是相似的。眼睛也是如此，說到子都，天下人沒有不知道他俊美的；不知道子都俊美的，是沒有眼睛的人。

「所以說，口對於味道，有相同的嗜好；耳朵對於聲音，有相同的聽覺；眼睛對於容貌，有相同的美感。說到心，就偏偏沒有共同肯定的東西嗎？心所共同肯定的是什麼？是道理與義行。聖人最先覺悟了人心共同的肯定。所以，道理與義行使我的心覺得愉悅，正如牛羊豬狗的肉使我的口覺得愉悅一樣。」

富歲與凶歲代表社會的經濟狀況，將會影響青少年的行為模式，這可以找到很多客觀的資料，譬如，經濟蕭條的時候，青少年就很凶暴，為了幾十塊錢就去搶劫。孟子從未忽視人與環境的互動，進而要人提升自主性，成為不受環境影響的主人。

在今日的台灣社會中，這一點顯得特別困難，每天只要打開電視新聞，很難不受影響。但是人還是要學會排除外界的影響與干擾，讓自己活得更有自主性。如果外在環境都呈現比較負面的訊息，自己就更要建立內心的自信與力量。

同類必有原則相通

以生物學來說，同類都有類似的習性，也就是行為模式，人也應該有類似的習性。譬如，蛇很可怕，但是抓蛇人知道蛇什麼時候會咬人，什麼時候不咬人，咬人時有什麼準備動作，抓起蛇來就很輕鬆；抓鱷魚的人也是因為他懂得鱷魚的習性。

孟子說的同類，並不只是一般人，還包括聖人在內，這就是儒家的觀點。把聖人，亦即完美的人，當作一般人的代表。但聖人不是生下來就成功的，他也是修養一輩子才成聖的，而聖人的修養是順著「向善」到「擇善」，再到「至善」，順著人性的發展，才成為聖人。所以談到人的時候，當然要以聖人做為標準。

「至於心，獨無所同然乎？」這個問題問得好。孟子先說人的各種感官都有一定的要求標準，那為什麼只有心會胡思亂想，好像沒有標準，可以讓人隨心所欲呢？因此，孟子就要強調這個標準，心所共同肯定的是道理與義行。聖人先知道什麼是真誠，引發「人性向善」之後，他就可以一路往上提升，別人就會起而效法。每一個人都是一樣向善的，所以，在遇到理義時，心會覺得愉悅。

心不同於理與義

「謂理也，義也。」的「理」是指合理性，無論是道理、真理或理想，都不能脫離人心的理解能力，對任何言論都要求合理性。這是《孟子》裡第一次出現把理與義二字放在一起，平常講的都是仁與義。

人是理性的動物，有思考能力，這個「理」會讓人心覺得快樂。只要聽到一個人

說話有道理，我們就會感到愉悅，願意去認同他，這就是「理」，是就「知」這一方面說的。

其次，「義」是就行為方面來說的，配合知、行兩方面，合稱「理、義」，這也是我個人的心得。孟子常說「仁義」，不然就是「仁、義、禮、智」；現在講理、義，則是分別針對人的知、行兩種能力來說的，道理與義行確實會讓人的心思深感愉悅。我心所悅的是理與義，可見我心並不等同於理與義，由此也不妨肯定人性向善。

〈11‧8〉

孟子曰：「牛山之木嘗美矣，以其郊於大國也，斧斤伐之，可以為美乎？是其日夜之所息，雨露之所潤，非無萌（ㄇㄥˊ）蘗（ㄋㄧㄝˋ）之生焉，牛羊又從而牧之，是以若彼濯濯也。人見其濯濯也，以為未嘗有材焉，此豈山之性也哉？雖存乎人者，豈無仁義之心哉？其所以放其良心者，亦猶斧斤之於木也，旦旦而伐之，可以為美乎？其日夜之所息，平旦之氣，其好惡與人相近也者幾希，則其旦晝之所為，有（ㄧㄡˋ）梏（ㄍㄨˋ）亡之矣。梏之反覆，則其夜氣不足以存；夜氣不足以存，則其違禽獸不遠矣。人見其禽獸也，而以為未嘗有才焉者，是豈人之情也哉？故苟得其養，無物不長；苟失其養，無物不消。孔子曰：『操則存，舍則亡；出入無時，莫知其鄉。』唯心之謂與？」

孟子說：「牛山的樹木曾經很茂盛，由於它鄰近都城郊外，常有人用刀斧砍伐，還能保持茂盛嗎？當然，它黃昏晚間在生長著，雨水露珠在滋潤著，不是沒有嫩芽新枝發出來，但緊跟著就放羊牧牛，最後就成為現在光禿禿的樣子了。人們看見那光禿禿的樣子，就以為它不曾長過成材的大樹，這難道是山的本性嗎？就說在人的身上，難道會沒有嚮往仁德與義行的心思嗎？有些人之所以喪失他的良心，也就像刀斧對付樹木一樣，天天去砍伐它，還能保持茂盛嗎？經過黃昏晚間的生長，出現了天剛亮時的清明之氣，他的好惡與一般人相近的也有了一點點，可是他在白天的所作所為又將它壓制消滅了。反覆地予以壓制，他在夜裡滋生的氣息就無法保存，他就距離禽獸不遠了。人們見他像個禽獸就以為他不曾具有人的資質。因此，如果得到滋養，沒有東西不生長；如果失去滋養，沒有東西不消亡。孔子說：『抓住它，就存在；放開它，就消失；出去進來沒有定時，沒人知道它的走向。』大概說的就是人心吧？」

「平旦之氣」是指在天剛亮的時候，一個人心中所存的清明之氣。在日常生活中，與人接觸多了，往往會忘記自己本來真誠的一面；在睡覺的時候與世界隔絕，又能夠稍稍回復原來的狀態。所以天剛亮的時候，人會覺得有一股清明之氣，是很真誠的屬於人的那種狀態。孟子的比喻很有意思。人睡覺時，沒有理由也沒有必要不真誠，可以面對也必須面對自己了。接下來，孟子所要強調的也是「人性向善」，亦即

需要滋養向善的「向」，讓它慢慢實現，實現久了就是「養浩然之氣」。

接著引用孔子的話就更精彩了。孔子之語確實是在描寫人性，但是如果扣緊原文「操則存，舍則亡」一語，提醒我們：第一，人心可存可亡；第二，人心的後面還有一個主體在負責「操」與「存」。然後，人心還會「出入無時，莫知其向」，充滿不確定性，也許正因為人的心並不單純，所以孟子後來會提出「本心」的概念，用以化解此處的疑惑。即使如此，在此還是要預先指出：本心不是本善。關於這一點，稍後的章節會再做說明。

綜而觀之，牛山的比喻所談的當然是人性了。山上本來有花草樹木，後來才被砍光光了。那麼，光禿禿是山的本性嗎？或者，花草樹木的茂盛是山的本性嗎？人性是無法直接拿來做觀察或是做實驗的，所以孟子要藉著上述比喻，描寫人心的情況。

這樣的比喻並不強調簡單的二分法，好像人性不是善的就是惡的。譬如，「營美」代表曾經茂盛，亦即本來是善的；「濯濯」代表光禿禿的，亦即現在已成為惡的，那麼到底人性是善還是惡呢？孟子的重點在於：一座山，只要給它機會，總是會有「萌蘖」發出來，這是描述一種力量的狀態；同樣，一個人只要給自己機會，總會有「平旦之氣」或「夜氣」發出來，這也是描述一種內在的趨力，就是要求自己行善的力量出現了。關鍵在於「養」，「養」是指長期的努力過程，唯其如此，才可以成為君子。

山的本性在於「能夠」長出花草樹木，而不在於有沒有花草樹木，重點就在於「能夠」這兩個字。所以我反覆強調人性就是：只要給它機會，一個人就能夠變得真

誠，並且真誠地去行善，這不就是「向善」嗎？

孟子曰：「無或乎王之不智也。雖有天下易生之物也，一日暴（��）之，十日寒之，未有能生者也。吾見亦罕矣，吾退而寒之者至矣，吾如有萌焉何哉？今夫弈（一）之為數，小數也；不專心致志，則不得也。弈秋，通國之善弈者也。使弈秋誨二人弈，其一人專心致志，唯弈秋之為聽；一人雖聽之，一心以為有鴻鵠（ㄏㄨ）將至，思援弓繳（ㄓㄨㄜ）而射之，雖與之俱學，弗若之矣，為是其智弗若與？曰：非然也。」

〈11‧9〉

孟子說：「對於大王的不明智，不必覺得奇怪。即使有天下最容易生長的東西，如果曬它一天，再凍它十天，沒有能夠生長的。我與大王相見的次數太少了，我一離開，那些給他澆冷水的人就來了，我對他剛萌芽的一點善心又能怎樣呢？譬如下棋，只是小技術，如果不專心致志，就學不好。弈秋是全國的下棋高手。假使讓他教兩個人下棋，其中一人專心致志，只聽弈秋的講解。另外一人雖然也在聽講，卻一心以為有隻天鵝快要飛來，而想拿起弓箭去射牠。這樣，雖然與別人一起學習，成績卻不如別人，這是因為他的智力不如別人嗎？我會說：不是這樣的。」

一個人表現出「不智」，有兩個原因：一是周圍的人對他一暴十寒，使他無法堅定心志；二是他自己三心二意，不肯認眞學習。換言之，「不智」所牽涉的除了難以學會技巧，也包括不能堅持行善在內。

孟子提出下棋的比喻。學習下棋就像讀書一樣。一個人書讀得好，那是因為他生下來聰明嗎？當然不是。以台灣為例，明星學校的高中生為了考上理想的大學，擠進明星科系，而去補習班的人數超過百分之八十以上。換句話說，百分之八十的資優學生不但已進入明星高中，還要進補習班加強，更不用提一般高中的學生，要進補習班的比例了。至於年輕學生是不是喜歡讀書，反而變成另一回事了。

我曾經提倡廣設大學，主要是認爲與其讓學生擠進補習班，不但學習的效果不彰，安全方面也令人擔憂，還不如廣開大學之門，使上大學這件事不再困難，讓學生都得到大學基礎教育的薰陶。不過，前提是畢業的門檻一定要提高，才能證明大學教育的眞正成效。

當然，身爲教師，我的願望還是希望能從各方面激發學生讀書的興趣，而不是以考上某個大學為主要目標，希望讀書的主動權掌握在每個人自己的手中。

〈11‧10〉

孟子曰：「魚，我所欲也，熊掌亦我所欲也，二者不可得兼，舍魚而取熊掌者也；生亦我所欲也，義亦我所欲也，二者不可得兼，舍生而取義

者也。生亦我所欲，所欲有甚於生者，故不爲苟得也；死亦我所惡，所惡有甚於死者，故患有所不辟也。如使人之所欲莫甚於生，則凡可以得生者，何不用也？使人之所惡莫甚於死者，則凡可以辟患者，何不爲也？由是則生而有不用也，由是則可以辟患而有不爲也，是故所欲有甚於生者，所惡有甚於死者。非獨賢才有是心也，人皆有之，賢者能勿喪耳。

「一簞食，一豆羹，得之則生，弗得則死，嘑（ㄏㄨ）爾而與之，行道之人弗受；蹴爾而與之，乞人不屑也；萬鍾則不辨禮義而受之。萬鍾於我何加焉？爲宮室之美、妻妾之奉、所識窮乏者得我與？鄉（ㄒㄧㄤˋ）爲身死而不受，今爲宮室之美爲之；鄉爲身死而不受，今爲妻妾之奉爲之；鄉爲身死而不受，今爲所識窮乏者得我而爲之，是亦不可以已乎？此之謂失其本心。」

孟子說：「魚是我所想要的，熊掌也是我所想要的，兩者如果不能一併獲得，就放棄魚而選擇熊掌。生存是我所想要的，義行也是我所想要的，兩者如果不能同時兼顧，就放棄生存而選擇義行。生存是我所想要的，但是我所想要的還有超過生存的，所以不做苟且偷生的事；死亡是我所厭惡的，但是我所厭惡的還有超過死亡的，所以有些禍患我不躲避。如果人們所想要的沒有超過生存的，那麼凡是可以求得生存的方法，哪有不用的呢？如果人們所厭惡的沒有超過死亡的，那麼凡是可以躲避禍患的事情，哪有不做的呢？照

這麼走就能保全生命，然而有人卻不去走；照那麼做就能避開禍患，然而有人卻不去做，由此可見，所想要的還有超過生存的，所厭惡的還有超過死亡的。不單單是賢者有這樣的心思，而是每個人都有，只是賢者能不喪失它罷了。

「一筐飯、一碗湯，得到就能活，得不到就餓死，但如果吆喝著施捨給人，就是過路的餓人都不會接受；如果用腳踩過再施捨給人，就是乞丐也會不屑一顧。但是遇到一萬鍾的俸祿，竟不分辨是否合乎禮與義就接受了。一萬鍾的俸祿對我有什麼好處呢？是為了住宅的華美、妻妾的事奉、我所認識的窮人感激我嗎？過去寧可死亡也不接受的，現在卻為了住宅的華美而接受了；過去寧可死亡也不接受的，現在卻為了妻妾的事奉而接受了；過去寧可死亡也不接受的，現在卻為了我所認識的窮人感激我而接受了，這些難道是沒有辦法停下來的嗎？這種情況就叫做喪失了本來狀態的心。」

分辨什麼是「義」？

孟子一開始就點出義行可分大小，一個人可以大義凜然，讓整個社會為之震撼；如果是要個人為小義行犧牲生命，有時候則要考慮周到一點。義行是去做該做的事，但沒有必要輕易犧牲，而是看能不能達到效果。譬如，看到有人掉到河裡，應該去救他，但是如果自己游泳技術很差，就要冷靜衡量。這就好像一杯水怎能澆熄一車的薪火呢？

不過，古往今來有很多例子，顯示確實有許多人可以做到捨生取義。像春秋時代晉國史官寫道：「趙盾弒其君」，權臣趙盾當然不願遺臭萬年，威脅著要把史官殺了，但後者卻不為所動，即使他被殺了，他的弟弟、兒子還是會繼續寫下去。如果史官怕被殺而不寫真話，他就沒有盡到一個歷史記載者的職責，千秋萬世都失去了名譽。每個人都可能有面臨死亡的時刻，重要的是，你是為了什麼而死？如果死的理由正當，亦即死有重於泰山，就不必害怕。

總而言之，由本章看來，「捨生取義」除了要有犧牲的準備之外，最困難的是如何分辨什麼是「義」。也就是說，義行所根據的標準還有討論空間。譬如，現代人生在黃花崗七十二烈士的時代，他會不會去拋頭顱、灑熱血？會不會像林覺民一樣，拋棄新婚的妻子去革命？為了理想而犧牲自我，固然偉大，但必須先肯定那是義行。

順境逆境不失本心

孟子還談及在順境與逆境中的自處之道。

孟子說過「羞惡之心，義之端也」，引申的意思是：逆境容易激發人的羞恥心，而順境容易使人迷惑，以至放棄了平日堅持的原則。孟子連續三次提到「鄉為身死而不受」，代表人應該重視的是內在的價值、人性的尊嚴。

外在的成就，包括住得豪華、妻妾的事奉、天下人都感激你，都是外在的。當我們碰到利害的考慮，就容易忘記本來內心的狀態──要追求善，亦即所謂的向善。古人屬於某個階層或特定團體，或者以家族為主，現代人活在自由開放的社會，由此看

來，我們是比較幸福的，更應該經常考慮「什麼才是內在真正的要求」。

在我年輕時，尤其還在讀書期間，同學之間的感情很好，勝過兄弟姊妹，等到進入社會一段時間，因為人與人相處牽涉到成敗、利害，大家合作做事時，往往涉及外在的考慮與各種利害關係，年紀愈長就愈常感嘆：天下有真正的朋友嗎？

真正的朋友，應該沒有利害的考慮，在一起純粹是就個人生命發展的特色來交往，相處的時候覺得很輕鬆。很羨慕《莊子》裡面描寫的幾個好朋友，他們對人生的看法、對「道」的體驗是一致的，然後可以「相視而笑，莫逆於心」。

本心即是向善的力量

關於「行道之人弗受」，《禮記·檀弓》有一段類似的故事：「齊大饑，黔敖為食於路以待餓者而食之。有餓者蒙袂輯屨，貿貿然來。黔敖左奉食，右執飲曰：『嗟！來食！』揚其目而視之，曰：『予唯不食嗟來之食，以至於斯也。』從而謝焉，終不食而死。」這段故事展現了人的獨特尊嚴，亦即寧死也不受侮辱。一人如此，並不代表天下人皆會如此；但它肯定了天下人皆「可能」如此。人若不由這一「可能性」去界定人與禽獸的差別，就會失去本心。這裡涉及一種邏輯的思考訓練。

有一個人做到某事，雖然不代表每一個人都會這麼做，但是它卻代表人的可能性，而人生最可貴的就是擁有可能性。一個人因為有可能變成好人，那麼小時候不懂事或一時胡作非為，就有改善的希望，人生也就不會永遠如此了。人若不由這一可能性去界定人與禽獸的差別，就會失去本心。

「本心」是指本然的心，或者心的本來狀態。它是一種固定不移、屬於善的狀態？還是一種充滿敏銳感應的能力，隨時在要求人主動行善的力量呢？這是值得探討的焦點。我主張後面一種：本心是指一種敏感的向善的力量。若不是如此，試問：本心又怎能失去呢？

〈11‧11〉

孟子曰：「仁，人心也；義，人路也。舍其路而弗由，放其心而不知求，哀哉！人有雞犬放，則知求之；有放心，而不知求。學問之道無他，求其放心而已矣。」

孟子說：「仁德，是人要保住的心；義行，是人要依循的路。放棄這條路而不跟著去走，喪失這顆心而不知道去尋找，真是可憐啊。一個人，雞和狗走失了，知道去尋找；但是心喪失了，卻不知道去尋找。學習及請教的原則沒有別的，就是找回喪失的心而已啊。」

我一直強調人性「向善」而非「本善」，在這一章又可以找到很好的論證。如果人性是「本善」的話，一旦失去本心，去哪裡找回來？唯有其「向善」，因為它是一種力量，所以失去了還可以找回來，這就像前面說的，只要給它機會，牛山上新的嫩

芽又長出來了。人可以立即真誠，反身而誠，那全是因為有向善的力量在心中。

求其放心，保持真誠

孟子在這一章提到「放心」，之後又說「求其放心」，表示心不是固定的東西，心是可以失去，也可以找回的。寵物走失或東西遺失，可以去尋找；心喪失了也一樣可以去尋找。所以，孟子認為人一定要真誠，不真誠就代表本心喪失了。如果你與人來往或處理事情一向都不真誠的話，可能就沒有喪不喪失的問題，只不過長此以往，偶爾還是會覺得心裡空蕩蕩、茫茫然的。

我相信很多人考大學時都有這種感覺，有一個目標值得全力以赴，每天努力奮鬥；一旦考上大學之後，快樂兩三週，反而悵然若失起來。當初可能覺得只要考上大學就沒有什麼問題了，因此心思單純；不料進入大學之後，才發現人際關係更為疏離。根據懷德海（A. N. Whitehead）的說法，中學時代要伏案讀書，每天在書桌前認真苦讀；上了大學就要高瞻遠矚，要抬頭挺胸，看遠一點，思考個人與社會、個人與歷史、個人與宇宙之間的關係。要是沒有這樣的氣魄，在我看來，大學也不過是多浪費四年而已，即使拿到了學位也不代表有什麼成就。

這一章提到的「仁，人心也」，在此所謂的「心」，並非指具體的心臟，而是指心思（主體的覺悟及思考能力），這種心思可以喪失（放其心）也可以找回（求其放心）。那麼是「誰」在喪失及找回呢？為了避免另立一個純粹主體，可以由心之覺與不覺來理解。亦即：心仍是心，若是不覺，則是「放失」；若是覺，則是「求得」。

因此，說「仁，人心也」，意即：仁德是人要保住的心；或者說：人心一覺即是仁。

「義，人路也」，這個路當然不是指具體的道路，而是對人的選擇而言，眾多選擇所合成的人生途徑應該以義為依歸。人應該走什麼路，並不表示人在實際生活中會這麼走。正因為如此，孟子才會奔走呼號。由此可見，仁與義固然是由內而發，但同時也需在真實生活中體現出來。

〈11‧12〉

孟子曰：「今有無名之指屈而不信，非疾痛害事也，如有能信之者，則不遠秦、楚之路，為指之不若人也。指不若人，則知惡之；心不若人，則不知惡，此之謂不知類也。」

孟子說：「現在有個人，無名指彎曲了不能伸直，既不疼痛也不妨礙做事，但是如果有人能使它伸直，那麼即使要他去秦國、楚國也不嫌遠，這是為了手指不如別人。手指不如別人，還知道厭惡；心思不如別人，卻不知道厭惡，這叫做不知輕重。」

任何有思考能力的人，一定都要找到內在、外在的區別，並且體認自身的價值何在。

一個人的價值不在於開豪華的車或戴名貴的錶。但是，有些人以開名貴的轎車，戴上千萬珠寶，或穿上價格昂貴的衣飾來贏得別人的羨慕，他們以此標準來評斷自己與他人的價值。

事實上，把這些物質表象的東西拿掉之後，一個人還剩下什麼呢？這才是值得思考的。名車、名錶……等等，只不過是由於社會虛華的風氣而讓別人羨慕，變成人與人互相之間製造出來的假象，大家互相稱讚：「你的車真好」，「你的衣服真漂亮」，「你的身材真好」……直到最後年華老去。可是，這些外在的東西有什麼好比較的呢？

所以孟子說得很有道理。一般人重外輕內，並未察覺心思的可貴。不清楚人生之中何者貴、何者賤，恐怕不只是不知類別高低而已，行為上也將陷於顛倒離奇的窘境。

〈11‧13〉

孟子曰：「拱把之桐梓，人苟欲生之，皆知所以養之者。至於身，而不知所以養之者，豈愛身不若桐梓哉？弗思甚也。」

孟子說：「長到一握、兩握粗的桐樹與梓樹，人們如果想讓它們繼續生長，都知道怎麼去培養。至於自身，卻不知道怎麼去培養，難道愛自己還不如愛

桐樹與梓樹嗎？真是太不去思考了。」

試想，我們每天花多少時間整理家務、照顧寵物與植物花草，又花了多少時間照顧自己？

要培養自己，確實需要具備一些知識。譬如，除了顧好身體之外，還須注意心智方面的成長，包括接受良好的教育，發展均衡的性格；然後，還須選擇人生的大方向，使自己成為君子等等。

現代人注重外表，也注意養生，對自己的身體用心照顧；為此而花錢費力毫不在乎。但是，多少人會想到自己的心智與靈性也需要培養與愛護嗎？孟子在本章所對照的是桐梓與自己；在自己這一方面，還可以對照身體、心智及靈性。心智與靈性可以統括在「心」這個概念中，亦即除了要真誠引發實踐的動力之外，還須在關鍵時刻捨生取義。論及「捨生取義」就不只是心智層次，而提升到靈性層次了。

〈11‧14〉

孟子曰：「人之於身也，兼所愛。兼所愛，則兼所養也。無尺寸之膚不愛焉，則無尺寸之膚不養也。所以考其善不善者，豈有他哉？於己取之而已矣。體有貴賤，有小大。無以小害大，無以賤害貴。養其小者為小人，養其大者為大人。今有場師，舍其梧檟（ㄐㄧㄚ），養其樲（ㄦ）棘，

則為賤場師焉。養其一指而失其肩背，而不知也，則為狼疾之人也。飲食之人，則人賤之矣，為其養小以失大也。飲食之人無有失也，則口腹豈適為尺寸之膚哉？」

孟子說：「人對於自己的身體，是每一部分都愛護的。都愛護，就都加以保養。沒有一點點肌膚不愛護，也就沒有一點點肌膚不保養。要檢查他保養得好不好，難道有別的方法嗎？就看他注重哪一部分罷了。身體有高貴部分與卑微部分，有瑣碎部分與重要部分。不能為了保養瑣碎部分而傷害重要部分，不能為了照顧卑微部分而損害高貴部分。保養瑣碎部分的，是平凡百姓；保養重要部分的，是德行完備的人。現在有一位園藝師，放棄了梧桐與楸樹，卻去栽培酸棗與荊棘，那麼他就是個差勁的園藝師。如果保養了一根指頭，卻喪失了肩與背的功能，而自己還不知道，那麼他就是糊塗人了。講究吃喝的人，大家都鄙視他，因為他保養瑣碎部分而錯失了重要部分。如果講究吃喝的人沒有錯失重要部分，那麼他的吃喝難道只是為了保養一點點肌膚嗎？」

分辨大者與小者的本末

人和其他動物最大的差別，在於心，重要的部分莫過於此了。其他如身體的欲望，可以算是瑣碎的部分。這裡的「狼疾人」是指糊塗的人，根本分不清自身重要和

不重要的部分，他會為了一根指頭而傷害了肩背。

孟子所說的「小者」，是指口腹之欲；「大者」是指人的心志。這兩者其實不必衝突，但要分辨本末。人不飲食則無法活命，所以保養口腹是「必要的」。所謂「必要」，是說：非有它不可，但是有它還不夠。因此，人還必須同時保養心志，這才是「重要的」。如此一來，飲食的目的就不僅僅是滿足口腹那一點點地方，而是要讓人有體力去實踐理想了。

請注意最後一句話：「飲食之人無有失也，則口腹豈適為尺寸之膚哉？」引申來說，人吃喝難道只是為了肚皮？當然不是。我在美國念書的第四年，晚上都會去一個朋友家裡吃飯。那時朋友的大兒子才三歲，在門口一看到我時就說：「傅伯伯，你又來了。」他母親就會提醒他說：「不可以這樣說，要說『歡迎傅伯伯』。」我在他家吃了半年晚餐，有這麼好的朋友，叫做患難之交。這份恩情可謂點滴在心頭，所以後來只要有機會，我一定好好回報，這就是人與人的相處之道。每一個人的情況不同，人可以吃飽喝足，但不要忘記重要的部分──心。以我當時的情況來說，吃飯是為了繼續念書；念書也是人生「當行之事」之一。

大人與小人

孟子的人性論一再強調：人不可忘記重要的部分，不可失去本心，不可不知輕重分類，不可忘記自覺去思考，這樣就能把重要的部分掌握住了。大人與小人的分別就在這裡。

大人、小人不是指一個人外型大小，而在於他有沒有掌握人的重要部分，如果掌握了，自然就會發展德行。「大人」是指德行完備的人，絕不是生下來就如此。人性是向善的，努力去行善而成為大人，可以把本性表現出來，讓人性的部分充分實現出來；「小人」不是壞人，也不是個子小的人，而是只發展身體方面的潛能——吃喝玩樂、外表光鮮亮麗。小人即使身體長得再高大也沒有用，如果沒有發展人性的向善潛能，就永遠像小朋友一樣幼稚單純，然後這一生都浪費了，而且還會衍生很多問題。

掌握內在的力量

小人會有什麼問題？我們前文裡提到齊宣王「寡人有疾，好色、好勇、好貨」（〈2‧3〉、〈2‧5〉），小人因為無法向善，就會遇到這些問題。比如「好勇」，就是人與人之間爭權奪利，最後就會互揭傷疤、黑函密告；而「好貨」的情況就更嚴重了，小人可能一聽到利益，不問自己該不該得，就去賺取不義之財。

孔子並不反對賺錢，但是要「見得思義、見利思義」，看到利益就忘記該不該得取得。然而，大多數的人都是見利忘義，看到利益時就要想該不該學習儒家只要把握幾個重要的觀念，拿來做為座右銘，就能夠向善發展。比如公務人員，座右銘用「見利思義」四個字就夠了，不需要其他的勸誡。

一旦牽扯到利害問題，立即要想「該不該」取，隨之可以自我約束。如此將可體驗孟子這些哲學家所說的「人性向善」才是真正的快樂。孟子說過，人生最大的快樂就是：自我反省，發現自己真誠，可以對得起自己的良心，沒有任何事情做錯，也沒

有任何事情不合乎道義，那種快樂眞是難以想像。年紀愈大，特別是人到中年，眞的可以體會到這樣的感覺。有時候早上起來心裡想著，自己有多少存款又有什麼關係？說不定一覺醒來時銀行已經被火燒毀了。更何況金錢能夠當枕頭用嗎？能夠讓人睡得安穩嗎？此時就會覺得外界的名與利，根本是空的。

由此可見，儒家就是要讓人懂得掌握自己內在的力量，這個力量是每一個人都有的，也就是「聖人與我同類」的道理。聖人與我一樣在成長，沒有誰生下來就比較善良的。聖人之所以能成聖，是因為他掌握了人性的重點。理、義讓我們的心覺得快樂，如果能實踐這兩點而快樂的話，所有一切外在的成就都變得次要了，人生的快樂也就由內而發了。

〈11‧15〉

公都子問曰：「鈞是人也，或爲大人，或爲小人，何也？」

孟子曰：「從其大體爲大人，從其小體爲小人。」

曰：「鈞是人也，或從其大體，或從其小體，何也？」

曰：「耳目之官不思，而蔽於物。物交物，則引之而已矣。心之官則思，思則得之，不思則不得也。此天之所與我者。先立乎其大者，則其小者不能奪也。此爲大人而已矣。」

公都子請教說：「同樣是人，有的成為德行完備的人，有的成為平凡百姓，這是什麼緣故？」

孟子說：「順從重要官能的就成為德行完備的人，順從瑣碎官能的就成為平凡百姓。」

公都子說：「同樣是人，有的順從重要官能，有的順從瑣碎官能，又是什麼緣故？」

孟子說：「耳朵、眼睛這類器官不會思考，所以被外物蒙蔽。因此，一與外物接觸，就被引誘過去了。心這個器官是會思考的，一思考就覺悟道理與義行，不思考就無法覺悟。這是天賦予我們的器官。先確立重要的部分，瑣碎的部分就不能取代了。這樣就可以成為德行完備的人了。」

重要官能指的是心，而瑣碎官能代表身體的欲望。孟子把人分為身體與心理兩個層次，譬如，喜歡享受吃喝玩樂，這是身體的層次；想努力奮鬥、好好行善，這是心理的層次。一個人願意行善，並且長期這麼做，需要有一套明確的理解與信念，否則很難堅持下去。譬如，有人每次搭車都想坐著，因為比較舒服，要養其小體，而不想讓座，他就變成平凡百姓（小人）了。唯有追求德行完備，個人的生命潛能才可充分發揮出來。

關於「大體」與「小體」，不是就形體大小而言，而是就其重要與否而言。小體是指身體及其官能，為何不說它重要呢？因為這是人與其他動物所「共有」的，無法

由之分辨人的特色。人既然是萬物之靈，那麼足以使他出類拔萃的，才可稱爲「大體」，而它顯然是「心」。

靠心知「道」，而後「覺」

孟子所謂「思則得之」，所得的是什麼？是「心」所同然的「理也，義也」（〈11‧7〉）。這樣的心是「天之所與我者」；因此價值根源在於心之自覺，而心之所以能自覺，則在天意。提及天（或天意），並未貶損人的尊嚴，反而可以提醒個別的人不可太過主觀，自以爲是，甚至狂妄自大、無法無天。

孟子毫不掩飾，他說：「此天之所與我者。」儒家的思想中，怎麼可能沒有天呢？把「天」去掉的話，儒家思想就沒有一個根源了。孔子五十而知天命，碰到危險時，就說「天之未喪斯文也」；孟子也一樣，他說：「天」要治好天下，「當今之世，舍我其誰」？所以天給人的最好的禮物，就是讓人有「心」。上天給人類「心」，是要讓這個心去「思」才能夠悟道。心可以思也可以不思，如果不思，代表放棄當人的特權。沒有思慮過的行爲，是要負責任的。比如，開車時被抓到違規左轉，不能說「我不知道這邊不能左轉」，這不構成理由。否則，每一個人都可以說：「我不知道員警在這裡」，那豈不是天下大亂了？

這是了解《孟子》的關鍵：「天」賦予我們能夠分辨的「心」，所以說「先立乎其大者，則其小者不能奪也」，人生最重要的就是：要先把握住到底要以什麼做爲生命的重心。一個人不一定要飽讀詩書，也不一定要有什麼學問，我們也常看到一些很

理。

有學問的人，做人處事完全是背離常道的。因此，最重要的還是把心掌握住。假設與父母聚餐時，實在饑腸轆轆了，想要大吃一頓，但如果父母還沒動筷子的話，是不是就要忍耐一下？很想吃，代表身體的饑餓，感受到身體的饑餓，希望好好地吃頓飯，父母卻還沒有開動，心知道自己先享用是不合理的，所以必須忍耐一下。如此一來，就完全不同了，你就成為一個行為合宜用事的人了。要聽從口腹之欲，抑或是聽從內心的聲音呢？這個例子說明：要靠心才能知「道」，才能夠「覺」，這是很清楚的道

〈11‧16〉

孟子曰：「有天爵者，有人爵者。仁義忠信，樂善不倦，此天爵也；公卿大夫，此人爵也。古之人修其天爵，而人爵從之。今之人修其天爵，以要人爵；既得人爵，而棄其天爵，則惑之甚者也，終亦必亡而已矣。」

孟子說：「有天賜的爵位，也有人給的爵位。仁德、義行、忠誠、信實，樂於行善而不疲倦，那是天賜的爵位；做到公卿大夫，那是人給的爵位。古代的人修養他天賜的爵位，人給的爵位自然跟著來了。現在的人修養他天賜的爵位，是要用來追求人給的爵位；一旦獲得人給的爵位，就丟棄天賜的爵位，那實在太糊塗了，結果連人給的爵位也一定會失去的。」

天爵是人爵的基礎嗎？事實上，並非所有的人爵皆由天爵而來，修養天爵也未必保證能得到人爵。孟子毋寧是想要強調天爵，也就是「仁義忠信，樂善不倦」，是人人可以取得，並且應該終身堅持的。尤其「樂善不倦」四個字最為關鍵，以此為樂就不會疲倦，代表從內心要求自我向善、行善，所以能夠不覺疲累。有些人穿的、用的全部都是名牌，看起來很「高貴」，其實他連人爵都算不上。因為外在的名牌是用錢堆砌出來的，只要誰有錢就可以營造出來，而真正的高貴應該來自「樂善不倦」的態度與行為。

有了天爵，人爵自然而來的例子也很多。譬如，伊尹樂堯、舜之道，後來商湯就請他當宰相。但如果有了人給的爵位之後，就開始貪汙、腐化，最後弄到根本忘記了前面的天爵，結果形成了禍害。其實，儒家並不反對做官或發財，但是做官發財的前提是要照顧更多的百姓。

做了大官之後，如果好好做事，對百姓真是很大的恩德；用正當的方法賺錢，把企業經營得很好，照顧員工，並且常常做公益事業，這不是很好嗎？孔子說：「富與貴，是人之所欲也。」也說過：「富而可求也，雖執鞭之士，吾亦為之。」都是相關的例子。不過，如果在上位者胡作非為，就「終亦必亡而已矣」了。

〈11‧17〉

孟子曰：「欲貴者，人之同心也。人人有貴於己者，弗思耳矣。人之所

貴者，非良貴也。趙孟之所貴，趙孟能賤之。』《詩》云：『既醉以酒，既飽以德。』言飽乎仁義也，所以不願人之膏粱之味也；令聞廣譽施於身，所以不願人之文繡也。」

孟子說：「想要尊貴，這是大家共同的心願。每個人自己都有可尊貴的東西，只是不去思考罷了。別人所給與的尊貴，不是真正的尊貴。趙孟讓一個人變得尊貴，趙孟同樣可以使他淪於卑賤。《詩經‧大雅‧既醉》上說：『既有美酒使我陶醉，又有美德使我滿足。』這是說，對仁德與義行感到滿足，也就不羨慕別人的肥肉細米了；美好的名聲與廣泛的讚譽加在自己身上，也就不羨慕別人的錦繡衣裳了。」

「弗思耳矣」一詞，再次提醒我們反省自覺的重要。思考是為了發現自己內在尊貴的部分。人與人相處，有時候只看到別人有福、有貴之處而羨慕別人，甚至因而感到自卑，忘記自己身上還有尊貴的部分，那就是「人人有貴於己者」的意思，也是上一章所謂的「天爵」。

本章提到的趙孟，是晉國正卿趙盾（字孟），他的子孫也都稱為趙孟，是握有大權者的代號，所以後世就用趙孟來代表有權力的人。趙盾是歷史劇「趙氏孤兒」中，程嬰、杵臼所保護的孤兒，後來兩人都為他犧牲了。這樣的犧牲也許在現代不太可能發生，但古人的「忠」有一定的理由，不見得都是愚忠。

《詩經》裡的兩句話則體現了「平行發展」的道理：既有美酒，又有美德。吃飽喝足時，身體感到滿足；但還需要對仁德與義行感到滿足。在社會上，如果對仁德義行感到滿足，每天負責盡職，做該做的事，並因此感到滿足，即使別人養尊處優也不會羨慕，因為自己滿足於美好的德行，快樂是由內而發的。享用好的食物，吃了之後消化，還要再吃，永遠都不會有滿足的時候。相反的，如果有好的名聲，到任何地方都受到欣羨讚美，那種感覺是實至名歸，稍微辛苦一點也是快樂的。

〈11‧18〉

孟子曰：「仁之勝不仁也，猶水之勝火。今之為仁者，猶以一杯水救一車薪之火也；不熄，則謂之水不勝火。此又與於不仁之甚者也。亦終必亡而已矣。」

孟子說：「仁德戰勝不仁德，就像水戰勝火一樣。現在實踐仁德的人，就像用一杯水去救一車木柴的火；火沒有熄滅，就說這是水不能戰勝火。這樣就給了不仁德最大的助力，最後連原先的一點點仁德也會喪失的。」

這是成語「杯水車薪」的典故。一杯水怎麼救得了一車木頭所燒的火呢？水可以勝火，但需要相當的數量，若是數量不夠，還是沒有辦法滅火。這句話裡有邏輯的轉

折。第一，水能勝火；第二，水代表仁德，火代表不仁德，仁德應該勝過不仁德，所以可說「仁者無敵」，但為什麼好人往往鬥不過壞人？

重點在於，一個人可能只做過一、兩件好事，卻做了許多壞事；或者很多壞人聚在一起，其中只有一、兩個是好人；那麼將因為數量太少而無法達成「以善勝惡」的目標。

在團體裡面，如果只有一、兩個人做好事、堅持原則，譬如，全班都作弊，只有自己不作弊，當覺得自己的堅持沒什麼用，最後也放棄當時，結果就無異於給那些不仁德的人很大的藉口，導致當初一點點的仁德也會喪失殆盡了。

所以，人的行善不能只靠一念之轉，而需要長期大量地行仁，才可以勝過不仁。

如果行仁者因為缺少恆心與耐力而失敗，將會助長不仁者的氣焰，這是最令人覺得遺憾的。

〈11‧19〉

孟子曰：「五穀者，種之美者也；苟為不熟，不如荑（ㄊㄧ）稗（ㄅㄞ）。

夫仁，亦在乎熟之而已矣。」

孟子說：「五穀是各類種子中的精華，如果沒有長到成熟階段，反而比不上稊米與稗子。談到仁德的作用，也在於使它成熟罷了。」

五穀對人而言，是可以食用的美好糧食，五穀未成熟則無法食用。同樣的，仁德未能長期實踐，也無法發出正面的影響力，至於如何才算「熟」，則未必可以找到一定的標準。荑稗本來是給動物吃的，在荒年的時候也可以用來救急；但是五穀沒有成熟的話，連吃都不能吃，甚至比不上荑稗的用處。

「夫仁，亦在乎熟之而已矣」，說得很好，我們往往在做好事時，以為自己做一、兩件好事就可以改變天下，後來一看達不到目標就放棄了。行仁如果是源自人性的內在要求，又豈有半途而廢之理？

「熟」字的意思，代表五穀經過春夏秋冬季節的變化，最後才可供人食用，做好事也是如此，要長期實踐到充滿自信，展現出來之後，別人一看就覺得這個人代表一種力量，因為內外一致，顯示了每一個人內心共同的嚮往，如此才能算是有德行的人。

因此，真正實踐德行的人，一定要多給自己一點時間，不要心急，這是急不來的，藉由不斷行善到達成熟的地步，自然去做的都是應該做的；應該做的都做得很自然，這當然需要長期的努力。人需要與良師益友多交往，這也是不可或缺的，如果沒有志同道合的人共勉，要堅持下去真的談何容易啊。

〈11‧20〉

孟子曰：「羿之教人射，必志於彀（《ㄍ》）；學者亦必志於彀。大匠誨人

必以規矩；學者亦必以規矩。

孟子說：「后羿教人射箭，一定要求把弓拉滿；學習的人也一定要求把弓拉滿。高明的工匠教導人，一定要用圓規與曲尺；學習的人也一定要用圓規與曲尺。」

每一行都有必須遵守的規則。那麼做人呢？孟子以他的言行，示範了做人的規則，希望天下有志之士共同努力。

每一個時代，身為人師者都有責任，需要具備良好的道德品行，教書時要認真講解、保持耐心，好好回答學生的問題；評分數時不可偏心等等。為人師表並不容易，要靠自我要求，不能遲到、早退，長期下來，這不就是德行嗎？所以只要擔任老師，不管教授的學科為何，都有一套規範與道理，學生由此可以學到真正的知識與能力。

卷十二　〈告子篇〉下

〈12‧1〉

任人有問屋廬子曰：「禮與食孰重？」

曰：「禮重。」

「色與禮孰重？」

曰：「禮重。」

曰：「以禮食，則饑而死；不以禮食，則得食，必以禮乎？親迎，則不得妻；不親迎，則得妻，必親迎乎？」屋廬子不能對，明日之鄒，以告孟子。

孟子曰：「於答是也，何有？不揣其本而齊其末，方寸之木可使高於岑樓。金重於羽者，豈謂一鉤金與一輿羽之謂哉？取食之重者與禮之輕者而比之，奚翅食重？取色之重者與禮之輕者而比之，奚翅色重？往應之曰：『紾（ㄓㄣˇ）兄之臂而奪之食，則得食；不紾則不得食，則將紾之乎？踰東家牆而摟其處子，則得妻；不摟，則不得妻，則將摟之乎？』」

任國有個人問屋廬子說：「禮儀與吃飯哪一樣重要？」

屋廬子說：「禮儀重要。」

那人再問：「娶妻與禮儀哪一樣重要？」

屋廬子說：「禮儀重要。」

那人就說：「按照禮儀找飯吃，就會餓死；不按照禮儀找飯吃，卻可以吃飽，那麼也一定要按照禮儀嗎？遵守親迎禮，就娶不到妻子；不遵守親迎禮，卻可以娶到妻子，那麼也一定要遵守親迎禮嗎？」屋廬子沒有辦法回答，第二天就去鄒國向孟子轉述這件事。

孟子說：「回答這個問題，有什麼困難呢？不衡量基礎的高低，只比較雙方的末端，那麼一寸長的木塊也可以使它比尖頂高樓更高。金子比羽毛重，難道是就三錢多的金子與一整車的羽毛相比來說的嗎？拿吃飯的重大狀況與禮儀的細節相比，何止是吃飯重要？拿娶妻的重大狀況與禮儀的細節相比，何止是娶妻重要？你回去這樣告訴他：『扭住哥哥的手臂，搶走他的食物，就有飯吃；不扭，就沒有飯吃，那麼就該去扭他嗎？翻過東鄰的牆去摟抱人家的閨女，就可以得到妻子；不去摟抱就得不到妻子，那麼就該去摟抱嗎？』」

「色與禮孰重」的「色」，是指娶妻而言，因為後面舉的例子是娶妻。結婚是正式的禮儀，好色則是比較特殊的用語，在翻譯時，為了與後文聯繫起來，就直接譯成「娶妻」。

「踰東家牆而摟其處子」的「處子」是指閨女，古代的大戶人家是四合院，男子住在東廂，女子住在西廂，因此才有《西廂記》這部小說。一個人可以循著常規，憑父母之命與媒妁之言娶妻，何必做出這種非禮的事情呢？所以孟子這個比喻比較合乎情理。

如果守禮可以達成食與色的需求，誰不樂意遵守？但是人生充滿特殊狀況，這時候就要靠智慧來判斷了。是守禮重要還是吃飯重要？生命十分可貴，儒家重視生命的存在與發展，當然不能為了遵守食、色方面的禮儀就隨便放棄生命，因為生命不只是為了食、色，還有其他更重要的使命，如修德行善以成就君子。

孟子從未反對權衡與彈性，但是必須考慮周全，看所捨與所取是否合宜。許多狀況並無標準答案，人必須學會分辨本末輕重。

〈12‧2〉

曹交問曰：「人皆可以為堯、舜，有諸？」

孟子曰：「然。」

「交聞文王十尺，湯九尺，今交九尺四寸以長，食粟而已，如何則可？」

曰：「奚有於是？亦為之而已矣。有人於此，力不能勝一匹雛，則為無力人矣；今曰舉百鈞，則為有力人矣。然則舉烏獲之任，是亦為烏獲而已矣。夫人豈以不勝為患哉？弗為耳。徐行後長者謂之悌，疾行先長者

謂之不悌。夫徐行者，豈人所不能哉？所不爲也。堯、舜之道，孝悌而已矣。子服堯之服，誦堯之言，行堯之行，是堯而已矣。子服桀之服，誦桀之言，行桀之行，是桀而已矣。」

曰：「交得見於鄒君，可以假館，願留而受業於門。」

曰：「夫道若大路然，豈難知哉？人病不求耳。子歸而求之，有餘師。」

曹交請教說：「每個人都可以成爲堯、舜，有這樣的說法嗎？」

孟子說：「有的。」

曹交說：「我聽說周文王身高十尺，商湯身高九尺，現在我有九尺四寸高，卻只會吃飯而已，要怎麼辦才好？」

孟子說：「這有什麼困難？只要去做就行了。如果有個人，力氣提不起一隻小雞，那他就是沒力氣的人；如果說能舉起三千斤的東西，那他就是有力氣的人。既然如此，只要能舉起烏獲舉過的重量，也就可以成爲烏獲了。一個人要擔心的，難道是不能勝任嗎？只是不去做罷了。慢慢跟在長輩後面走，叫做悌；快步搶在長輩前面走，叫做不悌。慢慢走，難道是一個人不能做到的嗎？不去做罷了。堯、舜的正途，不過是孝與悌而已。你穿上堯所穿的衣服，說堯所說的話，做堯所做的事，這樣就成爲堯了。你穿上桀所穿的衣服，說桀所說的話，做桀所做的事，這樣就成爲桀了。」

曹交說：「我準備去謁見鄒君，向他借個住處，希望留在您的門下學習。」

孟子說：「人生正途就像大馬路一樣，怎麼會難懂呢？只怕人們不去尋找而

己。你回去自己尋找，老師多得很呢。」

「人皆可以為堯、舜」這句話，應該是曹交（曹國國君之弟）聽別人轉述的，所以他才當面向孟子請益。這句話所肯定的是「可能性」，但是此一「可能性」又是人生的正途，不是可以任人自由選擇的。為了確認此說，必須先有「人性向善」的洞見，使成為堯、舜的可能性由內而發。這是我引申的一個重點，不然是否也可以說成「人皆可以為桀、紂」？當然不可，這是因為「人性向善」，這就是個關鍵。

孟子提到烏獲，他是古代的大力士。「弗為耳」，是指可以做或不做。一個人有沒有力氣是天生的事情，重要的是做不做，舉不起一隻小雞，總還有力氣可以慢慢走在長者後面。

還記得「為長者折枝」與「挾太山以超北海」這兩句話嗎？這是「不為」還是「不能」？孟子講的行善，都是不為，而不是不能。譬如，年輕人有時候個性比較急躁，會搶先走在長輩的前面，其實他應該跟在後面慢慢走，才是合乎體貼與禮讓的要求。

我們有時候不太能拿捏合宜的行為舉止。比如有一次我到某個機關演講，主辦單位的主管們都很客氣，請我走前面，但我是客人，不知道要往哪裡去。其實，他們只要派一位主管在前面帶路，不但盡了地主之誼，也顯示了應有的禮貌。

孟子談的道理，涉及生活中的小事情、小細節，是很容易實踐的。一個人即使手無縛雞之力，照樣可以行善，有時慢慢走就對了。同樣的，要做到孝、悌，就從孝順

父母、尊重兄長開始。

由本章看來，有關堯與桀的對比這兩句話，顯示孟子重視「習慣」，只要努力學習與實踐，自然就會轉化自己的生命。

「道若大路然」，意思很清楚：「道」像大馬路一樣。如果朋友一起聊天或旅行，一定可以找到值得學習的部分，看到別人的優點要趕快取法，看到別人的缺點則藉此警惕自己；只要用心觀察，處處可見善行，一定可以把握由內而發的動力與方向，正如孔子所說的：「三人行必有我師焉，擇其善者而從之，其不善者而改之。」（《論語‧述而》）

像孔子這樣的人，確實是「聖人無常師」。我們不一定要刻意找某位老師來學習，因為到處都可以找到老師；只要態度真誠，內心就會在適當的時候發出指示，有如老師在教導一樣。

〈12‧3〉

公孫丑問曰：「高子曰：『〈小弁（夕う）〉，小人之詩也。』」

孟子曰：「何以言之？」

曰：「怨。」

曰：「固哉，高叟之為詩也！有人於此，越人關弓而射之，則己談笑而道之；無他，疏之也。其兄關弓而射之，則己垂涕泣而道之；無他，戚

之也。〈小弁〉之怨，親親也。親親，仁也。固矣夫，高叟之爲詩也！」

曰：「〈凱風〉何以不怨？」

曰：「〈凱風〉，親之過小者也。〈小弁〉，親之過大者也。親之過大而不怨，是愈疏也。親之過小而怨，是不可磯（ㄐㄧ）也。愈疏，不孝也。不可磯，亦不孝也。孔子曰：『舜其至孝矣，五十而慕。』」

公孫丑請教說：「高子說：『〈小弁〉是小人所作的詩。』是嗎？」

孟子說：「爲什麼這樣說？」

公孫丑說：「因爲其中有怨恨。」

孟子說：「高老先生對詩的評論太拘泥了！這裡有個人，如果是越國人拉開弓去射他，事後他可以有笑地講述這件事；沒有別的原因，只因爲與越國人關係疏遠。如果是他哥哥拉開弓去射他，事後他就會哭哭啼啼地講述這件事；沒有別的原因，只因爲與哥哥關係親近。〈小弁〉的怨恨，出於愛護親人；愛護親人，就合乎仁德。高老先生對詩的評論太拘泥了！」

公孫丑說：「〈凱風〉這首詩爲什麼沒有怨恨之情？」

孟子說：「〈凱風〉這首詩，是寫母親的小過錯；〈小弁〉所寫的卻是父親的大過錯。父母過錯大而子女不怨恨，這是更加疏遠父母；父母過錯小而子女怨恨，這是一點都不能受刺激。更加疏遠父母，是不孝；不能受父母一點刺激，也是不孝。孔子說：『舜是最孝順的人，五十歲了還在思慕父母。』」

〈小弁〉這首詩的背景有兩個說法，比較可取的是：周幽王寵愛褒姒，生了一個兒子，名伯服，但先前的王后也生了一個兒子，名宜臼，已立爲太子。後來周幽王要廢除長子宜臼的太子資格，讓褒姒當王后。這首詩就是描寫宜臼對周幽王，也就是兒子對父的抱怨。

宜臼爲什麼抱怨父親？因爲他對父親有愛與關懷，自己受委屈是一回事，他是不忍心父親犯錯，結果後來父親變成昏君，西周也滅亡了。所以，抱怨父母有時是合理的，有感情才會抱怨。

善：內心感受、對方期許、社會規範

人與人相處爲什麼會有那麼大的態度差別呢？孟子深通人情世故，知道人有感情，恩怨在所難免。以遭人射箭者爲例，他對越國人（外國人或敵人）的態度沒有任何期許，所以不覺得難過；但是換成他的哥哥，則因爲期許深切而難過不已。

我常常講到人與人相處，首先要考慮的是：內心感受與對方期許。比如，我對哥哥的期許當然是希望他善待我；至於其他人，因爲我對他沒有任何期許，所以即使他對我不好，我也不會怪他。同樣的，如果我的老師責備我，我不會怪他，因爲我知道他是爲我好；但如果是路邊的陌生人責罵我，我可能會馬上翻臉，因爲他無緣無故憑什麼責罵我？

〈小弁〉的內容爲「父親聽了讒言將傷害自己」，此爲人倫大變。〈凱風〉則描寫「兒子盡孝道以安慰、鼓勵母親，希望她不要犯錯」。由此可見，父母並非不會犯錯，

子女也並非不該怨恨，而是要在明白事理之後，再做適當反應。

父母的過錯很大而子女不怨恨的話，就表示子女根本不在乎父母；父母稍微做一點壞事，子女就受不了而大罵特罵，這也是不孝順。所以，父母犯大的過錯時，子女要盡量往正面來看，有時要對父母安慰鼓勵；當父母犯小的過錯時，則不妨直接抱怨。父母聽見子女抱怨，也就會收斂。從人之常情來看，這樣的觀點實在是很深刻。

人生之路在於擇善固執，「善」是指我與別人之間適當關係的實現。在判斷適當與否時，要考慮三點：內心感受、對方期許、社會規範。內心感受以真誠為主；對方期許則有賴於溝通；社會規範以禮與法為代表。這三者如果無法協調，則仍以真誠為優先，此即孔子推許舜的理由。

舜是真誠的，他內心真的思慕父母。父母在世的時候，子女彷彿有一個靠山；若是父母不在了，子女就常常覺得茫然。譬如，我父母近幾年過世了，每當我放假想回父母家時，卻發現沒地方可去了，心中頓生茫然之感。雖然母親之前臥病在床三十年，連摸摸我的頭都不容易了，但是看到她人在那兒，心裡就感覺比較安適，好像是我生命的來源還在。如今父母都不在了，總覺得自己好像沒有什麼依靠了。《詩經》上說：「無父何怙？無母何恃？」雖然我已是成年人，仍然會覺得生命蒼涼。像這樣的體驗，父母在世時不會出現。所以，孔子稱讚舜是有道理的。

〈12・4〉

宋牼（ㄎㄥ）將之楚，孟子遇於石丘，曰：「先生將何之？」

曰：「吾聞秦、楚構（《ㄡ）兵，我將見楚王說而罷之。楚王不悅，我將見秦王說而罷之。二王我將有所遇焉。」

曰：「軻也請無問其詳，願聞其指。說之將何如？」

曰：「我將言其不利也。」

曰：「先生之志則大矣，先生之號則不可。先生以利說秦、楚之王，秦、楚之王悅於利，以罷三軍之師，是三軍之士樂罷而悅於利也。為人臣者懷利以事其君，為人子者懷利以事其父，為人弟者懷利以事其兄，是君臣、父子、兄弟終去仁義，懷利以相接，然而不亡者，未之有也。先生以仁義說秦、楚之王，秦、楚之王悅於仁義，而罷三軍之師，是三軍之士樂罷而悅於仁義也。為人臣者懷仁義以事其君，為人子者懷仁義以事其父，為人弟者懷仁義以事其兄，是君臣、父子、兄弟去利，懷仁義以相接也，然而不王者，未之有也。何必曰利？」

宋牼前往楚國時，孟子在石丘遇到了他。孟子說：「先生要去哪裡？」

宋牼說：「我聽說秦國與楚國在打仗，我打算去謁見楚王，勸說他停戰。如果楚王不接受，我再去謁見秦王，勸說他停戰。兩位君主中，我總會遇到說得通的人。」

孟子說：「我不想問得太詳細，只想知道你的主要觀點。你準備如何勸

說？」

宋牼說：「我將說明打仗的不利之處。」

孟子說：「先生的用心固然很好，先生的說法卻行不通。先生用利益去勸說秦王、楚王，秦王、楚王喜歡利益而讓軍隊停戰，這樣也就使三軍將士因為喜歡利益才樂於停戰。做臣子的懷著利益的念頭服事君主，做兒子的懷著利益的念頭服事父親，做弟弟的懷著利益的念頭服事哥哥，這樣會使君臣、父子、兄弟之間完全拋棄仁德與義行，懷著利益的念頭互相對待，如此而國家不滅亡，那是從來沒有過的事情。先生如果用仁德與義行去勸說秦王、楚王，秦王、楚王喜愛仁德與義行而讓軍隊停戰，這樣也就使三軍將士因為喜愛仁德與義行而樂於停戰。做臣子的懷著仁義的念頭服事君主，做兒子的懷著仁義的念頭服事父親，做弟弟的懷著仁義的念頭服事哥哥，這樣會使君臣、父子、兄弟去掉利益的想法，懷著仁義的念頭互相對待，如此而國家不能稱王天下，那是從來沒有過的事情。何必要談到利益呢？」

孟子習慣用二分法：這邊是利益，那邊就是仁義。事實上，人間的事情很少能清楚二分，往往是混在一起的，只是看重點何在。譬如，與別人相處，如果完全談仁義而不考慮利益的話，怎麼可能長久維持？然而也不能完全談利益，那樣就難免勾心鬥角，全看可以從中獲得什麼好處，根本不必談道義了。孔子說得好：「見得思義」，只要是該得的，就大方接受，最怕的是見到利益而忘記道義，先拿再說了。

關於宋牼，《莊子・天下》裡描寫：「見侮不辱，救民之鬥，禁攻寢兵，救世之戰。」可見這個人滿好心的，不在乎被人侮辱，百姓有什麼困難他就會去化解，禁止人去攻戰，讓軍隊都解散休息，是古代很有理想的人，只是他的理想雖高而未必切合實際。如果大家都計較利益，他就很難成功了。相反的，如果能像孟子所說的，講求仁義，每一個人從內在自我反省，從而計較內在的安不安心，這樣雙方就比較可能各退一步，相安無事了。

〈12・5〉

孟子居鄒，季任為任處守，以幣交，受之而不報。處於平陸，儲子為相，以幣交，受之而不報。他日，由鄒之任，見季子；由平陸之齊，不見儲子。

屋廬子喜曰：「連得間矣。」問曰：「夫子之任，見季子；之齊，不見儲子，為其為相與？」

曰：「非也。《書》曰：『享多儀，儀不及物，曰不享，唯不役志於享。』為其不成享也。」

屋廬子悅。或問之，屋廬子曰：「季子不得之鄒，儲子得之平陸。」

孟子住在鄒國的時候，季任代理任國國政，送禮物來結交孟子，孟子收了禮

物而沒有回謝。孟子住在平陸的時候，儲子位居齊國相國，送禮物來結交孟子，孟子收了禮物，卻不去拜訪儲子。後來孟子從鄒國到了任國，前去拜訪季子；從平陸到了齊國，卻不去拜訪儲子。

屋廬子高興地說：「我發現先生的差錯了。」就請教說：「先生去任國時，拜訪了季子；去齊國時，卻沒有拜訪儲子，是因為儲子只是位居相國嗎？」

孟子說：「不是的。《尚書‧洛誥》上說：『進獻禮品以禮節為重，禮節如果配不上禮品，就叫做沒有進獻，因為心意不在進獻上。』這是因為他沒有完成那進獻的緣故啊。」

屋廬子聽了很滿意。有人問他這件事，他說：「季子代理國政，不能親自去鄒國；儲子擔任相國，可以親自去平陸。」

「享多儀」的「多」即重，所重視的是禮節。禮節如果配不上禮品，就叫做沒有進獻，因為心意不在進獻上。我們送禮給別人有各種方式，最重要的是心意。季子按照規定不能夠離開他的國都，所以不能親自前往探視孟子，因此孟子接受了禮，後還去回拜。儲子是宰相，可以來平陸巡視並親自送禮，而他卻不來，所以孟子經過他的國家時就不去看他。

同樣是送禮，孟子對季任與儲子的評價卻有如此大的差異。原因正是：在人與人相處時，除了遵照「禮」的形式之外，還要考慮行動者的內心感受，與受禮者的「對方期許」。這兩人的內心感受，孟子無從得知，但是孟子對兩人的期許不同，則可由

常情來判斷。孟子謹慎分辨，因為禮的規範是一絲不苟的，如果守禮可以有彈性的

話，那麼什麼作為都可以有彈性、有例外，禮的制訂就失去意義了。

〈12‧6〉

淳于髡（ㄎㄨㄣ）曰：「先名實者，為人也；後名實者，自為也。夫子在三

卿之中，名實未加於上下而去之，仁者固如此乎？」

孟子曰：「居下位，不以賢事不肖者，伯夷也；五就湯，五就桀者，伊

尹也；不惡汙君，不辭小官者，柳下惠也。三子者不同道，其趨一也。

一者何也？曰：仁也。君子亦仁而已矣，何必同？」

曰：「魯繆公之時，公儀子為政，子柳、子思為臣，魯之削也滋甚。若

是乎，賢者之無益於國也！」

曰：「虞不用百里奚而亡，秦穆公用之而霸。不用賢則亡，削何可得

與？」

曰：「昔者王豹處於淇，而河西善謳；綿駒處於高唐，而齊右善歌；華

周、杞梁之妻善哭其夫而變國俗。有諸內，必形諸外。為其事而無其功

者，髡未嘗睹之也。是故無賢者也，有則髡必識之。」

曰：「孔子為魯司寇，不用，從而祭，燔（ㄈㄢ）肉不至，不稅（ㄊㄨㄛ）冕

而行。不知者以為為肉也，其知者以為為無禮也。乃孔子則欲以微罪

行，不欲爲苟去。君子之所爲，眾人固不識也。」

淳于髡說：「重視名聲功業的，是爲了別人著想；輕視名聲功業的，是爲了自己著想。先生的地位在齊國的三卿之中，但是名聲功業方面，上不能輔佐君主，下不能造福百姓，就此辭職而去，有仁德的人原來是這樣的嗎？」

孟子說：「地位卑下時，不以賢者的身分服事不賢的君主，有伊尹的作風；不厭惡昏庸的君主，不拒絕卑微的官職，這是柳下惠的作風：五次去湯那裡服務，五次去桀那裡服務，這是伊尹的作風；不厭惡昏庸的君主，不拒絕卑微的官職，這是柳下惠的作風。以上三人的作風不同，但方向是一樣的。一樣的是什麼？應該說，就是仁德。君子只要實行仁德就好了，何必要相同呢？」

淳于髡說：「魯繆公的時候，公儀子主持國政，泄柳與子思也都在朝爲臣，然而魯國的削弱卻更加嚴重，賢者對國家沒有好處，就像這樣啊！」

孟子說：「虞國因爲不用百里奚而亡國，秦穆公用了他就稱霸。可見不用賢者就會亡國，到時候想要削弱辨得到嗎？」

淳于髡說：「從前王豹住在淇水旁邊，河西的人因此而善於唱歌；綿駒住在高唐，齊國西部的人因此而善於唱歌；華周、杞梁的妻子，爲丈夫的死而痛哭至極，結果改變了一國的風氣。裡面有什麼，一定會表現在外面。做了一件事而沒有那件事的功效，我不曾見過這樣的情況。所以現在是沒有賢者，如果有，我一定會知道的。」

孟子說：「孔子擔任魯國司寇時，不受重用，有一次跟隨魯君去祭祀，祭肉

賢者須得明君支持

淳于髡是齊國大夫，也是當時有名的學者。他為什麼說孟子在三卿之中？古代的三卿有兩種說法，其一：上卿、亞卿、下卿，孟子屬亞卿（亦即次卿）。其二：相、將、客，相是宰相，將是將軍，客是客卿。孟子的身分屬於客卿，沒有什麼實權。既然沒有實權，自然無法有什麼作為，只能提供一些建議，像顧問之類的，最後孟子還是離開了。所以淳于髡故意問他：「仁者固如此乎？」意思是批評孟子只知獨善其身。孟子則認為，必須同時考量其他條件，如君王的支持等。

譬如，孟子提出伊尹為例：商湯發現了伊尹，將他推薦給夏桀，希望夏桀用他之後可以改變夏朝的命運，但夏桀還是沒有好好珍惜人才，所以伊尹五次去湯那兒，五次去桀那兒。在此，他一併提及三位古代賢人：伯夷、伊尹、柳下惠，來說明君子只要實行仁德就夠了，做法又何必相同？每一個人的情況不一樣，一定要他達到什麼成就，那是強人所難。

在堯、舜時代從政，要有成就很容易，但是在桀、紂的時代，做官要有表現太難了，因為做好事很可能受人嫉妒，甚至惹來殺身之禍。

沒按規定送來，於是匆忙地準備離開。不明事理的，以為他是為了祭肉而離開；明白事理的，認為他是因為魯君失禮而離開。至於孔子，卻是要自己背一點小罪名而離開，不想隨便辭官而去。君子所做的事，一般人本來就不會了解的。」

再比如，虞國因為不用百里奚而亡國，秦穆公用了他卻能稱霸。可見國家任用了賢人，雖然國勢愈來愈弱，如果不用的話，恐怕早就滅亡了。國際形勢的變化，與一個國家的治亂是兩回事。在戰國時代，群雄爭霸，如果任用賢者慢慢治國，換一個時代說不定效果很好，但是在戰國時代各國都急於富國強兵，只有你在講信修睦，怎麼來得及呢？孟子於是提出這個看法。

淳于髡的回應也很有意思。華周、杞梁皆是齊國大夫，帶兵攻打莒國時戰死，傳說中他們的妻子聞訊後，對著城牆痛哭，把城牆都哭倒了。淳于髡的意思是說：現在一定沒有賢者，如果有，他一定會知道的。這就等於當面諷刺孟子不是賢者了。

補充一點關於孔子的事蹟。國家在祭禮之後，分送祭肉給大夫是古禮的規定。孔子並未收到祭肉，這證明了國君故意怠慢他，「至於不脫冕而行」，「冕」是祭祀時的禮冠，孔子連禮冠都來不及脫下就離開了。但是分贈祭肉並不是在祭禮現場，而是在祭後第二天、第三天，所以這句話只是描述孔子因而下定決心去國離鄉了。「以微罪行」，就是故意留下一些口實，以免大家完全怪罪於魯君。

當時，誰能理解賢者的想法？後來幸好有孟子理解。一般人可能都只認為孔子是因為沒分配到祭肉，心裡不愉快就離開了。唯有孟子了解孔子的心意，因為做大臣的總是希望替國君分憂。尤其最後那句「君子之所為，眾人固不識也」，他把淳于髡也列在「一般人」之中。看完這段話之後，實在是大快人心。

〈12·7〉

孟子曰：「五霸者，三王之罪人也；今之諸侯，五霸之罪人也；今之大夫，今之諸侯之罪人也。天子適諸侯曰巡狩，諸侯朝於天子曰述職。春省耕而補不足，秋省斂而助不給。入其疆，土地辟，田野治，養老尊賢，俊傑在位，則有慶；慶以地。入其疆，土地荒蕪，遺老失賢，掊（多）克在位，則有讓。一不朝，則貶其爵；再不朝，則削其地；三不朝，則六師移之。是故天子討而不伐，諸侯伐而不討。五霸者，摟諸侯以伐諸侯者也，故曰，五霸者，三王之罪人也。五霸，桓公為盛。葵丘之會，諸侯束牲載書而不歃血。初命曰：誅不孝，無易樹子，無以妾為妻。再命曰：尊賢育才，以彰有德。三命曰：敬老慈幼，無忘賓旅。四命曰：士無世官，官事無攝，取士必得，無專殺大夫。五命曰：無曲防，無遏糴（ㄉㄧ），無有封而不告。曰：凡我同盟之人，既盟之後，言歸於好。今之諸侯皆犯此五禁，故曰：今之諸侯，五霸之罪人也。長君之惡其罪小，逢君之惡其罪大。今之大夫皆逢君之惡，故曰：今之大夫，今之諸侯之罪人也。」

孟子說：「五霸，是背棄三王理想的罪人；現在的諸侯，是背棄五霸原則的罪人；現在的大夫，是陷害現在諸侯的罪人。天子前往諸侯之國，稱為巡狩；諸侯去朝見天子，稱為述職。春天視察耕種情況，幫助不足的人；秋天

視察收成情況，周濟缺糧的人。進入一個諸侯之國，如果土地已經開闢，田野充分整治，老人得到贍養，賢者受到尊敬，傑出人才在朝做官，那麼就有獎賞，獎賞是賜予土地。進入一個諸侯之國，如果土地荒廢，老人被遺棄，賢者被排斥，貪官汙吏在位，那麼就有責罰。諸侯一次不來朝見，就降低爵位；二次不來朝見，就削減封地；三次不來朝見，就派軍隊前去。所以，天子發布命令聲討他的罪狀而不親自征伐；別的諸侯是奉天子之命去征伐而不聲討。

「五霸卻是脅迫一些諸侯去討伐別的諸侯，所以說五霸是背棄三王理想的罪人。五霸之中，齊桓公聲威最大。在葵丘的盟會上，諸侯們捆綁了犧牲，把盟書放在牠身上，並沒有歃血。盟約第一條說：嚴懲不孝的人，不要廢立太子，不要妄為妻。第二條說：尊重賢者，培育人才，以表揚有德行的人。第三條說：恭敬老人、愛護幼小，不要怠慢來賓和旅客。第四條說：士的官位不能世襲，公職不能兼任，選用士人一定要恰當，不可擅自殺死大夫。第五條說：不要到處修築堤防，不要阻止鄰國來買糧食，不能私自封賞而不報告盟主。盟約最後說：我們這些諸侯在盟會之後，都恢復了友好關係。

「今天的諸侯都違反了這五條誓約，所以說，現在的諸侯，是背棄五霸原則的罪人。助長國君的過錯，這種罪行還算小；逢迎國君的過錯，這種罪行就大了。現在的大夫都在逢迎國君的過錯，所以說，現在的大夫是陷害現在諸侯的罪人啊。」

三王是指夏、商、周三代的開國君主，亦即大禹、商湯以及周文王、周武王。孟子認為，從三王到五霸，到諸侯，到大夫，一代不如一代，理想一再變質，每下愈況。

春秋時代，東周的天子已經沒有什麼力量了，這時五霸都是諸侯，所以說五霸是背棄三王理想的罪人。齊桓公在葵丘（河南考城縣一帶）會盟諸侯，當時不歃血的原因是：相信參與盟會的人不敢背約。

盟約總共有五條，這五條值得重視。把「嚴懲不孝」列為第一點，是因為一個人不孝的話就是忘本，連自己的父母都不孝順，還能夠講信用、守道義嗎？可見古代如何重視孝順了。

最後，說到逢迎是大罪，因為諸侯明明在做壞事，大夫還說他做得好，這等於給做壞事一個理由，那就會愈來愈可怕了。世間最可惡的，就是逢迎拍馬，以合理化的藉口，讓國君以為他的惡行是對的，於是變本加厲，江河日下，往而不返。亂世之人如何自處呢？

人活在世界上，如果只看大的格局，那麼個人的生命就沒有什麼特別的價值了。如果生在亂世，生命無異於一個數字，譬如，這裡死了多少人，那裡傷了多少人，都是一些統計數字而已。人如何讓生命展現內在的尊嚴？這是自古以來所有的哲學家都要思考的。他不是為了討好少數人或是某些階層的人，而是要考慮到所有的人。所有的人都一樣，從小充滿各種潛能，可以學習也可以理解，而所學習與理解的是否正確，這才是最大的問題。當然，每一個人都可以自認為是正確的，這就需要在

理論上說清楚，並且在實踐上加以驗證，看看在驗證之後，是不是可以讓大家都獲得平安與快樂。

〈12·8〉

魯欲使慎子爲將軍。

孟子曰：「不教民而用之，謂之殃民。殃民者，不容於堯、舜之世。一戰勝齊，遂有南陽，然且不可。」

慎子勃然不悅曰：「此則滑釐所不識也。」

曰：「吾明告子。天子之地方千里，不千里，不足以待諸侯；諸侯之地方百里，不百里，不足以守宗廟之典籍。周公之封於魯，爲方百里也；地非不足，而儉於百里。太公之封於齊也，亦爲方百里也；地非不足也，而儉於百里。今魯方百里者五，子以爲有王者作，則魯在所損乎？在所益乎？徒取諸彼以與此，然且仁者不爲，況於殺人以求之乎？君子之事君也，務引其君以當道，志於仁而已。」

魯國有意任命慎子爲將軍。

孟子說：「不先教導百姓做人處事的道理，就要用他們去打仗，這叫做加害百姓。加害百姓的人，在堯、舜的時代是不被容納的。即使一仗就打敗齊

國，收回了南陽，這樣也是不可以的。」

慎子臉色一變，很不高興地說：「這我就不了解了。」

孟子說：「我明白告訴你吧。天子的土地縱橫各一千里，如果不到一千里，就不夠條件接待諸侯；諸侯的土地縱橫各一百里，如果不到一百里，就不夠條件奉守宗廟的典章制度。周公分封在魯國，縱橫各一百里，土地不是不夠，但實際上少於一百里。姜太公分封於齊國，縱橫各一百里，土地不是不夠，但實際上少於一百里。現在魯國有五塊縱橫各一百里的土地，你認爲假如有聖王出現，那麼魯國的土地是在應該削減之列，還是在應該增加之列？不費力就把那裡的土地取來併入這裡，有仁德的人尚且不做這樣的事，何況是用殺人來得到土地呢？君子服事國君，只是努力引導他走上正途，立志於行仁罷了。」

本章談及戰爭問題，從其中能看到孟子對戰爭的立場非常明確。慎子即慎滑釐，是軍事家，資料不詳。應該不是慎到或禽滑釐。根據《莊子‧天下》，禽滑釐屬於墨家，慎到則是「棄知去己」，而緣不得已，泠汰於物以爲道理」，屬於法家。此二人皆非用兵之人。

「不教民而用之」的「教」，不是指訓練作戰，而是朱熹所注：「教民者，教之禮儀，使之入事父兄，出事長上也。」孟子認爲，教民的重要性遠遠超過用兵。百姓未受教育，則無法走上人生正途，而這正是所謂的「殃民」。

魯國正如其他存續到戰國時代的諸侯，早已兼併了許多更小的國家。它在春秋時代已兼九國之地，現在「方百里者五」。孟子的意思是，祖先只有五分之一的土地，現在增加了五倍，還不夠嗎？所以他說聖王出現的話，應該會減少魯國的土地，回到原來的方百里就夠了。

最後，孟子說「然且仁者不爲，況於殺人以求之乎？」他以前說過：「率獸食人」和「率土地而食人」。爲了養肥馬與豬，而把人應該吃的食物餵給動物吃，以致人都瘦得餓死了，這叫做「率獸食人」；爲了爭一塊地，殺人盈野，弄得滿山遍野都是屍體，就像是帶著土地來吃人肉，這是「率土地而食人」。這都是孟子的人道主義所不能接受的。

〈12‧9〉

孟子曰：「今之事君者皆曰：『我能爲君辟土地，充府庫。』今之所謂良臣，古之所謂民賊也。君不鄉（ㄒㄧㄤˋ）道，不志於仁，而求富之，是富桀也。『我能爲君約與國，戰必克。』今之所謂良臣，古之所謂民賊也。君不鄉道，不志於仁，而求爲之強戰，是輔桀也。由今之道，無變今之俗，雖與之天下，不能一朝居也。」

孟子說：「今天服事國君的人都說：『我能爲國君開闢土地，增加財富。』

今天所謂的優良臣子，正是古代所謂的殘害百姓的人。國君不嚮往正道，不立志行仁，他們卻設法讓他富足，這等於是讓夏桀富足。他們又說：『我能為國君邀結盟國，每戰必勝。』今天所謂的優良臣子，正是古代所謂的殘害百姓的人。國君不嚮往正道，不立志行仁，他們卻設法為他拚命打仗，這等於是幫助夏桀壯大。順著目前這條路走，不改變今天這種風氣，即使把天下送給他，他也是一天都坐不安穩的。」

孟子一開始就提出夏桀，因為他是不肖國君的代表。國君做壞事而愈來愈富強的話，就成為負面的示範。一個人在社會上做了很多壞事，卻愈來愈有錢有勢，結果會導致社會風氣轉變成：為了有錢有勢，就可以做壞事。反之，如果風氣是做壞事就有惡報，那麼一般人就不敢做壞事了。

良臣與民賊的對比，顯示孟子重視百姓的態度是一貫的。做臣子的，若要免於「富桀」與「輔桀」的惡名，只有努力讓國君「嚮道志仁」，這又談何容易！秦始皇的手下也是人才濟濟，否則怎麼可能統一整個中國？他以武力統一天下之後，擁有許多幹練的大臣，比如李斯，但即使李斯立下極大的功勞，最後還是逃不過悲慘的下場。孟子最後一句話，說的似乎是預言，預告了秦國最後的命運。

由此可見，孟子認為如果沒有推行仁政，即使靠著各種手段得到天下，也難以長期維持太平。平治天下一定要符合人心的需求，人心都安定的話，天下自然就安定；反之，如果人人都存著投機取巧的念頭，人心就跟著飛揚浮躁了。

〈12‧10〉

白圭曰：「吾欲二十而取一，何如？」

孟子曰：「子之道，貉（ㄇㄛ）道也。萬室之國，一人陶，則可乎？」

曰：「不可，器不足用也。」

曰：「夫貉，五穀不生，唯黍生之；無城郭、宮室、宗廟、祭祀之禮，無諸侯幣帛饔飧，無百官有司，故二十取一而足也。今居中國，去人倫，無君子，如之何其可也？陶以寡，且不可以為國，況無君子乎？欲輕之於堯、舜之道者，大貉、小貉也；欲重之於堯、舜之道者，大桀、小桀也。」

白圭說：「我想採用二十抽一的稅率，你認為如何？」

孟子說：「你的辦法是貉國的辦法，譬如，一萬戶人的國家，只有一個人製作陶器，可以嗎？」

白圭說：「不可以，陶器會不夠用的。」

孟子說：「那個貉國，各種穀類不能生長，只能生長黍；沒有城牆、宮室、祖廟與祭祀的禮儀，沒有諸侯之間贈禮與宴請的往來，也沒有各層官府與官吏，所以徵稅二十抽一就夠了。如今在中國，去掉社會倫常、取消各級官吏，怎麼行得通呢？製作陶器的人太少，尚且不夠國人使用，何況沒有官吏呢？想使稅率比堯、舜的標準更低的，是大貉、小貉那樣的國家；想使稅率比堯、舜的標準更高的，是大桀、小桀那樣的暴君。」

白圭（白丹）曾擔任魏國的宰相，對於築堤治水頗有自信。貉是古代北方的國家。「貉」字有三個意思，一是國家的名字，與「貊」相通，代表國家；其次是一般人常說的「一丘之貉」，念「何」，以貉的習性比喻某些人是同樣低劣，沒有什麼差異；其三是祭祀，念「罵」，出兵打仗的時候要舉行貉祭。

貉國沒有什麼公共設施，也不用蓋宮室、築城牆，但是大國的公眾事務很多，各種禮儀都要花錢，國家沒有這些經費，就無法舉行盛大的禮儀或祭祀等等。

很多人經常批評公務員坐領高薪，但是沒有公務員的話，遇到有關公眾的事務要怎麼辦？比如，百姓碰到風災水災，對於救災只能盡一己的能力，其他方面就束手無策了，此時一定需要整體的規畫與建設。

所以公眾的事務要有人來負責，就要支付這些人薪水，也就是讓百姓來繳稅付錢。堯、舜的標準是十抽一，這是很合理的。治國不能光靠節約，還須注意人倫的需要與文化的發展。

〈12‧11〉

白圭曰：「丹之治水也愈於禹。」

孟子曰：「子過矣。禹之治水，水之道也，是故禹以四海為壑。今吾子以鄰國為壑。水逆行謂之洚水。洚水者，洪水也，仁人之所惡也。吾子過矣。」

白圭說：「我治水的成效，勝過大禹。」

孟子說：「你錯了。大禹治水，是順著水性發展，所以他把四海當作蓄水的低坑。現在你卻是把鄰國當作蓄水的低坑。倒流氾濫的水叫做大水，大水就是洪水，這是有仁德的人所厭惡的。你確實錯了。」

大禹活在還是洪荒草昧剛剛開闢的時代，治水更為辛苦，他八年在外，三過家門而不入，造福百姓的功勞十分偉大。

荷蘭是一個低地國，有三分之二的土地低於海平面，一九五○年洪水氾濫決堤，死了一千多人，飽受水災之苦。荷蘭全國幾乎遍布運河、河道，我曾在萊頓大學教書一年，那兒就有兩圈內河道、兩圈外河道。平常看這樣的風景當然很美，有船也有小橋流水，但是一碰上洪水氾濫就險象環生了。所以荷蘭與海爭地，舉世聞名，像三角洲工程之浩大，委實難以想像。但是將來也很可能發生可怕的後果。試想，一旦地球溫室效應造成海平面上升，淹水的後果將不可收拾。

白圭「以鄰為壑」，造成鄰國水災；鄰國如果採用類似方法，則後果又將如何？所以，任何問題若不順著既定條件去疏解，終究會造成災難。

〈12‧12〉

孟子曰：「君子不亮，惡乎執？」

孟子說：「君子不講求誠信，還會有什麼操守呢？」

「亮」即守信。《論語・季氏》記載，孔子曰：「益者三友，損者三友。友直，友諒，友多聞，益矣。友便辟，友善柔，友便佞，損矣。」其中的「友諒」，即指交友要講求誠信、說話算話。人生在世如果有所堅持，久之即形成個人的操守，追溯根本則需講求誠信，亦即言行合一、內外一致。

說話算話、不找任何藉口，就叫做誠信。遇到個人利益有所衝突時，是否還能言而有信，甚至為此付出代價，那才是人生的真正考驗。當一個人為了某種目的或想貪圖某種利益，而放棄了誠信，後果就不堪設想了。不過，我們也須記得孟子說的：

「大人者，言不必信，行不必果，唯義所在。」（〈8・11〉）

〈12・13〉

魯欲使樂正子為政。

孟子曰：「吾聞之，喜而不寐。」

公孫丑曰：「樂正子強乎？」

曰：「否。」

「有知慮乎？」

曰：「否。」

「多聞識乎？」

曰：「否。」

「然則奚爲喜而不寐？」

曰：「其爲人也好善。」

「好善足乎？」

曰：「好善優於天下，而況魯國乎？夫苟好善，則四海之內皆將輕千里而來告之以善；夫苟不好善，則人將曰：『訑（一）訑，予既已知之矣。』訑訑之聲音顏色距人於千里之外。士止於千里之外，則讒諂面諛之人至矣，與讒諂面諛之人居，國欲治，可得乎？」

魯國有意讓樂正子治理國政。

公孫丑說：「樂正子剛強嗎？」

孟子說：「不是。」

公孫丑說：「有聰明謀略嗎？」

孟子說：「不是。」

公孫丑說：「見多識廣嗎？」

孟子說：「不是。」

公孫丑說：「那麼，先生爲什麼高興得睡不著？」

孟子說：「他這個人，喜歡聽取善言。」

公孫丑說：「我聽了這個消息，高興得睡不著。」

公孫丑說：「喜歡聽取善言，就夠了嗎？」

孟子說：「喜歡聽取善言，以此治理天下都還有餘，何況治理魯國？如果喜歡聽取善言，那麼四處的人都會從千里之外趕來把善言告訴他；如果不喜歡聽取善言，那麼人們就會模仿他說：『呵呵，我早就知道了。』那種腔調臉色就會把別人拒絕在千里之外了。士人在千里之外止步不來，那麼進讒言及當面奉承的人就會來了。與進讒言及當面奉承的人相處，要想把國家治理好，辦得到嗎？」

我們常說的「拒人於千里之外」，就來自本章。國君身邊總要有人伺候，說真話的大臣可以直接說出建議，由於非常直率，有時候忠言逆耳，不太好聽；至於逢迎者，則喜歡當面說好話，曲意奉承。國君想要治好國家，就要任用忠言者。像古代的御史大夫，直言敢諫，就是要把國君的毛病挑出來，希望他能改善。但是誰喜歡聽逆耳的話？連一般人都難以接受了，何況是有權力的人？誰不喜歡聽別人諂媚自己？不過，一旦士人止步，進讒言者和阿諛奉承者就會趨之若鶩了。

公孫丑所問的「強、有知慮、多聞識」，應該是當時政治界所推崇的條件，而樂正子皆未達到高標準。孟子所取的只有一點，就是他「好善」。人若好善，則不斷在成長之中。集合天下人的善，治國又有何困難？

《孟子》之中談到人生修養的地方很生動，比如「禹聞善言則拜」、「子路聞過則喜」，這都太難做到了。平常若是聽到別人談論我們的過失，就想盡辦法辯解或找藉

口，這是人性的弱點。但如果順著人性的弱點走下去，人生將會毫無希望，最後只能沉溺在既有的成就裡，無法再創新局。

人的生命有一個特色，就是不能停下腳步，一停下來就會變得重複而乏味。人生有許多苦，而這一點是最苦的。生命的本質，就是要求一個人不斷地自我超越，如果做不到而停了下來，就會覺得迷茫：這是我嗎？我這一生就是如此嗎？就好像在等待結局的到來一般！

〈12‧14〉

陳子曰：「古之君子何如則仕？」

孟子曰：「所就三，所去三。迎之致敬以有禮：言，將行其言也，則就之。禮貌未衰，言弗行也，則去之。其次，雖未行其言也，迎之致敬以有禮，則就之。禮貌衰，則去之。其下，朝不食，夕不食，饑餓不能出門戶，君聞之，曰：『吾大者不能行其道，又不能從其言也，使饑餓於我土地，吾恥之。』周之，亦可受也，免死而已矣。」

陳子請教說：「古代的君子要怎麼樣才出來做官？」

孟子說：「做官有三種情況，辭官也有三種情況。國君接待他，非常恭敬而有禮，又準備照他所說的去實行，那就做官。國君的禮貌沒有衰減，但是卻

不再照他所說的去做，那就辭官。其次，國君雖然沒有照他所說的去做，但是仍然恭敬有禮地接待他，那就做官。一旦禮貌衰減了，就辭官。最下一等的情況是，早上沒飯吃，晚上也沒飯吃，餓得連大門都出不去，國君知道了，說：『我在大政上不能實行他的主張，又不能聽取他的言論，使他在我的國土上挨餓，對此我覺得可恥。』於是周濟他。這也是可以接受的，只求免於一死罷了。」

綜觀這三種情況，可知君子完全處於被動，端視國君的誠意來決定是否做官，實在無可奈何，「免死而已矣」一語，最能描寫古代讀書人的委屈。讀書人除了做官，幾乎沒有什麼謀生之道。古代由於讀書人較少，服務公職的機會也較多。有些人只是奉公守法，做個基層公務員；有些人才幹卓越，可以步步高升；像孟子這樣的思想家，有辦法提出一套治國方案的，就希望得君行道了。在讀《孟子》時，可以欣賞他的哲學洞見，卻不宜感染他的傲骨與傲氣，好像任何一個讀書人一出馬，就立刻要匡濟天下似的。

〈12‧15〉

孟子曰：「舜發於畎畝之中，傅說（ㄩㄝˋ）舉於版築之間，膠鬲舉於魚鹽之中，管夷吾舉於士，孫叔敖舉於海，百里奚舉於市。故天將降大任於

是人也，必先苦其心志，勞其筋骨，餓其體膚，空乏其身，行拂亂其所為，所以動心忍性，曾（ㄗㄥ）益其所不能。人恆過，然後能改；困於心，衡於慮，而後作；徵於色，發於聲，而後喻。入則無法家拂（ㄅㄧ）士，出則無敵國外患者，國恆亡。然後知生於憂患而死於安樂也。」

孟子說：「舜在田野之中興起，傅說從築牆的勞役中被提拔出來，膠鬲從魚鹽販子中被提拔出來，管夷吾從獄官手中被提拔出來，孫叔敖從海邊被提拔出來，百里奚從市場中被提拔出來。所以，天準備把重大任務交付這個人，一定要先折磨他的心志，勞累他的筋骨，饑餓他的腸胃，窮盡他的體力，使他的所作所為都不能如意，這樣就可以震撼他的心思，堅忍他的性格，由此增加他所缺少的才幹。人們總是犯了過錯，才有機會改正：心意受限制，思慮受阻礙，才會發憤振作；表現在臉色上，發抒在言語中，才會被人了解。一個國家，在內沒有遵守法度的大臣與輔佐君主的士人，在外沒有敵對的國家與外患的威脅，那就遲早會滅亡。然後就可以明白憂患中能獲得生存，安樂中會遭致滅亡的道理了。」

這是非常重要的一章，等於是總結性的說法。孟子與許多哲學家一樣，喜歡採用歸納法，先列舉一些個案，再歸納出一套理論，然後希望這套理論具有解釋人生的功能。許多哲學家也是如此，先從經驗上找到眾多個別的材料，再綜合成一個共同的看

法，然後用它來解釋往後的經驗。

舜以前做過農夫，在驪山下耕田，他和所有的農夫都相處得很好。堯設法去田間找他，讓他從平凡的生命裡提升；傅說是商王武丁夢見的聖人，當時他正在受刑築牆，後來成為商朝大治；膠鬲曾為商紂之臣，據說是周文王發掘的人才；管夷吾（管仲）跟隨公子糾失敗，公子糾被殺之後，魯國就把管仲關起來，後來有賴鮑叔牙推薦，成為齊桓公的宰相；孫叔敖原先住在海邊鄉野的地方，曾任楚國令尹（宰相）；而百里奚的故事前文已講述過，就是後來的「五羖大夫」。

動心忍性，創造生命深度

這些人物有個共通點，就是當他們接受重任之前，一定經歷了身心方面的磨練。勞其筋骨、餓其體膚、空乏其身之外，最重要的就是心志的磨練，也就是有志而不得，心想而事不成。人最怕少年得志，尤其很多年輕人一得志就開始驕矜自滿，不知天高地厚與「動心忍性」。心性沒有受到震撼的考驗，是不可能成長的。

唯有在困境的磨練中，才能堅忍其性格，才會有內涵與深度，將來遭遇逆境時可以撐得住，亦即由此增加了自身所缺少的才幹。孟子如果沒有親身的體驗，恐怕講不出這番話。由此可見「孟母三遷」、「子不學，斷機杼」的故事，都有可能是事實。

我們可以想像，孟母個性剛烈，教育小孩全力以赴。孔子三歲時，父親就過世了，他的母親當時不過二十歲左右，帶著獨生子回娘家，辛苦養育，但她能夠撐過去，也因此孔子的一生才能夠為了理想而百折不回，「知其不可而為之」。如果沒有經過那種

考驗，將來怎麼可能頂天立地，面對各種困難？所以在教養孩子時，不必過度保護，讓他們接受一些考驗，使他們內在的力量逐漸成長，方可成大器。

「生於憂患而死於安樂」一語，提醒我們人生的經歷多半是憂患，即使偶有安樂，也不可耽溺其中。這種想法並非悲觀主義，而是勉勵人要在憂患中自得其樂，如孔子、顏淵、孟子之所為。

冥冥之中有主宰

由本章可見，「天將降大任於是人也」一語是最好的勵志名言。姑且不論天如何降下大任，每一個人的潛能都十分豐富，善加錘鍊都可以成才。孟子特別提出「天」，可見他相信冥冥之中仍有一個主宰，我們也許不清楚這樣的「天」究竟為何，卻不宜把它當作虛字。

許多儒家學者談到這一段時，都不願意認真思索「天」，認為人只要靠自己的力量努力奮鬥就可以了，與天何干？但孟子卻非講「天」不可，否則，所有的責任與使命都是自己想像出來的，可有可無的。孔子曾說：「知之為知之，不知為不知，是知也。」（《論語·為政》）可是他為什麼還宣稱「五十而知天命」（同上）呢？正是因為他相信自己的生命有一個目標、理想，而這並非自己隨便想出來的。如果人可以任意設定自己的天命，那麼別人也可以為自己設定不同的天命，甚至是相反的理想，如此一來，天下必定大亂，找不到任何方向了。

《中庸》上說：「唯天下至誠，為能盡其性，能盡其性則能盡人之性，能盡人之

性則能盡物之性，能盡物之性則可以贊天地之化育，則可以與天地參矣。」前提是「唯天下至誠」。人抵達最真誠的時候，就會發現，人類不過是我心的發用而已，萬物不過是我的身體而已，最後則是變成天地與人合作，開創了一個不凡的世界。

〈12‧16〉

孟子曰：「教亦多術矣，予不屑之教誨也者，是亦教誨之而已矣。」

孟子說：「教育的方法是很多的，我對一個人不屑於去教導，就已經是教導他了。」

「不教之教」也可能使受教者覺悟自己的過失。《論語‧陽貨》有一段資料：「孺悲欲見孔子，孔子辭以疾。將命者出戶，取瑟而歌，使之聞之。」可以為證。受教者遭到拒絕，就會省思：為什麼老師不願教我？是我資質太差，還是誠意不足？或者是我的言行犯了極大的過錯，以致老師對我不滿？既然如此，我是否應該先改善自己？如此一想，也算是接受老師的教誨了。

卷十三 〈盡心篇〉上

〈13・1〉

孟子曰：「盡其心者，知其性也。知其性，則知天矣。存其心，養其性，所以事天也。殀（ㄧㄠ）壽不貳，修身以俟之，所以立命也。」

孟子說：「一個人，充分實踐他內心的要求，就會了解他的本性。了解他的本性，也就會了解天了。保存他內心的原狀，養育他的本性，就是事奉天的正確方法。短命與長壽都不改變態度，修養自己來等待任務，就是建立使命的正確方法。」

〈盡心〉是《孟子》全書七篇中，唯一不以人名為篇名的。單單「盡心」一詞，就饒富深義，值得仔細推敲。我們先由結語的「立命」談起。

立命即使命

「立命」即使命，是要把命運轉化成為使命。譬如，孔子「五十而知天命」，天命

就是自覺有一種使命，而其來源是天。

使命，一般來說有三種：

第一種是百姓的任命。譬如，百姓選我當總統，是大家要我來服務，所以使命是群眾給我的。但是這種使命可能會改變，每隔幾年重新選舉一次，使命就改變了。第二種是自己給自己的。譬如，我從小立志要當總統，因為想藉此替百姓服務。第三種是自己發現有一種使命，但是它並非我給自己的目標，也不是別人所賦予我的，而是自覺有一種使命，而其來源是天。

孔子到五十歲才領悟這種天命，他出來做官就是實行天命的一種手段。他在五、六年後開始周遊列國，也是實行天命的另一種手段。更進一步，孔子「六十而順天命」，可見他的使命感來自於知識份子的覺悟。意思是說，他學得許多知識，把《詩》、《書》、《禮》、《樂》、《易》全部讀通了，溫故而知新，明白人的生命應該如何發展。如果只有他一個人懂得如何治國平天下，他就有責任出來讓這個社會變得更好，這種使命感是自己覺悟的，其來源是天。

儒家從孔子開始，就面對了「命運」與「使命」這兩條路線的激盪與衝突。命運挫折人的意志與抱負，但使命則另闢天地，使人「知其不可而為之」，依然可以堅持奮鬥，並且活得坦蕩快樂。

向善、擇善、至善

先就語意上分析「盡其心者，知其性也」一語。一般人如果想要「知」其性，就

是了解自己的本性，只有一個方法，就是「盡」（充分實踐）其心。這是我們常常說的：一個人只要真誠，就會發現內心有一種力量。真誠就是「盡其心」唯一的方法。

既然要「盡其心」，則此心一定在發出各種要求，等待被充分實踐，而這正是指「心之四端」：惻隱、羞惡、辭讓、是非。因此，心就是「不斷在發出要求的動力狀態」，也就是顯示為人性向善的「向」字，但是有一個前提，即是真誠。人只要真誠，就會發現內心一直在要求自己去做該做的事。

那麼，依此所了解的本性是什麼呢？是向善的。接著，如果追問這種向善的本性之根源，則答案是「天」。換言之，是天給了人向善之本性，然後人生之道自然是「擇善固執」，並且最後的目的是「止於至善」，亦即天人合德。天給人向善的本性，而「止於至善」就是一個人的努力與天的要求符合，配合在一起。由此形成系統，亦即由向善、擇善到至善。「殺身成仁」與「捨生取義」都在此找到了根本的理由，因為「仁」與「義」代表善，一個人能「殺身」及「捨生」，最後卻是實現了善，「止於至善」，死得其所，所以沒有任何遺憾。這就是儒家思想。孟子簡單幾句話，就把整個系統呈現出來了。

盡心、知性、知天

「存其心，養其性」的「存」字，是因為心可能被喪失（放其心）；可存可失之心不能處於固定本質的狀態，而必須是動態的活潑力量，所以譯文說「保存他內心的原狀」時，「原狀」是指活潑的力量而言。其次，「養育他的本性」，清楚顯示本性

不是圓滿自足的，必須不斷以實際的善行（仁、義、禮、智）去培養充擴。

做到這兩點，則是事天的正確方法。「事」這個字只有用在下對上，譬如：事父母，事君主。但是，試問：人為什麼要事天？孟子繼承孔子的思想與信仰，認為天是萬物的至高主宰。但是，他同樣也不強調對待天的具體的宗教儀式，而是要善待天所給人的本性，由此奉行天的旨意。正因為有「事天」的概念，孟子一方面不會自我膨脹，說出狂妄的話，他即使在宣稱「舍我其誰」時，也以「天……欲平治天下」〈4‧13〉為前提。

「盡心」、「知性」、「知天」，經過孟子如此的解釋之後，這個天的概念顯得一點都不神祕。只要一個人真誠對自己的生命負責，就會發現有一個超越界，承認有一個這樣的「天」，生命境界就全然改觀了。

〈13‧2〉

孟子曰：「莫非命也，順受其正；是故知命者不立乎巖牆之下。盡其道而死者，正命也；桎梏死者，非正命也。」

孟子說：「沒有一樣遭遇不是命運，順著情理去接受它正當的部分；因此，了解命運的人不會站在傾斜的危牆底下。盡力行道而死的，是正當的命運；犯罪受刑而死的，不是正當的命運。」

「莫非命也，順受其正」這一點最重要。「順受其正」不是指逆來順受，而是說：順著情理去接受它正當的部分。

面對命運只能順從情理，即人情世故的一般情況的發展。至於「正」是指正命，即命運的正當部分或者正當的命運，可以配合使命（亦可稱為天命）來理解。比如我家今天遭小偷了，而全台北市居家遭竊的機率是百分之二十，那麼我的遭遇就是合理的，我就接受它，不要有強烈的情緒反應。

所謂的「正」，顯然是由天對人性的要求而言。「盡其道而死者」則是捨生取義的另一種說法。「道」是我們常常說的正當的路，該做的事。該做什麼事，就盡自己的力量去做，由此而犧牲的話，就是「捨生取義」。

〈13‧3〉

孟子曰：「求則得之，舍則失之，是求有益於得也，求在我者也。求之有道，得之有命，是求無益於得也，求在外者也。」

孟子說：「尋求就會得到，放棄就會失去，這種尋求是有益於得到的，因為所尋求的在我本身之內。尋求它有方法，得到它靠命運，這種尋求就是無益於得到的，因為所尋求的在我本身之外。」

〈13‧4〉

孟子曰：「萬物皆備於我矣。反身而誠，樂莫大焉。強（く一九）恕而行，求仁莫近焉。」

孟子說：「一切在我身上都齊備了。反省自己做到了完全真誠，就沒有比這更大的快樂了。努力實踐推己及人的恕道，就沒有更近的路可以達到仁德了。」

「萬物皆備於我矣」，意即：要走上人生正途，或者要完成人生目的所需要的一

什麼是一個人只要尋求就會得到的呢？你想做好人就可以做到，因為做好人的根源在內心，而人性向善。但是尋求外在的富貴，卻是怎麼去求，也未必有用。譬如，一個人很想發財而去買彩票，怎麼買都無法保證中獎，有的人買二十萬元才中了四百元，這就說明所求的在外，沒有任何保證。

反之，一個人所求的在內，譬如，想提高自己的人格水平，或知識技能，那麼只要認真去求就可以得到。去求一些只要自己願意就可以做到的，不是很好嗎？

本章的「求則得之」，所指的是一個人可以做到的仁、義、禮、智；而「得之有命」，所指的是世間的富貴榮華，這些是不能強求的。

切，其實就是我與生俱有的向善之性，只要存養充擴之，人生還有什麼欠缺的呢？配合孟子前面說過的存養充擴，就知道人本來都有這個根源，只要努力存養充擴，內在的資源就會圓滿俱足，但這並不表示人一生下來就已經本善了，而是行善所需要的條件，像心的四端，是早就具備的了。

很多人誤會這句話的意思，因為無法了解萬物包括樹木、花草、太陽、月亮⋯⋯這些如何可能具備在人的身上？於是，宋、明哲學家就把這句話講成「萬物之理皆在我心」，意即只要人願意的話，就可以了解宇宙萬物的道理。譬如，人了解「水向下流」、「地球繞太陽轉」的道理，代表這些道理已經在他心中。這種解釋顯然不合情理，因為「一切在我身上都齊備了」，代表我對萬物沒有任何需求，我做為人所需要的全都齊備了，內在的條件已經足夠，不必再向外追求。孟子這句話是為了強調我無所欠缺，而不是萬物之理在我心中。

「反身而誠」的「誠」字，是指我的心不受遮蔽及扭曲，可以內外如一，做一個真實的人。這種快樂由內而發，源源不絕，確實無可比擬。顏淵之所以居陋室而不改其樂，就是因為「反身而誠」，問心無愧，沒有做任何不該做的事，起心動念都是正當的，過他應有的生活，這樣本來就會快樂。

最後，「強恕而行」的「恕」字，說明了「恕」與「仁」的關係：「恕」落實在人我之間，所以要推己及人；「仁」則出於對自己的要求，要回應那恆存的惻隱之心。這兩者在根本上是不可分的。孟子在這裡進一步提出，努力實踐推己及人的恕道，可以直達仁德。因為仁德就是去做該做的事，走正當的道路，進而實踐推己及人

的原則，把別人當成自己來對待，如此做人處事還有什麼問題？

孟子說：「就這麼去做，但是並不明白；早就習慣了，但是沒有察覺；一輩子走在上面，卻不知道那是什麼路的人，實在太多了。」

〈13‧5〉

孟子曰：「行之而不著焉，習矣而不察焉，終身由之而不知其道者，眾也。」

許多人一生風平浪靜，也能循規蹈矩過日子；若是不知道人生的原則與方向，遇到考驗時就未必能繼續走在正途上。我小時候住在鄉下，看到很多人一代一代地按照祖先的方式過日子，有著各式各樣非常鄉土式的信仰，也定期舉行各種儀式，幾代下來都毫無變化。在資訊還不流通的時代，每一個社會都有它固定的生活模式，百姓就是這麼過過日子，卻並不明白原因，這就是「行之而不著焉，習矣而不察焉」。「終身由之而不知其道」，是孟子在批評這些人：怎麼可以一輩子渾渾噩噩地這麼過日子呢？

人有理性，如果不知道為何要這麼過日子，一輩子只能靠運氣，而無法接受考驗。因為不明白要遵守什麼原則，碰到考驗就會隨波逐流、放棄堅持了。假設現在發

生災難與饑荒，我們還要堅持待客之道，甚至做人的道理嗎？

《世說新語》裡有一則故事，在災荒的時候，郗鑒替兄姊照顧侄子與外甥。鄉里人因為尊敬他的為人，就輪流請他吃飯，但是只能接濟他一個人，無法多供應給孩子。於是他獨自去吃，吃完嘴巴裡都塞滿了飯，回家之後再吐出來給兩個小孩吃，好不容易把他們養大。他之所以能夠堅持如此，是因為懂得「受人之託、忠人之事」的道理。

孟子說的正是這個意思。很多人運氣不錯，一輩子不曾受到嚴重的考驗，可以平平實實地過日子，看到別人出問題時，也跟著笑一笑；然而，當他自己碰到困難時會怎麼辦？能不能堅持？這就要靠平常的學習與思考，是否能夠明白人生的道理了。

〈13・6〉

孟子曰：「人不可以無恥。無恥之恥，無恥矣。」

孟子說：「人不可以沒有羞恥。把沒有羞恥當作羞恥，那就不會有恥辱了。」

「無恥之恥」有兩種解釋，一是「沒有羞恥的那種羞恥」，一個人連無恥都不覺得可恥，豈不是沒救了嗎？這種解釋完全是在罵人。孟子做為教育家，態度上應該比較

積極。第二種是本文所譯，比較具有積極的意義，要人由無恥走向有恥。

很多人認為中華文化，以儒家為例，是一個「恥感」的文化，而西方文化則是一個「罪感」的文化。

所謂「罪感」，是當人面對上帝的完美時，會感覺到自己是不完美的，生命有本質上的缺陷。因為人的認識有所不足，行動會有偏差，念頭起伏變化，由此感到生命有缺陷，甚至覺得自己有罪。在此，「罪」並非指法律上的違法行為，而是指人破壞了與神的約定。

「恥」的意思是，當人的行為沒有符合社會上共同的標準時，由於自認比不上別人，因而感覺可恥。所以，「恥感文化」的前提，是整個社會的標準很高，由於自己做不到，就會覺得可恥。正是因為羞恥及厭惡自己比不上別人，所以就會想要做到「義行」，想做正當的事。大家都做到的我也可以做到，這樣就把個人與群體的關係建立起來了。

有了以上的了解，再看孟子的話，就可以明白「把無恥當作可恥，那就不會有恥辱」這句話的積極性意涵了。

〈13‧7〉

孟子曰：「恥之於人大矣。為機變之巧者，無所用恥焉。不恥不若人，何若人有？」

孟子說：「羞恥對於人，關係十分重大。玩弄權謀詭計的人，是根本用不上羞恥的。不認爲不如別人是羞恥，還有什麼是比得上別人的？」

一個人要與社會上的人群相處，一定要有羞恥心，就是要求自己不能比別人差。大家才會有共同的行爲模式，社會也才可能和諧。「恥」來自於人群的互相比較，如此有助於使人產生向上的動力。一個人沒有羞恥，主要是兩種情況：一是「爲機變之巧者」，爲達目的而不擇手段；二是放棄自己，不在乎不如別人。

玩弄權謀詭計者工於心計，總想讓別人陷入他的陷阱，自己也因而得利。《三國演義》裡有很多這樣的例子，根本不談羞恥，只看誰能贏，贏了就代表成功。曹操用人完全不談道德問題，只看對方有無能力打贏別的國家，統一天下。結果造成後來社會風氣敗壞，他的兒子即使當了皇帝，也很快就被司馬懿的兒子給取代了，然後天下陷入魏晉南北朝的分裂局面。找尋人才，表面看來好像是一件簡單的事情，但是影響的層面既廣泛又深遠。

連續兩章都談到恥的觀念，正好凸顯了儒家思想的重要側面。

〈13‧8〉

孟子曰：「古之賢王，好善而忘勢；古之賢士，何獨不然？樂其道而忘人之勢，故王公不致敬盡禮，則不得亟見之。見且由不得亟，而況得而

臣之乎?」

孟子說：「古代的賢君愛好行善，而忘記了自己的權勢；古代的賢士又何嘗不是如此？他們樂於行道，而忘記了別人的權勢，所以王公不恭敬盡禮，就不能常常見到他們。相見的次數尚且不能多，何況要把他們當作臣下呢？」

「忘」，就是忘記。如果位高權重的人，對於權位念念不忘，就會看不起別人，也就無法得到人心。真正的天子、偉大的領袖，一定有不召之臣，必須要移樽就教，親自去向他請益。譬如，我是老師，坐地鐵時只是單純的乘客，看到比我需要座位的人就會讓座，這是依單純的人際關係來互動，不必念念不忘自己的職業或社會地位。

「忘」的重要性就在這裡。人必須有所愛好，所愛好的若是正當之事，對世間的名利權位就可以忘記了。

〈13・9〉

孟子謂宋勾踐曰：「子好遊乎？吾語子遊。人知之，亦囂囂；人不知，亦囂囂。」

曰：「何如斯可以囂囂矣？」

曰：「尊德樂義，則可以囂囂矣。故士窮不失義，達不離道。窮不失

義，故士得己焉；達不離道，故民不失望焉。古之人，得志，澤加於民；不得志，修身見（ㄒㄧㄢ）於世。窮則獨善其身，達則兼善天下。」

孟子對宋勾踐說：「你喜歡遊說諸侯嗎？我告訴你遊說的態度。別人理解，我悠然自得；別人不理解，我也悠然自得。」

宋勾踐說：「要怎麼樣才可以做到悠然自得呢？」

孟子說：「崇尚品德，愛好義行，就可以悠然自得了。所以，士人窮困時不放棄義行，顯達時不背離正道。窮困時不放棄義行，所以士人能保住自己的操守；顯達時不背離正道，所以百姓不會失望。古代的人，得志時，恩澤廣施百姓；不得志時，修養自己立身於世。窮困時，努力使自己趨於完美；顯達時，就使天下人一起走向完美。」

本章為孟子自述其遊說各國諸侯時的心境。「囂囂」是指自在得意的樣子，縱然別人不理解，也能悠然自得。換句話說，一個人如果內心愉悅，他向上位者建言就不會在乎有沒有效果，如果沒有效果，則代表時機不成熟。

「獨善其身」不代表與世隔絕，因為儒家不贊成隱士的作風。與「兼善天下」對觀，可知這是就「善」的實踐範圍而言。儒家的「善」是人與人之間適當關係的實現，一個人不可能關起門來「兼善天下」。孔子曾經說過他的志向：「老者安之，朋友信之，少者懷之。」這不也是兼善天下嗎？

儒家思想一直強調「兼善天下」的觀念。一個人窮困不得意的時候，除了家人之外，還有不少人際關係的互動，如鄰居、親戚、朋友等，因此，千萬不要把「獨善其身」當作一個人孤獨自處；等到得意的時候，就可以進而照顧天下人。此外，儒家還強調「慎獨」。《大學》談「慎獨」時說：「十目所視，十手所指」，意思就是：即使在獨處的時候，也要好像還有十隻眼睛在看著你、十隻手指在指著你一般，不可不謹慎。所以在不得志時，依然要努力修身。

像孟子這樣的人才實在是太少見了，一句「窮則獨善其身，達則兼善天下」，讓後代的人傳誦不已。我們反覆朗誦之餘，還是覺得人生很有味道。如果沒有像孟子這樣的哲學家，無論是語文或是思想，不知會變得多麼貧乏。

〈13‧10〉

孟子曰：「**待文王而後興者，凡民也。若夫豪傑之士，雖無文王猶興。**」

孟子說：「等待周文王出現之後，才振作起來的，是一般百姓。至於真正傑出的人，即使沒有周文王出現，也能奮發圖強。」

孟子的這番話，有些殺傷力。「待文王而後興者」，也可能包括伯夷。伯夷聽說周文王善待老人，「現在老了就去吧」，這可以說是伯夷的藉口，好像他成了孟子口

中的一般百姓。事實上，伯夷代表天下老人，希望老有所養，原是很合理的。

「若夫豪傑之士，雖無文王猶興」的「興」字，不是指外在事功，而是指擇善固執，走上人生正途。一個人若要自覺其人格的尊嚴，就從這句話著手。即使沒有像周文王這麼好的政治領袖，有志之士照樣應該振作起來。不能因為社會混亂，上下失去了規矩，就放棄奮鬥的意志，如此一來，人格的尊嚴何在？孟子的思想特色就在這裡，總是充滿一股浩然之氣。

〈13·11〉

孟子曰：「附之以韓、魏之家，如其自視欿（ㄎㄢˇ）然，則過人遠矣。」

孟子說：「把韓、魏兩家的財富都加贈給他，如果他還不自滿，這樣的人就遠遠超過一般人了。」

「韓、魏之家」的「家」，是指大夫之家，亦即春秋時代晉國的兩家大夫。春秋時代，晉文公稱霸之後最強，後來是三家分晉，三家就是韓、趙、魏。孟子特別指出韓、魏的財富讓人稱羨，但是不以財富自滿，或是以此傲人的人，心中應該另有更高的人生目標。

許多人發財之後，就會覺得自己很了不起，這種有錢人的優越感，有時也是被窮

人烘托出來的。人窮志短，看到有錢人就諂媚，自己先矮了半截。這也是社會互動出現的一種風氣。

但是孟子認為，即使一個人擁有韓、魏這樣的財富，也應該察覺自己的德行還不夠完美，經常想著自己「何德何能」，然後就會修養德行，以後才有可能保住財富與地位。這是自古以來不變的道理。一個人有錢還能活得樸實、自在，那是極為可貴的，可惜這樣的人少之又少。

〈13‧12〉

孟子曰：「以佚道使民，雖勞不怨。以生道殺民，雖死不怨殺者。」

孟子說：「在安頓百姓的原則下役使百姓，百姓即使勞累也不會怨恨；在保全百姓的原則下判人死刑，被殺的人雖死也不會怨恨殺他的人。」

「佚道」是力求讓百姓安逸；「生道」則是設法為百姓找到活路。犯罪的人在明白法官已經想盡辦法而沒有免刑的可能時，就會比較甘心為自己的罪行付出代價。歐陽修在〈瀧岡阡表〉裡曾經提到，法官在判決死刑的時候說：「求其生而不得，則死者與我皆無恨也。」被判死刑的人也不會怨恨法官，因為法官已經想方設法讓他免死，最後還是沒有辦法。這就是「以生道殺民，雖死不怨殺者」，要達到這個

境界，真的不容易。

〈13‧13〉

孟子曰：「霸者之民驩虞如也；王者之民皞（ㄏㄠ）皞如也。殺之而不怨，利之而不庸，民日遷善而不知爲之者。夫君子所過者化，所存者神，上下與天地同流，豈曰小補之哉？」

孟子說：「霸主的百姓愉快歡喜的樣子，聖王的百姓心曠神怡的樣子。被殺了卻不怨恨，得到好處卻不感激，百姓每天趨向於善卻不知道誰使他們這樣。真正的君子，經過之處都會感化百姓，心中所存則是神妙莫測，造化之功與天地一起運轉，這可以說是小小的補益嗎？」

「皞皞」就是廣大、自得之貌，這兩個字讀來就讓人覺得開闊而自在。「霸者」則是以小恩小惠，小小的補益，來贏得百姓愉快歡喜的樣子；「王者」是使百姓回復自然本性，並且日趨於善。

王者與霸者的分別

霸者是有所作爲，即有心要去做好事，稱霸之後就設法照顧百姓；王者不是刻意

做好事，而是讓每一個人自動變成好人，讓每一個人懂得「向善」，然後「擇善固執」，這才是眞正的王者。做「霸者」的百姓，受到照顧會覺得很開心，但是靠不住，因為這是由外而來的；做王者的百姓，社會風氣會出現根本的改變，亦即「所過者化」。

「君子所過者化，所存者神」，其中的「君子」，並非一般所說的有德者或有位者，而是指聖王而言，所以我把它譯為「眞正的君子」，就是有德的讀書人。「所存者神」一語中的「神」，可參考本書〈14‧25〉，神妙莫測的境界，是從一般人的眼光去看的；並且，這也是一般的語言文字所無法描述的境界。

儒家的思想，是希望造化之功與天地一起運轉，稱作天、地、人三才。為什麼要加上人類呢？因為人類可以破壞萬物，也可以保存萬物。人的力量很大，如果不能好好地去參贊天地的化育，就可能破壞自然界。自然界變好了，人就會過得比較安全，否則將來難免會有嚴重的後遺症。所以，人類想過得快樂，當然要珍惜大自然。善待大自然，就是善待人類自己。大自然即指天地萬物，與人類的努力可以相輔相成。

但是，誰能代表人類？聖人或君子。所以他們「上下與天地同流」。農業社會的春耕、夏耘、秋收、冬藏，就是與天地同流。有智慧的人，可以把天地當作流轉變化的過程，有如春夏秋冬四時的運行，不但不要破壞這種規律，還必須促成而使它變得更順利。

〈13‧14〉

孟子曰：「仁言不如仁聲之入人深也，善政不如善教之得民也。善政，民畏之；善教，民愛之。善政得民財，善教得民心。」

孟子說：「仁德的言論不如仁德的音樂那麼使人感動，良好的政治不如良好的教育那麼獲得民心。良好的政治，百姓敬畏它；良好的教育，百姓愛慕它。良好的政治能聚斂百姓的財富，良好的教育能贏得民心的支持。」

言論比起音樂，感動人的力量確實有差別。音樂可以移風易俗，言論則難以普及推廣，限制顯然較大。言論只有少數人聽得懂，一旦不經常宣講，大家就忘記了；音樂有旋律與歌詞，一旦旋律出現，馬上感覺好像彼此之間可以溝通。

那麼，何謂仁德的音樂？古代製作音樂的目的比較明確，比如紀念舜與周武王的韶樂、武樂，是歌頌偉大聖王對百姓的照顧，所以稱作仁德的音樂。本來音樂做為藝術，不應該有仁德或不仁德的區別，但是在那個時代不同。如果演奏一首樂曲而沒有任何主題，就變成靡靡之音了。

善政與善教

制定政策並立即執行，即使對百姓有利，也不見得會讓大家心悅誠服。至於教育，則是讓人懂得道理之後，自己願意去行善。所以良好的教育更能讓百姓心服口

服。教育要靠循循善誘，人透過教育明白一些道理，就會留下永遠的記憶。譬如，我以前數學不好，一位老師耐心地把我教會了，我十分感激他，後來這位老師教誨同學要孝順，我就很容易聽從他的言論。老師重視學生時，學生也會更加重視自己，教育的作用就在此，這稱為「善教」。像孔子、孟子教育學生，都是教導做人處事的道理。

「善政」得一切照規矩來，足以使百姓敬畏，然後又依法收稅，所以可以「得民財」。聚斂百姓的財富並非剝削他們，而是先讓百姓有錢，政府的稅收自然就增加了。「善教」是循循善誘，自然使百姓樂於服從，進而可以贏得民心。

此處為什麼會把政治與教育放在一起談？周朝初起時，從周公開始，就是想把政治與教育合一，把國家當作學校來辦，所以國家任何政策都要考慮其教育效果，現代也應該如此。舉例來說，假設某塊地有很多可能的用途，是要蓋一座美術館、遊樂場，還是蓋一間屠宰場？這時如果把政治當作教育來看，在上位者就不會只考慮利益，而會考慮到對百姓真正有益的是什麼，對人性的發展最需要的是什麼。如此一來，政治與教育才可以合流，百姓也才會獲得真正的福祉。

〈13‧15〉

孟子曰：「人之所不學而能者，其良能也；所不慮而知者，其良知也。孩提之童，無不知愛其親者；及其長也，無不知敬其兄也。親親，仁

也；敬長，義也。無他，達之天下也。」

孟子說：「人不經學習就能做的，那是良能；不用思考就知道的，那是良知。年幼的孩童，沒有不知要愛慕父母的；長大以後，沒有不知道要敬重兄長的。愛慕父母，屬於仁德；敬重兄長，屬於義行。這沒有別的原因，因為這兩種品德是天下通行的。」

良知與良能

「孩提之童，無不知愛其親者」是「良能」嗎？確實如此，小孩不愛父母的話，那是跟自己過不去。小孩從在襁褓中開始，眼睛一張開就看見父母的兩張臉。這兩張臉笑的話，小孩就有福了，要什麼有什麼；這兩張臉不笑的話，小孩就辛苦了。久而久之，出於本能或出於習慣，小孩就會希望這兩張臉笑，長大之後才發現，讓這兩張臉笑就是孝順。

依此看來，小孩希望父母快樂很可能是出於本能的「自利」需要，這並非壞事，而是自然發展形成的本能。事實上，小孩如果不知道保護自己，生命又怎麼存在下去？所以，即使在儒家的思想裡，「自利」也可以說是一個人生命的本能表現。

以上這種理解既符合經驗觀察，又可以找到心理學上的依據，目的是要指出：所謂良知與良能，一點都不神祕。孟子的說法具有「放諸四海而皆準」的普遍性。正因為如此，我在譯文中，用「屬於」而避免用「等於」（或「就是」），如「愛慕父母屬

於仁德」。即使把它譯爲「愛慕父母就是仁德」，也不代表人人皆「做到了」仁德，因
爲孟子所說的只是兩個「無不知」，而不是已經具體的「實踐或擁有」仁德與義行。
因此良知與良能，在其「本身」並不是善的，而是「對善的認知與要求」。
「良」爲自然之意，所謂「不學、不慮」是隨著人的生命而展現的能力與覺悟。
天下人都有良知良能，所以仁德與義行可以引起所有人的響應。儒家把良知、良能點
出之後，就給了人類一個非常正面的出發點。人生也由此可以走上善的途徑了。

〈13‧16〉

孟子曰：「舜之居深山之中，與木石居，與鹿豕遊，其所以異於深山之
野人者幾希。及其聞一善言，見一善行，若決江河，沛然莫之能禦也。」

孟子說：「舜住在深山裡的時候，與樹木、石頭作伴，與野鹿、山豬相處，
他與深山裡的平凡百姓差不了多少。等到他聽了一句好的言語，看見一件好
的行爲，學習的意願就像決了口的江河，澎湃之勢沒有人可以阻擋。」

舜是孟子最推崇的古代聖人，也是儒家一致推崇的最典型的模範。孟子認爲，舜
是在「聞一善言，見一善行」之後，才引發內心的原始力量，從此努力行善，由此也
可明白孟子的人性論是主張「向善」的。換言之，如果舜一直未能聞與見，則難免於

一生是個深山野人。

舜是「性本善」嗎？事實上，他是聽到一句好的言論，看見一件好的行為，才引發內心的力量，這正好說明了他是由「向善」的力量所促使。仔細讀這一章，就知道舜也不是「本善」，他若沒有聞、見任何示範，就不會覺悟做人處事的道理，也就無法引發「向善」的力量了。這說明「向善」需要引發，需要老師或善人來引領。

更有甚者，我們若把人界定為「性本善」，那麼當一個人不能為善而為惡時，他就會產生自暴自棄的心理：反正我是做錯了，不如錯到底算了。這是非常微妙的一種心理反應。如果講人性「向善」的話，一個人永遠都有希望。這一念之差、一字之改，整個人類的心態就轉變了。

這就是為什麼我要一而再、再而三地解釋孟子的「向善」之說，不是要把它當作我個人的一種偏好，或妄想標新立異，而是因為這樣說才符合孟子的本意。

〈13‧17〉

孟子曰：「無為其所不為，無欲其所不欲，如此而已矣。」

孟子說：「不要去做自己不屑於做的事，不要貪求自己不屑於貪求的東西，這樣就足夠了。」

既然不屑於做，為什麼還要告訴他不要貪求呢？有些事的確是自己不屑於做的，後來還是做了；明明知道是自己不該貪求的東西，後來還是要貪求了。這就是人性的弱點，問題出在知與行不能配合。

如果把自己從小聽到老師所說的做人處事的道理，都理解而且也都做到了，那麼每一個人都可以成為聖人了。但是，為什麼我們明白很多道理卻還是做不到呢？原因是知道得不夠深刻，體驗得不夠敏銳，往往對於「要孝順，要友愛，要忠於自己的良知」等理論，讀懂就算了，真要身體力行一輩子，談何容易啊。

所以，做人處事，須想清楚自己所不為的事情是什麼，然後期許自己不要違背原則。人生之路雖然崎嶇，能夠謹記這兩點就不會有太大的過失了。這段話的前提應該是良好的教育，足以使人高尚其志──弄清楚什麼是自己不為的，什麼是自己不欲的，然後就真的不為、不欲，這樣就夠了。

〈13‧18〉

孟子曰：「人之有德慧術知者，恆存乎疢（ㄔㄣˋ）疾。獨孤臣孽子，其操心也危，其慮患也深，故達。」

孟子說：「人之所以具備德行、智慧、謀略、見識，常常是由於歷經災難。只有那些孤立之臣與庶孽之子，他們內心警惕不安，考慮禍害也很深遠，所

　以可以通達事理。」

「德慧術知」中的「德行」，是需要長期來實踐的；「智慧」是指天生才智的表現；「謀略」是指懂得如何去運用技巧；「知」就是見識，做到見多識廣。一個人要想具備這四點，常常是由於歷經災難之後。沒有經過磨練，怎麼可能具備德、慧、術、知呢？

孤立之臣是被國君疏遠的；「孽子」是指庶出之子，地位卑微。兩者都操危慮患，這是他們所處的環境使然，而人只有在警惕不安的情況之下才會特別小心。正如「生於憂患，而死於安樂」，人在憂患之中才能生存，因為此時會考慮禍害而思慮深遠，所以可以通達事理。

當一個人通達事理時，就知道如何進退，明白哪些是自己的優勢，哪些是自己的劣勢；與別人相處時該讓步就讓步，該堅持就堅持，該客氣就客氣，該溝通就溝通。飽經憂患的孤臣孽子在考慮事情的時候往往比較周到，會退一步去設想，會預設各種不利的情況。相反的，一個人太順利的話，做事情往往很難成功，因為他只看到順利的一面，不知道人生的複雜與艱險，也就很難行止合宜了。

〈13‧19〉

孟子曰：「有事君人者，事是君則為容悅者也；有安社稷臣者，以安社

稷爲悅者也；有天民者，達可行於天下而後行之者也；有大人者，正己而物正者也。」

孟子說：「有服事國君的人，那是把服事某個國君當作快樂的人；有安定國家的人，那是把安定國家當作快樂的人；有保全天性的人，那是看到他的理想可以在天下推行，然後才去推行的人；有德行完備的人，那是以端正自己來使別人端正的人。」

孟子詳述四種人品，位階由低而高，他們的快樂也由外而內。

「天民」是保存天性的人，亦即天所生育的自然之民，《莊子‧庚桑楚》上說：「人之所舍，謂之天民；天之所助，謂之天子。」由此也可以說「天民」是無位者，而「大人」則是有位者。大人能夠「正己而物正者也」，「物」在此可以包括人類在內。

這四種人都是做官的，第一種人層次最低，卻占了絕大多數。從第二種人開始，才可以算是好官，以安定社稷爲樂，由此造福百姓。天民是不會「枉己以事君」的，合則來，不合則去。至於大人，由於德行完備，可以風動草偃，化民成俗，如此不只是在服務百姓，還能帶領百姓走上人生正途。

〈13‧20〉

孟子曰：「君子有三樂，而王天下不與存焉。父母俱存，兄弟無故，一樂也；仰不愧於天，俯不怍（ㄗㄨㄛ）於人，二樂也；得天下英才而教育之，三樂也。君子有三樂，而王天下不與存焉。」

孟子說：「君子有三種快樂，而稱王天下並不包括在內。父母都健康，兄弟無災無難，這是第一種快樂；對上無愧於天，對下無愧於人，這是第二種快樂；得到天下的優秀人才而教育他們，這是第三種快樂。君子有三種快樂，而稱王天下並不包括在內。」

基於這一章的重要性，我將詳述君子的「三樂」，以期大家能由此借鏡，找到真正的快樂。

父母俱存，兄弟無故

「父母俱存，兄弟無故」，這種快樂乍聽之下，好像焦點在於小小的家庭中，而事實上，人有父母才可盡孝，有兄弟姊妹才可盡悌，由此推擴到其他人身上，稱為順其自然。父母健在時，同父母相處得好、懂得孝順父母的人，自然比較懂得「老吾老以及人之老」的道理，而更願意去照顧其他有需要的老人家；兄弟姊妹都無災無難的人，看到年紀相仿者，比較容易把他們設想成自己的手足來對待，這也是順其自然。

很多人都觀察到，如果一個人是家中的獨子，因為從小獨享父母的愛心與資源，進入學校後要學會與同學分享任何東西，往往比家中有兄弟姊妹者還需要花較長的時間。由此可見，孟子這句話是有道理的，我們千萬不要把它想成是只注意到自己家人的自私心態。事實上，他提供了讓人性可以自然擴充發展的觀點。

一直到父母過世以後，我才體悟到父母健在，對自己而言真是一種快樂。因為人的生命來源就是父母，不管自己做什麼他們都會接納、包容、鼓勵。一旦父母不在時，「樹欲靜而風不止」的感覺，又是何等的悽惶。同樣的，兄弟姊妹有如手足，既然源於同樣的父母，當然希望兄弟姊妹平安快樂，有什麼問題都樂於幫助解決。

這就是第一種快樂——順著生命自然的發展，讓一個人可以有很好的階梯或橋樑，把「人性向善」的「善」發揮出去，推己及人。這才合乎儒家的立場——「善」，就是我與別人之間適當關係的實現。每個人都能把握「人性向善」，把善實踐推廣，就是最大的快樂。

仰不愧於天

「仰不愧於天」，是指人對天會覺得愧或不愧，因為「天」是至高主宰，天賦予人某種使命，亦即「存其心，養其性，所以事天也」〈（13‧1）〉所肯定的。孟子對天的這種信念是一貫的。只有存著謙卑及敬畏的心，才有可能在德行上日新又新。

很多人把天理解爲「心」，認爲天就是良心，但是孟子並沒有這個意思。如果是仰不愧於「心」的話，很容易陷於主觀。良心的作用要針對「天」才能展現出來，人

若是不能經常誠懇地反省自己、批評自己，心就無法發揮作用，由此衍生下去，就會變成自我中心，只顧自己、不顧別人，甚至狂妄自大了。

如果把這句話改成現代人的觀念：「對內無愧於心，對外無愧於人」，表面上好像十分通情達理，但「對內無愧於心」又要以什麼做為標準？發生社會事件時，很多官員會說：「我無愧於心。」問題是誰要負責？人很容易陷於主觀，即使客觀上沒有故意去犯的惡行，也可能犯下錯誤。古代也有「清官殺人」之說，雖然清官從來不貪汙，但一旦他「覺得」某人是壞人而將之定罪，照樣是冤枉別人，也不能算是好官。所以，我們要隨時保持謙卑與敬畏，要仰不愧於天，「天」是大家的心所共同面對的主宰。從天來看的時候，每一個人都可能有所偏差，因此不能用自己的心來超越或代替別人的心，如此才會謙虛，敞開心胸，以及尊重別人的想法。

這個觀念的重點在於：一個人要真誠，要對得起自己，不要找藉口，把任何事情都合理化。譬如，很多學生考試成績不好，就推說是因為老師沒教好，或者當天下大雨所以沒心情等等，完全沒有檢討自己是否有好好用功，把「考不好」的行為合理化。除此之外，最難的還是「仰不愧於天」。因為看不到這樣的天，我們除了消極地不要找藉口或傷害別人之外，還要積極地去發展「向善」的人性。

教育並非專利

至於「得天下英才而教育之」的「教育」二字，並不是老師這一行的專利，而是每一位前輩或長輩都有的任務，只要把自己的專長或心得教給有上進心的青少年，就

可以得到這種快樂。

像孔子、孟子這些聖人，幾百年才出一位，平常的傳承還需要無數老師不斷努力去介紹，去說清楚人生的道理，才能不斷發展下去，社會才有改善的希望。我常想，人生就像是善的勢力與惡的勢力在拔河比賽一樣，努力行善的人要堅持到底才能成功。很多人跑一半就累了，或者跑了一百步就停了下來，這時，一定要勉勵自己繼續堅持下去，因為努力行善是沒有盡頭的，就像人生必須一直往前繼續發展一樣。

如果問，孟子快樂嗎？我們現在知道了，由於他的真誠，答案應該是肯定的。

〈13‧21〉

孟子曰：「廣土眾民，君子欲之，所樂不存焉；中天下而立，定四海之民，君子樂之，所性不存焉。君子所性，雖大行不加焉，雖窮居不損焉，分定故也。君子所性，仁義禮智根於心，其生色也睟（ㄘㄨㄟˋ）然，見於面，盎（ㄤ）於背，施於四體，四體不言而喻。」

孟子說：「廣大的土地與眾多的百姓，是君子所想要的，但是他的快樂不在這裡；站立在天下的中央，安定四海之內的百姓，君子樂於做到如此，但是他的本性並不表現在這裡。君子表現他的本性，即使理想完全實現，也不會增加一點；即使窮困隱居起來，也不會減少一點，這是由於本分已經確定的

緣故。君子表現他的本性，仁德、義行、守禮、明智都根植在心中，它們產生的氣色是純和溫潤的，顯現在臉上，洋溢在背上，延伸到四肢，四肢不必等他吩咐就明白該怎麼做了。」

本章先分辨三個層次，「所欲」的是個人取得成就，「所樂」的是讓天下人幸福，「所性」的則是對自己負責，亦即可以實現人性的要求。

「君子所性」，是以心的四端為根源，實現仁、義、禮、智，由此變化氣質，並且自然行善避惡。

「廣土眾民，君子欲之」，「君子」包括兩種人，一是有官位的人，二是有德行的人。不管是有官位還是有德行，總希望「廣土眾民」，能夠得君行道，讓自己的理想可以實現，這就是君子的欲望。

所欲、所樂再到所性，這些都證明了人一生下來並不立刻擁有仁、義、禮、智，而只是有「心」，也就是惻隱、羞惡、辭讓、是非這四端，然後再發展出「其生色也睟然，見於面，盎於背，施於四體」，亦即整個生命顯得溫和、圓潤，好像發出光明，如沐春風一樣。當看到言行合乎人性要求的人，就會覺得既愉悅又景仰。成為一個完整的人，外在的得失成敗並不重要，要看自己有沒有實現內心的根本要求。

「四體不言而喻」，是指一個人如果實踐了仁、義、禮、智，生命就自然充滿活力。身是小體，心才是大體，而「養其小體為小人，養其大體為大人」。如果一見面就互相詢問「今天吃過飯了嗎？」只注意到養其小體，這就有小人之嫌；如果互相請

教「今天行善了嗎?」這就是養其大體了。

有些人談儒家時,喜歡把西方的哲學家康德拿來一併討論。

在康德看來,人的「身」屬於自然,「心」則屬於自由。譬如,肚子餓了會很難受,熬夜時會打瞌睡,這是自然的;「心」則是自由的,譬如,一個人肚子餓了要吃飯,但是父母沒吃,他就忍耐著不吃,因為他要孝順,讓父母先吃飽再說。所以,行善是因為我的心去違背自然、克服身體的惰性使然。這麼說來,康德的哲學變成:如果一個人要有道德,一定不能有快樂──他認為快樂是一種情感,幫助別人如果會使自己覺得快樂的話,就有嫌疑是圖利於自己,這樣還是一種自私自利。

這樣的想法與儒家思想可以相提並論嗎?答案是否定的,本章就是證明。任意把中國哲學和西方哲學放在一起討論,不但容易混淆觀點,也沒有什麼必要性。只要能夠實事求是,扣緊原典來討論,就能夠透澈明白事理了。

〈13‧22〉

孟子曰:「伯夷辟紂,居北海之濱,聞文王作,興曰:『盍歸乎來,吾聞西伯善養老者。』太公避紂,居東海之濱,聞文王作,興曰:『盍歸乎來,吾聞西伯善養老者。』天下有善養老,則仁人以為己歸矣。五畝之宅,樹牆下以桑,匹婦蠶之,則老者足以衣帛矣。五母雞,二母彘(ㄓ),無失其時,老者足以無失肉矣。百畝之田,匹夫耕之,八口之家

可以無饑矣。所謂西伯善養老者，制其田里，教之樹畜，導其妻子使養其老。五十非帛不煖，七十非肉不飽；不煖不飽，謂之凍餒。文王之民無凍餒之老者，此之謂也。」

孟子說：「伯夷避開商紂，住在北海的海邊，聽說周文王奮發有為，就振作起來說：『何不去投奔西伯！我聽說他善於奉養老人。』姜太公避開商紂，住在東海的海邊，聽說周文王奮發有為，就振作起來說：『何不去投奔西伯！我聽說他善於奉養老人。』天下有善於奉養老人的人，仁者就把他當作自己的依靠了。我聽說他善於奉養老人。五畝大的宅園中，在牆邊種植桑樹，婦女養蠶繅絲，老年人就都有絲綿衣穿了。飼養五隻母雞，兩隻母豬，不要耽誤牠們的繁殖期，老年人就都不會缺肉吃了。一百畝的土地，由男子耕種，八口之家就都不會挨餓了。所謂『西伯善於奉養老人』，就在於：規定百姓的田畝宅地，教會他們栽種畜牧；引導他們的妻小來奉養老人。五十歲的人沒有絲綿就不暖，七十歲的人沒有吃肉就不飽；穿不暖吃不飽，叫做受凍挨餓。周文王的百姓中，沒有受凍挨餓的老人，說的就是這種情況。」

本章前半段曾見於〈7‧13〉，大意是說當國家經濟條件齊備之後，每個人都吃飽穿暖，尤其是老人家在五十歲、七十歲以後更是如此。老人家之所以值得照顧，是因為每個人的生命都是整體的，年輕時希望得意發展，晚年時則希望受到良好的照顧，

這樣就會覺得人生比較有盼望，而不會任意放棄生存的意願。後半段則說明「西伯善養老」的具體做法。對百姓來說，平安度日、安養晚年，是基本的要求。

〈13‧23〉

孟子曰：「易其田疇，薄其稅斂，民可使富也。食之以時，用之以禮，財不可勝用也。民非水火不生活，昏暮叩人之門戶求水火，無弗與者，至足矣。聖人治天下，使有菽粟如水火。菽粟如水火，而民焉有不仁者乎？」

孟子說：「整治他們的田地，減輕他們的稅收，就可以使百姓富足。按一定季節取食，依禮的規定消費，財物就用不完了。百姓沒有水與火就無法生活，晚上敲別人家門求水討火，沒有不給的，因為家家都多得很。聖人治理天下，要使百姓的糧食多得像水火一樣。糧食像水火那麼多，百姓哪有不培養仁德的？」

這是先富後教的觀點，要使百姓「衣食足然後知榮辱」。孔子也曾談到「水火」，《論語‧衛靈公》說：「民之於仁也，甚於水火。水火，吾見蹈而死者矣，未見蹈仁

而死者也。」由此可知，百姓有了水火之後，還要進而行仁，但這並非孟子所想的那麼容易。

孔子也說過，讓百姓好好生育下一代，接著好好教育他們，所謂「庶之、富之、教之」只有少數政治人物做得到這三步。另一方面，人吃飽穿暖之後，又不見得真的去學習與受教育，幾乎每個人都有自己的煩惱，所以，孔子認為百姓需要仁德，是超過需要水與火。但是人必須有水、火才能活下去，進而又為財而死、為食而亡，卻沒有見過為了實踐「仁」而犧牲的。孔子的話是在感嘆現實的狀況。

國家在發展經濟之後，一定要認真辦好教育。經濟是幸福生活的「必要」條件，除此之外，還須提供心智與靈性的資源，做為人生的「充分」條件。在孟子看來，那就是經由教育而鼓勵百姓實踐「仁德」了。

〈13‧24〉

孟子曰：「孔子登東山而小魯，登泰山而小天下，故觀於海者難為水，遊於聖人之門者難為言。觀水有術，必觀其瀾。日月有明，容光必照焉。流水之為物也，不盈科不行；君子之志於道也，不成章不達。」

孟子說：「孔子登上東山，覺得魯國變小了；登上泰山，覺得天下變小了；

努力提高自己的眼界

東山是魯國境內的一座山，而東嶽泰山則是更爲高峻的。這個比喻說明，人如果抵達更高的層次，就不會被底下的小事情所限制了。

人要避免井底之蛙的困境，只有努力向上提升。眼界開闊之後，理想自然隨之高遠。然後參考「觀水、日月、流水」，不但要做到有源有本，還要腳踏實地，累積深厚功力，讓一切水到渠成。

因此，我們要按部就班地念書、思考，奠下穩妥的基礎，就像「日月有明，容光必照」，不能疏忽任何細節。我自己從事經典著作的解讀時，有些地方如果含混帶過，一般人也許不會挑剔，但是我對自己的挑戰是：每一個字都要有著落。這本書與其他類似書籍的最大差別就在於此，一字一句都不含糊籠統。

孟子藉著這些比喻，希望「君子之志於道也，不成章不達」。就是要每個人紮紮實實，從內心的眞誠出發，把四端的要求設法實現，久而久之，就自然通達了。

〈13‧25〉

孟子曰：「雞鳴而起，孳孳為善者，舜之徒也；雞鳴而起，孳孳為利者，蹠（ㄓ）之徒也。欲知舜與蹠之分，無他，利與善之間也。」

孟子說：「聽到雞叫就起床，努力不倦地行善，是舜一類的人；聽到雞叫就起床，一直不停地求利，是蹠一類的人。想要知道舜與蹠的差異，不必找別的辦法，只在求利與行善之間去分辨而已。」

蹠就是盜跖。《莊子‧盜跖》對此人有生動的描寫。不過在孟子看來，蹠是舜的反面代表。

求利與行善的分別

一天到晚想著怎麼去行善的，是舜；一天到晚想著怎麼去求利的，是蹠。對求利者而言，追求利益、賺很多錢有他的快樂，但是那種快樂很容易鈍化。快樂的刺激難免愈來愈弱，然後需要更多更大的利益才可維持下去。這就好比一個人第一次賺到一百萬元時很開心，當賺到兩百萬、三百萬、四百萬元以後，就沒什麼感覺了；如果再與別人的幾千萬、上億元相比，快樂就立刻打折扣了。

行善則不一樣，行善是由內而發的，因此心裡會覺得愈來愈充實。一直去實現該做的事，久而久之就可以集義，然後可以養氣，最後，就養成了浩然之氣。此時心裡

覺得充實，快樂源源不絕，並且終其一生都平靜安詳。

〈13・26〉

孟子曰：「楊子取爲我，拔一毛而利天下，不爲也。墨子兼愛，摩頂放踵利天下，爲之。子莫執中。執中爲近之。執中無權，猶執一也。所惡執一者，爲其賊道也，舉一而廢百也。」

孟子說：「楊子主張『爲我』，拔一根汗毛可以對天下有利，他都不去做。墨子主張『兼愛』，摩禿頭頂、走傷腳跟，只要對天下有利，他都去做。子莫採取中間立場，採取中間立場就接近正確了。不過，採取中間立場而沒有變通，就好像執著在一點上。我們討厭執著在一點上，是因爲那樣會損害正道，抓住了一點而丟棄其他一切。」

楊子主張「爲我」，不贊成傷害自己的身體來幫助別人。他的主張有其立場：假設天下每一個人都管理好自己，至少不會出現許多莫名其妙的混亂事件。這樣的想法也有好處，就是都不去管別人的閒事。打開現在的報紙一看，大都是八卦閒事，大家繪聲繪影地傳來傳去，對別人沒有幫助，對自己也沒有幫助，實在是浪費生命。

只不過楊朱想得太簡單了。一個人如果正值盛年、壯年，且有工作，管好自己當

然沒有問題，但是小時候一定需要別人的照顧才能成長；另外，老人家也需要幫忙，如果大家都只顧自己，他們怎麼辦？而自己年老時又怎麼辦？所以這種想法很難堅持一貫的立場，對老者、弱者、有困難或有殘疾的人都不適宜，楊朱所謂的「為己」，考慮的範圍太狹隘了。

墨子主張「兼愛」，意思是只要對天下有利的事他都會去做。這個理想很偉大，但是天下有幾個人能做到兼愛，對別人都一視同仁？一個人的力量又能有多大？墨子的主張對每個人來說，實行起來都非常困難，所以應用的範圍也很狹隘。

處世要考慮權宜變通

楊子與墨子已在〈6‧9〉受到嚴厲的批評。那麼，避開這兩種極端，像子莫一般採取中間立場，是否可行？關鍵依然在於「權」字，要能考慮權宜變通，因為人生的處境是活潑的，人生的正途（道）也不可能一成不變。為了避免過於彈性而變成投機，一個人一定要以真誠做為做人處事的出發點。

此外，內心感受、對方期許、社會規範，這三點可以幫助我們如何去選擇善（權）。譬如，我年輕的時候，父母正值盛年，此時我盡孝的方法是：為了健康而陪他們爬山，順便增進親子關係；母親後來癱瘓了，我就陪她打麻將。孝順要視情況而定——希望父母快樂是孝心使然，這是真誠的，但是用什麼方法表達，則要隨時注意情況的變化，以採取合宜的方式。這正是儒家思想所重視的「權」，也就是變通，不執著於一點的意思。

〈13‧27〉

孟子曰：「饑者甘食，渴者甘飲，是未得飲食之正也，饑渴害之也。豈唯口腹有饑渴之害？人心亦皆有害。人能無以饑渴之害為心害，則不及人不為憂矣。」

孟子說：「饑餓的人覺得任何食物都好吃，口渴的人覺得任何飲料都好喝，這並沒有嚐到飲食的正常味道，而是受了饑餓與口渴的損害啊。難道只有口與腹會有饑渴的損害？人心也有這一類的損害。人們能夠讓自己的心不要受到饑渴之類的損害，那麼就不會以趕不上別人為憂慮了。」

一個人在饑餓的時候，只要有東西吃就會覺得很好吃；口渴的時候，光是喝水就覺得很甜美。「饑者甘食，渴者甘飲」，說的並非飲食本身好不好，而是一個人要求的問題。對孟子來說，人心的饑渴是指很少接觸善言善行，而「不及人」則是指富貴趕不上別人。人心若以行善為滿足，自然不會羨慕別人的物質享受了。

愈有影響力，愈要懂得收斂

我們每天看到、聽到的，大都是報章雜誌的八卦、電視裡的新聞、網路媒體所傳來的資訊，如果自己缺乏判斷能力，難免在聽到泛泛之論，或有一點道理的話，就上當受騙了。我在演講或上課時，常常提醒自己不能憑口舌之利，顛倒是非黑白，這是

很大的罪過。寫文章也一樣，我為報章媒體寫文章時，也會特別提醒自己下筆要謹慎，這就是一種收斂。

有影響力的人一定要有這樣的警覺，更何況受教育最基本的表現，就是懂得與別人互相尊重，如果不喜歡別人在背後批評自己，就不要在背後批評別人，這是最基本的做人道理。學習儒家思想，最後就是要對得起自己以及做人的道理，盡量不要去製造事端。

佛家裡有「業」的觀念，譬如身業、口業、意業。業就是造業，也就是人無端製造一些問題出來，形成各種困擾。在戒除身、口、意三業方面都能夠修行到一定的程度，這個人就蛻變提升了。宗教裡的戒律與修行，都是勸人為善的，任何一種宗教只要依照戒律來做，從起心動念開始提醒自己、修正自己、考驗自己、改善自己，一個人怎麼會不走上善途？

〈13‧28〉

孟子曰：「柳下惠不以三公易其介。」

孟子說：「柳下惠不會因為做了大官，就改變他的操守。」

「三公」一詞，有兩種說法，一是指太師、太傅、太保；二是指司馬、司徒、司

空。都是輔佐國君的高官。

「介」是指操守，「其介如石」是稱讚一個人的操守像石頭一樣堅硬。「不以三公易其介」，是指操守，「其介如石」是稱讚一個人的操守像石頭一樣堅硬。「不以三公易其介」，是很不容易做到的事，很多人官做久了以後，與他人來往時，會想先知道對方的身分背景，然後再決定他的應對態度。像這樣一天到晚變換面具，又何苦呢？「介如石焉」一語，出自《易經‧繫辭傳》對豫卦的解說。

〈13‧29〉

孟子曰：「有爲者辟若掘井，掘井九軔（ㄖㄣˋ）而不及泉，猶爲棄井也。」

孟子說：「有所作爲的人就像挖一口井，挖到六、七丈深還沒有出現泉水，仍然是一口廢井。」

本章是借日常生活可以看到的經驗做爲比喻。七尺爲一「軔」（仞），九軔大概是六、七丈長。這一章可參考〈11‧19〉的「夫仁，亦在乎熟之而已矣」。求知與行善，都必須累積到一定程度，才可轉化生命。

如果五穀沒有成熟，還不如稊稗；如果挖井沒有抵達泉水，只是一個無用的坑洞。這說明一個人修養自己的德行，需要長期努力，直到自己的生命改變爲止。一開始可能需要經常提醒自己要做好事、要努力做，到最後不必要求，自己就會主動去

做，並且做出成果，這樣就成功了。

〈13‧30〉

孟子曰：「堯、舜，性之也；湯、武，身之也；五霸，假之也。久假而不歸，惡知其非有也？」

孟子說：「堯、舜是順著本性去實行仁義的；商湯、周武王是靠著修身去實行仁義的；五霸是利用假借去實行仁義的。假借久了而不歸還，怎麼知道他們本來是沒有仁義的呢？」

孟子這段話的意思，是希望一般人即使是做做樣子去行仁義也好，做久了也會以假為真了。這就好像一個人穿上堯的衣服，說堯說的話，做堯做的事，久而久之就變成堯了。如果他這輩子能一直「裝」好人，最後進了墳墓，那麼他終究還是個好人。

孟子認為，實行仁義有三種方式：性之、身之、假之。在教育時，由外至內，先強調「假之」，說明仁義對自己有利；再鼓勵「身之」，說明修身未必十分困難；最高目標則是「性之」，指出行善才是人性的正常發展。

前文提到「君子所欲」、「君子所樂」、「君子所性」，就是最好的例子：堯、舜是順著本性而真誠，可以由內而發；商湯與周武王是不斷地修養自己，但是五霸如齊

桓公、宋襄公、晉文公等，則是假借仁義的名義要使天下太平。

每一個人大概都會有「性之」、「身之」、「假之」三個階段：第一，覺得自己很難照本性的要求去行善時，那就先「假之」；第二，努力修養自己，讓善行實現出來；第三，自然而然，由內而發去行善。這三個階段就可以自然連貫起來。

〈13‧31〉

公孫丑曰：「伊尹曰：『予不狎於不順，放太甲於桐，民大悅。』太甲賢，又反之，民大悅。賢者之爲人臣也，其君不賢，則固可放與？」

孟子曰：「有伊尹之志則可；無伊尹之志則篡也。」

公孫丑說：「伊尹說：『我不親近違逆仁義的人，因此把太甲放逐到桐邑，百姓非常高興。太甲變好了，又讓他回來即位，百姓也非常高興。』賢者做爲臣下，君主不好時，本來就可以將他放逐嗎？」

孟子說：「有伊尹那樣的心思，就可以；沒有伊尹那樣的心思，就是篡位了。」

伊尹之事，見〈6‧9〉。他的心思不夾雜私利，完全爲國家與百姓著想。如果沒有孟子，這些古人很容易招致後人的誤解，像伊尹難免會被認爲是大逆不

道。孟子的智慧就在於：把古代的書讀通之後，還能揣摩古聖先賢的心思；而且所說的都合乎他的大原則，言之成理，不得不讓人佩服。像這一類的故事，歷史上最有名的是周公與王莽。周公也曾受流言所困，後來他還政於成王，澄清了一切誤會；王莽則最後竟然篡了漢王室。所謂的「伊尹之志」，是需要在時間過程中加以檢驗的。

〈13‧32〉

公孫丑曰：『《詩》曰：『不素餐兮。』君子之不耕而食，何也？」

孟子曰：「君子居是國也，其君用之，則安富尊榮；其子弟從之，則孝悌忠信。『不素餐兮』，孰大於是？」

公孫丑說：「《詩經‧魏風‧伐檀》上說：『不白白吃飯。』可是君子不耕種卻也吃飯，為什麼呢？」

孟子說：「君子住在一個國家裡，國君任用他，就能帶來安定、富足、尊貴、榮耀；青少年跟隨他，就會變得孝順父母、尊敬兄長、辦事忠心、講求誠信。『不白白吃飯啊』，什麼功勞比他的更大？」

社會的需求是多方面的，如果要讓每個人都親自耕田才有飯吃，根本是不切實際的想法。孟子在前面〈5‧4〉已經充分論證了農家之說的謬誤。

古代讀書人最希望的出路就是做官，如果國君任用，則理想可以實現。社會上沒有這種君子來教導的話，農夫就算耕田收成，結果大家搶著去吃，誰也吃不到，整個社會秩序也跟著亂了。教書的人聽到孟子的說法，一則以喜，一則以憂。喜的是，他充分肯定了教育的重大意義，認為老師應該得到好的待遇；憂的是，老師真的盡到職責，讓青少年做到「孝悌忠信」了嗎？

〈13‧33〉

王子墊問曰：「士何事？」

孟子曰：「尚志。」

曰：「何謂尚志？」

曰：「仁義而已矣。殺一無罪非仁也，非其有而取之非義也。居惡在？仁是也；路惡在？義是也。居仁由義，大人之事備矣。」

王子墊請教說：「士人該做什麼事？」

孟子說：「提升自己的志向。」

王子墊說：「什麼叫做提升自己的志向？」

孟子說：「志於仁德與義行罷了。殺一個無罪的人，就不合乎仁德；不是自己該有的卻去取來，就不合乎義行。居住之處在哪裡？就是仁德；行走之路

在哪裡？就是義行。居住於仁德，順著義行走，德行完備的人所該做的事就齊全了。」

王子墊是齊國王子，名墊。「尚志」即提升自己的志向。孟子也曾在〈3‧2〉說過，聖人「行一不義，殺一不辜，而得天下，皆不爲也」，可見他對百姓生命的普遍重視，而孟子基本的觀點是對人權的尊重。

「居仁由義」就是內心要真誠，發出行仁的要求，隨時要保持這種敏感狀態，然後，順著義理去做該做的事。孟子曾在〈7‧10〉說：「仁，人之安宅也；義，人之正路也。」本章進而強調這是士的志向，做到了就合乎「大人」的資格了。

〈13‧34〉

孟子曰：「仲子，不義與之齊國而弗受，人皆信之，是舍簞食豆羹之義也。人莫大焉亡親戚君臣上下。以其小者信其大者，奚可哉？」

孟子說：「陳仲子，不依正當方式送給他齊國，都不會接受，大家都相信這一點。不過這只是拒絕一筐飯、一碗湯那樣的義行罷了。人的過錯沒有比抹殺親戚、君臣、尊卑關係更大的了。因爲他有小義行，就相信他也有大義行，怎麼可以呢？」

陳仲子的事蹟，見〈6‧10〉。他為了保持操守廉潔，而對母親與哥哥所採取的態度，是孟子不以為然的，人不應為了小義而損害大義。

孟子站在不同的角度，提出他對某些事情的見解，這是因為社會大眾很容易被蒙蔽，看到一個人在小事上很廉潔，就以為他一路到底都很好，孟子則明確地指出：廉潔雖好，但是要分辨大小與輕重。

〈13‧35〉

桃應問曰：「舜為天子，皋陶為士，瞽瞍殺人，則如之何？」

孟子曰：「執之而已矣。」

「然則舜不禁與？」

曰：「夫舜惡得而禁之？夫有所受之也。」

「然則舜如之何？」

曰：「舜視棄天下，猶棄敝屣（ㄒㄧˇ）也。竊負而逃，遵海濱而處，終身訢（ㄒㄧㄣ）然，樂而忘天下。」

桃應請教說：「舜是天子，皋陶是法官，如果瞽瞍殺了人，應該怎麼辦？」

孟子說：「逮捕他就是了。」

桃應說：「那麼舜不會阻止嗎？」

孟子說：「舜怎麼能阻止呢？皋陶是於法有據的。」

桃應說：「那麼，舜又怎麼辦呢？」

孟子說：「舜把丟棄天下看成像是丟棄破草鞋一樣。他會偷偷地背著父親逃跑，沿著海邊住下來，一輩子開開心心，快樂得忘記了天下。」

人生的許多事情都不能兩全其美。很多人偏偏喜歡兩全其美，希望最後大家都快樂，但是有這種可能嗎？人生就是選擇的過程，選擇的時候要分辨本末輕重。

本章談到面臨選擇時，舜寧可不做天子，而單純地做為人子來保護父親。的確，當帝王、有權勢是一時的，為人子卻不只是談「法理不外人情」，而是如果舜既要當天子，又要保護父親，那就不對了。這裡並是長久的；當帝王、當宰相或有錢、沒錢，那是外在條件的變化，但是沒有父母就沒表示孟子所取的立場，還是推崇孝道的。

舜的父親曾經想盡辦法幫助象來殺舜，這些孟子全都知道，但他還是這麼說，有自己，想到這一點，就要好好盡到為人子女的責任。

把握人生最重要的事

要做到像舜這樣，有深刻的信念、堅定的意志，清楚知道人生什麼事最重要，實在不容易。一個人能把握住最重要的事，生命就產生實在的質感了。

這種觀念，與孔子所謂「父為子隱，子為父隱，直在其中矣」（《論語‧子路》）的立場是一致的。儒家並非以情害法，而是肯定人情為恆在的，是人性的自然表現。

情與法不能兼顧時，則以不違人情為要。

很多人批評儒家怎麼可以鼓勵知法犯法？但若法律離開人性的基礎，後果不堪設想。法律條文定得愈細，漏洞就多如牛毛，到最後變成沒有犯法就是好人，這麼一來，大家都會想盡辦法請律師去鑽漏洞了。像美國的辛普森殺妻案，他用錢請了最好的律師，最後律師發現檢察官沒有先取得搜索許可就逕行查證，因此整個證據無效。明明抓到了犯人，他也坦承不諱，律師照樣可以把他說成是無罪的。我們要生活在這樣的社會裡嗎？

所以，不要認為儒家重視人情而忽略法律。法律是為人而設的，當人的言行偏離人性的基礎時，法律就變成一個可怕的框框而已。

〈13．36〉

孟子自范之齊，望見齊王之子，喟然嘆曰：「居移氣，養移體，大哉居乎！夫非盡人之子與？」

孟子曰：「王子宮室、車馬、衣服，多與人同，而王子若彼者，其居使之然也；況居天下之廣居者乎？魯君之宋，呼於垤（ㄉㄧㄝˊ）澤之門。守者曰：『此非吾君也，何其聲之似我君也？』此無他，居相似也。」

孟子從范邑到齊國，遠遠地看見齊王的兒子，就感嘆地說：「居住環境改變

人的氣度，飲食奉養改變人的體態，環境的影響真大啊！他不也是和一般人的兒子一樣嗎？」

孟子又說：「王子的住所、車馬、衣服多半與別人的相同，而王子卻這麼特別，就是因為居住環境使他這樣的；何況是居住於天下最寬廣的住宅，亦即以仁德為住所的人呢？有一次魯君到宋國去，在宋國的垤澤城門下呼喝，守門的說：『這個人不是我們的國君，為什麼他的聲音這麼像我們的國君呢？』這沒有別的原因，所居住的環境相似罷了。」

本文所謂「齊王之子」，應是指齊宣王。

人的身體屬於自然界，就會有固定的規律，多照顧就會保養得好。譬如，家裡栽種的花，只要記得按時剪枝、施肥，就會長得漂亮，這與栽種者的道德無關，而屬於自然界的規律。孟子的這段話是針對客觀情況來說的。

我們常常說「心廣體胖」，不要只看到體胖，還要看到心廣，也就是心胸非常開闊。國君的兒子「居移氣、養移體」，住的環境那麼好，養得胖胖的，而孟子認為身體胖不胖不重要，重要的是：是否「居天下之廣居，立天下之正位，行天下之大道」，這樣才是所謂的大丈夫。（〈6‧2〉）

富貴之人，氣度、體態、聲音、容貌都與眾不同。那麼以仁為居的人呢？如果能走上仁德這條路的話，環境是沒有辦法限制他的，而這條路是每個人都可以走的。這一章算是《孟子》裡比較輕鬆的一段了。

〈13・37〉

孟子曰：「食而弗愛，豕交之也；愛而不敬，獸畜之也。恭敬者，幣之未將者也。恭敬而無實，君子不可虛拘。」

孟子說：「只養活而不愛護，那就像對待豬一樣；只愛護而不恭敬，那就像畜養犬馬一樣。恭敬之心是在贈送禮物之前就具有的。只有恭敬的形式而沒有內在的心意，君子是不會被這種虛假的形式所拘束的。」

「禮」以恭敬之心為基礎，再表現為適當的形式。禮儀的規定十分複雜，因此要特別強調真誠的心意。孔子在《論語・八佾》說：「人而不仁，如禮何？人而不仁，如樂何？」他所謂的「仁」，就是指真誠的心意。

我這幾年很少應酬，別人如果邀約而沒有真誠的心意，我大多會婉拒赴約。為什麼我要這麼主觀的判斷別人？有誠意請我吃飯的，當然會先問我有沒有時間，但是很多人直接發帖子來，這種情況我是不奉陪的。

另一種狀況是，別人給你一個假的名聲，比如請你當顧問，之後就用這個來約束你，這同樣是沒有誠意的。做人要有原則，如果有人給你名位卻沒有給與實權，又以此限制你，這就叫做「虛拘」。朋友常常說，所謂「顧問」就是「顧影自憐、問心有愧」，有許多人都是顧而不問，這就是虛名。孟子認為不必要受這種限制，所以君子不可以虛拘，一切要看有無恭敬的心意。

〈13‧38〉

孟子曰：「形色，天性也，唯聖人然後可以踐形。」

孟子說：「人的形體容貌是天生的，只有聖人可以完全實踐這種形體容貌的一切潛能。」

具有人的形色，就擁有人性的一切潛能。人既然是萬物之靈，則其潛能自然以「心之四端」為主，發展出來就是仁、義、禮、智的善行，完全實踐就是聖人的境界了。換言之，只有聖人是真正的、完全的人，亦即只有聖人是止於「至善」的人。我們則是擁有「向善」的本性，並且在「擇善」過程中繼續努力。

在這裡我們特別強調孟子的觀念——身心合一論。一個人通常只是注意他外在的表現能力，如保持身體健康，卻沒有努力去發揮內在的「向善」的人性。在儒家看來，人的一生中，還有向善的潛能要去實現，沒有實現以前，不能稱作真正的人，也就是君子。所以，人的生命是努力實現潛能的過程，是一個趨勢，是不斷向上成長的階段，沒有停下來的一日。

正如人的德行無法臻至完美，我們每天都會面對新的挑戰。從前可以做到的，並不保證將來也能做到，所以要隨時保持真誠，由真誠引發內心敏銳的力量，即使是處於不斷重複的狀況，也不會鬆懈下來。

譬如，為人師表者，每年教給學生大同小異的課程內容，如何不至於感到重複與

乏味呢？我的方法是用《老子》所說的「敝而新成」（第十五章）──經常把自己當作

是舊的，需要重新開始，每天都是新的一天。

人的生命都有豐富的潛能等待被開發實現，所以孟子這句話非常重要。聖人與平

常人沒有兩樣，只是他把內在所具有的潛能全部實現出來，造就了不平凡的生命。

〈13・39〉

齊宣王欲短喪。公孫丑曰：「為朞（ㄐㄧ）之喪，猶愈於已乎？」

孟子曰：「是猶或紾其兄之臂，子謂之姑徐徐云爾，亦教之孝悌而已矣。」

王子有其母死者，其傅為之請數月之喪。公孫丑曰：「若此者何如也？」

曰：「是欲終之而不可得也，雖加一日愈於已，謂夫莫之禁而弗為者也。」

齊宣王想要縮短守喪的期限。公孫丑說：「為父母守喪一年，總比完全不守喪好吧？」

孟子說：「這就像有人在扭他哥哥的手臂，你卻對他說暫且慢慢地扭吧。依我看，只要教導他孝順父母，尊敬兄長就行了。」

有個王子的生母過世，他的老師為他請求君主，允許他守喪幾個月。公孫丑

說：「像這樣的事，該怎麼看？」

孟子說：「這是想守喪三年而無法辦到的情況。即使多守喪一天也比不守喪好，這話是針對那些沒有人禁止而他自己不肯守喪的人所說的。」

古代守喪的期限是三年，三年是指二十五個月，並非三十六個月。第三年的第一個月滿了就算三年。公孫丑的問題，簡直就是孔子的學生宰我的翻版。宰我建議守喪一年，孔子當時把他好好教訓了一頓，孔子說的理由，正好透露出孔子對人性的看法。（《論語·陽貨》）

《儀禮·喪服記》規定，王子因為父親還在，所以無法為母親守喪三年。若是心中沒有哀思，守喪難免淪於形式。這也是一個禮與仁配合的問題。孟子說這話是針對齊宣王。齊宣王不想守喪，找了很多理由，恐怕也有許多大臣會替他找；相對的，王子是妾所生者，他的母親過世了，因為國君與國君夫人還健在，所以他若守喪就是違禮了。

孟子所要表達的是，人碰到這樣的處境，一方面面對的是人內心的情感，另一方面則是社會的規定（禮），兩者怎麼配合，確實需要智慧。

現代已經沒有這樣的問題了，因此重點應該放在一個人遵守所有的禮儀時，有沒有真誠的心意，然後具體做法則視情況而調整。

〈13‧40〉

孟子曰：「君子之所以教者五：有如時雨化之者，有成德者，有達財者，有答問者，有私淑艾（一）者。此五者，君子之所以教也。」

孟子說：「君子有五種教育的方法：有像及時雨那樣潤澤點化的，有成全品德的，有培養才幹的，有解答疑問的，有靠品德學問使別人私下受到教誨的。這五種就是君子施行教育的方法。」

孟子認為第一種教育方法是「有如時雨化之者」，這就像所謂的及時雨，也就是適時的幫助。譬如，老師每天對學生說要幫他化解困難，但平常不需要的時候，學生對這句話根本沒有感覺；直到哪一天真的遇到困難時，老師就他的情況給與建議，才能適時地讓他體悟。所以，老師對於長期跟在身邊的學生，可以因時、因地、因事而隨機指點，助其轉化提升。

接下來的「成德」、「達財」、「答問」這三種，分別針對品德、才幹、見識來指導，這是為了考量學生的不同需求。

至於第五種方法：「有私淑艾者」，其字面的意義是「私拾取者」，意即老師的嘉言懿行廣為流傳之後，有些人即使沒有親自受教的機會，也可以私下認真學習。孟子對於孔子，即是如此。

〈13‧41〉

公孫丑曰：「道則高矣，美矣，宜若登天然。似不可及而也；何不使彼爲可幾及而日孳孳也？」

孟子曰：「大匠不爲拙工改廢繩墨，羿不爲拙射變其彀（ㄍㄡ）率。君子引而不發，躍如也。中道而立，能者從之。」

公孫丑說：「人生正道既高尚又美好，簡直就像登上天空一樣，似乎是不可能達到的；爲什麼不讓它變得有可能達到，然後人們可以每天努力去追求呢？」

孟子說：「高明的木匠不會爲了笨拙的工人而更改或廢棄繩墨，后羿不會爲了笨拙的射手而改變拉弓的標準。君子有如教人射箭，拉開了弓卻不發箭，做出躍躍欲試的樣子。他站在正道的中間，有能力的就會跟著他去學。」

《論語‧雍也》有一則資料可供參考。冉求曰：「非不說子之道，力不足也。」孔子指正冉求的話是：「力量不夠的人，走到半路才會放棄。現在你卻是畫地自限。」在此所謂的「中道」是指半途。孟子本章所謂的「中道而立」，則是說君子站在正道的中間，歡迎別人來共襄盛舉，一起走上人生的坦途。

「中道而立，能者從之」，說得非常好！爲人師表者經常會有一股熱忱，希望能幫

助許多人，但是當別人尚未準備好或能力不足時，該怎麼辦？孟子希望他的學生努力往上看齊，不能降低標準。譬如，我們提到儒家與道家的思想，不能光談怎麼孝順，見到父母要問好、鞠躬，這些都只是具體的做法而已，這樣就是降低了標準。真正要談的，應該是談這些做法的理由，也就是「人性向善」、「天人合德」。沒有掌握住原則的話，光知道具體的做法又有什麼用？當具體的做法碰到困難的時候，一個人又如何堅持下去？

〈13‧42〉

孟子曰：「天下有道，以道殉身；天下無道，以身殉道。未聞以道殉乎人者也。」

孟子說：「天下政治上軌道，就讓正道隨著我的生命為正道而犧牲。沒有聽說犧牲正道去迎合別人的。」

「以道殉身」，是讓正道隨著我的生命來實現；相反的，「以身殉道」則是當天下政治不上軌道時，要犧牲生命去實現道。但是天下有道與無道，不宜以二分法界定，而應考量其趨勢。這樣才可符合儒家所標榜的「知其不可而為之」。

孟子批評有些人雖然學習了正道，卻去迎合權貴之人。事實上，今天的社會與古

代的差不多，許多人犧牲正道去迎合別人，尤其是去迎合長官、老闆等有權力、有財富者，雖然這樣的做法很難避免，卻是非常可惜的。

〈13・43〉

公都子曰：「滕更之在門也，若在所禮，而不答，何也？」

孟子曰：「挾貴而問，挾賢而問，挾長而問，挾有勳勞而問，挾故而問，皆所不答也。滕更有二焉。」

公都子說：「滕更在先生門下時，似乎是屬於要以禮相待的人，可是您卻不回答他的問題，為什麼呢？」

孟子說：「仗著地位高而發問，仗著才幹多而發問，仗著年紀大而發問，仗著有功勞而發問，仗著老交情而發問，都是我不願意回答的。滕更占了其中兩項。」

孟子回答別人問題時，是很有原則的，不能仗著地位高、有才幹、年紀大、有功勞或老交情。而滕更是滕國國君的弟弟，他所挾的是貴與賢，有所倚仗而發問，不但少了一份誠意，也不容易謙虛上進。

請教別人問題的時候，當然要謙虛，希望真正了解別人的意見，得到正確的指

導。既然是去問孟子這位學識淵博的老師，一定是認為自己有所不足，或者要驗證自己的心得，這個時候不能有所倚仗，否則就表示誠意不足，也就偏離了儒家思想的要求了。

〈13‧44〉

孟子曰：「於不可已而已者，無所不已。於所厚者薄，無所不薄也。其進銳者，其退速。」

孟子說：「對於不可以停止的事卻停止了，那就沒有什麼事不可以停止了。對於應該厚待的人卻薄待他，那就沒有什麼人不可以薄待了。前進太猛的人，後退也很快。」

我常用「其進銳者，其退速」當作座右銘，在自己讀書或做任何事的時候，不疾不徐地隨時衡量、做好計畫，這不太容易做到。思考問題不能著急，許多事情的成功並不在於誰比較拚命，而是有沒有計畫，是否能做好時間管理。

「所厚者」是指應該厚待的人，對一個人來說當然是指家人、親戚、朋友。人如果對父母、兄弟姊妹不夠厚道，會對朋友很好嗎？我想不太可能。我雖然與兄弟姊妹平常很少來往，只要他們有事開口，我都會當成最重要的事來做，因為自己的手足還

是最親近的。一旦需要我幫忙就全力以赴，這叫做對於應該厚待的人不能夠輕忽。

孟子曾說：「父母俱存、兄弟無故，一樂也。」稱王天下還不算快樂，「父母俱存，兄弟無故」才是第一件最快樂的事。這種觀念涉及人性正常發展應該有的軌道與次序。

「不可已」是指擇善而言，必須固執一生。「所厚者」是依「愛的差等」而定。如果忽略基礎與根源，汲汲於追求世間成就，即使看來大有進展，其中卻隱含了後退的危機。「進銳退速」一語也提醒我們：學習要循序漸進，並且持之以恆。

〈13‧45〉

孟子曰：「君子之於物也，愛之而弗仁；於民也，仁之而弗親。親親而仁民，仁民而愛物。」

孟子說：「君子對待萬物，愛惜而不施加仁德；對待百姓，施加仁德而不視為親人。君子親愛自己的親人，進而以仁德施於百姓；以仁德施於百姓，進而愛惜萬物。」

君子對萬事萬物皆有差等

有次序，亦即有差等，如果對人沒有差等的話，最後很可能形成兩種情況：第

一，成為墨家所說的「兼愛」，對每一個人都同樣去愛，對自己的父母、親人、朋友，與對外人的愛護完全相同；第二，成為道家的「天地不仁，以萬物為芻狗，聖人不仁，以百姓為芻狗」，既然不可能對誰特別好，最後可能對所有的人都不必好了。

儒家的思想為什麼能夠傳之久遠？因為它最符合人性。一個人的力量有限，所以在實踐時要注意輕重緩急與變通。

譬如，我在公車上看到兩個老人家，一個是我的鄰居，另外一個是不認識的人，我當然考慮先讓座給鄰居，除非另一個看起來明顯更有需要，那麼，我的鄰居自然也會諒解。換言之，我對人的親善是有次序的。又好像我在校園裡看到兩個學生，一個是我教過的，一個是我不認識的，如果兩個人見到我都不理，我一定會對我教過的學生感到難過，至於另外一個，因為我不認識，當然也不會對他有什麼期待了。

君子對萬物、百姓、親人的態度，是有差等的。這是源自關係的遠近與情感的深淺，也正是順其自然的表現。

〈13‧46〉

孟子曰：「知者無不知也，當務之為急；仁者無不愛也，急親賢之為務。堯、舜之知而不遍物，急先務也。堯、舜之仁不遍愛人，急親賢也。不能三年之喪，而緦（ㄙ）、小功之察；放飯流歠（ㄔㄨㄛˋ），而問無齒決，是之謂不知務。」

孟子說：「明智者沒有不想知道的，但急於知道當前該做的事；行仁者沒有不想愛護的，但務必先愛護親人與賢者。堯、舜的智慧不能完全知道一切事物，因為急於知道首要任務；堯、舜的仁德不能普遍愛護一切的人，因為急於先愛護親人與賢者。如果不能實行三年的喪禮，卻對緦麻三月、小功五月的喪禮仔細講求；在尊長面前大口吃飯、大口喝湯，卻講究不用牙齒咬斷乾肉，這就叫做不知道輕重緩急。」

古代服喪分為斬衰、齊衰、大功、小功、緦麻五等，時間分別為三年、一年、九個月、五個月、三個月。

這裡用了兩個例子來說明：其一，女婿為岳父母守孝三個月，謂緦麻三月；外孫為外祖父母守孝，謂小功五月；這都是古代社會講求的禮。如果一個人不去講究最主要的三年大喪（對父母守喪）反而去講究女婿、外孫如何守喪，這就是本末不分。

其二，在尊長面前大口吃飯、喝湯，卻講究吃飯時旁枝末節的禮儀。古人食用乾肉不是先切斷，就是用手撕開，如果在嘴巴裡直接啃咬發出聲音，會被認為是沒有修養的表現。這些都是本末倒置的作為了。「當務之急」一詞，表示當前最急迫的任務。人生有各種選擇，什麼是最急迫的？孟子以堯、舜為例，答案當然是實踐仁義了。我們研讀《孟子》至此，應該也會明白他的苦心與用心。

卷十四 《盡心篇》下

〈14‧1〉

孟子曰：「不仁哉梁惠王也！仁者以其所愛及其所不愛，不仁者以其所愛及其所愛。」

公孫丑曰：「何謂也？」

「梁惠王以土地之故，糜爛其民而戰之，大敗；將復之，恐不能勝，故驅其所愛子弟以殉之，是之謂以其所不愛及其所愛也。」

孟子說：「梁惠王沒有仁德啊！有仁德的人由照顧他所愛的人推及他所不愛的人，沒有仁德的人由遺棄他所不愛的人禍及他所愛的人。」

公孫丑請教說：「這話是什麼意思呢？」

孟子說：「梁惠王為了爭奪土地，驅使百姓去作戰，死傷慘重，大敗之後還想再戰，就驅使他所愛的子弟去送死，所以我說他是由遺棄他所不愛的人禍及他所愛的人。」

「以其所愛及其所不愛」，和「老吾老以及人之老，幼吾幼以及人之幼」的意思，表面看來相近，就是一種推恩——把自己的恩情推出去，但是要有順序：先照顧自己所愛的人，有多餘的能力再照顧原來比較疏遠的人。俗話說「遠親不如近鄰」，也是這個意思，一個人不肯用心對待每天看到的鄰居，而去關心一個可能幾年都見不到的人，實在違反人之常情，因為人與人之間是相互的，有多少付出，就有多少回饋。有時候覺得自己擁有行動的能力，各種條件都具備了，不需要別人的幫助。而事實上，人有旦夕禍福，得意的時候需要為失意的時候打算。儒家的這種觀念建立之後，每個人無論得意失意都有原則可以遵行，人生的路才走得穩。

有關梁惠王的事蹟，見〈1‧5〉，在馬陵之役，還犧牲了太子申。為了爭奪土地而打仗，實為不仁不智。犧牲別人的子弟之後，還犧牲了自己的子弟，真是不仁德，所以孟子才會批評他。人在一念之轉中，拋棄那些不愛的人，到最後還是得拋棄自己身邊原來所愛的人。

〈14‧2〉

孟子曰：「春秋無義戰。彼善於此，則有之矣。征者，上伐下也，敵國不相征也。」

孟子說：「春秋時代沒有正當的戰爭。那一次戰爭比這一次的好些，倒還是

有的。所謂征討，是指天子討伐諸侯，同等的諸侯國是不能互相征討的。」

這段話非常扼要，是孟子對春秋整個時代的評價。

為什麼孟子說「春秋無義戰」呢？當時的天子還在，只是沒有權力與勢力，以致諸侯之間互相爭霸，甚至互相爭戰。本來諸侯之間是平等的，打仗一定要等天子來下命令，彼此間沒有資格互相征討，畢竟社會還是要維持一定的秩序。

譬如，在孔子的時代，齊國的大臣陳恆把國君殺了，孔子建言給魯君，要討伐齊國的亂臣賊子，但魯君不敢。因為魯國有三家大夫：孟孫、叔孫、季孫，他們全部反對這件事，而魯君也怕大夫們聯手將他除去，導致國家發生內亂，然後其他國家也可能為了維護天下的秩序，又來設法征討不休。

像燕國發生內亂時，齊國平定之後就占領了燕國，當時孟子勸齊宣王不要占領燕國，把土地還給百姓，齊宣王不但不肯，還得意洋洋。結果兩年之後燕人起義，把齊兵趕走，齊宣王深覺慚愧。（〈4‧9〉）

由此可見，春秋時代天子勢衰，以致發生戰爭，皆非天子之意，所以說「無義戰」。這種說法無異於反對絕大多數的戰爭。

〈14‧3〉

孟子曰：「盡信《書》，則不如無《書》。吾於《武成》，取二三策而已

矣。仁人無敵於天下。以至仁伐至不仁，而何其血之流杵也？」

孟子說：「完全相信《尚書》所記的，還不如沒有《尚書》這本書。我對於〈武成〉一篇，只取其中兩、三編竹簡罷了。行仁者在天下沒有敵手，以最有仁德的周武王去討伐最無仁德的商紂，怎麼會使血流得把舂米的木棍都漂浮起來了呢？」

〈武成〉所記大概是周武王伐紂的事，描寫很多人死得慘烈。「血之流杵」有兩種可能：一是仍有一些小諸侯誓死支持商紂，商紂王雖然行暴政，但是他也提拔了許多人，這些人最後還是誓死效忠保護他；二是商紂許多士兵倒戈而互相殘殺。

孟子在其他地方描寫周武王時，曾說百姓如何歡迎王師（〈2‧10〉），武王又如何「一怒而安天下之民」（〈2‧3〉），因此他認為〈武成〉所寫的過於誇張。歷史記載本來是出於史官，史官（或其他作者）下筆時，確實可能有所偏差，因此讀者需要思考，不能盲目地接受書中所記。

〈14‧4〉

孟子曰：「有人曰：『我善爲陳（坐ㄣ），我善爲戰。』大罪也。國君好仁，天下無敵焉。南面而征，北狄怨；東面而征，西夷怨。曰：『奚爲

後我？」武王之伐殷也，革車三百兩（ㄌㄧㄤ），虎賁（ㄅㄣ）三千人。王曰：『無畏！寧爾也，非敵百姓也。』若崩厥角稽首。征之為言正也，各欲正己也，焉用戰？」

孟子說：「有人說：『我善於布陣，我善於打仗。』這是大罪惡啊。國君愛好仁德，天下就沒有敵手。他向南方征伐，北邊的狄人就抱怨；他向東方征伐，西邊的夷人就抱怨，說：『為什麼把我們放在後面？』周武王討伐殷商時，有戰車三百輛，勇士三千人。周武王向殷商的百姓說：『不要害怕！我是來安撫你們的，不是要與百姓為敵的。』百姓叩頭額角碰地的聲音，像山陵崩塌一樣。『征』的意思，各國都想要端正自己的話，又何必用到戰爭呢？」

「稽首」是指磕頭；「厥角」是指頭碰到地；「崩」是指像山崩一樣。「若崩厥角稽首」，是形容百姓叩頭額頭碰地的聲音，表示很有誠意。

孟子以「征」為「正」，意思是：各國既然互相征伐，都希望走上「正」途，那麼何不先「正己」呢？孟子是反對戰爭的，孔子最謹慎的事是「齊（齋）、戰、疾」（《論語・述而》），他自然也是反對戰爭的。若要出兵爭討別國，何不先反省自己是否行得正？孟子的想法依然是「仁者無敵」，只是諸侯之間並無仁者。如果進而省思如何才算仁者，可能不易找到判斷標準。儒家要面對的是這樣的問題。

〈14‧5〉

孟子曰：「梓匠輪輿，能與人規矩，不能使人巧。」

孟子說：「木匠與車匠能教人使用圓規及曲尺的方法，卻不能使人技術精巧。」

技術需要自己下工夫，所謂「熟能生巧」，然後才可抵達得心應手的程度。譬如，學習英文時，老師雖然能教ABCD與基本的字句、句型，但是怎樣能用得熟練而自然，都得靠自己。同樣去學習，擁有同樣的老師，真正用功的人，一年下來就大幅領先其他人了。

〈14‧6〉

孟子曰：「舜之飯糗茹草也，若將終身焉；及其為天子也，被（タㄧ）袗（ㄓㄣ）衣，鼓琴，二女果，若固有之。」

孟子說：「舜在吃乾糧啃野菜的時候，就像打算一輩子這麼過似的；等他當上了天子，穿著麻葛單衣，彈著琴，堯的兩個女兒侍候著，又像本來就享有這種生活似的。」

「二女果」的「果」是指侍候，就是一使眼色，馬上就有使眼色的結果，比如一說肚子餓，馬上有飯可吃。一個人要「若固有之」實屬不易。以前舜窮的時候，吃著乾糧啃著野菜，不會唉聲嘆氣；當了天子以後，有豪華的生活享受，又好像一切都很自然。孟子的這兩段話說明，一個人擁有什麼樣的物質條件並不重要，重要的是他在任何情況之下都可以安頓。

以「順」因應，人生隨處都能安頓

我年輕的時候，一路從助教、講師、副教授升上來，在尚未擔任正式教授時，常常覺得委屈。其實，如果真是人才，即使當助教也會很自在，好像一輩子就要當助教一樣。一個人做什麼事，無論貴賤，都能安頓自己，才是最重要的。這個世界由眾人的分工合作而組成，人在台下看久了，總有上台的一天。所以，還在台下時就要好好準備，等待機會來臨，才能一展所長。

舜先是逆來順受，後來則是順來順受。亦即無論任何遭遇，都以「順」來因應，因為他的快樂來源在內不在外。舜與其他人不同的地方，就在於他選擇的是人生的正當道路，並且不間斷地修德。

一個人的遭遇、成就如何，都是次要的，唯有讓真誠的心發出自我要求的力量，並且加以實現，才會感覺到自己每天都有所成長。

我們在任何時刻與任何人往來，都是修德行善的機會，也是自我成長的考驗，舜就是把握了這一點，所以，整個的生命表現才會是「若將終身焉」。

〈14‧7〉

孟子曰：「吾今而後知殺人親之重也：殺人之父，人亦殺其父；殺人之兄，人亦殺其兄。然則非自殺之也，一間（ㄐㄧㄢ）耳。」

孟子說：「我現在才知道殺害別人親人的嚴重性：殺了別人的父親，別人也殺他父親；殺了別人的哥哥，別人也殺他哥哥。雖然不是他自己殺了父親與哥哥，但相差實在不遠。」

做任何事都要留餘地

這章說的是所謂的「以牙還牙」。儒家希望我們不要讓家人陷入困境，做任何事情都要留點餘地，適可而止，這樣才不會引發後遺症。

如果今天得意了就任意批評別人，將來別人得意時想報復也是理所當然的，所以現在就提醒自己收斂一點。寫文章也是一樣，下筆要有分寸，儘量避免指涉別人的隱私或指桑罵槐，這就是自我警惕，為他人留點餘地。因為「天道好還」，我們怎麼對待別人，將來就會回報到自己身上；對別人厚道一點，等於對自己厚道一點。

本章要說的就是這種情況，親人為什麼要代自己受過？因此，見到親人有難，首先要自省是否有過要改。

〈14‧8〉

孟子曰：「**古之爲關也，將以禦暴；今之爲關也，將以爲暴。**」

孟子說：「古代設立關卡，是用它來抵禦殘暴；現在設立關卡，卻是想用它來施行殘暴。」

古代的禍患來自外敵，現在的禍患來自昏君。這種情況在其他時代依然存在。孟子說的這句話雖然扼要，卻是一針見血。

孟子強調「域民不以封疆之界」（〈4‧1〉），意思是：限制百姓不必用國家的疆界。百姓若是離心離德，把他們關在國內又有何意義？國君應該推行仁政，否則無法回應百姓的殷切期盼。

〈14‧9〉

孟子曰：「**身不行道，不行於妻子；使人不以道，不能行於妻子。**」

孟子說：「自己不實踐正道，妻子兒女也不會實踐正道；不依正道去使喚別人，就連妻子兒女也使喚不動。」

古代家庭以男性爲主，言行具有示範作用，就是所謂的「身教」。身教不良，連妻子與兒女也不會盲目聽命。

這段話的基本原則是對的，無論爲人妻或爲人兒女，都應該各有走上正道的責任。對每一個人來說，如果自己不實踐正道，身邊的人也不會去實踐正道，身教還是勝於言教，這是不難理解的。

〈14‧10〉

孟子曰：「周於利者，凶年不能殺；周於德者，邪世不能亂。」

孟子說：「財富充足的人，荒年也不能讓他困窘；德行高尚的人，亂世也不會讓他迷惑。」

「周」即充足；「殺」即缺乏。德行高尚的人，在亂世中也不會迷失方向，也就是所謂的「疾風知勁草，板蕩顯忠誠」。

本章的重點在於「周於德者」，至於如何才算「周於德」，則其要求恐無止境。這句話可以對照「君子固窮」來省思。「邪世不能亂」一語，正好爲我們提供了亂世中堅持德行的表率。不經嚴苛的檢驗，又怎能分辨君子與小人呢？

〈14·11〉

孟子曰：「好名之人，能讓千乘之國，苟非其人，簞食豆羹見（ㄒㄧㄢ）於色。」

孟子說：「愛好名聲的人，可以把千輛兵車的國家讓給別人，但是如果所讓的人不適合，就算要他讓出一筐飯一碗湯，也會露出不高興的臉色。」

「好名之人」所好的是在歷史上留名。要想留名，則須把國家讓給合適的人，否則如何留下善名？孔子說：「君子疾沒世而名不稱焉。」（《論語·衛靈公》）可見這是古人的共同願望。不過，孔子也說過：「君子去仁，惡乎成名？」（《論語·里仁》）由此可知儒家是要以行仁來成名的。

本章最重要的就是「讓」字。孔子在《論語·泰伯》說：「泰伯，其可謂至德也已矣。三以天下讓，民無得而稱焉。」就是稱讚泰伯表現了至高的德行，他多次把天下讓給人，百姓卻找不出具體的德行來讚美他。

泰伯亦即太伯，周文王的大伯。周朝祖先古公亶父有三子：泰伯、仲雍、季歷。季歷生子姬昌（周文王），古公亶父想把王位傳給季歷，泰伯與仲雍出走到後來的吳國，由季歷接位，以後才有周文王與其子武王的建立周朝。也因為泰伯的禪讓，才使他留善名於天下。

〈14‧12〉

孟子曰：「不信仁賢，則國空虛；無禮義，則上下亂；無政事，則財用不足。」

孟子說：「不信任仁人與賢者，國家人才就走光了；不能守禮行義，上下關係就會混亂；政事不上軌道，財政開支就不夠用。」

「國空虛」不是指國庫空虛，而是指國家缺少仁人與賢者。一個國家如果缺乏人才，對未來就無法做長遠的規畫，危機難免產生。這是為政的簡明道理，應以知人善任為先。仁人與賢者未能受到信任，則人才不敢貢獻力量，國家宛如無人可用。

至於禮義，是指守禮與行義，當然是政治人物必須依循的原則與理想。而政事是指政務與事務，孔子門下亦有「政事科」（冉有與子路，《論語‧先進》），大家各司其職，按部就班，財用才不會構成問題。

〈14‧13〉

孟子曰：「不仁而得國者，有之矣；不仁而得天下者，未之有也。」

孟子說：「沒有仁德而取得一個國家，有這樣的情況；沒有仁德而取得天

下，那是從來不曾有過的。」

在封建制度之下，不仁者可能由於親人恩典而得國，如舜的弟弟象封於有庳。至於不仁者無法得天下，是因為不可能獲得全部百姓的支持；世襲而得天下的，不在此列。

天下不可能讓不仁德的人取得，但是可以被他們繼承，像夏桀、商紂的王位就是繼承得來的，但是真的得到天下的是商湯、周武王，他們是有仁德者。孟子之後雖然出現了秦始皇得天下，但秦始皇傳到二世，十幾年就被推翻了。

孟子此說在後代未必適用，比如楚漢相爭時，劉邦的仁德並不特別卓越，而項羽也是剛愎自用，但是天下就在他們手中翻騰，誰又奈何？這些是孟子始料未及的。不過，仔細思考孟子這段話中的道理，還是可以得到啟發，知道國家與天下之不同。

〈14·14〉

孟子曰：「民為貴，社稷次之，君為輕。是故得乎丘民而為天子，得乎天子為諸侯，得乎諸侯為大夫。諸侯危社稷，則變置。犧牲既成，粢盛既絜（ㄐㄧㄝ），祭祀以時，然而旱乾水溢，則變置社稷。」

孟子說：「百姓是最重要的，土穀之神位居其次，國君的分量最輕。所以，

得到百姓的擁護就能做天子，得到天子的信任就能做諸侯，得到諸侯的賞識就能做大夫。諸侯危害了土穀之神，就要改立諸侯。犧牲是肥壯的，穀物是潔淨的，又是按時祭祀的，然而還是遭遇旱災水災，那就改立土穀之神。」

古代社稷（負責掌管土地、糧食的神）是指土穀之神。國家要成立，一定要有區域（土地）和穀物（糧食），因此國家不是單純的人群組織，還需要神明的保護，因而有各種祭祀活動。「社稷」固然可以引申為國家，仍不可忽略其原有的宗教含義，亦即國家要有祖先宗廟、各種神明，以及相關的祭典，藉以安定百姓的心靈。

「丘民」本來是指區區小民，但是它代表多數百姓，有了多數百姓的支持，天子才可以有所作為，所以「民為貴」是一種「民為邦本、本固邦寧」的思想。真正的好帝王，像堯、舜、禹、湯、周武王等，都是替百姓服務的。

這裡的「民貴君輕」之說，屬於民本思想，孟子言之極有道理。民本不等於民主，因為民主涉及制度規畫，是西方近代演變而成的政治制度。有民本思想，並不代表可以自行發展出民主制度。

〈14·15〉

孟子曰：「聖人，百世之師也，伯夷、柳下惠是也。故聞伯夷之風者，頑夫廉，懦夫有立志；聞柳下惠之風者，薄夫敦，鄙夫寬。奮乎百世之

上，百世之下，聞者莫不興起也。非聖人而能若是乎？而況於親炙之者乎？」

孟子說：「聖人是一百代人的老師，伯夷、柳下惠就是這樣的人。因此，聽說了伯夷作風的人，刻薄的變得敦厚了，狹隘的變得開朗了。他們在百代以前奮發有為，百代以後聽說他們的事蹟的人沒有不振作起來的。不是聖人能夠有這樣的影響力嗎？對百代以後的人尚且如此，何況是對當時親身受過他們薰陶的人呢？」

本章前半段已見於〈10‧1〉，孟子此處強調聖人的影響力，可以讓一般人取法乎上，覺悟自己也有上進的可能性。

「親炙」一詞的效應在孔子弟子身上最為明顯。在伯夷、柳下惠的時代，身邊不一定有很多人知道或認同他們的言行為聖。即使是像孔子這麼偉大的人，雖然有此追隨的學生，周圍還是有很多壞人，因此，連孔子都難免抱怨：「沒有人了解我呀！」（《論語‧憲問》）

其實，聖人真正偉大的地方，在於把他的理論實踐出來，影響他人，讓別人也能覺悟。這就是教育工作，也是孔子為何被推崇為「至聖先師」的主要原因。

〈14‧16〉

孟子曰：「仁也者，人也。合而言之，道也。」

孟子說：「所謂仁德，說的就是人。人與仁德合在一起說，就是人生正道。」

這句話表面上看起來不太容易理解，關鍵在於最後的「道」字。「道」是人生的正路。

人生應該走什麼路？答案即是所謂的「人與仁德」合一。人與仁要合在一起，代表「人」不等於「仁」，但是人除了仁這條路之外別無選擇。這個仁德的「仁」不是由外面而來的，是人類內心本來就有的力量，但是先要真誠，由此發出的力量才會使人生之路等同於仁義。

由此可見，「仁」是人的特色所在；沒有人，就不必談「仁」；要想了解人，則非談「仁」不可。人努力實踐「仁」，這種狀態就是走在人生正道上。

〈14‧17〉

孟子曰：「孔子之去魯，曰：『遲遲吾行也，去父母國之道也。』去齊，接淅而行，去他國之道也。」

孟子說：「孔子離開魯國時，說：『我們慢慢走吧，這是離開祖國的態度。』他離開齊國時，把淘好的米撈起來就走，這是離別的國家的態度。」

本章已見於〈10‧1〉，那也是孟子稱讚孔子「聖之時者也」的一章。「接淅而行」，可見孔子的態度是非常堅決的。

〈14‧18〉

孟子曰：「君子之戹（ㄜ）於陳、蔡之間，無上下之交也。」

孟子說：「孔子被困在陳國與蔡國之間，是由於同這兩國的君臣沒有交往的緣故。」

本章可參考《論語‧先進》：子曰：「從我於陳、蔡者，皆不及門也。」孔子的意思是：跟隨我在陳國、蔡國之間的學生，與這兩國的君臣都沒有什麼交往。正好配合「無上下之交也」，所以他們才會困在那兒，只能吃乾糧，七天沒有燒火煮飯。

在閱讀《論語》此章時，有人將它理解為「這些學生現在不在我的門下」。參考《孟子》本章，可知這樣的理解不對。由此亦可知，孔子不會反對正當的社交活動。所謂「在家靠父母，出外靠朋友」，原是人類社會的合理情況。

〈14‧19〉

貉（ㄇㄛ）稽曰：「稽大不理於口。」

孟子曰：「無傷也。士憎茲多口。《詩》云：『憂心悄悄，慍於群小。』

孔子也。『肆不殄（ㄊㄧㄢ）厥慍，亦不殞（ㄩㄣ）厥問。』文王也。」

貉稽說：「我被別人說了很多壞話。」

孟子說：「沒有關係。士人總會受到別人的任意批評。《詩經‧邶風‧柏舟》上說：『內心憂愁不已，討厭那群小人。』說的就是孔子。《詩經‧大雅‧綿》上說：『不消除別人的怨恨，也不損害自己的聲名。』說的就是周文王。」

止謗莫如自修

受人批評，並不值得擔心；要擔心的是：為了什麼事而受人批評？如果是堅持人生的理想與原則，則受人批評是為了「道不同不相為謀」（《論語‧衛靈公》），那麼連孔子與周文王也難以避免，我們又何必在意呢？

我們平常會想到「有則改之，無則加勉」一語，但是讀書人難免有「文人相輕」的毛病，總是「自是而非彼」，互相批評不已，實為浪費生命。「止謗莫如自修」，我們努力修養自己都來不及了，哪還有時間去擔心別人說些什麼？

〈14‧20〉

孟子曰：「賢者以其昭昭使人昭昭。今以其昏昏使人昭昭。」

孟子說：「賢明的人用自己覺悟的道理來使別人覺悟，現在的人卻想用自己沒想通的道理來使別人覺悟。」

在教書的時候常可看到這樣的情況。有些老師自己還沒有清楚理解，就希望別人覺悟。學生一提問題，他就說這個問題不重要，暫且不要討論。這樣能夠教給學生什麼呢？

能夠教導別人的，不外乎國君、父母、長官與老師。但是這些人都能覺悟他們用來教導別人的話嗎？人只要清楚自己在說什麼，以及為什麼這樣說，人生何難之有？

一套理論要說清楚，其實並不困難，但是如果長期在講述，卻還是講不清楚，就代表自己可能尚未正確理解，不然就是這門學問本身有問題。由此看來，孟子這一章好像是在故意諷刺別人了。

〈14‧21〉

孟子謂高子曰：「山徑之蹊，間介然用之而成路。為間不用，則茅塞之矣。今茅塞子之心矣。」

孟子對高子說：「山坡上的小徑一點點寬，經常不斷去走才會變成路；只要一段時間沒有人走，茅草就會堵塞它了。現在茅草堵住你的心了。」

「今茅塞子之心矣」，代表高子有一段時間沒有認眞思考了。我們爬山時，會發現一些小路因爲一段時間沒有人走，就被雜草遮蓋，變成好像沒有路了。人也是一樣，如果沒有經常思考，沒有經常學習，腦袋就好像阻塞、封閉起來了，想不通很多道理。

由此看來，無論求學與做人，都要有恆；更重要的，則是保持心思的敏銳與靈活，準備隨時可以覺悟。

〈14‧22〉

高子曰：「禹之聲，尚文王之聲。」

孟子曰：「何以言之？」

曰：「以追蠡（ㄌㄧˇ）。」

曰：「是奚足哉？城門之軌，兩馬之力與？」

高子說：「禹的音樂勝過周文王的音樂。」

孟子說：「憑什麼這樣說？」

高子說：「因為禹的鐘鈕都快斷掉了。」

孟子說：「這怎麼足以證明呢？城門下的車跡很深，難道只是幾匹馬造成的嗎？」

「追」即鐘鈕，「蠡」就是快要斷掉的樣子。鐘鈕是用來掛鐘的，如果經常演奏，鐘鈕就會因為震動而磨損到欲絕（蠡）的情況。「城門之軌」凹得很深，難道是幾匹馬拉車就可以變成這樣嗎？那是長期演變下來的結果。

孟子認為禹的年代太久了，就像車軌不是一時可以造成的。所以，不足以用來證明他的音樂比周文王的音樂更好。孟子提醒高子要考慮到時間因素，否則很難加以比較。譬如，我們現在說夏禹的德行比周文王高，但是他們屬於不同的時代，實在很難相比，不過聖人有相通的地方，則是毫無問題的。

如果顏淵生在堯舜那個時代，說不定就會變成像大禹一般，八年在外治水，三過家門而不入。而大禹如果生在孔子的時代，說不定會「一簞食、一瓢飲、在陋巷」。這也是孟子的想法。意思是說不同的人在不一樣的處境裡，德行與操守是相同的，他會隨著條件的改變而顯示其德行的特色，所以很難分出誰比較傑出，或誰比較有德。

〈14·23〉

齊饑。陳臻曰：「國人皆以夫子將復為發棠，殆不可復。」

孟子曰：「是爲馮婦也。晉人有馮婦者，善搏虎，卒爲善，士則之。野有眾逐虎，虎負嵎，莫之敢攖（ㄌ）。望見馮婦，趨而迎之。馮婦攘臂下車。眾皆悅之，其爲士者笑之。」

齊國遇到饑荒。陳臻說：「國內的人都以爲先生會再度勸說齊王打開棠的糧倉來救濟，大概不會再這麼做了吧？」

孟子說：「這樣做就成爲馮婦了。晉國有個叫馮婦的人，善於打老虎，後來改而行善，士人都效法他。有一次，野外有許多人在追逐一隻老虎，老虎跑到背靠山的角落，沒有人敢觸犯牠。人們遠遠看見了馮婦，就快步上前迎接。馮婦挽起袖子、伸出手臂，下車要去打老虎。大家都很高興，但是他卻被士人所嘲笑。」

「國人皆以夫子將復爲發棠」的「發」，是打開糧倉，發給大家糧食；「復」就是再度。這句話顯示，以前饑荒的時候，孟子曾經對國君提出類似的建議。針對學生的質疑，孟子總是實問虛答、常用比喻，讓學生自己思考其中的道理。

馮婦以前是打虎英雄，在社會上具有示範作用，所以他改而行善之後，會有士人起而效法。正因爲如此，他後來重操舊業，會受到士人嘲笑。歲月如流，人要不斷長進，如果齊王自己不知道開倉賑濟百姓，孟子再去勸說又有什麼意義？

〈14‧24〉

孟子曰：「口之於味也，目之於色也，耳之於聲也，鼻之於臭（ㄒㄧㄡ）也，四肢之於安佚也，性也，有命焉，君子不謂性也。仁之於父子也，義之於君臣也，禮之於賓主也，智之於賢者也，聖人之於天道也，命也，有性焉，君子不謂命也。」

孟子說：「口對於美味，眼睛對於美色，耳朵對於好聽的聲音，鼻子對於香味，四肢對於安逸，都是出於本性的要求，但是能否得到要看命運，所以君子不說這些是本性。仁德對於父子關係，義行對於君臣關係，守禮對於賓主關係，明智對於賢者，聖人對於天道，都是屬於人的命運，但是其中也有本性的根據，所以君子不說這些是命運。」

「性」是本性，表現出先天而自然的要求，包括人與動物所共有的欲望。「命」是命運，屬於後天而人為的規定，包括無可奈何的遭遇在內。在口、目、耳、鼻、四肢的功能方面，如果只求滿足其欲望，則將無從分辨人與動物的差異。

在人的世界，父子之間要求仁德，君臣之間要求義行，客人與主人之間要求守禮，賢者要求明智，天道則要求聖人才可體現，這些都是人類所規定的，也是沒有人可以逃避的命運。而這些規定也有人的本性為其依據，所以君子不說這是人的命運。

孟子並沒有否定耳、目、口、鼻方面的天性，但是能否得到滿足，則由「命」來

決定，所以不說這些是本性。至於各種善行，也並非完全是後天的，也有本性爲其基礎，亦即有人性向善的一面，不可說這些只是命而已。對人來說，「命」與「性」兩者不能完全分開。所以孟子才會說：「盡心，知性，知天；存心，養性，事天；修身以俟命。」（〈13‧1〉）

〈14‧25〉

浩生不害問曰：「樂正子，何人也？」

孟子曰：「善人也，信人也。」

「何謂善？何謂信？」

曰：「可欲之謂善，有諸己之謂信，充實之謂美，充實而有光輝之謂大，大而化之之謂聖，聖而不可知之之謂神。樂正子，二之中，四之下也。」

浩生不害問說：「樂正子是怎麼樣的人？」

孟子說：「是個行善的人，是個眞誠的人。」

浩生不害說：「什麼叫善？什麼叫眞？」

孟子說：「值得喜愛的行爲，叫做善；自己確實做到善，叫做眞；完完全全做到善，叫做美；完完全全做到善，並且發出光輝照耀別人，叫做大；發出

光輝並且產生感化群眾的力量，叫做聖；聖到人們無法理解的程度，叫做神。樂正子是在善與真二者之中，而在美、大、聖、神四者之下的人。」

「何謂善？何謂信？」這個問題問得好，因為哲學家的第一個挑戰就是澄清概念。孟子列出六個層次，把生命發展的不同階段，以及最高的境界完全說出來了。

生命的六個層次

一、善：

「可欲之謂善」，可欲是就「心」之可欲而言，不能把它理解為一般所謂身體的欲望。譬如，由於喜歡吃牛排，牛排變成善，豈不是很荒謬嗎？若是很多人一輩子吃不到牛排，他就不可能行善了嗎？所以，人生價值當然是要以人的大體——「心」為主，心的可欲才叫做善。心是向善的力量，因此人生最直接的第一階段的成就即是「善」。

二、信：

「有諸己之謂信」，信者，真也；由於人性向善，所以唯有親自實踐了善行，才可稱為真誠或真正的人。說「可欲之謂善」時，只是看到別人的行為；第二步還要自己去實踐，在自己身上做到善，才算是真。譬如，舜聽到一句善的言語，看見一件善的行為，內心立刻湧出了一股力量，「沛然莫之能禦」，然後努力去行善，就是做到了「信」。

三、美：

「充實之謂美」，「充實」是指在行善方面沒有任何欠缺，時時刻刻，念茲在茲。這種「美」顯然是人格之美。「美」有圓滿之意。「充實」代表沒有任何缺陷，沒有任何遺漏，完完全全做到善。

四、大：

更難的是「充實而有光輝之謂大」。一個人自身充實之後，德行會發出光輝照耀別人，稱爲大。我們在翻譯「大人」時，採用「德行完備的人」一詞，其故在此。

「光輝」二字，不僅儒家曾提出，在其他宗教，如佛教、天主教、基督教也都有類似的概念，聖人畫像的頭部都有光輝，以示其光照耀四方。

五、聖：

「聖人」可以化民成俗，亦即「大而化之之謂聖」，也就是一個人有如明普照大地之外，還能產生感化群眾的力量，這叫做「聖」。一個人要成聖，必須有機會站在適當的位置上感化群眾。「光輝」是靜態的，「化」是動態的，要注意到兩者的差別。如果只有靜態的光輝，就是「大人」；如果能夠產生動態的力量去感動群眾，化解百姓的困難，使他們感覺人生充滿希望，那才是「聖人」。

六、神：

比聖人更崇高的就是神。至於「神」，既然是「不可知之」，孟子爲什麼又要指出來？原因就是不可爲人設限，同時也爲「天人合德」的妙境保留了可能性，可見儒家對人的理解實在透澈。佛教最高的境界叫做「不可思議境界」，就是不可能用言語來

表達的，也就是佛經所謂的「言語道斷，心行處滅」，意即：一個人的言語失效了，心思能到的地方也不見了，再也不能用心思去想了。那就是菩薩境界。孟子所說的「聖而不可知之之謂神」，就是承認其境界「不可知之」。

這六個層次，既然我們前五步都能理解，就沒有理由質疑最後一步，換句話說，每個人心中始終要保持一種最大的可能性，就是承認人生有一個最高境界，等待我們去提升及體驗，人生的期盼確實永無止境。

〈14‧26〉

孟子曰：「逃墨必歸於楊，逃楊必歸於儒。歸，斯受之而已矣。今之與楊、墨辯者，如追放豚，既入其苙（ㄌ一），又從而招之。」

孟子說：「避開墨子這一派，必定會歸入楊子這一派；避開楊子這一派，必定會回到儒家這一派。回來了，接納他們就是了。現在與楊子、墨子辯論的人，好像在追趕跑掉的豬，已經送回豬圈裡了，還要進一步把牠的腳拴住。」

孟子何出此言？墨子的「兼愛」與楊子的「為我」，有如鐘擺的兩端。實行兼愛而力不從心時，就會保守而為我；為我又行不通時，就會接受儒家的中庸之道。對於

回歸的人，不必要求太過分，也不要勉強人家。孟子其意在此。

墨家主張「摩頂放踵，兼愛天下」，意即一個人到處奔走，從不替自己著想，把別人的父母當成自己的父母來照顧。另一方面，若是一個人只為自己著想，甚至以「拔一毛利天下而不為」，即使是做一點點好事來幫助別人也不願意，那就變成楊朱，走上另一個極端了。

顯然，孟子的建議是：如果一個人要避開兩個極端，必須有所警覺，走向中間的道路，那就是儒家的「中庸之道」。

〈14‧27〉

孟子曰：「有布縷之征，粟米之征，力役之征。君子用其一，緩其二；用其二而民有殍（ㄆ一ㄠˇ），用其三而父子離。」

孟子說：「有徵收布帛的稅，有徵收糧食的稅，有徵用人力的稅。君子採行其中一種，就暫時放過另外兩種。同時採行兩種，百姓就會有餓死的；同時採行三種，百姓就會父子離散了。」

這是古代百姓的壓力，好像只能任人宰割。最後所說的「父子離」，是家破人亡之意。徵稅要考慮百姓的負擔，所謂「民為貴」並非只是口號。孟子深思熟慮，說出

這番話，但是歷代專制帝王又有誰聽得進這樣的逆耳忠言呢？

〈14・28〉

孟子曰：「諸侯之寶三：土地、人民、政事。寶珠玉者，殃必及身。」

孟子說：「諸侯有三件寶物：土地、百姓、政務。把珍珠美玉當作寶物的，災禍必定降到他身上。」

本章幾乎不用舉例了。諸侯當然要有土地與百姓，政務不處理好的話，百姓一定活不下去而逃往別的國家。但是許多諸侯還是把珠玉當作寶物，而最後災禍也一定會降到他們身上。這就是常說的「財聚則人散，財散則人聚」。由此可見，孟子希望諸侯珍惜「三寶」，善盡政治領袖的職責。

〈14・29〉

盆成括仕於齊。孟子曰：「死矣，盆成括！」盆成括見殺。門人問曰：「夫子何以知其將見殺？」

曰：「其為人也小有才，未聞君子之大道也，則足以殺其軀而已矣。」

盆成括在齊國做官。孟子說：「盆成括要喪命了！」

不久盆成括被殺。學生請教說：「先生怎麼知道他會被殺？」

孟子說：「他這個人有點小才幹，但不懂得君子做人的大道理，那就足以招來殺身之禍了。」

「君子之大道」是什麼？自然是修身立德。不過，依此說法，官場上死於非命的人應該不少。因此，盆成括的「小有才」，恐怕要負更大的責任。盆成括「小有才」，喜歡賣弄本事，就容易有危險。其他人也許什麼事都不會，反而可以老實保命，所以人要常常使自己處於正當穩定的狀況中。

英國有句諺語說得好：「要做一個成功的國王，先做一個成功的人。」這句話適用於各行各業，無論是老師、商人、律師……都一樣，如果待人處事有問題的話，即使才華洋溢，也難保成功，因為能力只能表現在某些層面，而做人處事的原則卻是兼顧全面的。

〈14‧30〉

孟子之滕，館於上宮。有業屨（ㄐㄩ）於牖（ㄧㄡ）上，館人求之弗得。或問之曰：「若是乎從者之廋（ㄙㄡ）也？」

曰：「子以是為竊屨來與？」

曰：「殆非也。夫子之設科也，往者不追，來者不拒。苟以是心至，斯受之而已矣。」

孟子到了滕國，住在上宮賓館，守館的人把一雙沒織好的草鞋放在窗台上，結果不見了，也找不到。有人問孟子說：「這是跟隨你來的人把它藏起來了吧？」

孟子說：「你以為這些人是為了偷草鞋而來的嗎？」

那人說：「大概不是的。先生開設課程，對學生是離開的不追問，要來的不拒絕。只要他們誠心來學，就都接受罷了。」

古代一雙沒織完的草鞋值多少錢，我們無從得知，但偏偏不見了。這段小插曲說明孟子對學生的態度，也就是「往者不追，來者不拒」。

我現在對學生也是如此，不特別追問他們。有時候看到一些學生聽課聽了好多年，忽然不見了，隔了幾年又出現了，真的很想問他：「別來可無恙？」但實在不方便問，因為這是他的自由。其實，上課上久了，我還是認得每一個人，雖然名字不一定叫得出來，但什麼人沒有來上課，我一看就知道。現在的學生會覺得老師上課純粹是完成任務，對學生似乎沒什麼感情。其實做為師生，應該以學問為目標，互相切磋學習，總是有情分的，幾年沒見也不會生疏。

由本章可知孟子的態度，老師對學生循循善誘，但是不能保證學生立即從善如

流。個別的學生應該為自己的行為負責，又怎能怪罪於老師呢？

〈14‧31〉

孟子說：「人皆有所不忍，達之於其所忍，仁也；人皆有所不為，達之於其所為，義也。人能充無欲害人之心，而仁不可勝用也；人能充無穿窬（ㄩˊ）之心，而義不可勝用也。人能充無受爾汝之實，無所往而不為義也。士未可以言而言，是以言餂（ㄊㄧㄢˇ）之也；可以言而不言，是以不言餂之也，是皆穿窬之類也。」

孟子說：「每個人都有不忍心做的事，把它推廣到他所忍心做的事，就是仁德；每個人都有不願意做的事，把它推廣到他所願意做的事，就是義行。一個人能把不想害人的心擴充出去，仁德就用不盡了；一個人能把不願挖洞跳牆的心擴充出去，義行就做不完了：一個人能把不受人輕蔑的言行擴充出去，無論到任何地方都會合乎義行的要求。士人沒到可以說話時就說，這是用說話來套取別人的想法；可以說話時卻又不說，這是用不說話來套取別人的想法，這些都是挖洞跳牆一類的行為。」

本章先說「達」，不忍即是惻隱之心，不為即是羞惡之心，這兩者推廣開來就是

仁德與義行。其次再談「充」，意思其實一樣。

「爾汝」即「你呀！你呀！」這個口語有輕蔑的意思。每個人都不喜歡別人對他這麼說；同樣的，若能夠不把這種言行擴充出去，就不會去任意輕蔑別人，到任何地方都會合乎義行的要求。

最後一句強調說話的時機很重要，說話不可勾心鬥角，從中取利。許多人說話的時候，還不知道對方的心態，會先用幾句話套套口風，譬如，可能先問他：「你覺得這個政府怎麼樣？」如果他說還不錯，就比較容易讓人了解他的心態。

孟子講得很含蓄，他認為一個人可以說話時卻又不說，是用不說話來套取別人的想法，這些都是挖洞跳牆一類的行為，因為這代表一個人「不真誠」，亦即違背儒家的原則，並且也錯過了做人的基本原則。

〈14・32〉

孟子曰：「言近而指遠者，善言也；守約而施博者，善道也。君子之言也，不下帶而道存焉；君子之守，修其身而天下平。人病舍其田而芸人之田，所求於人者重，而所以自任者輕。」

孟子說：「言語淺近而含義深遠，是善於說話；原則簡單而效果宏大，是善於辦事。君子所說的內容，是眼前常見的事，而道理就在其中；君子把握的

原則，是修養自己而能使天下太平。人們的缺點就是放棄自己的田地，卻去替別人耕田，要求別人的很重，而加給自己的責任卻很輕。」

如果一個人說話時就事論事，一板一眼，把事情的根據與結果原原本本說出來，那麼他不能算是善於說話的人，言語平常而淺近，每一句都可以讓人聽得懂，但含義卻很深遠。

讀了《孟子》之後，我們慢慢熟悉他的說話模式，了解許多道理用比喻或類似寓言的方式來描述，會增加讀者的想像空間。兩點之間最短的距離是直線，這似乎再也清楚不過，但是在人的世界卻未必行得通。正如一個人說話要讓別人理解，最好的方式不一定是直接說明，有時必須繞一大圈，才能讓人恍然大悟、明白重點。這就是「言近而指遠」的意思。

「不下帶」是因為古人「視不下帶」，眼睛只看著腰帶以上，就是指常見的一般事物。「道」是做人處事的道理。換句話說，一個人要談深刻的道理，不必說得大家都聽不懂。我教哲學幾十年來，對這句話可謂心有戚戚焉，所以再怎麼艱深的思想，我都設法講解得淺顯，讓別人容易理解。就如我們重讀古代經典，如果不能與現在的經驗配合，就沒有親切的感受，也談不上應用了。因此，做為老師就要努力融會貫通、能近取譬，取現實生活所見的事物做為驗證，由此顯示經典的永恆價值，即使相隔幾百年、幾千年，其中的道理同樣適用於人生。如果不能讓人從經驗中得到印證與啟發，即使全部背誦起來，又有什麼用處？

「舍其田而芸人之田」，這句話值得警惕，舉例來說，比如一個人喜歡建議別人穿什麼顏色的衣服、讀什麼樣的書、吃什麼樣的食物……很多人都有這樣的毛病，說起別人的事情頭頭是道，對自己的事情卻未必把握得住。這樣的人把精力放在注意別人的行止，卻沒有辦法改善自己，這確實是一種缺點。孔子說：「躬自厚而薄責於人，則遠怨矣」（《論語‧衛靈公》），意思是對自己的要求要重，而少去責怪別人，如此就會減少別人的抱怨。因此，除非身分適當（如父母、師長），否則要求別人太多，就會忘了自己的責任。

〈14‧33〉

孟子曰：「堯、舜，性者也；湯、武，反之也。動容周旋中禮者，盛德之至也。哭死而哀，非為生者也。經德不回，非以干祿也。言語必信，非以正行也。君子行法，以俟命而已矣。」

孟子說：「堯、舜的作為出於本性，商湯、周武王經由修身而回復本性。動作容貌與應對進退都合乎禮儀，那是德行的最高表現。為死者悲哀哭泣，不是做給生者看的。實踐道德而不違背，不是用來謀求官職。言語一定信實，不是藉此端正自己的品行。君子按照法度做事，以此等待命運的安排罷了。」

本章描述堯、舜與商湯、周武王，雖然有「性者」與「反之」的差別，但是後續的表現並無不同，一切言行都是出於內在真誠的力量，而不必考慮外在的遭遇。

「動容周旋中禮者，盛德之至也」，說明了在儒家看來，人的善行要真誠地由內而發之外，也要符合禮的規範，否則一個人很容易變成自以為是——自以為真誠，做好人、做好事，卻全然達不到效果。禮是人群共同的生活規範，能夠做到真誠而守禮，人生還有什麼困擾呢？

〈14·34〉

孟子曰：「說（ㄕㄨㄟˋ）大人，則藐之，勿視其巍巍然。堂高數仞，榱（ㄘㄨㄟ）題數尺，我得志，弗為也。食前方丈，侍妾數百人，我得志，弗為也。般（ㄆㄢ）樂飲酒，驅騁田獵，後車千乘，我得志，弗為也。在彼者，皆我所不為也；在我者，皆古之制也，吾何畏彼哉？」

孟子說：「向權貴進言，就要輕視他，不要把他高高在上的樣子放在眼裡。殿堂幾丈高，屋簷幾尺寬，如果我得志，不會這麼做；酒菜擺滿一大桌，幾百姬妾在侍候，如果我得志，不會這麼做；飲酒作樂，馳騁打獵，追隨的車子上千輛，如果我得志，不會這麼做。在他所做的，我都不會做；在我所做的，都符合古代制度，我為什麼要怕他呢？」

由本章可知，孟子在本書中與諸侯交談時，為何可以暢所欲言，不但做到不卑不亢，還常使聽者慚愧不安。他三次提及「我得志，弗為也」，這個「弗為」有「不屑於做」的意思。諸侯做得到這三個「弗為」嗎？

孟子之所以宣稱「說大人，則藐之」，是因為他在住的享樂、飲食方面的享樂以及遊樂三方面皆可自我約束，他能做到大官做不到的事，自然理直氣壯了。

通常大官的派頭很大，但是僅止於表面的張揚。像電影裡常演出古代大官出巡，一般百姓都要「迴避」、「肅靜」，那個陣仗很嚇人，但是那種場面只是外表罷了。電視裡也常介紹有錢人如何奢侈地過生活，我們必須進而思考，這些行為是否值得效法。譬如，有錢人競相排隊購買三、五百萬的戒指，買到手的很得意，四處炫耀，讓人羨慕，這些都是靠外在來肯定自己的例子。

孟子提醒我們，如果自己將來得意的時候，也去做自己曾經輕視的事，與那些人不是一丘之貉了嗎？這就好像「何昔日之芳草兮，今直為此蕭艾也」，意思是：今天的蕭艾，以前不也是芳草嗎？年輕時懷有純潔的理想，一旦得意之後心態就變了。一個人升官發財之後，還能保持純真的赤子之心嗎？往往是連身段與姿態也隨之改變了。

我常提醒自己，成名之後不要有身段，即使我演講時別人態度很客氣，也千萬不要有讓自己厭惡的氣息。有些人是靠自己的職位來襯托他的人格尊嚴，然而一旦少了那個職位之後，他還剩下什麼？這是值得我們終身謹慎思考的問題。

〈14‧35〉

孟子曰：「養心莫善於寡欲。其為人也寡欲，雖有不存焉者，寡矣；其為人也多欲，雖有存焉者，寡矣。」

孟子說：「修養內心的方法，沒有比減少欲望更好的了。一個人如果欲望很少，那麼內心即使有迷失的部分，也是很少的；一個人如果欲望很多，那麼內心即使有保存的部分，也是很少的。」

欲望多半是向外的追逐，修養則是向內的自我要求。人的力量有限，不是此消彼長就是彼消此長，因此必須有所選擇。若想做到「存」其內心，最好的方法是寡欲，由此自然就會修養內心了。如何在自己的內心與外在欲望之間，找到一個適當的比例，這是值得省思的。

本章可參考〈8‧19〉：「雖存乎人者，豈無仁義之心哉？」若想做到「存」，最好的方法是以及〈11‧8〉：「人之所以異於禽獸者幾希，庶民去之，君子存之」；寡欲，一消一長，全在自己的選擇。

〈14‧36〉

曾皙嗜羊棗，而曾子不忍食羊棗。

公孫丑問曰：「膾炙與羊棗孰美？」

孟子曰：「膾炙哉！」

公孫丑曰：「然則曾子何爲食膾炙而不食羊棗？」

曰：「膾炙所同也，羊棗所獨也。諱名不諱姓，姓所同也，名所獨也。」

公孫丑請教說：「烤肉與羊棗，哪一樣好吃？」

孟子說：「烤肉呀！」

公孫丑說：「那麼曾子爲什麼吃烤肉而不吃羊棗？」

孟子說：「烤肉是大家都喜歡的，而羊棗是曾晳獨有的嗜好。就像避諱是只避名不避姓，因爲姓是很多人共用的，而名是一個人獨有的。」

曾晳喜歡吃羊棗，曾子因而不忍吃羊棗。

「膾炙人口」代表好吃的東西，後來演變爲大家津津樂道的事件。

爲了解答學生的疑惑，孟子說了一個姓與名的比喻，十分貼切。

《老子》裡說「道，可道，非常道」，在漢朝初期的版本是「道，可道，非恆道」，因爲漢文帝名叫劉恆，就不准用「恆」這個字，而改爲「常」字。這是古代「諱名不諱姓」的習慣。

一般人都覺得烤肉比羊棗好吃，但是曾參的父親曾晳喜歡吃羊棗，父親過世後，曾參也不忍再吃羊棗，因爲睹物思人而心生不捨。

吃烤肉而不吃羊棗；

他的孝順的確有值得學習之處。

〈14‧37〉

萬章問曰：「孔子在陳曰：『盍歸乎來！吾黨之小子狂簡，進取，不忘其初。』孔子在陳，何思魯之狂士？」

孟子曰：「孔子『不得中道而與之，必也狂狷乎！狂者進取，狷者有所不爲也。』孔子豈不欲中道哉？不可必得，故思其次也。」

「敢問何如斯可謂狂矣？」

曰：「如琴張、曾皙、牧皮者，孔子之所謂狂矣。」

「何以謂之狂也？」

曰：「其志嘐嘐（ㄒㄧㄠ）然，曰：『古之人！古之人。』夷考其行，而不掩焉者也。狂者又不可得，欲得不屑不潔之士而與之，是狷也，是又其次也。孔子曰：『過我門而不入我室，我不憾焉者，其唯鄉原（ㄩㄢˋ）乎！鄉原，德之賊也。』」

曰：「何如斯可謂之鄉原矣？」

曰：「『何以是嘐嘐也？言不顧行，行不顧言，則曰：古之人，古之人。行何爲踽（ㄐㄩˇ）踽涼涼？生斯世也，爲斯世也，善斯可矣。』閹然媚於世也者，是鄉原也。」

萬章曰：「一鄉皆稱原人焉，無所往而不爲原人，孔子以爲德之賊，何

哉？」

曰：「非之無舉也，刺之無刺也。同乎流俗，合乎汙世。居之似忠信，行之似廉潔。眾皆悅之，自以為是，而不可與入堯、舜之道，故曰『德之賊』也。孔子曰：『惡似而非者』：惡莠（一ㄡ），恐其亂苗也；惡佞，恐其亂義也；惡利口，恐其亂信也；惡鄭聲，恐其亂樂也；惡紫，恐其亂朱也；惡鄉原，恐其亂德也。君子反經而已矣。經正，則庶民興；庶民興，斯無邪慝（ㄊㄜˋ）矣。」

萬章請教說：「孔子在陳國說：『為什麼不回魯國去呢！我家鄉的弟子們有狂放的也有狷介的，但都奮發進取而不忘原有的志向。』孔子在陳國時，為什麼思念魯國的狂放之士呢？」

孟子說：「孔子說過：『找不到行為適中的人來交往，就一定要找到狂者與狷者了！狂者奮發上進，狷者有所不為。』孔子難道不想結交行為適中的人嗎？既然不是一定找得到，就找次一等的。」

萬章說：「請問怎樣的人可以稱為狂者？」

孟子說：「像琴張、曾皙、牧皮，就是孔子所說的狂者。」

萬章說：「為什麼說他們狂放呢？」

孟子說：「他們志向高遠，開口就說：『古人啊，古人啊。』考察他們的行為，卻與他們的言論未必吻合。如果連這種狂放之士也結交不到，就想找到不屑於做壞事的人來交往，這就是狷介之士，是再次一等的。孔子說：『走

過我的門口而不進我屋子，我不感到遺憾的，大概只有鄉愿吧！鄉愿是傷害道德的人。」

萬章說：「怎樣的人可以稱爲鄉愿呢？」

孟子說：「他們批評狂者說：『爲什麼志向要那麼高遠？言論照應不到行爲，行爲也照應不到言論，開口就說：古人啊，古人啊。』他們又批評狷者說：『做人爲什麼那麼孤孤單單？活在這個社會上，爲這個社會做點事，只要過得去就可以了。』像這樣遮遮掩掩想討好世人的就是鄉愿。」

萬章說：「全鄉的人都說他是忠厚的人，所到之處也表現出是個忠厚的人，孔子卻認爲他是傷害道德的人，爲什麼呢？」

孟子說：「這種人，要指摘他，舉不出具體的事；要責罵他，也沒什麼可責罵的；他順從流行的風潮，迎合汙濁的社會，爲人好像忠誠老實，做事好像方正乾淨，大家都喜歡他，他也認爲自己很好，但是卻不可能同他一起實踐堯、舜的正道，所以說他是『傷害道德的人』。孔子說過：『要厭惡似是而非的東西』：厭惡莠草，是擔心它混淆了禾苗；厭惡賣弄聰明，是擔心它混淆了義行；厭惡犀利口才，是擔心它混淆了眞實；厭惡鄭國的樂曲，是擔心它混淆了雅樂；厭惡紫色，是擔心它混淆了正紅色；厭惡鄉愿，是擔心他混淆了道德。君子要使一切事物回復到恆常的正道罷了。正道確立了，百姓就會振作起來；百姓振作起來，就不會出現邪惡的事了。」

本章評鑒人物，大體依孔子之說。《論語‧子路》上有：子曰：「不得中行而與

之，必也狂狷乎！狂者進取，狷者有所不爲也。」孟子以琴張、曾皙、牧皮三人爲狂者的代表，但是其中只有曾皙的資料保存下來，另兩人則不詳。

「狂者」即奮發上進的人，「狷者」即有所不爲的人。我們要注意順序，一定要先學會不屑於做沒有水準的事，然後才能夠狂放地往上奮鬥，最後達到言行適中。

至於曾皙的「狂」，可見於他與孔子的對話。

孔子問學生的志向，曾皙回答：「暮春者，春服既成；冠者五六人，童子六七人，浴乎沂，風乎舞雩，詠而歸。」（《論語·先進》）別的學生老老實實，有的要當政治家（如冉有），有的要當軍事家（如子路），有的要當外交家（如公西華），到了曾皙的時候，他就「搞怪」地說：春天快結束了，穿上春天的衣服，帶著五、六個大人及六、七個小孩，在沂水邊上洗洗澡，到舞雩台上吹吹風，再一邊唱歌一邊回家。這表達了他想隨遇而安的志向。這種境界連孔子也爲之心動，聽完之後喟然而嘆說：

「吾與點也。」意即：我欣賞曾點的志向。

聽了孔子的回答後，曾皙追問爲什麼某個同學不太好？爲什麼某個同學有問題？由此可見，他是一個狂者，但是還不夠踏實，仍有與人比較之心。「中行」才是理想的人格，當狂則狂，當狷則狷，否則也可能與「鄉愿」混淆。

至於「鄉愿」，孔子在《論語·陽貨》說：「鄉原，德之賊也。」「鄉愿」就是一般所謂的好好先生，貌似忠厚而沒有原則（或者這就是他的原則）。孟子爲了批判「似是而非」，一連舉了六個例子。我們在引申使用時，必須先自我檢討，以免「言不顧行，行不顧言」。

〈14‧38〉

孟子曰：「由堯、舜至於湯，五百有餘歲，若禹、皋陶，則見而知之；若湯，則聞而知之。由湯至於文王，五百有餘歲，若伊尹、萊朱，則見而知之；若文王，則聞而知之。由文王至於孔子，五百有餘歲，若太公望、散宜生，則見而知之；若孔子，則聞而知之。由孔子而來至於今，百有餘歲，去聖人之世若此其未遠也，近聖人之居若此其甚也，然而無有乎爾，則亦無有乎爾！」

孟子說：「從堯、舜到商湯，歷經五百多年，像禹、皋陶是親自見到而知道堯、舜的；像商湯，是聽人說才知道堯、舜的。從商湯到周文王，也歷經五百多年，像伊尹、萊朱是親自見到而知道商湯的；像周文王，是聽人說才知道商湯的。從周文王到孔子，又歷經五百多年，像太公望、散宜生，是親自見到而知道周文王的；像孔子，是聽人說才知道周文王的。從孔子到今天，距離聖人的時代像這樣的不遠，離開聖人的家鄉像這樣的接近，但是已經沒有繼承的人了，那麼也就真的沒有繼承的人了！」

這是全書的最後一章，表達了很深的感嘆。

孟子對自己身負的使命十分清楚，就是希望在孔子之後的未來，有人可以經由他而知道孔子，然後重新開啟一個偉大的時代。孟子的任務不但完成了，並且他本人也

出類拔萃，成為古聖先賢之一。這也是他偉大的地方，所以後代把他稱作「亞聖」。

讀完孟子全部的著作與思想之後，清楚發現他能夠把儒家「人性向善」的觀點充分發揮出來，用各種方式去辯護、去加以證明。

同樣是繼承孔子的儒家思想，像荀子的，說法就大不相同。荀子的學生，如李斯、韓非，後來都成了法家的代表人物；孟子也有學生，這些學生都還堅持儒家的立場，只是未能在亂世中得君行道而已。孟子的重要性毋庸置疑，唯有他能完整地繼承並發揚孔子的思想。

通讀《孟子》全書，一定要認真體會的，就是「人性向善」的觀念。我們在解讀過程中談到的應用與例子，在現代社會中也可以充分予以驗證。

國家圖書館出版品預行編目資料

人性向善：傅佩榮談孟子／傅佩榮著. -- 第一版. --
　　臺北市：天下遠見, 2007.10
　　面；　公分. --（心理勵志；233）

　ISBN 978-986-216-030-5（精裝）

1.（周）孟軻　2.學術思想　3.哲學

121.26　　　　　　　　　　　　　　　96020899

典藏天下文化叢書的 5 種方法

1. 網路訂購

歡迎全球讀者上網訂購，最快速、方便、安全的選擇
天下文化書坊 www.bookzone.com.tw

2. 請至鄰近各大書局選購

3. 團體訂購，另享優惠

請洽讀者服務專線 (02) 2662-0012 或 (02) 2517-3688 分機 904
單次訂購超過新台幣一萬元，台北市享有專人送書服務。

4. 加入天下遠見讀書俱樂部

■ 到專屬網站 rs.bookzone.com.tw 登錄「會員邀請書」
■ 到郵局劃撥 帳號：19581543　戶名：天下遠見出版股份有限公司
　（請在劃撥單通訊處註明會員身分證字號、姓名、電話和地址）

5. 親至天下遠見文化事業群專屬書店「93巷‧人文空間」選購

地址：台北市松江路93巷2號1樓　電話：(02) 2509-5085

心理勵志 ㉝

人性向善
傅佩榮談孟子

作　　者／傅佩榮
系列主編／李桂芬
責任編輯／李麗玲、方怡雯（特約）、蔡佩覺（特約）
封面暨美術設計／連紫吟、曹任華（特約）

出版者／天下遠見出版股份有限公司
創辦人／高希均・王力行
天下遠見文化事業群　總裁／高希均
發行人／事業群總編輯／王力行
天下文化編輯部總監／許耀雲
版權暨國際合作開發協理／張茂芸
法律顧問／理律法律事務所陳長文律師　　著作權顧問／魏啓翔律師
社　　址／台北市104松江路93巷1號2樓
讀者服務專線／(02)2662-0012
傳　　真／(02)2662-0007：2662-0009
電子信箱／cwpc@cwgv.com.tw
直接郵撥帳號／1326703-6號　天下遠見出版股份有限公司

電腦排版／立全電腦印前排版有限公司
製版廠／立全電腦印前排版有限公司
印刷廠／崇寶彩藝印刷有限公司
裝訂廠／源太裝訂實業有限公司
登記證／局版台業字第2517號
總經銷／大和書報圖書股份有限公司　　電話／(02) 8990-2588
出版日期／2007年10月31日第一版第1次印行

定價／550元
ISBN-13：978-986-216-030-5（精裝）
書號：BP233

 天下文化書坊 http://www.bookzone.com.tw